高等教育“十二五”精品规划教材

21世纪高等院校土木建筑类规划教材

建设法规

主　编／江　峰
副主编／李　莉

JIANSHE FAGUI

天津大学出版社
TIANJIN UNIVERSITY PRESS

内容提要

本书为21世纪高等院校土木建筑类精品规划教材，包括法学导论、建设法规概论、建筑法、城市规划、土地管理、工程招标与投标、房地产法律制度、建设工程其他法律制度、建筑工程合同法律制度、建筑工程法律责任及纠纷的解决等10个方面的内容。

本书主要强调在理论上完善建筑类法律法规的知识体系，尽量全方位涉及土木建筑类相关的法律法规，并结合其在实际工作中的应用，力求具有较强的借鉴性与参考性。

本书可作为高等院校土木建筑类专业的本、专科教材，还可作为建设行业普法培训教材，同时也可以供设计、施工、监理、科研、管理等相关人员参考。

图书在版编目(CIP)数据

建设法规/江峰主编. —天津：天津大学出版社，2010.9
(2015.4 重印)
21世纪高等院校土木建筑类精品规划教材
ISBN 978-7-5618-3732-0

Ⅰ.①建… Ⅱ.①江… Ⅲ.①建设法－中国－高等学校－教材 Ⅳ.①D922.297

中国版本图书馆 CIP 数据核字(2010)第184819号

出版发行　天津大学出版社
地　　址　天津市卫津路92号天津大学内(邮编:300072)
电　　话　发行部:022-27403647
网　　址　publish.tju.edu.cn
印　　刷　昌黎太阳红彩色印刷有限责任公司
经　　销　全国各地新华书店
开　　本　185mm×260mm
印　　张　20.75
字　　数　512千
版　　次　2010年9月第1版
印　　次　2015年4月第6次
定　　价　38.00元

前　言

建设行业是国民经济的重要支柱产业，在国民经济中有着举足轻重的地位。制定相关法律制度对规范建设行业是非常重要的，建设法规作为建筑行业必不可少的重要组成部分，得到了越来越多的重视。随着我国改革开放的不断发展和构建社会主义和谐社会的不断深入，加强和完善建设行业法律法规显得尤为重要。建设法规是一门综合性的学科，它包括土木建筑行业众多法律规范，体系庞大，涉及多方面的相关法律制度，对规范建筑行业的良好发展具有重要意义。

本书以教育部《高等院校建设法规教学大纲》为基础，结合国家一、二级注册建造师考试大纲，并参考国家现行的相关法律、制度、标准、政策编写而成，保证了教材内容的权威性。本书涉及法学导论、建设法规概论、建筑法、城市规划、土地管理、工程招标与投标、房地产法律制度、建设工程其他法律制度、建设工程合同法律制度、建筑工程法律责任及纠纷的解决等10个方面的内容。

在编写过程中，编者进行了大量的调查，结合自己对建设法规多年学习与研究的心得，同时也参考了近年来许多专家、学者的论著，吸收了他们的重要论断和材料，引用了一些典型案例，在此表示衷心的感谢。本书由江峰主编，参与编写的还有李莉、陈志剑、张蕾、郝光、余侃、李华、唐姝、陈刚、唐宏奎、刘水和韩颖。本书在编写过程中得到了重庆大学和天津大学出版社崔成山编辑的大力帮助，在此表示感谢。

尽管本书在探索建设法规的突破方面做了许多努力，但由于水平有限，书中内容难免有谬误之处，恳请读者提出宝贵意见和建议，以便再版时及时更正。

编　者

2013 年 2 月

目　录

1 法学导论

法是以国家政权意志形式出现的，作为司法机关办案依据的，具有普遍性、明确性和肯定性的，以权利和义务为主要内容的，首先和主要体现执政阶级意志并最终决定于社会物质生活条件的，各种社会规范的总称。法是由一定物质生活条件所决定的，由国家制定或认可并由国家强制力保证实施的具有普遍效力的行为规范体系，其目的在于确认、保护和发展有利于统治阶级的社会关系和社会秩序。

1.1 法的基本概念

法从古代起就有公平的象征意义，中国古代的法与刑是通用的，古代法具有“神明”的特点。汉字“律”在《说文解字》中解释为“律，均布也”，“均布”是古代调音律的工具，把“律”解释为均布，说明律有规范人们行为的作用，被视为是一种普遍的规范。在秦汉时期“法”与“律”二字已同义，在《唐律疏义》中更明确指出了“法亦律也，故谓之为律”，把“法”和“律”连用作为独立合成词是由国外传入的。

法是人类社会发展到一定阶段出现的社会现象，与其他的人类社会现象相同，法也有其产生、发展、消亡的历史过程。法同时是由国家制定或认可的，以权利义务为主要内容的，体现国家意志，并以国家强制力为后盾的人们行为规范的总称。作为行为规范的法律与同样作为行为规范的其他社会现象，如道德规范、宗教规范是有所不同的。

1.1.1 法律体系的背景

(一)古代的法律体系

人类最初的法律开始于原始氏族规范，原始规范是氏族习惯，是简单的、非正式的，同原始社会的生产力低下的状况相适应。原始规范的实施主要依靠人们内心信念、习惯、氏族首领的威信，原始规范中没有权利义务之分，以血缘关系为基础而建立社会秩序，其调整范围也以血缘关系为界限。古代法分奴隶制和封建制两种。

公元前18世纪的《汉谟拉比法典》是奴隶制社会古巴比伦法的代表，也是世界上迄今为止基本完整保留下来的最早的成文法典。中国古代奴隶制法出现在公元前21世纪至11世纪的夏商王朝，西方奴隶制法的主要代表是以实行民主政体的雅典和实行贵族政体的斯巴达为代表的古希腊法，以及古罗马法（公元前449年的《十二铜表法》是古罗马以原习惯法为基础制定的第一部成文法；公元前6世纪的《查士丁尼民法大全》是反映简单商品经济关系的对后世影响重大的一部完备的奴隶制法律文献）。

战国初期李悝的《法经》是中国历史上第一部比较系统的封建制法典，秦汉后历代都有统一的系统法典，唐律更以其体系严谨、内容详备、风格成熟成为封建制法的典范。欧洲封建社会地方习惯法、罗马法、教会法、城市商法以及国王的敕令多种法律并存。不同时期不同国家各有侧重，但一般都经历了由分散的地方习惯法向全国统一的成文法的发展过程。

奴隶制法的共同特征是：根源于奴隶制社会的经济基础，并和奴隶制国家的阶级本质相一致。体现奴隶主阶级的意志，严格维护奴隶制经济基础，特别是奴隶主阶级对生产资料和奴隶的占有，并确立奴隶主阶级在政治和思想方面的统治。

封建制法的本质是相同的，都是封建主阶级意志的体现，确认和维护封建主阶级在政治、经济和思想上的统治地位。

奴隶制法和封建制法的历史更替可从它们各自特征的变化中得到反映。

(1)从极端的野蛮性到残酷刑罚的系统化。

(2)从公开的特权性到特权关系的制度化。

(3)从原始的残余性到法律的神秘化。

(二)资本主义法律体系

资本主义法萌芽于封建社会中后期，其经济基础最初是在封建社会内部自发地产生并逐渐成长的。带有资本主义因素的法的出现有商法的兴起、罗马法的复兴和资本原始积累的法律出现这3种情况。18世纪新兴资产阶级在政治和经济上日益强大，提出了人权、平等、自由、民主等口号，革命建立了资产阶级国家政权并制定法律。资本主义法的产生在英国、法国等不同国家有不同的形式。资本主义法经历了自由资本主义、垄断资本主义和当代资本主义等阶段。自由资本主义的法律采取自由放任主义政策；垄断资本主义的法律则积极干预，并从个人本位转向国家本位；当代资本主义出现了法的社会化，法的本位从国家利益转向社会利益，担当了所谓的社会福利职能。

(三)社会主义法律体系

社会主义法是人类历史上出现的崭新的法律类型，其产生是以无产阶级取得政权为前提，在彻底否定旧法体系效力的基础上所创制产生的。中国社会主义法律体系以革命根据地时期的法律为基础，1949年新中国成立后，我国开始了由新民主主义向社会主义的过渡，经历了国民经济恢复和社会主义改造两个阶段，1949年—1957年，新中国的社会主义法制逐步建立起来；1954年，一届全国人大一次会议通过了新中国第一部宪法；1957年以后，由于“左”的影响，法制建设遭受很大挫折；1978年，党的十一届三中全会以后，发扬社会主义民主，健全社会主义法制成为党和国家的重要任务之一，1997年，党的十五大提出依法治国，建设社会主义法治国家的基本方略，并将其载入宪法，我国法制建设进入了一个新阶段。如今，我国已初步建立起适应社会主义市场经济的法律体系框架。

(四)法律发展的一般性规律

法律发展遵循以下一般性规律。

1. 不断进步的规律

法律的进步规律性表现在它从野蛮、愚昧发展进步到文明、科学，比如从摧残人到尊重人，从身份的法律给人以束缚到契约的法律使人得以解放，从神权的法律迷信到人权的法律科学，从“不平等”到“平等”，这都是不以人的主观意志为转移的。

2. 经济条件决定的规律

法律发展进步与经济条件有关，可以认为法律发展是受经济条件决定，法律历史类型的更替根植于社会基本矛盾即生产力和生产关系、上层建筑和经济基础之间的矛盾。

3. 历史类型更替与继承的规律

法律历史类型是根据法律经济基础和意志内容两个标准来划分的，历史上存在过奴隶制法、封建制法、资本主义法，从较低类型的法律依次发展到较高类型的法律，体现社会性的本质的进步。法律继承是指依次更替的不同历史类型的新旧法律之间，在否定旧法律的同时进行有所选择、有所取舍的扬弃，吸收旧法中的可以利用的成分，使之成为新法中的有机组成部分。法律继承有两种类型：一是同质法之间的相互继承；二是异质法之间的继承。

4. 依赖于革命或改革而发展的规律

法律历史类型的更替依赖于社会革命，法律的发展进步也离不开人们主动积极地进行法律改革。我国现期正在进行的政治与经济体制改革，本身就包括了法律改革，同时政治与经济体制改革也促进原有法律制度朝着合理化、科学化方向发展。

1.1.2 法的特征

(一)法的特征

法的特征是法的本质所体现出来的有别于其他社会现象的基本特点。首先，法是国家制定或认可的并由国家强制力保障实施的具有普遍约束力的行为规范。社会的行为规范除了法之外还有道德规范、宗教规范、政治规范、经济规范、行业规范和习俗、礼仪等。法与其他行为规范不同，法是由国家制定或认可的，而制定或认可是国家创制法的两种途径。其次，法是以规定权利和义务来调节人们的行为或社会关系的行为规范。法通过规定人们的权利和义务来指导人们的行为和调节社会关系。法律指的权利通常表现为法律允许人们的作为或不作为，即实行某种行为或不实行某种行为；法律指的义务则通常表现为法律规定人们必需的作为或不作为，即必须实行某种行为或不得实行某种行为。法律规范正是以一系列权利和义务为内容构成的，法通过规定和实现各种权利、义务来影响人们的行为动机，指导人们的行为和调节社会关系。

(二)本质特征

马克思主义法学运用辩证唯物主义和历史唯物主义，科学地阐明了法的本质。

1. 意志性与规律性

法律是人的意志的体现，马克思主义认为这种意志是统治阶级的意志。法律的意志性表现在法律对社会关系有一定的需要、理想和价值。马克思主义法学认为法的内容是由物质生活条件决定的，是受客观规律制约的。客观规律中最重要的是客观存在的经济生活，即一定的经济关系。所以法具有规律性，它是在对客观规律的认识和把握的基础上制定的。但也不能把法律与规律等同起来。规律是客观的，而法律不完全是客观的。立法者根据一定的意志，除了客观地规定一些规律之外,也可能有意识地为克服规律而规定一些内容。

2. 阶级性与共同性

法律是阶级统治和社会管理的手段。阶级性,即法律是在政治、经济和文化方面占统治地位的阶级意志的体现,是统治阶级进行阶级统治的工具。共同性,即某些法律内容、形式、作用效果并不以阶级为界限,而是带有相同或相似性。其原因是:法的规律性影响法律的共同性;法律是社会公共管理的手段,法律中有某些执行社会公共事务的规定,比如环保、交通、医疗等;法律具有某些特殊的形式,比如法律程序、成文表达等;另外,人类交往增多也是法律共同性的一个重要因素。不同国家、不同民族之间的交往越多,法律交往也就越多,因而寻求法律共同性的愿望也日益强烈。

3. 利益性与正义性

从某种意义上讲,法律是为了实现社会正义而调整各种利益关系的工具。马克思主义法学主张法律所体现的阶级意志是由该阶级的利益所决定的;法律应当是正义的;但不存在抽象的利益和抽象的正义。马克思主义法学认为法律的制定必然反映特定的利益,法律的意志内容就是由统治阶级的利益所决定的。立法可以说是法律对利益的第一次分配,它应当符合并体现正义;法律实施可以说是法律对利益扩大第二次分配,它也应当符合并体现正义。

(三)形式特征

1. 调整行为关系的规范

行为关系是法律的调整对象,法律通过对行为的作用来调整社会关系,我们通常认为法律的调整对象既是社会关系又是行为。法律是以行为关系为调整对象的规范,这是因为法律的概括性;法律的构成要素中以法律规范为主,法律规范的逻辑结构中包括行为模式、条件假设和法律后果,这是法律的规范性最明显的标志。

2. 由国家专门机关制定和认可

制定是指国家通过立法活动产生新规范,认可是国家对既存的行为规则予以承认,赋予法律效力。认可通常有3种情况:第一,赋予社会上早已存在的某些一般社会规则以法律效力,如习惯、经验等;第二,通过加入国际组织、承认或签订国际条约等方式,认可国际法规范;第三,特定国家机关对具体案件的裁决做出概括产生规则或原则,并赋予这种规则或原则以法律效力。

3. 法律的国家性和普遍性

法律是以国家名义所创制并由国家强制力为保证的,在某个范围内对一切人和组织产生效力。但法律的普遍性的程度是不一样的,因为不同的法律在空间、时间和对人的效力是不一样的。

4. 通过程序而强制予以实施

法律的强制性以法定的强制措施和制裁措施为依据,有着潜在性和间接性的特点,国家强制不是法律实施的唯一保证力量,法律的实施还依靠诸如道德、人性、经济、文化等方面的因素。在现代社会,法律还出现强制性日益弱化的趋势。

1.1.3 法的作用

法的作用一般指的是法对社会产生的影响,也可以归纳为法对人们行为和社会生活产生的影响。首先,体现在法与社会的交互影响之中,尤其在社会发展的过程中,法作为上层建筑的组成部分,其产生、存在、发展及其变化都是由社会的生产方式最终决定的,并且在由社会所决定的同时具有一定的独立性,体现在法能够促进或延缓社会的发展。其次,法的作用直接表现为国家权力的行使,无论是制定法还是习惯法、判例法,都是与国家权力相联系的,法律之所以能够调节人的行为,起到规范社会关系的作用,就在于它是以国家权力为后盾的,与官方权威相联系的,这也是法与其他社会规范相区别的重要标志。最后,法的作用本质上是社会自身力量的体现,法能对社会发生作用,其程度、效果并不是法律自身能够决定的。

根据法在社会生活中发挥作用的形式和内容,法的作用可以分为规范作用和社会作用两种。法是一种社会规范,具有规范作用,规范作用是法作用于社会的特殊形式。法的本质和目的又具有社会作用,社会作用是法规制度和调整社会关系,这种对法的作用的划分使法与其他社会现象相区别,突出了法律调整的特点,并明确了各个时期法律目的的差异。

1. 法的规范作用

根据行为主体的不同,法的规范作用可以分为指引作用、评价作用、预测作用、教育作用、强制作用等5种,而这些规范作用是法律必备的,任何社会的法律都具有,但是在不同的社会制度与法律制度中,由于法律的性质和价值的不同,法的规范作用的实现程度有所差异。

1)指引作用

法的指引作用是指法律作为一种规范,为人们提供了某种行为模式。在这里谈到的行为主体是针对每个人自己。对人的行为的指引有两种形式:一种是个别性指引,即通过一个具体的指示形成对具体的人的具体情况的指引;另一种是规范性指引,是通过一般的规则对同类的人或行为的指引。个别指引尽管是非常重要的,但就建立和维护稳定的社会关系和社会秩序而言,规范性指引具有更大的意义。从立法技术上看,法律对人的行为的指引通常采用两种方式:一种是确定的指引,即通过设置法律义务,要求人们做出或抑制一定行为,使社会成员明确自己必须从事或不得从事的行为界限;另一种是不确定的指引,又称有选择的指引,是指通过宣告法律权利,给人们一定的选择范围。

2)评价作用

法的评价作用是指法律作为一种行为标准,具有判断、衡量他人行为合法与否的评判作用。这里谈到的行为的对象是他人,在现代社会法律已经成为评价人的行为的基本标准。法的评价作用是指法律具有判断、衡量他人行为是否合法或违法以及违法性质和程度的作用。

3)预测作用

法的预测作用是指当事人可以根据法律事先估计到他们相互之间将如何行为以及某种行为在法律上的后果。这种作用的对象是人们相互之间的行为,包括公民之间、社会组织之间、国家、企事业单位之间以及它们相互之间的行为的预测。社会是由人们的交往行为构成的,社会规范的存在就意味着行为预期的存在,行为的预期是社会秩序的基础,也是社会能够存在下去的主要原因。

4)教育作用

法的教育作用是指通过法的实施使法律对一般人的行为产生影响。这种作用又具体表现为示警作用和示范作用,法的教育作用对于提高公民法律意识,促使公民自觉遵守法律具有重要意义。

5)强制作用

法的强制作用是指法律对违法行为具有制裁、惩罚的作用。法的强制作用的对象是违法者的行为,制定法律的目的是让人们遵守,是希望法律的规定能够转化为社会现实。如果离开了强制性,法律就失去了权威,同时加强法律的强制性,有助于提高法律的权威,所以法律必须具有一定的权威性。

2. 法的社会作用

法的社会作用是从法的本质和目的这一角度出发确定法的作用,指法具有维护有利于统治阶级的社会关系和社会秩序的作用。法的规范作用取决于法的某种特征,法的社会作用则取决于法的内容和目的。法的社会作用主要涉及了三个领域和两个职能,即社会经济生活领域、政治生活领域、思想文化生活领域和政治职能、社会职能。政治职能一般指的是阶级统治的职能,社会职能指的是执行社会公共事务的职能。

1)维护统治阶级方面的职能

首先,统治阶级用法律在经济上确认和维护以生产资料私有制为基础的社会经济制度;在政治上维护统治阶级对被统治阶级的政治统治;在思想、道德方面,维护统治阶级意识形态的支配地位。其次,统治阶级通过规定一些保护被统治阶级的条款,使被统治阶级被迫让步,缓和阶级矛盾以稳定自己的统治。最后,法在调整统治阶级成员内部和统治阶级与其同盟者之间的关系方面也具有重要作用。

2)执行社会公共事务方面的职能

社会公共事务是相对于纯粹的政治活动而言的一种社会活动,主要表现在通过制定相关的法律、法规,保护社会公共事务朝着有利于统治阶级的方向发展。其特征主要表现在这些事务的直接目的并不表现为维护政治统治,而在客观上对全社会的一切成员均有利,具有一定的公益性。调整社会公共事务的法律,在主要方面体现着社会性,即非政治性,但按照马克思主义法学的观点:它在本质上与法在维护阶级统治方面的作用并不矛盾。所以从统治阶级的角度看,调整和维护社会公共事务方面的法律,在根本上与维护政治统治是一致的。

法对经济关系的作用:主要表现在确认经济制度;调整经济关系;反映经济规律,促进生产发展等方面。

3. 法的规范作用和社会作用的区别

法的规范作用的意义有两点:一是有助于我们了解法是如何作用于人们的行为的;二是有助于我们将法的社会作用和政策、行政命令、道德的作用做出区别。社会作用是指法律作为社会关系调整器对社会所产生的影响,它是经过法的规范作用而产生的。两者有一定的区别,主要体现在下列几个方面。

1)两者的考察基点不同

法的规范作用是基于法的规范性特性(法的主体部分是法律规范)进行考察的,即根据法是一种调整人的行为的规范这一基本事实。法的社会作用是基于法的本质、目的和实效进行考察的。

2)两者的作用对象不同

法的规范作用的对象是人的行为,这里的人是指一切社会关系的参加者,包括自然人和社会组织。法的社会作用的对象是社会关系,即人与人的关系及社会化了的人与自然的关系,即技术法规所调整的对象。

3)两者的存在方式不同

法的规范作用是一切法所共同具有的,不管是哪一种类型的法都具有的规范作用;而法的社会作用则依不同的类型、不同的国家、同一国家的不同时期而形成差别。

4)两者所处的层面不同

规范作用是社会作用的手段,社会作用则是规范作用的目的,规范作用具有形式性和表象性,而社会作用则具有内容性和本质性。

5)两者发挥作用的前提不同

实现规范作用的前提是颁布法律,即把法律告诉人们,法就能发挥规范作用;而实现社会作用的前提是法律被运用、被实施,它要通过人们的法律行为产生一定的法律关系。前者是在静态中发生的,后者是在动态中发生的。

在实践活动中,法在社会生活中具有重要作用,但必须结合自身特点发挥作用,实事求是对待客观问题,原因在于:其一,法律是以社会为基础的,法律不可能超出社会发展需要去创造或改变社会;其二,法律属于社会规范,受到其他社会规范以及社会条件和环境的制约;其三,法律规制和调整社会关系的范围和深度受到限制,有诸如伦理道德、情感友谊等复杂的社会关系就不适宜由法律来调整;其四,语言表达力的局限也是法律自身的制约因素。

1.1.4 我国法律的渊源

由立法机关制定的成文法是我国法律的重要渊源,作为法律渊源的制定法主要有以下形式。

1. 宪法

1954 年 9 月 20 日第一届全国人民代表大会第一次会议通过了我国第一部宪法,即《中华人民共和国宪法》(Constitution of the People's Republic of China),至今经过多次修正,最近一次是于 2004 年 3 月 14 日第十届全国人民代表大会进行的修正。宪法是国家的根本大法,规定了国家的根本制度、国家生活的基本原则,具有最高的法律效力,一切法律、法规、规章、决议、决定、命令等都不得与宪法相抵触,否则无效。

2. 法律

法律从属于宪法,效力仅次于宪法,指的是规定和调整社会生活某一方面问题的规范性文件。法律又可以分为基本法律和基本法律以外的法律,全国人民代表大会制定基本法律,全国人民代表大会常务委员会制定基本法以外的法律。

3. 行政法规

行政法规是国务院根据宪法和法律，按照法定程序制定的规范性文件。行政法规的内容主要是为执行法律的规定或宪法规定的国务院行政管理职权的事项。一般情况下，行政法规在公布之日后的30日内报全国人民代表大会常务委员会备案。

4. 地方性法规

地方性法规是指有立法权的地方人民代表大会及其常务委员会，根据宪法、法律和行政法规，按照法定程序制定的，在本行政区域内实施的规范性文件。省、自治区、直辖市的人民代表大会及其常务委员会，省、自治区的人民政府所在地的市，经济特区所在地的市和经国务院批准的较大的市的人民代表大会及其常务委员会有权制定地方性法规。地方性法规的内容主要是为执行法律、行政法规的规定，需要根据本行政区域的实际情况作具体规定的事项和属于地方性事务需要制定地方性法规的事项。地方性法规应在公布后30日内报全国人民代表大会常务委员会和国务院备案。

5. 规章

根据制定机关不同，规章分为部门规章和地方政府规章。国务院各部、委员会、中国人民银行、审计署和具有管理职能的直属机构，根据法律和国务院的行政法规、决定、命令，在本部门的权限范围内制定的规章是部门规章。部门规章规定的事项是属于法律或者国务院行政法规、决定、命令的事项。省、自治区、直辖市和较大的市的人民政府，根据法律、行政法规和本省、自治区的地方性法规制定的规章是地方政府规章。地方政府规章的内容属于执行法律、行政法规、地方性法规的规定需要制定规章的事项或是属于本行政区域的具体行政管理和事项。规章应当报国务院备案，地方政府规章同时报本级人民代表大会常务委员会备案；较大的市的人民政府制定的规章还应当同时报省、自治区人民代表大会常务委员会和人民政府备案。

6. 自治条例和单行条例

民族自治地方的人民代表大会依照当地民族的政治、经济和文化的特点，按照法定程序制定的规范性文件，是自治条例和单行条例。自治区的自治条例和单行条例，报全国人民代表大会常务委员会批准后生效，自治州、自治县的自治条例和单行条例，报省、自治区、直辖市的人民代表大会常务委员会批准后生效。

7. 国际条约

国与国之间签订的双边或多边协议，《民法通则》规定中华人民共和国缔结或者参加的国际条约同中华人民共和国的民事法律有不同规定的，适用国际条约的规定，但中华人民共和国声明保留的除外。

8. 法律解释

法律解释是由特定的机关、组织或个人，根据法理、政策、文字对法律和法律条文的含义所作的解答和说明。法律解释可分为法定解释和学理解释。法定解释是指特定的国家机关按照宪法和泆律所赋予的权限，对有关法律或法律条文所进行的解释，法定解释目前运用较多的是立法解释和司法解释。立法解释就是由全国人民代表大会常务委员会所作的法律解释，全国人民代表大会常务委员会有权解释宪法和法律,立法解释与法律具有同等效力。司法解释是国家最高司法机关在适用法律过程中对具体应用法律问题所作的解释,最高人民法院和最高人民检察院有权进行司法解释。

1.2 法律规范

规范一词含有约定俗成或明文规定的某种规格、标准、准则的意思,指人们在一定情况下应该遵守的各种规则,大体可分为技术性规范和社会规范两大类。法律规范属于社会规范的范畴,是一种特殊的社会规范。法律规范是组成法的基本单位,属于法的微观结构,可以称之为法的细胞。不同形式、不同内容、不同功能的法律规范,可以构成不同的法律制度,而各种法律规范的总和就组成法的有机整体。

1.2.1 法律规范的特点

法律规范与规范性法律文件、法律条文既有密切联系,又有其一定的特点。

(1)规范性法律文件构成的基本要素是规范,但又不限于规范,还包括法律概念、法律原则、法律技术性规定等。

(2)法律规范是以法律条文来表述的。

(3)法律规范与非规范性法律文件有所区别。国家专门机关制作的判决书、搜查证、逮捕证、公证书、结婚证等法律文件,是依据法律规范制作的,但只对特定的对象有法律效力。并不具有普遍约束力;而法律规范则是调整大量同类社会关系的共同规则,具有普遍约束力。

1.2.2 法律规范的结构

法律规范的结构是指法律规范的构成因素,法律规范是一种特殊的、在逻辑上周全的规范,一个完整的法律规范在法律结构上由假定、处理和制裁 3 个要素组成。法律规范的 3 个要素是具有内在联系的统一整体,任何一个完整的法律规范都必须具备这 3 个要素。法律规范的结构是指法律规定由哪些部分组成,构成法律规范的内部要素及其相互关系。从法律规范的逻辑结构看,它分为条件、模式、后果 3 个要素。

(1)条件(或称假定)是指法律规范中指出适用法律规范的条件或情况的部分。

(2)模式(或称为处理或指示、行为模式)指法律规范所规定的行为规则部分。

(3)后果(或称为制裁)是指法律规范中规定的、人们在做出符合或者违反规范行为时,会带来什么法律后果的部分。

条件、模式和后果是法律规范的 3 个有机组成部分。它们密切联系,缺一不可。否则就不能构成法律规范。因为任何法律规范都是为了调整一定的社会关系而制定的,所以不能缺少条件部分。由于一切规范都是用来调整一定社会关系中人们行为的,必须有明确的规定和要求,所以模式是法律规范的核心要素,是最基本的组成部分。法律规范区别于一般社会规范的主要特点是具有国家强制性,只有对人们的合法行为加以赞许、保护或奖励,对人们的违法行为进行制裁,才能使法律规范所规定的行为模式在实际生活中发挥规范性作用。否则法律就会失去规范性、严肃性和权威性，因而后果部分也是法律规范必不可少的。

1.2.3 法律规范的种类

法律规范的种类，就是按照一定的标准或从某一角度对法律规范进行的分类。

（一）授权性规范、义务性规范和禁止性规范

按照法律规范调整方式的不同，法律规范可以分为授权性规范、义务性规范和禁止性规范。

授权性规范指的是规定人们可以做出一定的行为，或者要求他人做出或不做出某种行为的规范，按其规定的不同内容，又可以分为两类：一是授予公民或法人某种权利；二是授予国家机关、公职人员某种权力。

义务性规范指的是规定人们必须依法做出一定行为的法律规范。这类规范在法律条文中常以"必须"、"须"、"应该"、"应当"、"有……义务"、"有义务"等词汇表述。

禁止性规范指的是禁止人们做出某种行为或者必须抑制一定行为的法律规范。这类法律规范在法律条文中多以"禁止"、"严禁"、"不得"、"不应"、"不许"、"不准"等词汇来表述。

（二）强制性规范和任意性规范

按照法律规范的强制性程度的不同，法律规范可以分为强制性规范和任意性规范。

强制性规范的义务性要求十分明确，而且必须履行，不允许人们以任何方式加以变更或违反，这种规范在刑法中较多，一般表现为义务性规范和禁止性规范两种调整方式，也有人把强制性规范称之为命令性规范。

任意性规范指的是允许法律关系参加者自行确定其权利和义务的法律规范。

（三）确定性规范、委托性规范和准用性规范

按照法律规范内容确定性程度的不同，法律规范可以分为确定性规范、委托性规范和准用性规范。

确定性规范指的是明确规定行为规则内容的法律规范，绝大多数法律规范都属于确定性规范。

委托性规范主要是指非确定性规范，同时也是规范中那些没有明确规定行为规则的内容，而委托某一机关加以确定的规范。这类规范的特点是不直接规定所要求或禁止的行为规范的内容，而是指出应由某一机关加以具体规定。

准用性规范指的是没有直接转述行为规则的内容，而是规定在某个问题上须参照、引用其他条文或其他法律、法规的法律规范。

（四）保护性规范、奖励性规范和制裁性规范

按照法律规范后果的不同性质，法律规范可分为保护性规范、奖励性规范和制裁性规范。

保护性规范指的是确认人们的权利、行为合法、有效并加以保护的法律规范。

奖励性规范指的是给予各种对社会做出贡献的行为，以表彰或物质奖励的法律规范。

制裁性规范指的是对违法行为不予承认，并加以撤销以至制裁的法律规范，制裁性规范在各个法律部门中均有规定。

1.3 法律关系

法律关系是法律在调整人们行为的过程中形成的权利、义务关系,法律关系是社会关系的一种特殊形态,是法律规范在实施过程中产生的一种特殊的社会关系。

1.3.1 法律关系的特征

法律关系与一般的社会关系相比,法律关系具有以下特征。

(1)法律关系是思想社会关系通过主体的意志形成的社会现象,属于上层建筑范畴。

(2)法律关系是以法律为前提而产生的社会关系。法律关系的产生必须以存在调整和规定这一社会关系的法律规范为前提,没有法律的存在,也就不可能形成与之相应的法律关系,主要是体现主体根据法律规范而实际应当实现的权利和义务关系,对于纳入法律调整范围内的社会关系都可称之为法律关系。

(3)法律关系是以法律上的权利、义务为内容而形成的社会关系。法律关系与其他社会关系的重要区别,主要在于它是一种法律化的社会关系,当事人之间按照法律规定或约定分别享有一定的权利或承担一定的义务,以权利和义务为内容联结人们之间的关系。

(4)法律关系是以国家强制力作为保障手段的社会关系。主体成为法律上的权利和义务的承担者,国家有责任运用国家强制力支持和保证他们权利的实现,法律、义务的履行。在法律规范中,一个人可以做什么、不得做什么和必须做什么的行为模式是国家意志,体现了国家对各种行为的态度。当法律关系受到破坏时,就意味着国家意志所授予的权利受到侵犯,意味着国家意志所设定的义务被拒绝履行,因此只要一种社会关系被纳入法律调整范围之内,就意味着国家对它的保护。

1.3.2 法律关系的构成要素

法律关系是由主体、客体和内容 3 个要素构成。

(一)法律关系主体

法律关系主体是指参加法律关系,即享受权利和承担义务的自然人、法人、社会组织和国家。享有权利的一方称为权利人,承担义务的一方称为义务人。法律上所称的"人"主要包括自然人和法人。自然人是指有生命并具有法律人格的个人,包括公民、外国人和无国籍的人;法人是与自然人相对称的概念,指具有法律人格,能够以自己的名义独立享有权利或承担义务的组织。

我国的法律关系主体主要有以下几种。

(1)自然人:包括我国公民、外国人和无国籍人。

(2)法人:包括企业法人、国家机关法人、事业单位法人和社会团体法人等。法人的权利能力始于法人依法成立,终于法人被解散或撤销,法人权利能力的内容和范围与法人成立的目的直接相关,并由有关法律和法人组织的章程加以规定。

(3)非法人团体:如集团诉讼的当事人等。

(4)国家:国家是国际法、民法、行政法等法律关系的主体。

法律关系主体应当具备以下两种主体能力。

1. 权利能力

权利能力指法律关系主体依法享有权利和承担法律义务的资格。参加任何法律关系都必须具有权利能力,某些特定类型的法律关系,除了要具有权利能力之外,还必须具有行为能力。所谓权利能力,就是由法律所确认的法律关系主体享有权利或承担义务的资格,是参加任何法律关系都必须具备的前提条件。按法学界主流的观点,可把公民的权利能力分为一般权利能力和特殊权利能力两种。一般权利能力是所有公民普遍享受,始于出生,终于死亡,如人身权利能力等。特殊的权利能力必须以一定的法律事实出现为条件才能享有,如参加选举的权利能力必须以达到法定年龄为条件。

2. 行为能力

权利能力指法律关系主体能够以自己的行为依法实际行使权利和承担义务的资格。行为能力是法律所确认的,由法律关系主体通过自己的行为行使权利和履行义务的能力。自然人的行为能力分为三类:一类为完全行为能力人;第二类为限制行为能力人;第三类为无行为能力人。

与行为能力直接相关的是责任能力。责任能力即对自己的行为承担法律责任的能力。责任能力是行为能力在刑事法律关系中的表现形式,它与关于行为能力规定的精神是一致的。完全行为能力人即完全的责任能力人,限制行为能力人即限制行为能力人,而且无行为能力人则是无责任能力人。但值得注意的是,行为能力与责任能力的年龄在不同法律中的规定是不相同的。

(二)法律关系的客体

客体是构成任何法律关系都必须具备的一个重要因素,法律关系客体又称为权利客体。义务客体或权利客体,作为权利和义务所指向的对象,是将法律关系主体之间的权利与义务联系在一起的中介。因为没有法律关系的客体作为中介,就不可能形成法律关系。成为法律关系客体应满足 3 个条件:第一,必须是一种资源,能够满足人们的某种需要,因而被认为具有价值;第二,必须具有一定的稀缺性,因而不能被需要它的人毫无代价地占有利用;第三,必须具有可控制性,因而可以被需要它的人为一定目的而加以占有和利用。

(1)物:法律上所说的物包括一切可以成为财产权利对象的自然之物和人造之物。物是指客观存在的,能满足法律关系主体的需要,并能为主体所支配的物体或自然力法律。物是有关财产的各种法律关系的客体,包括自然物、人造物等。

(2)行为:在法律关系客体的意义上,行为指的是权利和义务所指向的作为或不作为,作为是指主体的积极行为,不作为是指主体的消极行为。

(3)与人身相联系的非物质财富:非物质财富又称精神财富,包括法律关系主体从事脑力劳动取得的智力成果。作为客体的智力成果指的是人们在智力活动中所创造的精神财富,它是知识产权所指向的对象,如作品、发明、商标、外观设计、实用新型等,以及与人身相联系的人格权和身份权。前者主要包括姓名权、名称权、荣誉权、名誉权、生命权、身体健康权、自由权、肖像权等;后者主要包括监护权、亲属身份权等。

(4)人身利益:包括人格利益和身份利益,是人格权和身份权的客体。

(三)法律关系的内容

法律关系的内容指的是法律关系主体间在一定条件下依照法律或约定所享有的权利和承担的义务,是人们之间利益的获取或付出的状态。权利义务是一对表征关系和状态的范畴,是法学范畴体系中最基本的范畴。

从本质上看,权利是指法律保护的某种利益;从行为方式的角度看,它表现为要求权利相对人可以怎样行为,必须怎样行为或不得怎样行为。

义务人指人们必须履行的某种责任,它表现为必须怎样行为和不得怎样行为两种方式。在法律调整状态下,权利是受法律保障的利益,其行为方式表现为意志和行为的自由。义务则是对法律所要求的意志和行为的限制,以及利益的付出。权利和义务是法律调整的特有机制,是法律行为区别于道德行为最明显的标志,也是法律和法律关系内容的核心。

1.权利和义务的类别

对权利和义务可从不同的角度,按照不同的标准进行分类。

根据权利和义务所体现的社会内容的重要程度,即它们在权利义务体系中的地位、功能及社会价值的不同,可以把权利义务分为基本的权利和义务与普通的权利和义务。基本权利和义务是人们在国家的政治、经济、文化、社会生活中根本利益的体现,是人们社会地位的基本法律表现,是人们日常生活中利益关系的反映。

根据权利和义务的适用范围不同,可以把权利义务分为一般的权利和义务与特殊的权利和义务。一般权利又称抽象权利,其主体是一般权利人,同时也无特定义务人。一般义务的主体是每一个人,而每个义务人没有与之相对应的特定的权利人。一般义务通常不是积极作为,而是消极的不作为。特殊权利又称具体权利,其主体是特定的权利人,同时也有特定义务人,特殊义务是指特定义务人做出的积极的作为或消极的不作为。

根据权利和义务的主体不同,可以分为公民的权利和义务、集体的权利和义务、国家的权利和义务(职权和职责)、人为的权利和义务(人权)。另外,根据部门法的划分,还可以把权利义务分为民事权利和义务、诉讼权利和义务等。

2.权利和义务的相互关系

权利与义务作为法律关系的重要因素,它体现了人们在社会生活中的地位及其相互关系,反映着法律调整的文明程度,从宏观方面讲,可以把权利与义务的关系概括为:历史进程中曾有的离合关系,逻辑结构上的对立统一关系,总体数量上的等值关系,功能上的互补关系,运行中的制约关系,价值意义上的主次关系。

1.3.3　法律关系的类别

根据不同的标准对法律关系可以进行不同的分类。

1.基本法律关系、普通法律关系与诉讼法律关系

基本法律关系、普通法律关系与诉讼法律关系是按法律关系所体现的社会内容的性质所作的分类,基本法律关系是由宪法或宪法性法律所确认或创立的、直接反映该社会经济制度和

政治制度基本性质的法律关系。基本法律关系主要包括公民与国家的关系、国家机构之间的关系、中央与地方的关系、民族之间的关系、所有制关系和分配关系等内容。普通法律关系是依据宪法以外的法律而形成的,存在多种权利主体和义务主体之间的法律关系,法律关系中的大部分是普通法律关系。诉讼法律关系是依据诉讼法律规范而形成的,存在于诉讼程序之中的法律关系。当基本法律关系和普通法律关系受到破坏或引起当事人之间的争议时,由于提起诉讼,诉讼法律关系便产生了,诉讼法律关系既存在于在诉讼程序中出现的各司法机关之间,也存在于各诉讼参与人之间,还存在于各司法机关和诉讼参与人之间。

2. 平权型法律关系与隶属型法律关系

平权型法律关系与隶属型法律关系是按照法律关系主体的法律地位是否平等所作的分类。平权型法律关系又称平向法律关系,是存在于法律地位平等的当事人之间的法律关系。法律地位平等指的是当事人之间没有隶属关系,也就是既不存在职务上的上、下级关系,也不存在一方当事人可以依据职权而支配对方的情形。这种平权型的法律关系以民事法律关系最为典型。当然,在民事行为领域之外也存在许多种平权型法律关系。隶属型法律关系又叫纵向法律关系,是一方当事人可依据职权而直接要求他方当事人为或不为一定行为的法律关系。隶属型法律关系存在于具有职务关系的上、下级之间,也存在于依法享有管理职权的国家机关和其管辖范围内的各种主体之间。行政法律关系是典型的隶属型法律关系。在这种法律关系中,行使职权的机关可通过单方面的意思表示而要求相对人服从。行政法律关系的大部分属于隶属型法律关系。

3. 绝对法律关系与相对法律关系

绝对法律关系与相对法律关系是根据法律关系主体是否完全特定化所作的分类。绝对法律关系指的是权利主体特定而义务主体不特定的法律关系。绝对法律关系的特点是,只有权利主体是特定的、具体的,而义务主体则是不特定的、不具体的。绝对法律关系以“一个人对一切人”的形式表现出来,即一个特定的人与其他相对人之间的法律关系。相对法律关系是存在于特定的权利主体和特定的义务主体之间的法律关系。相对法律关系的特点是参加法律关系的双方或数方均是特定的、具体的人,其表现形式是“某个人对某个人”。

除上述三种划分外,法律关系还可按部门法为标准进行分类。如民事法律关系、行政法律关系、刑事法律关系、诉讼法律关系等。

1.3.4 法律事实

由于社会生活本身是不断变化的,法律关系也就不能不具有某种流动性,从而表现为一个产生、变更与消灭的过程。法律关系的产生是指主体之间出现了权利、义务关系;法律关系的变更指的是法律关系的主体、客体或内容中的任何一项发生了变化;法律关系的消灭指的是主体间权利、义务关系的完全终止。

法律关系的产生、变更或消灭不是随意的,必须符合两方面的条件:第一方面的条件是抽象的条件,即法律规范的存在,这是法律关系形式变更与消灭的前提和依据;第二方面的条件是具体的条件,即法律事实的存在,它是法律规范中假定部分所规定的各种情况,一旦这种情况出现,法律规范中有关权利和义务的规定以及有关行为法律后果的规定就发挥作用,从而使一定的法律关系产生、变更或消灭。

(一)法律事实的特点

1. 法律事实是一种规范性事实

法律事实是法律规范社会的产物,没有法律就不会有法律事实,所以法律事实这一概念在一定程度上体现了法律规范所设计的事实模型。在这里,规范有两个方面的含义:一方面是指静态的法律规范模式;另一方面指动态的法律规范模式。

2. 法律事实是一种能用证据证明的事实

这意味着法律事实不仅是客观事实,而且它还应是能用证据证明的客观事实。许多事实也许是客观存在的,但由于时过境迁拿不出证据证明,这样的事实就不能认定为法律事实。

3. 法律事实是一种具有法律意义的事实

如果事实没有对法律产生任何影响就不能称为法律事实。

(二)法律事实的种类

根据不同的标准可以对法律事实进行多种分类,以下是几种最常见的划分方法。

1. 事件和行为

按照法律事实是否与当事人的意志有关,可以把法律事实分为事件和行为,这是一种最基本、最重要的分类。事件又称为法律事件,指的是与当事人意志无关的,能够引起法律关系形成、变更或消灭的事实,事件的特点是,它的出现与当事人的意志无关,不是由当事人的行为所引发的。导致事件发生的原因,既可以来自于社会,也可以来自于自然,另外也不能来自于时间的流逝,如各种时效的规定等。行为又称有法律意义的行为,从法律关系的角度看,它指的是与当事人意志有关,能够引起法律关系产生、变更或消灭的作为和不作为。行为一旦做出,也是一种事实,它与事件的不同之处存于当事人的主观因素成为引发此种事实的原因,因此,当事人既无故意又无过失,而是由于不可抗力或不可预见的原因而引起的某种法律后果的活动,在法律上不被视为行为,而被归入意外事件。法律上所说的行为,仅指与当事人意志有关且能够引起法律关系后果的那些行为。

2. 确认型法律事实和排除型法律事实

确认型法律事实和排除型法律事实是按事实的存在方式而作的分类。确认型法律事实指的是只有当该事实得到确认之后,才能引起一定法律后果的法律事实。与之相反的是排除型法律事实,指的是只有该事实被排除后,才能引起一定法律后果的法律事实。确认型法律事实是法律事实的正态存在形式,意味着只有当某一具有法律意义的事实出现时,才能引起相应的法律后果。

3. 单一的法律事实和事实构成

按照引起法律后果所需要的法律事实具有单数形式还是复数形式,可把它们划分为单一的法律事实和事实构成。单一的法律事实是无需其他事实出现就能单独引起某种法律后果的法律事实。出生、死亡和放弃债权等,都是单一的法律事实,这种事实一旦出现,就会引起法律关系的产生、变更或消灭。事实构成是法律事实的复数形式，是由数个事实同时出现才能引起法律后果的法律事实。多数法律关系的形成、变更或消灭，必须以同时具备数个事实为条件，缺一不可。例如，抵押贷款合同关系就至少同时具备数个事实后始得成立：一方要约、一方承诺、双方意思表示一致等。

1.4 物权和债权

1.4.1 物权

物权是指权利人直接支配其标的物，并享受其利益的排他性权利，它既有人对物的内容，同时又具有直接对抗一般人的效力。

(一)物权的特征

1. 物权的权利主体是特定的，义务主体则是不特定的

物权是一种人对物的直接支配、管领的排他性权利，物权的权利主体总是特定的，而物权人以外的其他人都负有不妨碍物权人行使、实现物权的义务，是不特定的。物权可以被视为是一种对世权，同时也是一种绝对权。债权则是只能由特定的权利主体对特定的义务主体享有，其权利、义务是相互对应产生的，债权也被称为相对权或相对人权。

2. 物权的客体是特定的独立之物，不包括行为和精神财富

物权的客体是物，这使物权与债权、知识产权和人身权区别开来，同时，物权的客体是特定的独立之物，这就是物权作为支配权所必需的。债权的客体可以是行为等。

3. 物权的内容是对物的直接管理和支配

对物的直接支配和管理，意味着其权利主体实现其权利仅凭自己的行为即可，无须他人的行为，而债权得通过债务人的给付行为才能实现。物权的支配性是物权的本质所在。

4. 物权具有独占性和排他性

同一物上不能有内容互不相容的两个物权，因此物权有独占性。物权的支配性决定物权是具有排除他人干涉的排他性。

5. 物权具有法定性

物权由于具有直接支配和排他的效力，因此物权的创设、内容和效力均由法律规定，而不容当事人私自约定。

6. 物权具有追及权和优先权效力

物权的追及权指的是物权的标的物无论辗转落入何人之手，物权人可以追及其物，向实际占有人主张其权利。所谓优先权，是指同一物上有数种权利时，物权具有较其他权利优先行使的效力。典型的例子，就是物权具有优先于债权的效力。

7. 物权的设立必须公示，通常动产以交付为公示，不动产以登记为公示

物权主要表现为权利人对于物的权利，物权是由权利人直接行使的，物权是以权利人直接

支配标的物并享受其利益为内容，物权是排他性的权利等内容。

(二)物权分类

根据《民法通则》、《担保法》、《土地管理法》及其他有关法律的规定，我国的物权包括所有权、承包经营权、土地使用权、抵押权、质权、留置权等。

1. 自物权与他物权

这是以权利人是对自有物享有物权还是对他人所有之物享有物权为标准所作的区分。自物权是权利人依法对自有物享有的物权，自物权就是所有权，即自物权的外延具有唯一性。他物权是权利人根据法律的规定或合同的约定，对他人所有之物享有的物权。他物权的外延包括所有权之外的一切物权类型。

2. 用益物权与担保物权

用益物权与担保物权是对他物权以其支配标的物的内容为标准所作的区分。用益物权是指以支配物的使用价值为内容的物权，如地役权、土地承包经营权等。担保物权是指以支配物的交换价值为内容的物权，如抵押权、质权、留置权等。用益物权的权利人得就标的物按其性质进行使用和收益，实现物的使用价值。因对标的物的使用收益一般需占有标的物，故在一物之上有用益物权存在时，通常不能再设定用益物权。担保物权的权利人在债务人不履行债务时，以该担保物折价抵债或变担保物而就所得价金优先受偿，其支配的是标的物的交换价值。所以在同一物上通常可有数个担保物权存在，依其成立的先后及其他因素而确定各自的受偿顺序。此外，在同一个标的物上设定用益物权后，一般都可以在其上再设定担保物权；在同一标的物上设定担保物权后，除了在动产担保中须转移标的物所占有的担保物权(如动产质权)外，一般也可以在其上再设定用益物权。

3. 动产物权、不动产物权与权利物权

动产物权、不动产物权与权利物权是以物权的客体为标准所作的区分。以动产为客体的物权，称为动产物权，如动产所有权、动产质权和留置权等；以不动产为客体的物权，称为不动产物权，如不动产所有权、土地承包经营权、不动产抵押权等；以权利为客体的，则称为权利物权，如权利抵押权和权利质权等。这一区分主要在于它们物权变动的要件不同、公示方法也不同，动产物权的公示方法为占有，不动产物权的公示方法为登记。但有的动产物权的公示也需登记。如我国《担保法》第 42 条规定，以航空器、船舶、车辆、企业的设备等作抵押的，必须办理抵押物登记。此外，在西方国家近年来出现了不动产证券化的现象，即不动产抵押权的证券化。

1.4.2 债权

债是按照合同的约定或者依照法律的规定，在当事人之间产生的特定的权利和义务关系。享有权利的人是债权人，负有义务的人是债务人。债作为一种当事人之间请求为一定给付的民事法律关系，同样具有主体、客体和内容 3 要素。

1. 债的主体

债的主体指的是债的法律关系中的当事人。享有权利的人是债权人，负有义务的人是债务人。当然，在大多数的债权债务关系中，双方当事人都是既享有债权又负有债务。

2. 债的客体

债的客体是指债权债务关系指向的对象。宏观上讲,所有债权债务关系指向的对象都是统一的,即给付。但具体到每个债权债务关系,债的客体又各有不同,物、行为、劳动成果和智力成果等都可能成为债的客体。

3. 债的内容

债的内容是指债权和债务。债权是债权人请求债务人为一定给付的权利,主要包括给付请求权、给付受领权、债权保护请求权和对债权的处分权。债务是指债务人依法或依约定为给付行为的义务。债务可以是给付财物,也可以是为或不为一定行为。

民法意义上的债与生活中的债的概念不同,即不仅指借贷关系,而且还指通过合同、侵权行为等法律事实所产生的人与人之间的权利、义务关系。在债的关系中,享有权利的人称为债权人,承担义务的人称为债务人;在双务契约中,则互为债权债务人。债权人的权利和债务人的债务所指向的对象称为债的标的。债权人所享受的权利称为债权,债务人所承担的义务称为债务。债权和债务是债的关系不可分割的两个方面,是相对应而存在的,不能相互脱离而单独存在。债可以视为债权和债务的总和。因此,债的关系从债权人方面说,也可称为债权关系;从债务人方面说,也可称为债务关系;有时也可以合称债权债务关系。规定债的关系的立法,在各国也分别称为债法、债权法、债务法或债权债务法。债可以根据各种法律事实而发生,其产生根据可分为行政行为、民事法律行为、违法行为、事实行为等4类。

债的关系是特定人之间的关系,亦即权利主体和义务主体均是特定的。债权人只享有要求债务人而不是其他人,履行一定义务的权利;同样,债务人也只负有向债权人而不是其他人,履行特定行为的义务。债的关系从它发生的时候起,就具有拘束力,在法律上就有强制力。在规定的期限内债务人不履行债务时,债权人就可以按照法律规定,强制债务人履行其义务。债务人根据法律或合同,完成债的内容所规定的行为或不行为称为债的履行。债务人履行了自己的义务,债的目的就达到了,债的关系也就消灭了。因此,债的履行是债的最正常的消灭方式。债的履行须遵循亲自履行、同时履行、全面履行、实际履行的原则。债的不履行指债务人没有实施债的内容所规定的行为或不行为,又称债的不给付。在中国,不履行债是不履行民事义务的一种表现,债务人要负民事责任,受到民事制裁,情节严重的,还应负行政责任甚至刑事责任。对于不履行债的民事制裁方法是:追索违约金、赔偿损失、强制履行。债务人如遇不可抗力,即不能预见、不能避免并不能克服的客观情况,如天灾、战祸,可以免除责任,但须负举证责任;对迟延履行后所发生的不可抗力造成的损失仍应负责。债的转移即不变更债所规定的权利、义务内容,而变更债的主体——债权人或债务人,也就是债所规定的权利、义务在不同主体之间的转移。包括:债权转移;债务转移;债权、债务全面转移。债的消灭指基于一定的法律事实使债所设定的权利和义务归于消灭。根据中国的法律规定和经济生活实践,引起债的民事法律事实主要有:债的履行、债的抵消、行政命令、双方协议、客观上已不可能履行等。

4. 债的分类

1)合同之债和非合同之债

根据债的发生原因不同,债可以分为合同之债和非合同之债。合同之债即当事人双方或数方之间签订合同而发生的债。非合同之债指不是由参加者的协议而发生的债。不同的债应适用不同法律进行调整。

2)特定物之债和种类物之债

根据债的标的物属性的不同,债可分为特定物之债和种类物之债。前者在债发生时,其标的物即已存在并已特定化;后者在债发生时,其标的物尚未特定化,甚至尚不存在,但当事人双方须就债的标的物的种类、数量、质量、规格或型号等达成协议。债的这种分类的法律意义在于特定物之债的履行,除非债务履行前标的物已灭失,债务人不得以其他标的物代为履行,种类物之债不存在这个问题;在法律规定或当事人约定的情况下,特定物之债的标的物所有权可自债成立之时发生转移,标的物意外风险也随之转移;种类物之债的标的物所有权只能自交付之日起转移,其意外风险也自交付之日起转移。

3)单一之债和多数人之债。

根据债的主体双方人数是单一的,还是多数的,债可以分为单一之债和多数人之债。前者指债的双方主体都仅为一人的债,后者指债的双方主体均为二人以上或其中一方主体为二人以上的债。前者当事人之间的权利、义务比较简单明了,后者当事人之间的关系比较复杂。

4)按份之债和连带之债

按份之债指债的一方主体为多数人,各自按照一定的份额享有权利或承担义务的债。按份债权的各个债权人只能就自己享有的份额请求债务人履行和接受履行,无权请求和接受债务人的全部给付。按份债务的各债务人只对自己分担的债务份额负清偿责任,债权人无权请求各债务人清偿全部债务。在按份之债中,凡是债权人接受了其应受份额义务的履行或者债务人履行了自己应负担份额的义务后,与其他债权人或债务人均不发生任何权利义务关系。连带之债是指债的主体一方为多数人,多数人一方当事人之间有连带关系的债。债权人一方为多数人且有连带关系的,为连带债权。在连带之债中,连带债权人的任何一人接受了全部义务履行,或连带债务人的任何一人清偿了全部债务时,原债归于消灭,但连带债权人或连带债务人之间则会产生新的按份之债。

5)主债和从债

根据两个债之间的关系,债可分为主债和从债。主债指能够独立存在、不以他债为前提的债。凡是不能独立存在,而必须以主债的存在为成立前提的债称之为从债。区分主债与从债的法律意义在于从债对主债起担保作用,从债的效力决定于主债的效力,它随主债的存在而存在,随主债的终止而终止。

1.5 诉讼时效

诉讼时效是指民事权利受到侵害的权利人在法定的时效期间内不行使权利,当时效期间届满时,即丧失了请求人民法院依诉讼程序强制义务人履行义务之权利的制度。时效具有强制性,任何时效都由法律、法规强制规定,任何单位或个人对时效的延长、缩短、放弃等约定都是无效的。

1.5.1 诉讼时效的类别

诉讼时效依据时间的长短和适用范围分为一般诉讼时效和特殊诉讼时效。

1. 一般诉讼时效

一般诉讼时效指的是在一般情况下普遍适用的时效,这类时效不是针对某一特殊情况规定的,而是普遍适用的。如我国《民法通则》第135条规定,向人民法院请求保护民事权利的诉讼时效期间为2年,法律另有规定的除外。

2. 特别诉讼时效

特别诉讼时效指的是针对某些特定的民事法律关系而制定的诉讼时效。特殊时效优于普通时效,指的是凡有特殊时效规定的适用特殊时效,我国《民法通则》141条规定,法律对时效另有规定的,依照法律规定。

特殊时效可分为以下三种。

1)短期时效

短期时效指诉讼时效不满两年的时效。我国《民法通则》第136条规定,下列时效为一年:身体受到伤害要求赔偿的;出售质量不合规格的商品未声明的;延付或拒付租金的;寄存财物被丢失或被损坏的。其他还有如《担保法》中规定,连带责任保证的保证人与债权人未约定保证人承担保证责任的,债权人有权自主债务履行期届满之日起六个月内要求保证人承担保证责任。

2)长期诉讼时效

长期诉讼时效是指诉讼时效在2年以上20年以下的诉讼时效。

3)最长诉讼时效

最长诉讼时效为20年。

我国《民法通则》第137条规定,从权利被侵害之日起超过20年,人民法院不予保护。根据这一规定,最长的诉讼时效的期间是从权利被侵害之日起计算,权利享有人不知道自己的权利被侵害,时效最长也是20年,凡是超过20年,人民法院不予保护。

1.5.2 诉讼时效的中止、中断和延长

(一)诉讼时效的中止

诉讼时效的中止是指在诉讼时效进行期间,因发生法定事由阻碍权利人行使请求权,诉讼依法暂时停止进行,并在法定事由消失之日起继续进行的情况,又称为时效的暂停。对此,我国《民法通则》第139条予以规定:"在诉讼时效期间的最后6个月内,因不可抗力或者其他障碍不能行使请求权的,诉讼时效中止,诉讼时效从中止时效的原因消除之日起继续计算。"

诉讼时效中止的适用条件如下。

(1)诉讼时效的中止必须是因法定事由而发生。这些法定事由包括两大类:一是不可抗力,如自然灾害、军事行动等,都是当事人无法预见和克服的客观情况;二是其他阻碍权利人行使请求权的情况。

(2)法定事由发生在诉讼时效期间的最后6个月内,始产生中止诉讼时效的效力。

(3)诉讼时效中止之前已经经过的期间与中止时效的事由消失之后继续进行的期间合并计算。而中止的时间过程则不计入时效期间,为此,民法把时效中止视为诉讼时效完成的暂时性阻碍。

(二)诉讼时效的中断

1.诉讼时效中断的适用条件

诉讼时效中断是指已开始的诉讼时效因发生法定事由不再进行,并使已经经过的时效期间丧失效力。我国《民法通则》第140条确认了诉讼时效中断的情况和事由,诉讼时效因提起诉讼、当事人一方提出要求或者同意履行义务而中断,并从中断时起诉讼时效期间重新计算。

诉讼时效中断的适用条件如下。

(1)引起诉讼时效中断的事实是由法律直接规定的,其特点在于均是当事人有意识的行为,包括起诉、权利人主张权利或者义务人同意履行义务的行为。这些法定事由只要在诉讼时效进行中出现即引起时效的中断。

(2)中断诉讼时效的法定事由发生在诉讼时效期间的任何阶段均产生中断的法律效力。而且诉讼时效中断的次数不受法律限制,也就是说,诉讼时效因权利人主张权利或者义务人同意履行义务而中断后,权利人在新的诉讼时效期间,再次主张权利或者义务人再次同意履行义务的,可以认定为诉讼时效再次中断。

(3)从诉讼时效中断时起,诉讼时效期间重新起算。从而法定事由发生之前已经经过的时效期间归于无效,与重新计算的时效期间没有关系,在此种意义上,民法学称诉讼时效中断为根本性障碍。

2.诉讼时效中断的法定事由

根据《民法通则》第140条的规定,中断诉讼时效的事由包括提起诉讼(起诉)、当事人一方提出要求(请求)或者同意履行义务(承诺)。这些事由区别于中止诉讼时效的事由,都是依当事人主观意志而实施的行为。诉讼时效的目的是促使权利人行使请求权,消除权利义务关系的不稳定状态,从而诉讼时效进行的条件是权利人不行使权利,如果当事人通过实施这些行为,使权利义务关系重新明确,则诉讼时效已无继续计算的意义,当然应予以中断。

(1)起诉:权利人依诉讼程序主张权利,请求人民法院强制义务人履行义务。起诉行为是权利人通过人民法院向义务人行使权利的方式。故诉讼时效因此而中断,并从人民法院裁判生效之时重新起算。

(2)请求:指权利人直接向义务人做出请求履行义务的意思表示。这一行为是权利人在诉讼程序外向义务人行使请求权。改变了不行使请求权的状态,故应中断诉讼时效。

(3)认诺:认诺是指在诉讼中被告对原告所提出的诉讼请求部分或全部予以认可的一种陈述。基于义务人认诺所承担的义务,使双方当事人之间的权利义务关系重新得以明确,诉讼时效自此中断,并即时重新起算。认诺的方式有多种多样,包括部分清偿、请求延期给付、支付利息、提供履行担保等。

(三)诉讼时效的延长

诉讼时效延长是指人民法院查明权利人在诉讼时效期间确有法律规定之外正当理由而未

行使请求权的,适当延长已完成的诉讼时效期间。我国《民法通则》对于诉讼时效的延长也有明文规定,诉讼时效延长具有不同于诉讼时效中止和中断的特点。具体表现在,它是发生在诉讼时效届满之后,而不是在诉讼时效过程中,而且能够引起诉讼时效延长的事由,是由人民法院认定的。延长的期间,也是由人民法院依客观情况予以掌握。

(1)延长诉讼时效所依据的正当理由是由人民法院依职权确认的,因为社会生活的复杂性决定了法律不可能将阻碍诉讼时效进行的情况全部地加以规定。当出现中止和中断诉讼时效的法定事由之外的事实即特殊情况,造成权利人逾期行使请求权时,有必要授权人民法院审查是否作为延长时效的事由,以弥补法律规定的不足。而所谓特殊情况不是指权利人由于障碍在法定诉讼时效期间不能行使请求权的情况。

(2)诉讼时效的延长适用于已经届满的诉讼时效。已完成的诉讼时效期间仍然有效力,而由人民法院决定适当延长一定的期间。

(四)诉讼时效中止、中断和延长的适用

根据《民法通则》的立法精神和司法机关的有关规定,普通诉讼时效和特殊诉讼时效,均适用中止、中断和延长,而最长诉讼时效则仅适用延长的规定,却不适用中止和中断。

1.6 世界各国法律制度简介

在西文中除英语的 law 同汉语中的"法律"对应外,欧洲大陆的各民族语言中都用两个词把"法"和"法律"分别加以表达,比如拉丁文的 jus 和 lex,法文中的 droit 和 loi,德文中的 recht 和 gesetz,意大利语中的 diritto 和 legge,西班牙语中的 derecho 和 ley 等等。西文中的 jus、droit、recht 等词既表示"法",又兼有"权利"、"公平"、"正义"等富有道德意味的抽象含义;lex 等词通常指具体规则,其词义明确、具体、技术性强;有学者认为,法指永恒的、普遍有效的正义原则的道德公理,而法律则指由国家机关制定和颁布的具体的法律规则,法律是法的真实或虚假的表现形式,这也就是"自然法"与"实在法"对立的法哲学概括。

1.6.1 中西法律传统的差异

法律的历史传统是指经过历史沉淀并沿传到今的关于法律的社会态度、信仰、习惯和制度。中西方法律的发展呈现出两条风格各异的轨迹,差异主要表现在以下方面。

(1)在法律哲学与法律精神方面。中国法的发展长期受传统中国哲学的影响,尤其是汉代以后的儒家哲学成为法律指导思想;西方法的发展长期以西方传统哲学为指导思想。中国法的精神是人治精神,其实质是重视人的作用、道德的作用,但这种精神在中国专制社会却蜕变为专制的附庸。西方法的精神则与"性恶论"的哲学倾向不无联系,道德在西方所受到的重视程度同法律不可同日而语。西方法治精神的实质是:法律在权力之上,官吏服从法律,以法制约权力。

(2)在法律结构与法律文化方面。中国法律结构以刑法为主,法律文化以公法文化为核心;西方法律结构以民法为主,法律文化以私法文化为核心。

(3)在司法体制与司法程序方面。中国的司法与行政总是合二为一,西方的司法与行政总是分权制约。中国的司法历来不是独立的，它总是依附于行政。中国司法活动的程序也表现为行政化，没有司法行为自己的独特的程序。

(4)在法律形式与司法技术方面，中国法过于依赖成文法典，因而司法技术相对比较落后，西方法的成文法与不成文法并存，司法技术比较发达。

(5)在法律民族性与国际性方面，中国法的发展始终呈封闭性状态，西方法的发展始终呈开放性状态。中国法的发展史在封闭、内向、排外的前提下自我生成、自我发展、自我更新，形成了"中国法中心思想"和"尚古主义"的保守性格占主导地位的中国法，西方法保持法律对外交流与融合并不断实现自我更新，给西方法的发达提供了源泉。

1.6.2 西方两大法系历史传统的比较

西方社会存在两大法系，一是大陆法系，一是英美法系。

(一)大陆法系

大陆法系又称为民法法系，是以罗马法为基础而发展起来的法律的总称。它首先产生在欧洲大陆，后扩大到拉丁族和日耳曼族各国。历史上的罗马法以民法为主要内容。法国和德国是该法系的两个典型代表，此外还包括过去曾是法国、西班牙、荷兰、葡萄牙四国殖民地的国家和地区，以及日本、泰国、土耳其等国。法国法系是以 1804 年《法国民法典》为蓝本建立起来的，它以强调个人权利为主导思想，反映了自由资本主义时期社会经济的特点。德国法系是以 1896 年《德国民法典》为基础建立起来的，强调国家干预和社会利益，是垄断资本主义时期法的典型。属于大陆法系的国家和地区除了法国、德国外，还包括意大利、西班牙等欧洲大陆国家，也包括曾是法国、西班牙、荷兰、葡萄牙四国殖民地的国家和地区，如阿尔及利亚、埃塞俄比亚等及中美洲的一些国家，国民党统治时期的旧中国也属于这一法系。

大陆法系的特点如下。

(1)吸收了许多罗马私法的原则和制度，如赋予某些人的集合体以特定的权利能力和行为能力；所有权的绝对性，取得财产的各种方法，某人享有他人所有物的某些权利；侵权行为与契约制度；遗嘱继承与法定继承相结合制度等。还接受了罗马法学家的整套技术方法，如公法与私法的划分，人法、物法、诉讼法的私法体系，物权与债权的分类，所有与占有、使用收益权、地役权以及思维、推理的方式。

(2)实行法典化，法律规范的抽象化概括化。

(3)明确立法与司法的分工，强调制定法的权威，一般不承认法官的造法功能。

(4)法学在推动法律发展中起着重要作用，法学创立了法典编纂和立法的理论基础，如自然法理论、分权学说、民族国家理论等，使法律适应社会发展需要的任务由法学家来完成。

(二)英美法系

英美法系又称普通法法系，指的是以英国普通法为基础发展起来的法律的总称。它首先产生于英国，后扩大到曾经是英国殖民地、附属国的许多国家和地区，包括美国、加拿大、印度、巴基斯坦、孟加拉、马来西亚、新加坡、澳大利亚、新西兰以及非洲的个别国家和地区，中国香港地区也属于英美法系。英美法系首先起源于 11 世纪诺曼人入侵英国后逐步形成的以判例形式出现的普通法，到 18 世纪至 19 世纪时，随着英国殖民地的扩张，英国法被传入这些国家和地区，英美法系终于发展成为世界主要法系之一。英美法系中也存在两大支流，这就是英国法和美国法，它们在法律分类、宪法形式、法院权力等方面存在一定的差别。

英美法系特点：①以英国为中心，英国普通法为基础；②以判例法为主要表现形式，遵循先例；③在法律发展中，法官具有突出作用；④体系庞杂，缺乏系统性；⑤注重程序的“诉讼中心主义”。

（三）大陆法系与英美法系的区别

两大法系在法律历史传统方面或者也可以说是它们两者在宏观方面的差别如下。

（1）从法律渊源传统来看，大陆法系具有制定法的传统，制定法为其主要法律渊源，判例一般不被作为正式法律渊源（除行政案件外），对法院审判无约束力；而英美法系具有判例传统，判例法为其正式法律渊源，即上级法院的判例对下级法院在审理类似案件时有约束力。

（2）从法典编纂传统来看，大陆法系的一些基本法律一般采用系统的法典形式。而英美法系一般不倾向法典形式，其制定法一般是单行的法律和法规。当代英美法系虽然学习借鉴了大陆法系制定法传统，但也大都是对其判例的汇集和修订。

（3）从法律结构传统来看，大陆法系的基本结构是在公法和私法的分类基础上建立的，传统意义上的公法指宪法、行政法、刑法以及诉讼法；私法主要是指民法和商法，英美法系的基本结构是在普通法和衡平法的分类基础上建立的。从历史上看，普通法代表立法机关的法律，衡平法主要代表审判机关的法律，衡平法是对普通法的补充规则。

（4）从法律适用传统来看，大陆法系的法官在确定事实以后首先考虑制定法的规定，而且十分重视法律解释，以求制定法的完整性和适用性；英美法系法官在确定事实之后，首先考虑的是以往类似案件的判例，将本案与判例加以比较，从中找到本案的法律规则或原则，这种判例运用方法又称为“区别技术”。

（5）从诉讼程序传统来看，两大法系也存在一些传统的差别，如大陆法系倾向于职权主义，即法官在诉讼中起积极的作用，英美法系倾向于当事人主义，即控辩双方对抗式辩论，法官的作用是消极中立的。

（6）从职业教育传统来看，大陆法系在律师和法官的职业教育方面突出法学理论，所以大陆法系自古罗马以来就有“法学家法”的称号；而英美法系的职业教育注重处理案件的实际能力，比如律师的职业教育主要通过协会进行，被称为“师徒关系”式的教育。

思考题

1. 法的本质特征和形式特征是如何定义的？两者有何区别？
2. 法律规范的特点是什么？
3. 法律关系包括哪些方面内容？
4. 什么是物权？物权有什么特征？
5. 什么是债权？债权三要素包括什么内容？

6. 何为诉讼时效？特殊诉讼时效是如何规定的？
7. 中西法律传统的差异主要体现在哪些方面？
8. 大陆法系和英美法系有什么区别和联系？

2 建设法规概论

随着人类社会与经济的发展，人们对各类建设工程的需求也越来越多，因而围绕各类建设工程所进行的各种建设活动也随之日益频繁。而围绕各类建设工程所进行的各种建设活动在总体上是符合一定时空条件的统治阶级的利益的，但在相关建设工程的建设活动中也不可避免地出现了一些不容忽视甚至严重危及社会利益的问题，如建设工程市场中主体行为不规范，在建设工程承发包活动中行贿受贿，或者将承揽的建设工程进行层层转包，一批不具备从事建设活动所应有的资质条件的包工队通过非法手段承包建设工程，留下质量隐患，破坏建设工程市场的正常秩序；建设工程质量低劣；某些建设工程行政主管部门工作人员不认真履行监督管理职责，玩忽职守，给建设活动中的违法行为开了方便之门等等。对于各类建设工程的建设活动中存在的上述种种问题，不同国家、不同时期的统治阶级，其解决措施是有差异的，有的通过行政手段，有的通过法制手段。但国内外实践证明，制定建设工程法律，实行建设工程法制管理，对于规范各类建设工程的建设活动，维护建设工程市场秩序，保证建设工程的质量和安全，促进建设业健康发展，是非常有力且有效的措施。

2.1 建设活动

建设活动是指建筑工程、线路工程、设备安装工程等工程的新建、扩建、改建活动及装修装饰活动。新建项目指的是从无到有，或在原有单位之外，新开始建设的项目，而原有的固定资产的基础较小，项目建成后的固定资产的价值超过原有固定资产价值3倍以上的，也视为新建项目。扩建项目指的是在原有的单位规模的基础上，以扩大生产场地的办法来增加新的生产能力的建设项目。改建项目指的是原有单位为提高产品质量、节约能源、降低原材料的消耗、改变产品结构、改革生产工艺、提高技术水平而进行整体技术改变的建设项目。

建设活动的范围很广，包括了国民经济各个方面、各个部门的建设，既包括生产性的建设活动，也包括非生产性基本建设，建设活动的内容主要包括基本建设规划与计划，资源的开发勘测与研究工作，基本建设项目的勘察、设计、建筑、安装、设备购置、土地征用、拆迁补偿、生产设备和其他与基本建设有直接关联的工作。一个完整的建设活动按照其整个寿命周期可以分为决策阶段、设计阶段、施工阶段、收尾阶段和生产阶段等内容。

2.1.1 决策阶段

1. 项目建议书

项目建议书是基本建设程序中最初阶段的工作，是国家选择建设项目和有计划地进行可行性研究的依据。项目建议书是由国务院主管部委或省、自治区、直辖市以及现有企事业单位根据国家长远规划、部门和行业发展计划的要求,结合各项自然资源、生产力布局状况和市场预测等因素,经过调查分析,说明具体项目建设的必要性,认为条件方面大致可行并向国家推荐的建议书。

2. 进行可行性研究

可行性研究指的是项目建议书被批准后,对拟建项目在技术上是否可行、经济上是否合理等内容所进行的分析论证。按照批准的项目建议书,部门、地区或企业负责组织可行性研究,对项目在技术、工程、经济和外部协作条件上是否合理和可行,进行全面分析、论证,做多方案比较。可行性研究报告必须经有资格的咨询机构评估确认后,才能作为投资决策的依据。

2.1.2 设计阶段

1. 设计任务书

设计任务书又称为计划任务书,是可行性研究完成后编制的项目大纲,是确定建设项目及其建设方案的基本文件,是编制设计文件的主要依据。针对所有建设项目都必须按规定要求编制设计任务书。设计任务书的编制应根据可行性研究的成果进行。如果没有进行可行性研究的建设项目,应根据主管部门或本地区规定的内容和要求进行相应编制。

2. 初步设计

(1)设计说明书:包括设计总说明、总平面设计说明书、建筑设计说明书、结构设计说明书、建筑电气设计说明书、给水排水设计说明书、采暖通风与空气调节设计说明书、热能动力设计说明书等内容。

(2)设计图纸、计算书和设备表。

(3)设计概算文件:概算的编制依据、单位工程概算书、单项工程综合概算书和总概算书。

3. 施工图设计

施工图设计是设计的最后阶段,其内容应根据批准的初步设计进行编制,深度应满足规定的要求。施工图设计的主要任务是把初步设计中的设计原则和设计方案根据建筑安装工程的需要进一步明确和细化,把工程和设备的各个组成部分尺寸、布置和主要施工方法以图样形式加以确定,并编制设备、材料明细表和施工项目预算。

2.1.3 施工阶段

1. 施工准备

施工准备的主要内容包括设备和建筑材料的订货与采购,根据施工图纸、施工组织设计和施工图预算,组织建筑工程的招标,以及征地、拆迁等工作。

2. 工程施工

工程施工包括建筑工程施工和安装工程施工,指的是在设计图纸、材料设备和施工场地已定并已做好充分准备的情况下,按照已经编好的施工组织设计和施工预算的部署和计划,组织具体实施的过程。施工是把项目设计图纸变成为实物的关键环节，为保证施工的顺利进行和施工质量，在正式开工之前要认真审查施工的准备工作和施工条件，然后提出开工报告，经主管部门批准，才能动工兴建。

2.1.4 收尾阶段

1. 生产准备

生产准备是为使工程项目建成投产后能正常运转并达到设计水平，必须在竣工验收之前做好各项生产准备工作。生产准备工作主要包括：按进度计划培训管理人员和生产工人，组织人员参加设备的安装、调试、熟悉生产工艺流程和操作。

2. 竣工验收

工程施工结束后要进行竣工验收，竣工验收的目的是为了保证工程项目建成后能达到设计要求的各项技术经济指标。竣工验收是全面考核建设工作、检查是否符合设计要求和工程质量的重要环节，对促进建设项目工程及时投产、发挥投资效益、总结建设经验有重要的作用。竣工验收一般是先进行单项工程交工验收，然后进行全部工程整体验收，验收合格后办理固定资产交付使用和转账手续。

2.1.5 使用阶段

使用阶段是建设项目交付使用之后进入的生产运行期，可以经过生产运行以实现项目的生产经营目标，归还贷款，收回投资，并产生资金增值以便使再生产继续进行。

2.2 建设法规概念

法规指的是对宪法、法律、法令和国家机关制定的一切规范性文件的总称，通常指国家机关所制定的一些规范性文件，例如国务院制定和颁布的行政法规，省、自治区、直辖市人民代表大会及其常务委员会制定和颁布的地方性法规。建设法规是指由国家权力机关或其授权的行政机关制定的，旨在调整国家及其有关机关、企事业单位、社会团体、公民之间在建设活动中或建设行政管理活动中发生的各种社会关系的法律规范的总称。因此，建设法规应是包括宪法的有关建设规定在内的以规范建设活动为内容的所有法律、法规、命令以及地方性法规等的建设法律规范的总和。现在我国正在逐步建立健全社会主义法制，各项法律制度和政策也在不断制定和健全，建设法规作为我国社会主义法制建设的重要组成部分，也逐渐建立和健全。建设法律制度直接体现了国家组织、管理、协调城市建设、乡村建设、工程建设、建筑业、房地产业、市政公用事业等各项建设活动的基本方针、政策和制度，实现了对建设领域的各项建设活动规范及对以建设为内容的各种建设社会关系的依法调整。

2.2.1 建设法规特征

建设规范除具备一般法律特征外，还具有不同于其他法律的特征。

1. 技术性

为保证建设产品的质量和人民生命财产的安全，大量的建设法规是以技术规范形式出现的，如各种设计规范、施工规范、验收规范等。

2. 复杂性

建设法规的调整对象，也就是我们常说的发生在各种建设活动中，由建设法律规范调整的以权利义务为中心的各种社会关系。这些以权利义务为内容的社会关系，作为建设法规的调整对象，它的复杂性主要表现在以下几个方面。

(1)建设法律规范以具有权利义务内容的法律关系为调整的对象，调整的既有不平等主体间的建设行政法律关系，也有平等主体间的建设民事法律关系，以及介于两者之间的建设技术法律关系。

(2)建设法律规范以从事建设活动的行为者为调整的对象，包括国家、公民、法人以及社会经济组织等。

3. 综合性

建设法规内容组成的综合性，是由建设领域建设活动内容的复杂性决定的。从建设的活动内容来看，它不仅仅指实现建设工程建筑实物的建设行为本身，还包括建设行为的管理、监督、检查以及实现工程项目建设前期的准备活动。从建设活动性质来看，既有建设行政行为、建设民事行为、建设技术行为，还有建设的违法犯罪行为。因此正是由于建设领域建设活动行为的多样性，决定了建设法律规范内容的综合性，即建设法规内容的组成，除了包括行政、民事、技术的建设法律规范，还包括建设刑事法律规范。

4. 稳定性

建设法律规范的稳定性，取决于建设法律规范的本质属性。从建设法律规范的本质属性上看，它一方面体现着国家统治阶级的意志，一方面又保护建设经济关系参加者的最基本经济利益。从这两点性质可以看出，一是社会的最高意志，一是社会最基本成员的利益，两者是决定一个国家社会经济能否稳定发展的前提和根本。为此，国家利益和基本群体的经济利益都要求建设法律规范必须具有稳定性。

5. 隶属性

行政隶属性是建设法规的主要特征，这一特征决定了建设法规必然要采取直接体现行政权力活动的调整方法，即以行政指令为主的方法调整建设行业法律关系，调整方式包括以下方面。

(1)授权：国家通过建设法规范，授予国家建设管理机关相关管理权限或具体的权力，对建设业进行监督管理。

(2)命令：国家通过建设法律规范赋予建设法律关系主体某种作为的义务，如限期拆迁房屋，控制楼堂馆所建设，进行建设企业资质等级鉴定，征纳固定资产投资税，房屋产权登记等。

(3)禁止：国家通过建设法律规范赋予建设法律关系主体某种不作为的义务，即禁止主体某种行为。如严禁利用建设工程发包权索贿受贿，严禁无证设计、无证施工等。

(4)许可:国家通过建设法律规范,允许特别的主体在法律允许的范围内有某种作为的权利。如不同的企业等级有不同的承包范围。

(5)免除:国家通过建设法律规范,对主体依法应履行的义务在特定情况下予以免除。如用炉渣、粉煤灰等废渣作为主要原料生产建筑材料的可享有减免的优惠等。

(6)确认:国家通过建设法律规范,授权建设管理机关依法对争议的法律事实和法律关系进行认定,并确定其是否存在,是否有效。

(7)计划:国家通过建设法规,对建设业进行计划调节。如基本建设程序必须执行国家的固定资产投资计划。

(8)撤销:国家通过建设法律规范授予建设行政管理机关运用行政权力对某些权利能力或法律资格予以撤销或消灭。如没有落实建设投资计划的项目必须停建、缓建,无证设计、无证施工坚决取缔等。

2.2.2 建设法规调整对象

建设法规的调整对象指的是在建设活动过程中所形成并体现双方权利和义务的各种建设关系,主要体现在建设行政管理关系、经济协作关系和民事关系三种。建设法规的三种具体调整对象,既彼此相互联系,又各具自身属性,它们都是因从事建设活动所形成的社会关系,都必须以建设法规加以规范和调整。其中,行政管理关系的调整采取的是行政手段的方式,经济协作关系的调整采取的是行政的、经济的、民事的众多手段结合的方式,民事关系的调整主要是采取民事手段的方式。

(一)建设行政管理关系

建设活动中的行政管理关系,是国家及其建设行政主管部门与建设单位、设计单位、施工单位及有关单位(如中介服务机构)之间发生的相应的管理与被管理关系。它包括两个相互关联的方面:一方面是规划、指导、协调与服务;另一方面是检查、监督、控制与调节。

(二)建设活动中的经济协作关系

建设活动中的经济协作关系是一种平等自愿、互利互助的横向协作关系。一般应以经济合同的形式确定,经济合同是法人之间为了实现一定的经济目的、明确相互的权利义务关系的协议。

(三)建设活动中的民事关系

建设活动中的民事关系是指因从事建设活动而产生的国家、单位法人、公民之间的民事权利、义务关系。建设活动中的民事关系既涉及国家社会利益,又关系到个人的利益和自由,因此必须按照民法和建设法规中的民事法律规范予以调整。建设活动中的民事关系是指因从事建设活动而产生的国家、单位法人、公民之间的民事权利、义务关系。

2.2.3 建设法规基本原则

建设法规的原则指的是建设法律规范所依据的法则或标准,可以作为众多法律规则的基础和本源的综合性、稳定性的原理和准则,决定了法律制度的基本性质、内容和价值倾向,是法律制度内部协调统一的重要保障。对于法律原则来讲,它的基本特点是没有预先设定任何确定而具体的事实状态，也不规定具体的权利、义务和责任。因此与规则相比，原则在内容明确化程度上显然低于规则。但是，原则所覆盖的事实状态则广于规则。具体的规则只能对具体类型的行为加以调整，而具体原则是调整某一个或数个行为领域。甚至涉及全部社会关系的协调和指引。作为一部法律来讲，内容上确定具体行为规范的条款是行为的规则，其中反映法律性质的法则规定则是法律的原则。如《合同法》第44条的规定，“依法成立的合同，自成立时生效”是内容具有高度明确性的规则，而第6条的规定，“当事人行使权利、履行义务应当遵守诚实信用的原则”，尽管它的内容不像规则那样明确，但它能够起作用的行为领域广于第44条规定的规则。

设立法规的原则主要体现在以下几方面。

1. 建设活动遵循市场经济规律的原则

市场经济是一种对资源配置起基础作用的经济体制。从某种意义上讲市场经济是一种法制经济，也可以视为法制经济的根本，毕竟市场经济需要依法规范和指导市场经济的运作，从而推动和保障市场经济的健康、顺利发展。建设市场作为我国市场经济的组成部分，建设活动遵循市场经济规律的原则，反映在建设法规中，就是在建立健全建设市场法律体系时，要科学地、合理地研究和分析市场经济和建设活动的基本规律，才能实现有效地规范建设市场，维护建设市场秩序，保护建设活动参加者的合法权益。

(1)遵循市场经济规律，反映在建设法规立法中，就是要建立健全市场主体体系。建设法规要规定各种建设市场主体的法律地位，对他们在建设活动中的权利和义务做出明确的规定。这些主体理应包括建设行政主管部门、勘察规划建筑设计主体、建设监理单位、建筑施工单位、房地产开发经营部门、土地管理部门、标准化部门、城市市政公用事业单位、环境保护部门、建筑材料供应部门等。活跃的建设市场主体，要求国家、集体和个人一齐参与。一旦条件成熟，政策或法规亦可考虑公民主体的法律地位，如个人合伙的建筑事务所等。

(2)遵循市场经济规律，要求建设法规的立法确立建设市场体系具有统一性和开放性。建设立法应当确立规划与设计市场、建设监理市场、工程承包的招投标市场、施工管理市场、房地产市场、市政公用事业市场、建设资金市场等多元化的建设活动大市场。

(3)遵循市场经济规律，要求建设法规的立法确立以间接手段为主的宏观调控体系。建设法规主要运用行政手段实现对建设行为的调整。但这种调整不应当是直接干预性的。各建设法规主体在具体的建设行为中都有其独立性和自主性。国家对其行为实施的调控只是间接性的。

(4)遵循市场经济规律，要求建设法规立法本身具有完备性。要把建设行为纳入法制轨道，必须先使建设法规自身完备。唯有如此，才能有效地规范建设市场主体行为，维护建设市场活动秩序。

2. 建设活动反映“责、权、利”相统一的原则

“责、权、利”相统一的原则集中反映了现代市场经济对建设法的基本要求，全面体现了党和国家的基本经济政策方针，也是建设法规经济法本质的体现。“责”指的是责任、义务，强调建设法律法规所规定的应予以尽责完成的义务。“权”指的是权利、权力，包括权利和权力两

个方面,其中权利是一个一般常规的法律概念,与利益相关;权力则主要是一个纵向的关系概念,与政权相关。“利”指的是利益,建设活动中所建立的建设法律关系包含了大部分建设经济法律关系,这种经济关系都是在一定的物质利益实体之间形成的利益关系。从某种意义上讲,只有通过协调建设活动参加者各方经济行为和经济利益关系,才能获取最大经济效益。因此“责、权、利”原则,也是实现建设活动经济效益与社会效益相统一的基本原则。

3. 建设活动确保工程质量和安全的原则

建设工程质量与安全是整个建设活动的核心,是关系到人民生命、财产安全的重大问题。建设工程质量是指国家规定的和合同约定的对建设工程的适用、安全、经济、美观等各项指标的要求。建设活动确保建设工程质量就是确保建设工程符合有关安全、经济、美观等各项指标的要求;建设工程安全是指建设工程对人身的安全和财产的安全,确保建设工程的安全就是确保建设工程和建设活动不发生或引起人身伤亡和财产损失。

4. 建设活动不损害社会公共利益和他人合法权益的原则

社会公共利益是全体社会成员的整体利益,保护全体社会成员的整体利益是社会主义法律规范的基础和目的。建设法律规范作为我国社会主义法律规范的组成部分,依法规范建设活动不得损害社会公共利益和他人的合法权益是社会主义法律的本质决定的,也是维护社会主义建筑市场秩序所必需的。

2.2.4 建设法律关系

法律关系就是由法律规范所确定和调整的人与人或与社会之间的权利义务关系。法律的直接内容就是规定人的权利和义务,这些不同的权利和义务就形成了不同的法律关系。权利是指法律规范所确定的,权利主体可以做出一定的行为或要求他人做出一定的行为,对于法定的权利,任何人都不得干涉,当事人可以根据自己的意志,在法定范围内自由地行使权利。义务是指根据法律规范的规定,义务主体必须做出或不做出某种行为,对义务除非权利人有法律的允许,否则当事人不得放弃履行,他人也不得阻止当事人履行义务。权利和义务是对立的,当事人享有的权利必须靠另一方当事人或社会应承担的义务来保证。在许多情况下,某一具体的行为,既是一个人的权利,又是一个人的义务,此时这个行为就构成了责任。

任何法律关系都是由法律关系主体、法律关系客体和法律关系内容三个要素构成,建设法律关系也不例外,缺少其中一个要素就不能构成法律关系。

(一)建设法律关系主体

建设法律关系主体是指参加建设业活动,受建设法律规范调整,在法律上享有权利、承担义务的人。

1. 国家机关

国家机关包括国家权力机关和行政机关。国家权力机关是指全国人民代表大会及其常务委员会和地方各级人民代表大会及其常务委员会。行政机关是依照国家宪法和法律设立的依法行使国家行政职权,组织管理国家行政事务的机关。

2. 社会组织

作为建设法律关系主体的社会组织一般应为法人，它们是建设单位、中国建设银行、勘察设计单位、施工企业、城市综合开发公司等单位。

3. 公民个人

作为建设法律关系主体的公民个人也就是享受权利和承担义务的自然人。

（二）建设法律关系客体

建设法律关系客体是指建设法律关系的主体享有的权利和承担的义务所共同指向的事务。一般客体分为财、物、行为和非物质财富。

（三）建设法律关系的内容

建设法律关系主要涉及建设权利和建设义务两方面。

1. 建设权利

建设权利是指建设法律关系在法定范围内，根据国家建设管理要求和自己业务活动的需要有权进行各种建设活动。权利主体可要求其他主体做出一定的行为或抑制一定的行为，以实现自己的建设权利，因其他主体的行为而使建设权利不能实现时，有权要求国家机关加以保护并予以制裁。

2. 建设义务

建设义务是指建设法律关系主体必须按照法律规定或约定承担应负的责任。建设义务和建设权利是相互对应的，相应主体应自觉履行建设义务，义务主体如果不履行或不适当履行，就要受到制裁。

（四）建设法律关系的特征

建设法律关系的特征包括以下几个方面。

（1）建设法律关系不是单一的，而带有明显的综合性。建设法律规范是由建设行政法律、建设民事法律和建设技术法规构成的。这三种法律规范在调整建设活动中是相互作用、综合运用的。

（2）建设法律关系是涉及面广、内容复杂的权利义务关系。

（3）建设法律关系是以受国家计划制约的建设管理、建设协作过程中形成的权利和义务为内容的。

（4）建设行政法律关系决定、制约、影响着计划因素的协作关系。建设业的法律调整是以行政管理法律规范为主的。建设民事法律规范调整建设业活动是由建设行政法律关系决定的，并受其制约。如建设单位与设计单位签订的勘察设计合同，在执行过程中，因国家法律认可的国家建设计划变更或解除，则建设单位的合同也要变更或解除。

（五）建设法律关系的产生、变更和消灭

1. 建设法律关系的产生

建设法律关系的产生是指建设法律关系的主体之间形成了一定的权利和义务关系。

2. 建设法律关系的变更

建设法律关系的变更是指建设法律关系的主体、客体、内容等三个要素发生变化。

3. 建设法律关系的消灭

建设法律关系的消灭是指建设法律关系主体之间的权利义务不复存在，彼此丧失了约束力。

(六)建设法律关系产生、变更和消灭的原因

法律事实即建设法律关系产生、变更和消灭的原因。建设法律事实是指能引起建设法律关系产生、变更和消灭的客观现象和事实。这种事实分为两类：一类是事件，即不以人们的意志为转移而产生的自然现象；另一类是行为，即人的有意识活动。

2.2.5 建设法规作用

在建设过程中，人们所进行的各种建设行为必须遵循一定的准则，行为只有在法律确定的准则范围内进行，才能得到法律的承认和保护，才能安全地实现行为人进行建设活动的预期目的。建设法律规范对人们建设行为的规范作用有两种表现形式，即依法规定必须性的某种行为和依法规定禁止性的某种行为。《建筑法》第 7 条规定，建筑工程开工前，建设单位应当按照国家有关规定向工程所在地县级以上人民政府建设行政主管部门申请领取施工许可证，该规定即为建设施工单位在施工前必须遵守某种行为的法律规范；《招标投标法》第 7 条规定，招标投标文件不得要求或者表明生产供应者以及含有倾向或者排斥潜在投标人的其他内容，该规定即为对从事招标投标者的禁止性行为的法律规范。

1. 建设法规保护合法建设行为的作用

建设法规的另一个重要作用在于对建设主体合法行为的依法确认和保护。如《城市燃气安全管理规定》第 36 条的规定，对于维护燃气安全做出显著成绩的单位和个人，城市人民政府建设行政主管部门或城市燃气生产、储存、输配、经营单位应当予以表彰和鼓励，该规定即为对合法行为的依法保护和确认的法律规范。

2. 建设法规处罚违法建设行为的作用

建设法规要实现对建设行为的规范和指导作用，仅有对建设行为的规范和保护是不够的，还必须对违法建设行为给以应有的惩处才能实现。反之，建设法规的制度由于缺乏应有的强制性措施变为无实际意义的法律空泛。这种对违法行为的处罚性规范，一般都体现在违法行为人就违法行为所应承担的法律责任上，法律责任是任何一部法律结构组成中都具有的一个组成部分。

2.2.6 建设法规的表现形式

建设法规立法权限分为 5 个层次。

1. 宪法

宪法是国家的根本大法，具有最高的法律效力，是建设法规立法的最高依据、规范和调整建设的基本纲领。

2. 法律

法律是指全国人民代表大会及其常务委员会审议发布的属于建设部主管范围的各项有关

建设活动的法律规范性文件，其地位和效力仅次于宪法，如《中华人民共和国建筑法》、《中华人民共和国招标投标法》等。

3. 建设行政法规

建设行政法规是指国务院依法制定并颁布的属于建设部主管业务范围的各项有关建设活动的法律规范性文件，其地位和效力仅次于宪法和法律，行政法规的名称通常为“条例”、“规定”和“办法”，如《建设工程质量管理条例》、《建设工程勘察设计管理条例》等。

4. 建设部门规章

建设部门规章是指建设部根据国务院制定的职责范围，依法制定并颁布的各项有关建设活动的规范性文件，以及由建设部与国务院有关部门联合制定并颁布的建设活动的规范性文件。

5. 地方性建设法规

地方性建设法规是指由省、自治区、直辖市人民代表大会及其常务委员会根据宪法、法律、行政法规的基本原则制定并颁布的有关建设活动的规范性文件，包括省会(自治区首府)城市和经国务院批准的规模较大的市人民代表大会及其常务委员会制定的，报经省、自治区人民代表大会或常务委员会批准的各种有关建设活动的规范性文件。地方性法规在不与宪法、法律、行政法规相抵触的前提下才有效，只在本行政区域内具有法律效力，其名称一般采用“条例”、“规则”、“规定”、“办法”等，如《北京市安全生产条例》、《上海市建筑节能管理办法》等。

6. 建设规章

规章有两种情况：一是由国务院组成部门及直属机构在他们的职权范围内制定的规范性文件，称为部门规章；另一种是省、自治区、直辖市人民政府以及省、自治区人民政府所在的地市和经国务院批准的较大的市的人民政府依照法定程序制定的规范性文件，称为地方政府规章，简称地方规章。建设领域的规章数量很多，几乎涵盖了建设的各个方面。其中部门规章数量最多。其名称多以“条例”、“决定”、“办法”、“命令”等称之。部门规章的效力低于行政法规；地方规章的效力低于上级和本级的地方性法规，下级地方规章的效力低于上级规章；部门规章之间、部门规章与地方规章之间具有同等效力，在各自的权限范围内施行。当部门规章与地方性法规对统一事项的规定不一致或不能确定如何适用时，由国务院提出意见。国务院认为应当适用地方性法规时，应当决定在该地方使用地方性法规的规定；认为应当适用部门规章时，应当提请全国人大常委会裁决。

2.2.7 建设法规的违约责任

(一)违约责任

1. 延误工期

工期是根据国家有关法规和合同规定完成一定质量的建筑产品的时间。造成延误工期的原因较多，可以分别不同情况承担违约责任。

(1)因勘察设计质量低劣或未按期交付勘察设计文件拖延工期造成损失的由勘察设计单位承担责任。主要有继续完善设计、减少和免收勘察设计费、支付违约金和赔偿经济损失。

(2)施工单位因自身组织不当、管理不善而延误工期造成损失的由施工单位承担责任。

(3)发包方未按合同规定的时间和要求提供原材料、设备、场地、资金、技术资料的,工程中途要求停建、缓建的,应当对承包方由此造成的损失给予赔偿。发包方由于变更设计、提供资料不准或未按期提供必要的勘察、设计工作条件而造成勘察设计的返工、停工或修改设计的,要按承包方实际消耗的工作量增付费用;如果由此造成重大返工或重作设计的,应另行增费。发包方超过合同规定日期验收或付工程款的,应偿付违约金。

(4)因意外事件延误工期造成损失的,按合同规定执行,合同没有规定的,由合同双方合理分担。

2. 质量问题

(1)勘察设计质量低劣的,除按前面提到的方式承担责任外,在造成工程重大质量事故时,勘察设计单位不仅要免收受损失部分的勘察设计费,而且还应偿付与直接损失部分勘察设计费相等的赔偿金。

(2)工程承包方承包的工程,其质量不符合合同规定的,负责无偿修理或返工,由于修理或返工造成逾期交付的,偿付逾期违约金。

(3)工程未经验收,发包方提前使用或擅自动用,由此而发生的质量或其他问题,由发包方承担责任。

3. 拖欠费用

由于建设单位无正当理由在收到竣工报告后 30 天内不办理结算的,从第 31 天起按施工企业向银行计划外贷款的利率支付拖欠工程款的利息,并承担违约责任。

(二)侵权责任

1. 勘察设计中的侵权责任

勘察设计中的侵权责任主要的表现是勘察、设计单位侵犯他人的专利权、发明权、版权和其他科技成果权。如超越合同规定范围使用他人专利的行为等。这类违法案件承担责任的方式是停止侵害和赔偿损失。

2. 施工中的侵权责任

施工中的侵权责任有财产损失的赔偿责任和人身伤害的赔偿责任,常见的侵权责任有以下方面。

(1)因产品质量不合格造成他人财产、人身损害的,应当赔偿损失。

(2)在公共场所、道旁或通道上挖坑、修缮、安装地下设施等,没有设置明显标志和采取安全措施造成他人损害的,施工单位应承担人身损害赔偿。

(3)建筑物或其他设施以及建筑物上的搁置物、悬挂物发生倒塌、脱落、坠落造成他人损害的,其所有人或管理人应当承担赔偿责任。

(三)行政责任

1. 行政管理机关承担的责任

1)违反工商管理法规的责任

在企业登记过程中隐瞒真实情况、弄虚作假或未经核准登记注册擅自开业的;擅自改变主要登记事项或超出核准登记的经营范围从事经营活动的；不按规定办理注册登记或办理年检的；伪造、涂改、出租、转让、出卖或擅自复印营业执照及其副本的；抽逃、转移资金，隐匿财产逃避债务的；从事非法经营活动的。

2）违反其他行政管理法规的行为

违反其他行政管理法规的行为主要有：违反环境保护法规；违反城市建设法规；违反财政法规等。对这些违法行为，有关环保、城建、审计等部门可对建筑企业给予警告、通报批评、罚款、限期改正、停业整顿等行政处罚。

2. 上级主管部门及内部管理中的行政责任

1）违反企业法的责任

领导干部滥用职权，侵犯职工合法权益，情节严重的，可由主管部门给予行政处分；领导干部因玩忽职守给国家造成较大损失的，可给予适当行政处分；企业职工和其他工作人员阻碍领导干部依法执行职务，或扰乱企业秩序，致使生产、工作不能正常进行的，由企业所在地公安机关依照《治安管理处罚法》进行处罚。

2）违反技术法规的责任

违反技术法规的责任包括违反质量技术法规的责任和违反安全技术法规的责任两种。

3）不正当竞争行为

不正当竞争行为是指在商品经济竞争中，采取不正当的或违法的手段获得企业利益的行为。

【案例】

2005 年 6 月，泰禾轮胎有限责任公司投资修建密炼车间厂房，面积约 7 000 平方米，通过履行正常的招投标程序，将该工程委托某市第三建筑工程公司承建。双方合同约定第三建筑工程公司以包工包料方式承建泰禾轮胎有限责任公司密炼车间厂房，工程总造价为人民币 810 万元，于 2005 年 8 月 15 日开工，至 2006 年 4 月 15 日完工，工期 8 个月，第三建筑工程公司应保证工程质量，如验收不合格，应承担相应违约责任。泰禾轮胎有限责任公司应于 2005 年 8 月 15 日前向第三建筑工程公司支付前期工程款 130 万元，按照工程进度分批支付进度工程款，工程余款自工程验收合格之日起 15 天内支付。试分析此案中法律关系主体、客体及其内容。

【评析】

本案中的建筑工程法律关系主体是泰禾轮胎有限责任公司与第三建筑工程公司，建筑工程法律关系客体是泰禾轮胎有限责任公司投资修建的密炼车间厂房，建筑工程法律关系内容是泰禾轮胎有限责任公司与第三建筑工程公司各自在该密炼车间厂房承包合同中应当享受的权利和应当承担的义务。具体而言，第三建筑工程公司按照密炼车间厂房承包合同的规定，承担以包工包料方式，于 2005 年 8 月 15 日至 2006 年 4 月 15 日，保质保量完成密炼车间厂房工程施工的义务，泰禾轮胎有限责任公司应按照密炼车间厂房承包合同的规定于 2005 年 8 月 15 日前向第三建筑工程公司支付前期工程款 130 万元，按照工程进度分批支付进度工程款，工程余款自工程验收合格之日起 15 天内支付。第三建筑工程公司有权要求泰禾轮胎有限责任公司按照密炼车间厂房承包合同的规定分期支付工程款，泰禾轮胎有限责任公司在履行自身义务之后,有权接收密炼车间厂房工程。

2.3 建设法规体系

从法学含义上讲,法律体系应该包括两层含义:一是指它的实际状态,即实际的、客观存在着的法律体系;二是指它的应该状态,即理想的应当具有的法律体系。建设法规体系主要考察的是前者,即实际存在着的建设法规体系。在中国现行社会制度和法律制度条件下,建设法规体系是以宪法为根本,建设法律为主干,建设部门规章和地方法规为基础构成的对建设活动法律规范的综合体。我国的建设法规体系是以建筑法律为核心,以建筑行政法规为主干,由建筑部门规章、地方性法规和规章所构成。根据其调整的社会关系的不同,建设法规可以划分为建设行政法规、建设民事法规和建设技术法规 3 个主要部分。

2.3.1 建设行政法规

建设行政法规是建设管理机关从宏观及全局上对建设活动实施管理的法律规范,用于调整国家建设行政主管部门在管理建设活动中所发生的各种社会关系,主要包括《建筑法》、《工程设计法》、《土地管理法》、《城市规划与村镇建设法》、《房地产管理法》、《招标投标法》、《政府采购法》以及其他行业中有关建设工程监督管理的法律法规,是建设工程法规的主要内容。

1. 建筑法

建筑法是调整建筑活动过程中所形成的各种建筑社会关系的法律规范的总称。建筑法的立法目的在于通过对建筑市场主体的资质管理、经营管理和工程承包管理,加强对建筑活动的监督管理,维护建筑市场秩序,保证建筑工程的质量和安全,促进建筑业健康发展。

2. 计划法

计划法主要是通过指令性计划制度和指导性计划制度的实行,从而实现国家对建设市场的调整,以指导建设市场健康、有序的发展。计划法对建筑业的调整作用,事关到一个国家的建设和发展的前途和命运。从新中国成立以来的几次建设项目规模膨胀的原因来看,很大程度上是没有很好地实施国家计划。盲目建设、重复建设,超过了国力所能承担的限度,不仅没收到很好的投资效果,还给国家财产造成了巨大的浪费。因此,国家加强了建设项目的计划管理,明确规定了没有国家批准的固定资产建设项目投资计划不得设计及不准施工。

3. 税法

税法是有关税收的法律规范,作为我国法律体系的重要组成部分,是国家制定或者认可,体现统治阶级的国家意志,调整和确认税收关系的法律规范的总称。税法不仅稳定国家与企业之间的分配关系,并可调节社会积累和消费关系,从而促进或限制一定的企业发展。贯彻国家税法也是建设法规的重要内容。

4. 城市规划法

城市规划法是调整人们在制定和实施城市规划及在城市规划区内进行建设过程中发生的各种社会关系的法律规范的总称。它的立法目的在于,通过确定城市性质、规模和发展方向,合理利用城市土地、协调城市空间布局和各项建设的综合部署和具体安排，以实现一定时期内城市的经济和社会发展目标。

5. 建筑工程勘察设计法

建筑工程勘察设计法是调整建筑勘察设计中形成的各种建筑勘察设计社会关系的法律规范的总称。建筑勘察设计法通过对建筑工程勘察设计单位的资质管理、勘察设计管理、技术管理，以及设计文件的审批管理等，保证工程设计水平和质量，以适应社会经济发展的需要。

6. 城市房地产管理法

城市房地产管理法是调整房地产业和各项房地产经营活动及其社会关系的法律规范的总称。房地产管理法的立法目的在于，保障城市房地产所有人、经营人、使用人的合法权益，促进城市房地产业的发展与社会主义现代化建设和人民生活水平的提高。

2.3.2 建设民事法规

建设民事法规调整平等主体的公民之间、法人之间、公民与法人之间的建设关系的法律规范的总称，用于调整作为平等主体的公民之间、法人之间、公民和法人之间的与建设有关的财产关系、人身关系、商事关系或商事行为等。

1. 民法通则

民法通则规定的一般民事法律原则中的法人制度、自然人制度、民事法律行为制度、代理制度、时效制度等对建设活动都有法律约束力和规范性。民法通则的基本法律原则也是建设立法的基本原则和立法依据。

2. 建设合同法

建设合同法是调整建设活动合同约定过程所形成的各种权利义务关系的法律规范的总称。建设合同法规定了各类建设合同订立、变更、终止的条件，合同双方的权利与义务以及违约责任等。主要解决建设工程设计、建筑施工与安装、房地产开发、土地流转等过程中的债权债务的法律问题。

3. 建设企业法

建设企业法是调整建设企业从事建设活动过程中所形成的各种法律关系的法律规范的总称。建设企业法规定了各类建设企业的设立、变更、终止的权利与义务，它为建设业的现代化经济管理提供了充分保障，增强了建设企业的活力，促进了建设产业的发展。

4. 住宅法

住宅法是调整物业管理过程中所形成的各种法律关系的法律规范的总称。它通过对住宅产权、住宅建设融资、住宅买卖、住宅租赁、住宅管理、住宅维修等活动的规范，保障公民的住宅所有权以及各种住宅产权权利主体的合法权益，从而促进住宅建设的发展，不断改善和提高公民的住房条件及居住水平。

5. 风景名胜区法

风景名胜区法调整人们在保护、利用、开发和管理风景名胜资源各项活动中产生的各种社会关系的法律规范的总称，立法目的是为了加强风景名胜区的管理、保护、利用和开发风景名胜资源。

6. 村镇建设法

村镇建设法用于调整村庄和集镇在规划综合开发、设计、施工、公用基础设施、住宅和环境管理等项活动及其社会关系的法律规范的总称，目的是为了加强村镇建设管理，不断改善村镇的环境，促进城乡经济、社会协调发展，推动社会主义新村镇的建设。

2.3.3 建设技术法规

建设技术法规是调整建设过程中有关建设勘察、设计、施工、安装、检测、验收等建设技术法律关系的法律规范的总称，是国家制定或认可的，由国家强制力保证其实施的建筑勘察、设计、施工、安装、检测、验收等的技术标准、规范、规程、规则、定额、条例、办法、指标等规范性文件。建设技术法规主要是以建筑科学、技术和实践经验的综合成果为基础，经有关方面专家、学者、工程技术人员综合评价、科学论证而制定，由国务院及有关部委批准颁发，作为全国建设行业共同遵守的准则和依据。建设技术法规可分为规程、规则、规范、条例、办法、定额等几类。

1. 设计规范

设计规范是指从事工程设计所依据的技术文件，一般分为：建筑设计规范、结构设计规范和防火设计规范。

2. 施工规范

施工规范是指施工操作程序及其技术要求的标准。

3. 验收规范

验收规范是指检验、接受竣工工程项目的规程。

4. 建设定额

建设定额分为建筑施工规范和安装施工办法和标准。建设定额是指国家规定的消费在单位建筑产品上活劳动和物化劳动的数量标准，以及用货币表现的某些必要费用的额度。

2.4 国外建设法规简介

2.4.1 英国建设法规

英国是以判例法为主的国家，但在建设领域也有制定法，英国的建设法规体系包括法律、规则及标准和规范。在英国建设法规中，法律具有最高法律效力，由议会或议会授权的机构制定，由议会审批。建筑业管理法规体系非常严密完整，有关政府对建筑业的管理都有明确的法规进行规范。英国《建筑法》内容完整，涉及结构、安全、消防、环保、节能、使用功能（包括残疾人无障碍设施)等多种领域,并且根据实行情况,对不适应的法律条款及时修订。建筑业管理法规用词严谨,具有较好的可执行性及操作性。现行法律中与建筑有关的法有《健康安全法》、《建筑法》、《住宅法》、《建筑工程法》、《新城镇场所规范法》、《消防法》、《环境保护法》等。

条例是由政府、行业协会或学会制定,并经政府审定通过。制定的依据是根据法律中某些条款的授权,对法律条款进行更加详细的解释或规定,以便于法律的实施。特别是对于一些高风险、雇主不愿意投入高费用控制,需通过规则来控制这些风险,制定相应的行为规范。条例法规主要规定建设工程必须达到的功能要求,至于如何满足其功能要求属于技术准则的内容。法规同法律一样具有强制性,必须执行,主要包括《建筑法规》、《建筑产品法规》、《工作场所安全、健康与福利法规》、《工程设计和管理法规》、《工程健康、安全与福利法规》等。

英国建筑工程的技术准则较健全,技术准则由行业协会或学会制定。现行的建筑技术准则包括与《建筑法规》规定的各项功能相对应的结构、消防、环保、节能、残疾人保护、卫生、隔音、通风、供热、排水、防坠落、玻璃安装、开启、清洗、室内用合成木地板、地下室等16册。按照技术准则进行设计和施工,建设工程就能满足法规规定的功能要求。建筑技术准则由国家建设主管部门环境、交通及区域部组织有关专家起草,向社会公布,征求公众的意见,修改完善后由该部长批准颁布。技术准则一般是强制性的,但不是唯一性的,当有更先进的方法,并经地方政府认可,确实保证建筑工程能够满足建筑法规规定的功能要求时,可不执行。此外,英国建筑领域的一些大型专业学会(协会)也制定技术标准,如英国国家住房及建筑物委员会制定的《住宅建设标准》等。这类标准有的为推荐性的,有的则要求会员或会员单位严格遵守。

2.4.2 美国建设法规

建筑业的国家法律规范主要来源有两个方面,一是国家基本法规,二是建筑专业法规。国家基本法规是由联邦政府制定的,是建筑业首先应当遵守的母法,与建筑业有关的法律主要包括:民商法、经济法和行政法等。与建筑业有关的美国民商法有《统一商务法规》、《合同重述法》、《公司法》、《合伙法》、《破产法》及《商业职业法》等。与建筑业有关的美国经济法有《税法》、《会计法》、《劳动法》、《银行法》、《保险法》、《金融法》、《贸易法》、《联邦财产与行政服务法》、《联邦采购法》、《联邦采购规则》、《联邦国防采购补充规则》、《反托拉斯法》、《罗宾逊—帕特曼法》、《谢尔曼法》、《联邦贸易委员会法》等。与建筑业有关的美国行政法表现为行政规章,行政规章分类有多种形式,一般分为程序规章、实体性规章、解释性规章三类。《美国联邦法规汇编》收有美国联邦国家机关制定和发布的几乎所有现行有效的法律文件。该汇编分成篇、章、节,若干年修订重版一次,每年的新法规以活页的形式附于《汇编》之后,汇编共分50编,其中多数是行政的实体性规章规范和程序性规章。《美国政府手册》,主要刊登美国各政府组织机构及职能权限。

建筑专业法规是专业的建筑法律法规,主要有建筑法规、规划分区法和执照发放法以及建设行政法三个重要方面。建筑法律法规的目的是保证建筑物使用者的环境卫生和安全,主要包括国际建筑法规、统一建筑法规、南部标准建筑法规、基本建筑法规等,已成为联邦各州制定相关技术规范和标准的依据,各地可根据自己的特殊需要作了一定程度的修改后采用。统一建筑法规是建筑业遵循的行业的基本法典，该法规由国家建筑官员会议主持编制；南部标准建筑法是针对美联邦南部各州的特点，由南部建筑法规会议主持编制；基本建筑法规由建筑官员和法规管理人员国际组织主持编制，是建筑业通用的主要法规。

建筑从业者的美国从业资格许可主要是对建筑从业者资格进行控制，对建筑从业者的资格要求较严，一般是由州的相关法规规定，有的采用专业证书制，有的采用单纯注册制，有的则完全由行政机关统一管理。建筑资格证书包括建筑设计师、专业工程师、造价工程师、监理工程师等都必须具有当地的注册执业资格证书。

2.4.3 日本建设法规

日本是大陆法系的国家，日本的法律主要由宪法和法律法规组成。宪法规定社会生活的最基本问题，是国家的根本法、具有最高权力。日本的法律分门别类地形成几大法典，主要有《日本民法典》、《日本民事诉讼法》、《日本刑法典》、《日本刑事诉讼法》、《日本商法典》等。日本的建设法律体系分为三个层次：首先是国会通过的法律，目前主要有《建设业法》、《建筑基准法》、《建筑师法》、《建设省设置法》等；其次是政府颁发的政令，主要如《建筑业法实施令》、《建设省组织法》等；最后是建设省颁发的建设令，如《建设业法实施细则》等，日本的建设法律体系是较为完善和易于操作的建设法律体系。

日本建筑工程招投标方式较有特点，其招标投标必须遵守国家《建设业法》、《会计法》、《预算决算及会计令》、《地方自治法》等招标投标的规定。招投标方式根据日本《建设业法》等有关法规规定，日本工程招标方式分一般竞争招标（公开招标）、指名竞争招标（邀请招标）、随意合同（议标）3 种，但实际是以指名招标为主，占日本招标工程的 90% 以上，指名招标失败后可转为议标处理。此外，还有特命发包。

（1）一般竞争招标。一般竞争招标是指公布竞争招标的工程情况，希望参加投标者全部进行竞争投标，原则上最低价格的投标者为中标者的合同方式。在日本，政府公共工程根据 WTO 采购协定及招标投标法，在规定的基准投资额以上原则上采用一般竞争招标。为防止不正当竞争，还设置了低投标调查制度和最低限制价格制度。

（2）指名竞争投标。指名竞争招标是指发包者事先通过实施竞争，进行参加者的资格审查，编制有资格企业名录，工程发包者从名录中选择多家满足发包工程等级、技术条件、地理条件等的公司予以指名，通过这些公司的竞争投标而缔结的合同方式。指名竞争招标的原则亦为低价中标原则。指名招标对企业是缺乏主动权的，它完全听命于发包工程的公团、公社或民间投资者，由谁参与竞标由发包方确定。

（3）随意合同发包者。选定承包商不是采用投标竞争方法，而是与个别选定的特定企业进行交涉，而后缔结合同的方式。民间工程一般采用随意合同，此时，发包者考虑投标报价、质量保证、合同款支付条件等多种因素选择承包商。

（4）特命发包。特命发包是指工程发包者在有资格的承包商中择优选择一家，通过议标方式达成交易的投标方法。采用特命发包除非投标失败，一般不指定复数投标者，此方式政府工程原则上不予以采用。

思考题

1. 什么是建设活动？建设活动中每个阶段是如何展开的？
2. 什么是建设法规？建设法规有什么样的特点？
3. 建设法规体系包括哪些内容？
4. 建设技术法规有哪些规定？
5. 各国建设法规分别有什么特点？

3 建筑法

为了加强对建筑活动的监督管理,维护建筑市场秩序,保证建筑工程的质量和安全,促进建筑业健康发展,第八届全国人民代表大会常务委员会于1997年11月1日颁布《中华人民共和国建筑法》(Construction Law of the People's Republic of China,以下简称《建筑法》),并于1998年3月1日起实施,本法共计8章85条,内容涉及建筑行业的各个方面。《建筑法》作为我国第一部与建筑相关的法典,第一次把建筑市场的规范运作纳入法制轨道,直接关系到国计民生和全体公民切身利益。《建筑法》用了民法通则中的连带民事责任概念,对建筑市场中相互推诿责任的混乱状态起到遏制作用。在现代社会里,法律在建筑市场中更是起着不可估量的监督和规范作用,协调整个建筑市场的有效运转,促进建筑行业的健康发展。

3.1 建筑许可

3.1.1 行政许可

行政许可是指行使行政权力的主体依据法律、法规的规定,根据公民、法人或者其他组织的申请,经依法审查,准予其从事特定活动的具体行政行为,作为一种行政管理制度,是行政机关在管理经济事务和社会事务中的一种事先控制手段。我国于2004年7月1日起施行《中华人民共和国行政许可法》,其目的是为了规范行政许可的设定和实施,保护公民、法人和其他组织的合法权益,维护公共利益和社会秩序,保障和监督行政机关有效实施行政管理。

行政许可的主体一方是许可方,包括国家行政机关和法律、行政法规、地方性法规授权的行使行政权力的组织;另一方是相对方,包括公民、法人和其他组织。行使行政权力的主体必须依法行政,依法颁发许可证,不得自行设定、自行实施行政许可行为。行政许可的依据为法律、行政法规、地方性法规,首先,行使行政许可权的主体应是由法律、行政法规、地方性法规授予的,即该权力来自法律、行政法规、地方性法规的规定;其次,颁发许可证必须依据法律、行政法规、地方性法规规定的条件进行。行政许可的功能包括了控制危险、配置资源以及证明或者提供某种信誉、消息。行政许可的内容为特定活动,该特定活动一般只有具备一定条件的主体才可从事,而且影响公共安全、社会安全或国家利益。

(一)行政许可的特点

(1)行政许可是行政机关管理性的行政行为。

(2)行政许可是对社会实践的外部管理行为。

(3)行政许可是根据公民、法人或者其他组织提出的申请产生的行政行为。

(4)行政许可是准予相对人从事特定活动的行为。

(二)行政许可的类别

行政许可分为普通许可、特许、认可、核准和登记等5种类型。

(1)普通许可:普通许可是指行政机关准予符合法定条件的公民、法人和其他组织从事特定活动的许可。

(2)特许:特许是指行政机关代表国家依法向相对人转让某种特定权利的行为。

(3)认可:认可是指行政机关对申请人是否具备特定技能的认定。

(4)核准:核准是指行政机关对某些事项是否达到特定技术标准、经济技术规范的判断。

(5)登记:登记是指行政机关确立相对人的特定主体资格的行为。

(三)许可证管理

采用许可制度的许多国家一般都根据管辖的范围和对象,设立各种许可证管理系统来负责管理许可证申请书,审查和发放许可证,监督许可证的执行情况,并对违反许可证规定的持证者实行行政处罚或采取其他补救措施,许可证管理程序分为以下几个部分。

(1)申请:对于申请人提出的书面申请,要求附有审查所必要的图表、说明及其他文件。如果涉及技术秘密或商业秘密的资料,其主管机关有义务为其保密。

(2)审查:审查程序,首先在报刊上公布该项申请,在规定期限内征求公众及各方面意见,主管机关在听取各方面意见并考虑技术、经济、环境、社会等情况的基础上对申请进行审查。

(3)决定:经过审查后,应做出颁发或拒发许可证的决定。同意颁发许可证时,主管机关可规定持证者应尽的义务和各种限制条件。

(4)监督:主管机关对执行许可证的情况可随时监督检查,包括索取有关资料、检查现场设备、监督排污情况、发出必要的行政命令等。在情况发生变化或者持证者的活动影响公众利益时,可修改许可证中原规定的限制条件。

(5)处分:持证者如违反许可证中规定的义务或限制条件,造成环境损害或其他后果,主管机关可中止、吊销许可证,违法者应承担相应的法律责任。

3.1.2 建筑许可

建筑许可是指建设行政主管部门根据建设单位和从事建筑活动的单位、个人的申请,依法准许建设单位开工或确认单位、个人具备从事建筑活动资格的具体行政行为。建筑许可表现为施工许可证、资质证书、执业资格证书等形式。

(一)建筑许可的特点

建筑许可具有以下特点。

(1)建筑许可行为的主体是建设行政主管部门,而不是其他行政机关。

(2)建筑许可是为了对建筑工程的开工和建筑从业单位与个人的资格施行行政管理。

(3)建筑许可的事项与条件必须依据法律法规的规定进行,不能主观随意设置。

(二)建筑许可的类别

根据《建筑法》第2章的规定,建筑许可包括建筑工程施工许可和建筑从业许可。

1. 建筑工程施工许可

建筑工程施工许可是建设行政主管部门根据建设单位的申请，依法对建筑工程是否具备施工条件进行审查，符合条件者，准许该建筑工程开始施工并颁发施工许可证的一种特殊行政许可。为把《建筑法》中有关建筑工程施工许可的相关规定进一步具体化，以便操作，建设部先后发布并修正了《建筑工程施工许可管理办法》，确立的建筑施工许可制度主要包括需要申请施工许可证的建筑工程的范围、申请领施工许可证的条件、申请施工许可证的程序、施工许可证效力期限、中止施工和恢复施工的报告等内容。

2. 建筑从业许可

建筑从业许可包含单位建筑从业许可和个人建筑从业许可，单位建筑从业许可是建设行政主管部门对从事建筑活动的建筑施工企业、勘察单位、设计单位和工程监理单位的人员素质、管理水平、资金数量、业务能力等进行审查，以确定其承担工程任务的范围，并发给相应的资质证书的一种特殊行政许可；个人建筑从业许可是建设行政主管部门及有关部门对从事建筑活动的专业技术人员，依法进行考试和注册，并颁发执业资格证书的一种特殊行政许可。

3.1.3 施工许可证

施工许可证是由建设行政主管部门颁发的准予建筑工程开工的文件，它具有一定的法律效力。

(一)申请施工许可证的范围

按照《建筑法》第2条和第81条的规定，各类房屋建筑工程，包括其附属设施的建造和配套线路、管道、设备的安装工程，及其他专业建筑工程都需要申请施工许可证。对于这些需要申请施工许可证的建筑工程，在开工前建设单位应当依照国家有关规定向工程所在地县级以上人民政府建设行政主管部门领取施工许可证。根据《建筑法》第7条的规定，有两类建筑工程不必领取施工许可证。

1. 国务院建设行政主管部门确定的限额以下的小型工程

按照修改后的《建筑工程施工许可管理办法》规定，工程投资额在30万元以下或者建筑面积在300平方米以下的建筑工程，可以不申请办理施工许可证。省、自治区、直辖市人民政府建设行政主管部门可以根据当地的实际情况，对限额进行调整，并报国务院建设行政主管部门备案。

2. 有批准开工报告的建筑工程

开工报告指的是建设单位依照国家有关规定向计划行政主管部门申请准予开工的文件。为了避免出现同一建筑工程的开工由不同的政府行政主管部门多头重复审批的现象，《建筑法》规定对实行开工报告审批制度的建筑工程，不再领取施工许可证。按照国家计委的有关规定，建设单位在向计划行政主管部门申请批准开工报告时也要具备一定的条件，如项目法人已经确立，项目初步设计及总概算已经审查核定和批复，项目资本金和其他建设资金已经落实，项目总体网络计划已经编制完成，项目主体工程的施工单位已经通过招标选定，项目法人与项目设计单位已签订供图协议，项目征地、拆迁和施工场地的“三通一平”（水通、电通、路通和场地平整)工作已经完成,项目建设所需大型、专用设备或材料已做出计划安排等。

(二)申请施工许可证的条件

凡是依照法律应当申请领取施工许可证的建筑工程,没有施工许可证就不能开工,申请施工许可证应当具备以下条件。

1. 已经办理该建筑工程用地批准手续

办理用地批准手续是建设单位依法取得建筑工程用地使用权的必经程序,只有依法取得土地使用权,建筑工程才能开工。按照我国《土地管理法》的规定,建筑工程用地的批准手续包括以下内容。

(1)建设单位持经批准的设计任务书或者初步设计、年度基本设计计划等有关文件,向被征用土地所在地的县级以上人民政府土地管理部门申请建设用地。

(2)县级以上地方人民政府土地管理部门对建设用地进行审核、划定用地范围,并组织建设单位与被征地单位以及有关单位依法商定征用土地的补偿、安置方案,报县级以上人民政府批准。

(3)建设用地的申请,依照法定批准权限报县级以上人民政府批准后,由被征用土地所在的县级以上人民政府发给建设用地批准书,土地管理部门根据建设进度一次或分期划拨建设用地。

(4)建设项目竣工后,建设项目主管部门组织有关部门验收时,由县级以上人民政府土地管理部门核查实际用途,经认可后办理土地登记手续,核发国有土地使用证。

2. 城市规划区的建筑工程,已经取得规划许可证

根据我国《城市规划法》的有关规定,城市规划区指的是城市市区、近郊区以及城市行政区域内因城市建设和发展需要实行规划控制的区域。城市规划区的具体范围,由城市人民政府在编制城市总体规划中划定。对在城市规划区内进行建筑工程建设,建设单位在依法办理用地批准手续之前,必须持国家批准建设项目的有关文件,向城市规划行政主管部门申请定点,由城市规划行政主管部门核定其用地位置和界限,提供规划设计条件,核发建设用地规划许可证。在城市规划区内新建、扩建和改建建筑物、构筑物、道路、管线和其他工程设施,必须持有关批准文件向城市规划行政主管部门提出申请,由城市规划行政主管部门根据城市规划提出的规划设计要求,核发建设工程规划许可证。建设单位在取得建设工程规划许可证和其他有关批准文件后,方可申请办理开工手续。

3. 需要拆迁的,其拆迁进度符合施工要求

拆迁是指为了满足新建工程的需要,将该建筑工程区域内的原有建筑物、构筑物及其他附着物拆迁和迁移。拆迁分为大面积拆迁、整栋房屋拆迁和一栋房屋的局部拆迁。所谓需要拆迁,要根据工程和规划等情况具体来确定。需要先期进行的建筑工程,其拆迁工作状况直接影响到整个建筑工程能否顺利进行。在建筑工程开始施工时,拆迁的进度必须符合工程开工的要求,这是保证该建筑工程正常施工的基本条件。当然,如果不需要拆迁,就没有必要再符合这一条件。所谓符合施工进度,是指不影响施工的要求,比如不影响现场施工的情形,不影响施工现场及需要拆迁的单位和人员的安全等。需要说明的是,拆迁还必须符合国家有关拆迁

的规定，比如拆迁还必须办理拆迁手续，必须进行拆迁安置等。目前国家关于拆迁的法规是《城市房屋拆迁管理条例》，于 2001 年 6 月 6 日国务院第 40 次常务会议通过，自 2001 年 11 月 1 日起开始施行。

4. 已经确定建筑施工企业

建筑施工企业是具体负责实施建筑施工作业的单位，其人员素质、管理水平、资金数量、技术装备和施工业绩等都直接影响其施工工程的进度、质量和安全。据统计我国现有近 10 万家建筑施工企业，按照有关行政主管部门的规定，施工总承包企业的资质登记分为一级和二级，施工承包企业的资质等级分为一、二、三、四级。《建筑法》要求在申请施工许可证时必须确定施工企业，即建设单位必须已经依法通过招标发包或直接发包的方式确定了具备同该工程建设规模和技术要求等相适应的资质条件的建筑施工企业，所确定的施工企业必须符合法定条件并取得国家认可，同时其资质与所建工程相符合，根据 2001 年 6 月 29 日新修改的《建筑工程施工许可管理办法》规定，应该招标的工程没有招标，应该公开招标的工程没有公开招标，或者肢解发包工程，以及将工程发包给不具备相应资质条件的建筑施工企业的，所确定的施工企业无效。

5. 有满足施工需要的施工图纸及技术资料

施工图纸指的是根据建筑技术设计文件而绘制的供施工使用的图纸。按照基建程序，施工图纸包括土建和设备安装两部分，土建施工图纸包括建筑施工图纸和结构施工图纸，设备安装图纸包括给水排水图纸、采暖通风图纸和电气照明图纸。技术资料指的是保证施工使用的有关技术文件，包括工程说明书、结构计算书和施工预算等。施工图纸和技术资料是进行工程施工作业的技术依据，是在施工过程中保证建筑工程质量的重要因素，因此为了保证工程质量，在开工前必须有满足施工需要的施工图纸和技术资料。

6. 有保证工程质量和安全的具体措施

由于建筑施工多为露天、高处作业、施工环境和条件也比较差，工程施工中危及安全的因素较多，对施工安全必须高度重视。建筑工程的质量状况往往直接关系到人身和财产安全，是至关重要的大问题，在工程施工中必须把保证工程质量放在首位，《建筑法》将保证建筑工程的质量和安全放在核心地位，对具体措施也作了明确的规定。

7. 建设资金已经落实

由于建筑活动需要较多的资金投入，占用资金的时间也比较长，因此作为保证施工顺利进行的重要物质保障，在建筑工程施工过程中必须拥有足够的建设资金。在符合法定的最低注册资本限额的基础上，从事建筑活动的单位所拥有的注册资本的多少是衡量其所具有的经济实力的基本标志。申请领取施工许可证时必须有已经落实的建设资金，以避免在工程开工后因缺乏资金而使施工活动无法继续进行，同时还可以防止某些建设单位要求施工企业垫资或带资承包现象发生。对建设资金来源不落实、资金到位无保障的建设项目不能颁发施工许可证，根据《建筑工程施工许可管理办法》的规定，建设工期不足一年的，到位资金原则上不得少于工程合同价的 50%，建设工期超过一年的，到位资金原则上不得少于工程合同价的 30%，建设单位应当提供银行出具的到位资金证明，有条件的可以实行银行付款保函或者第三方担保。

8. 法律、行政法规规定的其他条件

因为建筑工程所处环境不同，建筑工程使用的目的不同，其相关要求也不完全相同，因此《建筑法》难以将各类建筑工程领取施工许可证的条件完全规定清楚，还需要由有关的法律和行政法规做出特别的规定。

(三)施工许可证效力期限

1. 施工许可证的有效期

建筑工程施工许可证是有关行政主管部门根据建设单位的申请，对符合开工条件的建筑工程依法做出的施工许可，该项施工许可只能在一定期限有效。《建筑法》第 9 条规定，施工许可证的有效期为 3 个月。建设单位应当在领取施工许可证之日起 3 个月内按期开工，这里的“开工”不应包括为建筑工程开工而做的前期准备工作，如勘察设计、平整土地、前期拆迁、修建的临时建筑和道路以及水、电等工程。这是《建筑法》第 9 条为建设单位设定的一项义务。《建筑法》设定这项义务的目的是保证施工许可的有效性，以利于发证机关的监督。

2. 施工许可证的延期

建设单位因故不能按期开工的，应当向发证机关申请延期，原发证机关经过审查，决定该建筑工程是否可以延期开工。此处所说的延期，必须是有原因的，并且原因应当是合理的。建设单位申请延期是其权利，但是延期的申请是否经过批准，以建设行政主管部门的认定为准。但是，对于这种延期，最多只能延期两次，每次为 3 个月。也就是说，施工许可证的有效期限最长可达到 9 个月。如果超过 9 个月仍未开工的，该施工许可证即失去法律效力。

3. 施工许可证的废止

施工许可证的废止是指施工许可证失去法律效力。施工许可证废止后，建设单位如组织开工，必须重新领取施工许可证。《建筑法》第 9 条的规定，建设单位施工许可证满足以下两种情形自行废止。

(1)在施工许可证的有效期内没有开工，建设单位又没有向原发证机关申请延期的。

(2)建设单位在申请了两次延期后仍没有开工的。

4. 中止施工和恢复施工的报告

1)在建的建筑工程因故中止施工和恢复施工的报告

《建筑法》第 10 条第 1 款规定，在建的建筑工程因故中止施工的，建设单位应当自中止施工之日起 1 个月内向发证机关报告，并按照规定做好建筑工程的维护管理工作。中止施工指的是由于一定事件的出现使得正在建设中的工程暂时停止施工。所谓一定事件，是指能够引起正在建设中的建筑工程停止下来的合理事件，如不可抗力事件、建筑工程质量事故、建筑工程安全事故等。一旦出现了一定事件，建设单位应当自中止施工之日起 1 个月内，由建设单位向原发证机关报告中止施工的基本情况，如中止原因、工程现状等。建设单位在报告的同时还应当按照规定做好建筑工程的维护管理工作，防止建筑工程在中止施工期间遭受损失，保证该建筑工程恢复施工时可以顺利进行。建设单位应当派专人负责，定期检查中止施工工程的质量状况，发现问题及时解决，以保证已完成施工部分的工程质量。同时，建设单位还应督促施工单位做好该建筑工程的安全管理工作。在停工过程中,防止因工地脚手架、施工铁架、外墙挡板腐烂、断裂、坠落、倒塌等导致建筑工程安全事故,采取切实可行的措施来消除隐患。本条款所称“规定”包括全国人大及其常委会制定的法律、国务院制定的行政法规以及地方人大及其常委会制定的地方性法规的有关规定,也包括国务院有关行政主管部门所作的有关规定。《建筑法》第10条第2款规定,中止建设的建筑施工工程恢复施工时,建设单位应当向发证机关报告恢复施工的有关情况。中止施工满1年的建筑工程恢复施工前,建设单位应当向发证机关申请核验施工许可证,经原发证机关核验合格的,可以继续施工。

2)按照国务院有关规定批准开工报告的建筑工程,不能按期施工或中止施工的报告

根据《建筑法》第11条的规定,按照国务院有关规定批准开工报告的建筑工程,因故不能按期开工或者中止施工的,应当及时向批准机关报告情况。按照国务院有关规定批准开工报告的建筑工程,一般都属于大型的建筑工程,这类工程因故不能按照批准的开工报告确定的开工日期开工或者中止施工的,除了应当及时向批准开工报告的机关报告有关情况外,还应当按照有关规定做好建筑工程的维护管理工作。按照国务院有关规定批准开工报告的建筑工程因故不能按期开工超过6个月的,应当重新向国务院有关规定确定的开工报告审批部门申请办理该建筑工程开工报告的批准手续。

3.1.4 建筑从业许可

建筑活动的专业性、技术性都很强,而且建筑工程投资大、周期长,一旦发生问题,将给社会和人民的生命财产造成极大损失。因此,为保证建筑工程的质量和安全,对从事建筑工程建筑活动的单位和专业技术人员必须实行从业许可。

建筑从业许可包括两类:一类是单位建筑从业许可;另一类是个人建筑从业许可。在建筑从业许可上,我国和欧美等发达国家有很大差别。我国侧重单位建筑从业许可,发达国家侧重个人建筑从业许可。近年来,个人建筑从业许可在我国也开始得到重视。

(一)建筑从业单位

1.建筑从业单位应当具备的条件

从事建筑活动的建筑施工企业、勘察单位、设计单位和工程监理单位的资质等级,是反映这些单位从事建筑活动的经济、技术能力和水平的标志,规定从事建筑活动的单位只能在其经依法核定的资质等级许可的范围内从事有关建筑活动,是保证建筑工程质量,维护建筑市场正常秩序的重要措施,所有从事建筑活动的单位必须严格执行。《建筑法》第12条规定,从事建筑活动的建筑施工企业、勘察单位、设计单位和工程监理单位应当具备以下4项条件。

1)有符合国家规定的注册资本

有符合国家规定的注册资本,是指建筑施工企业、勘察单位、设计单位和工程监理单位在申请设立注册登记时,应当达到国家规定的注册资本的数量标准。关于上述单位应当具有的最低注册资本的具体数额,《建筑法》未作规定,对此应当按照其他有关法律、行政法规的规定执行。根据《建筑业企业资质管理规定》的有关规定,“建筑业企业资质等级标准由国务院建设行政主管部门会同国务院有关部门制定。”而根据《工程监理企业资质管理规定》的有关规定,工程监理企业的资质等级分为甲级、乙级和丙级,并按照工程性质和技术特点划分为若干

工程类别。《工程监理企业资质管理规定》规定甲级工程监理企业的注册资本不少于100万元;乙级工程监理企业的注册资本不少于50万元;丙级工程监理企业的注册资本不少于10万元。我国《公司法》对设立此类有限责任公司的最低注册资本数额及设立股份有限公司的最低注册资本数额作了明确的规定,设立从事建筑活动的有限责任公司或股份有限公司时,其注册资本必须符合《公司法》的有关规定。

2)有与其从事的建筑活动相适应的具有法定执业资格的专业技术人员

建筑施工企业、勘察单位、设计单位和工程监理单位必须具有与其从事的建筑活动相适应的具有法定执业资格的专业技术人员,这是设立建筑施工企业、勘察单位、设计单位和工程监理单位的一项十分重要的条件。这是由于建筑活动本身的性质决定的,从事建筑活动的企业不仅需要懂经营、懂管理的经营管理人才,更需要有与其从事的建筑活动相适应的专业技术人员。按照本条规定,首先,建筑施工企业、勘察单位、设计单位和工程监理单位必须有与其从事建筑活动相适应的专业技术人员,如注册建筑师、注册结构工程师和注册监理工程师等;其次,这些专业技术人员必须具有法定的执业资格,即经过国家统一考试合格并依法批准注册。当然,对于不同的企业有不同的要求,如根据《工程监理企业资质管理规定》的要求,"甲级企业的负责人和技术负责人应当具有15年以上从事工程建设工作的经历,企业技术负责人应当取得监理工程师注册证书,而且,取得监理工程师注册证书的人员不少于25人;乙级企业的负责人和技术负责人应当具有10年以上从事工程建设工作的经历,企业技术负责人应当取得监理工程师注册证书,取得监理工程师注册证书的人员不少于15人;丙级企业的负责人和技术负责人应当具有8年以上从事工程建设工作的经历,企业技术负责人应当取得监理工程师注册证书,取得监理工程师注册证书的人员不少于5人。"

3)有从事相关建筑活动所应有的技术装备

从事建筑活动,必须要有相应的技术装备,同时也是建筑施工企业、勘察单位、设计单位和工程监理单位进行正常施工、勘察设计和监理工作的重要的物质保障。对从事建筑活动的单位拥有的相关技术装备的状况,是衡量从事建筑活动单位的技术实力的又一重要标志,因此本法也将其作为划分从事建筑活动单位的资质等级的条件之一。

4)已完成的建筑工程业绩

通过对从事建筑活动的单位过去已完成的建筑工程业绩的考察,可以综合反映该单位的技术水平和管理水平的实际情况,本法也将其作为划分从事建筑活动的单位的资质等级的一项条件。

2.建筑从业单位资质等级的核查

《建筑法》第14条规定,对从事建筑活动的单位的资质等级,应按法定的条件和国家规定的有关具体标准进行审查,经审查合格后,发给其相应等级的资质证书。至于由哪个主管部门负责进行资质等级审查和颁发资质证书,《建筑法》未作规定,对此应按照国务院规定的职责分工执行。对于资质审查的程序,《建筑法》也未作规定,通常应由从事建筑活动的建筑施工企业、勘察单位、设计单位和工程监理单位提出申请,由资质管理部门根据申请材料,对其拥有的注册资本、专业技术人员、技术装备和实际业绩等进行综合审评,经审查符合有关资质等级标准的,由资质管理部门颁发相应资质等级的证书。县级以上人民政府建设行政主管部门和其他有关部门应当加强对建筑业从业单位资质的监督管理。

根据《建筑业企业资质管理规定》的有关规定，禁止任何部门采取法律、行政法规规定以外的其他资信、许可等建筑市场准入限制。建设行政主管部门对建筑业企业资质实行年检制度。施工总承包特级企业资质和一级企业资质、专业承包一级企业资质，由国务院建设行政主管部门负责年检；其中铁道、交通、水利、信息产业、民航等方面的建筑业企业资质，由国务院建设行政主管部门会同国务院有关部门联合年检。施工总承包、专业承包二级及二级以下企业资质、劳务分包企业资质，由企业注册所在地省、自治区、直辖市人民政府建设行政主管部门负责年检；其中交通、水利、通信等方面的建筑业企业资质，由建设行政主管部门会同同级有关部门联合年检。

从事建筑活动的建筑施工企业、勘察单位、设计单位和工程监理单位的资质等级是反映这些单位从事建筑活动的经济、技术能力和水平的标志。规定从事建筑活动的单位只能在其经依法核定的资质等级许可的范围内从事有关建筑活动，是保证建筑工程质量，维护建筑市场正常秩序的重要措施，所有从事建筑活动的单位必须严格执行。

（二）建筑从业人员

《建筑法》第 14 条对从事建筑活动的专业技术人员实行执业资格制度做出了明确规定。执业资格制度指的是对具备一定专业学历、资历的从事建筑活动的专业技术人员，通过考试和注册确定其执业的技术资格，获得相应建筑工程文件签字权的一种制度。从事建筑活动的专业技术人员依法取得执业资格证书以后，要在执业资格证书许可的范围内承担相应的工程任务，不得超出执业资格证书许可的范围。没有注册的专业技术人员，不能执行相应的业务。目前，我国对从事建筑活动的专业技术人员已经建立起多种执业资格制度。

1. 注册建筑师执业资格制度

国务院自 1995 年 9 月 23 日起实施的《中华人民共和国注册建筑师条例》，建设部于 1996 年 10 月 1 日起实施的《中华人民共和国注册建筑师条例实施细则》，对取得注册建筑师执业资格的条件、程序作了具体规定。国家对从事人类生活与生产服务的各种民用与工业房屋及群体的综合设计、室内外环境设计、建筑装饰装修设计，建筑修复、建筑雕塑、有特殊建筑要求的构筑物的设计，以及从事建筑设计技术咨询，建筑物调查与鉴定，对本人主持设计的项目进行施工指导和监督等专业技术工作的人员实施注册建筑师执业资格制度，注册建筑师分为一级注册建筑师和二级注册建筑师。

2. 注册结构工程师执业资格制度

建设部、人事部自 1997 年 9 月 1 日联合发布并实施的《注册结构工程师执业资格制度暂行规定》对注册结构工程师的执业资格做出了规定。为了加强对结构工程设计人员的管理，提高工程设计质量与水平，保障公众生命和财产安全，维护社会公共利益，国家对从事房屋结构、桥梁结构及塔架结构等工程设计及相关业务的专业技术人员实施注册结构工程师执业资格制度，注册结构工程师分为一级注册结构工程师和二级注册结构工程师。

3. 注册造价工程师执业资格制度

建设部自 2000 年 3 月 1 日起施行的《造价工程师注册管理办法》对造价工程师的执业资

格进行了规定。为了加强建设工程造价专业技术人员的执业准入控制和管理，确保建设工程造价管理工作质量，维护国家和社会公共利益，国家对从事工程建设活动的建设、设计、施工、工程造价咨询、工程造价管理等单位和部门，必须在计价、评估、审查(核)、控制及管理等岗位配备有造价工程师执业资格的专业技术人员，在工程造价领域实施造价工程师执业资格制度。

4. 注册监理工程师执业资格制度

建设部自2006年4月1日起施行的《注册监理工程师管理规定》对监理工程师的执业资格做出了规定。根据《中华人民共和国建筑法》、《建设工程质量管理条例》等法律法规相关规定，为了维护公共利益和建筑市场秩序，提高工程监理质量与水平，充分发挥建设投资的综合效益，国家对大中型工业和交通建设项目、市政工程和大型民用建设工程、重点建设工程、利用外资的建设工程、高新技术产业开发区工程、住宅小区和危旧房改造小区工程实行工程监理制度。建筑工程监理机构是建筑工程监理单位派出的具体负责监理事务的临时性工作组织，建筑工程监理机构没有法人资格，不能独立地享有民事权利和承担民事责任。组建建筑工程监理机构是建筑工程监理单位实施建筑工程监理的法定程序，建筑工程监理单位应根据所承担的监理任务，组建建筑工程监理机构。建筑工程监理机构一般由总监理工程师、监理工程师和其他监理人员组成。

5. 注册建造师执业资格制度

人事部、建设部2002年12月5日颁布《建造师执业资格制度暂行规定》，对建造师执业资格考试、注册、职责等方面进行了规范。根据《中华人民共和国建筑法》、《建设工程质量管理条例》和国家有关职业资格证书制度的规定，为了加强建设工程项目管理，提高工程项目总承包及施工管理专业技术人员素质，规范施工管理行为，保证工程质量和施工安全，对于从事建设工程项目总承包、施工管理的专业技术人员，实施注册建造师执业资格制度，建造师分为一级建造师和二级建造师。

3.2 建设工程发包与承包

建设工程发包与承包是指建设单位(或总承包单位)委托具有从事建筑活动的法定从业资格的单位为其完成某一建筑工程任务的全部或部分的交易行为。建筑工程发包，是相对于建筑工程承包而言的，是指建设单位(或总承包单位)将建筑工程任务(勘察、设计、施工等)的全部或一部分通过招标或其他方式，交付给具有从事建筑活动的法定从业资格的单位完成，并按约定支付报酬的行为。建筑工程承包，是相对于建筑工程发包而言的，是指具有从事建筑活动的法定从业资格的单位，通过投标或其他方式，承揽建筑工程任务，并按约定取得报酬的行为。

3.2.1 建设工程发包与承包的主体

建设工程的发包主体通常为建设工程的建设单位，即投资建设该项建设工程的单位。按照国家计委1996年4月发布的《关于实行建设项目法人责任制的暂行规定》，国有单位投资的经营性基本建设大中型建设项目，在建设阶段必须组建项目法人。项目法人可按《公司法》的规定设立有限责任公司（包括国有独资公司）和股份有限公司，由项目法人对项目的策划、资金筹措、建设实施、生产经营、债务偿还和资产保值增值，实行全过程负责。据此规定，由国有单位投资建设的经营性的房屋建筑工程（如用作生产经营设施的工商业用房、作为房地产项目的商品房等），由依法设立的项目法人作为建设单位，负责建设工程的发包。国有单位投资建设的非经营性的房屋建筑工程，应当由建设单位作为发包方负责工程的发包。此外，建筑工程实行总承包的，总承包单位经建设单位同意，在法律规定的范围内对部分工程项目进行分包的，工程的总承包单位即成为分包工程的发包单位。

建筑工程的承包主体，即建筑工程的承包单位，即承揽建筑工程的勘察、设计、施工等业务的单位，包括对建筑工程实行总承包的单位和承包分包工程的单位。由于建筑工程一般具有造价高，技术复杂，其质量问题往往涉及公共安全等特点，因此国家对建筑工程承包方的从业资格有特别要求。按照《建筑法》的有关规定，从事建筑活动的建筑施工企业、勘察单位、设计单位和工程监理单位，应当具备法律规定的条件，并按其拥有的注册资本、专业技术人员、技术装备和已完成的建筑工程业绩等资质条件分为不同的资质等级，经资质等级审查合格，取得相应的等级证书后，方可在其资质等级许可的范围内从事建筑活动。

3.2.2 建设工程发包

（一）建设工程发包的基本原则

国内外的建设和现实都告诉我们，建设工程的发包与承包是对拟建工程的最佳的交易方式，这不同于一般有形商品的交易方式，因此建设工程发包和一般商品的买卖交易的规则有不同的方面，但都必须遵守大市场交易的一些共同规则。

1. 订立合同原则

对拟建工程的交易实行发包方式，必须采用书面形式，将发包、承包的内容固定下来，便于日后履行，这是国际通行的规则。建设工程的承包合同是一个总概念，它包括建设工程的勘察合同、设计合同、施工安装合同、监理合同等，建设工程承包合同可以由建设单位与总承包单位订立总承包合同，然后由总承包单位与各分包单位分别订立分包合同，也可以由建设单位分别与勘察设计单位、施工或监理单位订立承包合同。由于建设工程承包合同条款内容复杂，客观情况变化较大，履行期限较长，承包合同的内容条款，补充修改都必须用黑字白纸明确发包承包各方的权利和义务，便于约束各方的履行行为。

2. 履行合同原则

建设工程承包合同依法成立并产生法律效力，按照双方意思预定了拟建工程的承包范围、质量标准、合同工期、合同价款与预付方式、材料供应或采购、竣工验收、质量保修、勘察设计文件交付、修改等方面权利义务条款，而且建设工程的勘察设计、施工、监理合同都有示范文本，制定相对是容易的，履行义务是要付出代价、利益的，因而是艰难的。而一方不履行义务的，一般情况下享有的权利也不会轻易放弃，另一方权利则无法实现，合同利益的实现只能依靠义务履行。因此，承包合同的关键点是必须全面履行义务，只要发生不履行合同义务的行为，就应当按照合同法的原则实行严格责任，不论有无过错，都应承担违约责任。除支付违约金、赔偿损失外，在建设工程的违约责任的补救方式中，一般采取修理、重作、返工等责任形式。法律采取惩罚和救济措施来保障当事人在承包合同中的权利是有效的、积极的。决不能把承包合同条文当做一纸空文。应当明确在承包合同条文的背后，就有国家法律强制力的保障，因此合同条文的履行决不能含糊。

3. 禁止不正当竞争原则

除了我国《刑法》和《建筑法》都明文禁止在建设工程承包、发包中的行贿受贿行为外，《反不正当竞争法》列举的商业贿赂；侵犯商业秘密，包括标底、标书信息；诋毁商业信誉；招标投标中的串通行为，包括投标者之间的串通行为和投标者与招标者的勾结行为等等，也经常发生。在建设市场上反对不正当竞争，并采取严厉的法律措施是非常必要的。

（二）建设工程发包方式

1. 直接发包

直接发包是指对特殊建设工程或法律规定应招标发包范围以外的工程，发包方直接与承包方签订承包合同，委托承包方承建的一种交易行为。特殊情况建设工程是指保密工程、军事设施工程等，法律规定的招标发包范围以外的工程主要是指未超过规定的总投资额或建筑面积的建设工程。《招标投标法》规定了涉及国家安全秘密、抢险、救灾或属于利用扶贫资金实行以工代赈，需要使用农民工等特殊情况，不适宜进行招标的工程项目。直接发包是局限于特殊情况难以展开公开竞争的一种补充发包方式。

2. 招标发包

招标发包是指由建设单位设定标的并编制其反映建设内容与要求的招标文件，吸引投标人参与承包竞争，按照法定程序择优选定投标人达成交易并订立承包合同，确定双方权利义务关系的交易方式。建设工程的发包承包采用招标投标交易方式，可以充分利用价值规律、供求关系和竞争机制减少发包人的拟建工程风险，有效控制工程工期、质量与投资成本，促使承包人提高工程项目经营管理水平，采用先进技术保证工程质量降低成本，取得合理的经济效益，目前国际上通常采用公开招标、邀请招标和议标 3 种方式。

3.2.3 建设工程承包方式

建设工程承包方式根据不同分类原则可以分为各种类别，主要有下列几类。

（一）按照承包工程项目建设内容来分类

1. 全过程总承包

全过程总承包是指从工程项目立项的可行性研究开始，包括可行性研究、勘察设计、设备材料采购、工程施工、生产准备投料试车，直至投产交付使用为止等工程建设的全部任务，一并发包给一个具备相应的总承包资质条件的承包单位，由总承包单位对工程建设的全过程向建设单位负责，直至投产交付使用，经建设单位验收合格，符合发包要求的承包方式，全过程总承包方式的主要工作程序如下。

（1）建设单位确定总承包单位。建设单位依据批准的项目建议书委托几个工程承包公司或咨询、设计单位,做出可行性研究报告,通过议标选定最佳方案,并与总承包单位签订承包合同。

(2)总承包单位完成项目前期准备工作,总承包单位负责完成可行性研究深化工作,经建设单位审查同意后,由建设单位送主管部门批准。

(3)总承包单位实施工程项目建设,可行性研究报告获得批准后,总承包单位按照基本建设程序分别组织勘察设计、设备采购和施工,这些工作可由其自己完成,也可以采用招标方式选择分包单位,与他们签订分包合同后交予其实施。全过程总承包由于对总承包单位要求的条件较高,有能力承担该项任务的单位较少,大多以议标方式选择总承包单位,而且实施过程中由总承包商向分包商收取协调管理费。

2. 设计施工总承包

设计施工总承包是发包方将建设工程的勘察、设计、施工、设备采购一并发包给一个工程总承包单位,由该总承包单位对工程建设的全部实施过程向建设单位负责。工程项目总承包的出发点在于促成设计与施工的早期结合,以便有可能充分发挥设计和施工两方面的优势,提高项目的经济性,从这一目的考虑招标时间越早,总承包提高项目经济性的可能性越大,对业主越有利;但同时招标难度也越大,对业主的风险亦相应增大。

3. 专业总承包

专业总承包也即对建设工程的勘察设计、施工、设备采购的一项或多项进行总承包。进行设计、施工总承包和专业总承包的单位一般资质要求高,企业规模较大,具有一定的技术优势,经营范围更广,经营结构的层次高,而且具有事实的市场行为知识和经验。

4. 平行承发包

平行承发包又称为分别承发包,指的是建设单位将设计任务分别委托多个设计单位,把施工任务分别发包给多个施工单位,各设计单位、施工单位都是平行或并列关系。这对建设单位来说,不仅招标工作量大,而且合同关系复杂,业主的组织协调工作量相当大,不同设计单位之间的矛盾,施工单位之间的矛盾以及施工单位与设计单位之间的矛盾,都得由业主协调。由于业主一般缺乏建筑生产方面的技术以及管理知识和经验,很难保证协调工作的及时性和合理性,从投资控制的角度来看,平行承发包方式对业主不利。

(二)按照承包对象的组织形式来分类

1. 单独承包

单独承包是指作为一个独立的法人实体,单独承包建设工程的承包方式,适用于各类建设工程的勘察、设计、施工。

2. 联合承包

联合承包是指由若干施工单位共同组成了施工联合体,并以其名义承包某项建设工程的承包形式。施工联合体是一种临时性的组织,是针对一个确定的承包项目而成立的,工程竣工交付使用之后,联合体即自行解体。联合体承担的法律义务则要到保修期结束才能终止。施工联合体不是一个经济实体,更不是工商注册登记的企业,因而不具有法人地位,联合体内的成员单位之间要签订内部合同,以明确各自的权利和义务关系。

(三)按照国际惯例来分类

1. EPC 方式(Engineering Procurement and Construction)

EPC 方式是设计、采购、施工总承包方式,俗称“交钥匙工程”方式,指的是总承包单位为业主建造工厂或其他工程项目,一旦设计与建造工程完成,包括设备安装、试车及初步操作顺利运转后,即将该工厂或项目所有权和管理权的“钥匙”依合同完整地“交”给对方,由对方开始经营,更多时候 EPC 也可以看成是一种特殊形式的管理合同。

2. DB 方式(Design Build)

DB 方式是设计、施工总承包方式,指的是工程总承包商按照合同约定,承担工程项目设计和施工,对承包工程的质量、安全、工期、造价全面负责的一种承包方式。

3. BOOT 方式(Build Own Operate Transfer)

BOOT 方式是投资、设计、施工、经营一体化总承包方式,这种总承包由业主和承包商共同投资,承包商不仅对项目的可行性研究、规划、设计施工全过程实行总承包,而且建成后还要经营几年或几十年,然后再转让给业主。

4. BOT 方式(Build Own Transfer)

BOT 方式指的是一种股权和债权相结合的产权,承包商在获得政府特许权授予后负责该项目的资金筹措、设计、施工以及在竣工之后,在规定期间内进行经营管理。BOT 方式是一种在基础设施建设中的特殊方式,主要用于基础设施和公共工程项目如隧道、公路和发电厂等。

3.2.4 建筑工程发(承)包单位行为规范

(一)建筑工程发包单位行为规范

建筑工程发包单位在建筑工程市场活动中处于主导地位,建筑工程发包单位的行为是否规范直接影响到工程建设能否顺利进行,《建筑法》对建筑工程发包单位行为主要进行了如下规范。

(1)发包单位及其工作人员在建筑工程发包中不得收受贿赂、回扣或者索取其他好处。

(2)发包单位应当按照合同的约定,及时拨付工程款项。

(3)建筑工程实行公开招标的,发包单位应当依照法定程序和方式,发布招标公告,提供载有招标工程的主要技术要求、主要合同条款、评标标准和方法以及开标、评标、定标程序等内容的招标文件。开标应当在招标文件规定的时间、地点公开进行。开标后应当按照招标文件规定的评标标准和程序对标书进行评价、比较,在具备相应资质条件的投标者中,择优选定中标者。

(4)建筑工程实行招标发包的,发包单位应当将建筑工程发包给依法中标的承包单位。建筑工程实行直接发包的,发包单位应当将建筑工程发包给具有相应资质条件的承包单位。

(5)发包单位不得将应当由一个承包单位完成的建筑工程肢解成若干部分发包给几个承包单位。

(6)按照合同约定,建筑材料、建筑构配件和设备由工程承包单位采购的,发包单位不得指定承包单位购入用于工程的建筑材料、建筑构配件和设备或者指定生产厂、供应商。

(二)建筑工程承包单位行为规范

建筑工程承包单位是实现工程建设的直接操作者,在工程建设过程中起到至关重要的作用。因此,《建筑法》对建筑工程承包单位行为主要进行了如下规范。

(1)建筑工程承包单位应当持有依法取得的资质证书,并在其资质等级许可的业务范围内承揽工程。禁止建筑施工企业超越本企业资质等级许可的业务范围或者以任何形式用其他建筑施工企业的名义承揽工程。禁止建筑施工企业以任何形式允许其他单位或者个人使用本企业的资质证书、营业执照,以本企业的名义承揽工程。

(2)大型建筑工程或者结构复杂的建筑工程,可以由两个以上的承包单位联合共同承包。共同承包的各方对承包合同的履行承担连带责任。两个以上不同资质等级的单位实行联合共同承包的,应当按照资质等级低的单位的业务许可范围承揽工程。

(3)建筑工程总承包单位可以将承包工程中的部分工程发包给具有相应资质条件的分包单位;但是,除总承包合同中约定的分包外,必须经建设单位认可。施工总承包的,建筑工程主体结构的施工必须由总承包单位自行完成。建筑工程总承包单位按照总承包合同的约定对建设单位负责;分包单位按照分包合同的约定对总承包单位负责。总承包单位和分包单位就分包工程对建设单位承担连带责任。禁止总承包单位将工程分包给不具备相应资质条件的单位。禁止分包单位将其承包的工程再分包。

(4)禁止承包单位将其承包的全部建筑工程转包给他人,禁止承包单位将其承包的全部建筑工程肢解以后以分包的名义分别转包给他人。

【案例】

某政府部门按上级政府要求承担10座旧桥梁重建加固任务,被告宋某以希波建设有限公司名义与该部门进行协商,双方于2004年5月12日达成施工承包合同,约定由希波建设有限公司承建其中2座桥梁的修建加固工程,并签订相应合同。虽然宋某的希波建设有限公司未经工商登记,并不具备总承包资质,但宋某仍将工程分包给王某,由王某组织人员对所承包工程实施了施工,并于2005年6月30日完工并交付使用。施工过程中,王某从宋某处已结得工程款167 531.87元,尚欠工程款112 869.34元,而这笔欠款是由于某政府部门未将工程款付给宋某所致。2005年9月1日,王某以宋某没有及时结清工程款为由,将宋某、希波建设有限公司及其某政府部门告上法庭,要求及时结清所欠工程款112 869.34元。

法院审理后认为,某部门将其承担的建桥工程发包给未经工商登记的希波建设有限公司进行施工,被告宋某又以希波建设有限公司名义将部分工程分包给原告王某个人施工,双方所签订的承包合同违反法律、行政法规的强制性规定,属无效合同。鉴于王某按合同约定完成了施工任务,工程已交付使用,且宋某和某部门对其施工质量未提出异议,故王某要求宋某支付工程款的请求依法应予以支持。某部门作为施工项目的发包人,依法应在欠付承包商王某的工程款的范围内对王某承担责任。根据《中华人民共和国合同法》和最高人民法院《关于审理建设工程施工合同纠纷案件适用法律问题的解释》的有关规定,并按照传统的合同相对性原理,分包商被拖欠工程款时,只能状告总承包商而不能直接状告拖欠工程款的发包人,在法院审结的这起建设工程施工合同纠纷案中,一审判决被告总承包商宋某给付分包商王某建设工程款共计 112 869.34 元。

【评析】

本案主要涉及建设工程分包纠纷的法律适用问题。法律允许分包,但是分包必须遵循一定的规则进行,否则即构成违约或者违法行为,甚至合同无效。分包必须遵循的规定是总承包合同必须是有效合同,承包人分包时必须分包给具有相应资质的分包单位,分包必须基于合同的约定或者取得发包人的许可,对于施工总承包的,建筑工程主体结构的施工必须由总承包单位自行完成,分包只能进行一次,不得层层分包。本案被告宋某以未经工商登记的企业名义实施民事活动,而原告王某不具备分包工程的相应资质,因而不仅总承包合同无效,而且分包合同亦无效。

3.3 工程勘察设计

我国工程勘察设计方面的立法层次比较低,主要由建设部及相关部委的规章和规范性文件组成,如:1978 年国家建委颁发的《设计文件的编制和审批办法》,1980 年国家建委颁发的《工程建设标准规范管理办法》,1981 年国家建委颁发的《全国工程建设标准设计管理办法》,1983 年国家计委颁发的《基本建设设计工作管理暂行办法》和《基本建设勘察工作管理暂行办法》,1986 年国家计委和对外经济贸易部联合颁发的《中外合作设计工程项目暂行规定》,1986 年国家计委颁发的《优秀工程设计奖评选办法》和《优秀工程勘察奖评选办法》,1992 年建设部颁发的《工程建设国家标准管理办法》和《工程建设行业标准管理办法》,1992 年建设部和对外经济贸易部联合颁发的《成立中外合营工程设计机构审批管理的规定》等。这些立法对规范工程勘察设计活动,加强勘察设计管理起到了重要的作用。为适应市场经济的需要,进一步加强对工程勘察设计行为的规范和管理,国家正在积极制定《中华人民共和国工程勘察设计法》,届时它将成为我国第一部工程勘察设计方面的法律,对工程勘察设计的法制建设将有极大的推进作用。

3.3.1 工程勘察

工程勘察,是指依据工程建设目标,通过对地形、地质、水文等要素进行测绘、勘探、测试及综合分析评定,查明建设场地和有关范围内的地质地理环境特征,提供建设所需要的勘察成果资料及其相关的活动。工程勘察的内容主要有工程测量、水文地质勘察和工程地质勘察。

工程测量包括平面控制测量、高程控制测量、地形测量、摄影测量、线路测量和绘图复制等工作,其任务是为建设项目的选址、设计和施工提供有关地形地貌的科学依据。

水文地质勘察一般包括水文地质测绘、地球物理勘探、钻探、抽水试验、地下水动态观测、水文地质参数计算、地下水资源评价和地下水资源保护方案等工作。其任务在于为建设项目的设计提供有关供水地下水源的详细资料。

工程地质勘察的任务在于为建设项目的选址、设计和施工提供工程地质方面的详细资料。勘察阶段一般分为选址勘察、初步勘察、详细勘察以及施工勘察。选址勘察阶段,应对拟选厂址的稳定性和适宜性做出工程地质评价,是否符合确定厂址方案的要求。初步勘察阶段,应对场地内建筑地段的稳定性做出评价,并为确定建筑总平面布置和各主要建筑物地基基础工程方案以及对不良地质现象的防治工程方案,提供地质资料,以满足初步设计的要求。详细勘察阶段,应对建筑地基做出工程地质评价,并为地基基础设计、地基处理与加固和不良地质条件的防治工程,提供工程地质资料,以满足施工图设计的要求。施工勘察,应满足深基础、地基处理和加固的设计与施工的特殊要求。

3.3.2 工程设计

工程设计指的是依据工程建设目标,运用工程技术和经济方法,对建设工程的工艺、土木、建筑、功用、环境等系统进行综合策划、论证,编制建设所需要的设计文件及其相关的活动。在建设项目的选址和设计任务书已定的情况下,工程设计直接决定着建设项目的技术先进性和经济合理性。工程设计及其相应文件是作为安排建设计划和组织施工的主要依据,主要包括总体规划设计、初步设计、技术设计、施工图设计、设计概(预)算等。总体规划设计须能满足初步设计的开展、主要大型设备和材料的预先安排以及土地征用准备工作的要求。初步设计在总体设计的指导下进行。技术设计是为了解决某些重大或特殊项目在初步设计阶段无法解决的某些技术问题而进行的。如特殊工艺流程、新型设备、大型建筑物和构筑物的某些关键部位等问题的试验、研究和确定。施工图设计主要是根据批准的初步设计和技术设计,绘制出正确、完整和尽可能详尽的建筑、安装施工图纸。施工设计概(预)算是考核设计方案的经济性、编制基本建设计划、核定投资包干额以及拟定招标标底的重要依据。

3.3.3 成立勘察设计单位必须具备的条件

《建筑法》第12条规定:从事建筑活动的建筑施工企业、勘察单位、设计单位和工程监理单位,应当具备下列条件:有符合规定的注册资本;有与其从事的建筑活动相适应的具有法定执业资格的专业技术人员;有从事相关建筑活动所应有的技术装备;法律行政法规规定的其他条件。

勘察单位、设计单位在申请成立向工商局注册登记时,应当达到国家规定的注册资本的数量标准,对此,《建筑法》中没有具体规定最低注册资本额,所以应当按照其他有关法律、行政法规的规定执行。工程勘察设计单位申请企业法人登记,除了应当具备足够的财产,能够独立承担民事责任,有健全的财会制度,独立核算,自负盈亏等一般企业应当具备的条件之外,还应当符合一些特殊条件。根据建设部颁布的《建设工程勘察设计企业资质管理规定》,建设工程勘察、设计企业应当按照其拥有的注册资本、专业技术人员、技术装备和勘察设计业绩等条件申请资质,经审查合格,取得建设工程勘察、设计资质证书后,方可在资质等级许可的范围内从事建设工程勘察、设计活动。

根据建设部2000年12月13日颁发的《建筑工程设计事务所管理办法》的规定,建筑工程设计事务所是指由具备一级注册执业资格或取得高级职称的,并在建筑工程设计事务所当地具有一定知名度的专业设计人员合伙设立的,从事建筑工程设计或者其中某一专业设计业务的设计机构。对工程设计事务所的这一概念界定中可以得出两点结论:①工程设计事务所的性质是合伙企业,合伙人对设计事务所的债务承担无限连带责任;②设计事务所的合伙人必须具备相当的专业资格,要具备一级注册执业资格或者是高级职称并且在设计事务所所在地具有一定的知名度。建筑工程设计事务所分为综合设计事务所和专业设计事务所两种。

设立建筑工程设计事务所必须经过国家主管部门的审批。审批单位是省、自治区、直辖市和计划单列市的建设行政主管部门。由建设部对全国建筑工程设计事务所的总量进行控制并颁发资质证书。依照建设部颁布的《建筑工程设计事务所管理办法》的规定,建筑工程设计事务所的申请设立程序主要分为以下两个步骤。

1. 申请设立建筑工程设计事务所要向省级建设行政主管部门申报组建方案

(1)发起人向省级建设行政主管部门呈报组建方案,材料包括:申请设立设计事务所的报告;书面的合伙协议;企业名称预先核准通知书;组成人员名单、简历及主要业绩;注册执业证书或职称证书及身份证复印件;通过企业改制成为设计事务所的应有上级主管部门或资产所有人的批准文件及其他有关材料。

(2)由省级建设行政主管部门组织专家审查组建方案,按照择优推荐的原则对申请人提供的个人资格、业绩、人员组成、职业道德等方面认真考核,对拟成立的设计事务所提出综合推荐意见。

(3)省级建设行政主管部门根据专家推荐意见对资质申请提出初审意见,报国务院建设行政主管部门。

(4)国务院建设行政主管部门对初审通过的设计事务所发布资质预核准通知,拟组建的设计事务所可持资质预核准通知到当地工商部门办理工商登记。

2. 设立建筑工程设计事务所要进行资质申报

(1)省级建设行政主管部门在接到国务院建设行政主管部门公布的资质预核准通知后,将资质申报材料报国务院建设行政主管部门。资质申报的材料主要包括申报软盘的资质申报材料、所有人员与原工作单位解除劳动合同的证明或辞职证明、当地注册管理部门提供的变更注册证明、合伙协议书和工商营业执照复印件等内容。

(2)由国务院建设行政主管部门对资质申报材料进行审定并颁发相应的资质证书。符合申报标准,取得设计事务所资质证书的单位,可以在全国范围内承接业务,设计事务所不得将所承接的业务转包给他人。

3.3.4 勘察设计单位的资质等级

《建筑法》第13条规定:从事建筑活动的建筑施工企业、勘察单位、设计单位和工程监理单位,按照其拥有的注册资本、专业技术人员、技术装备和已完成的建筑工程业绩等资质条件,划分为不同的资质等级,经资质审查合格,取得相应等级的资质证书后,方可在其资质等级许可的范围内从事建筑活动。《建设工程勘察设计企业资质管理规定》第3条规定:建设工程勘察、设计企业应当按照其拥有的注册资本、专业技术人员、技术装备和勘察设计业绩等条件申请资质,经审查合格,取得建设工程勘察、设计资质证书后,方可在资质等级许可的范围内从事建设工程勘察、设计活动。取得资质证书的建设工程勘察、设计企业可以从事相应的建设工程勘察、设计咨询和技术服务。

(一)资质分类与分级

根据《建设工程勘察设计企业资质管理规定》,建设工程勘察、设计资质分为工程勘察资质、工程设计资质。工程勘察资质分为工程勘察综合资质、工程勘察专业资质和工程勘察劳务资质。工程勘察综合资质只设甲级。工程勘察专业资质根据工程性质和技术特点设立类别和级别。工程勘察劳务资质不分级别。取得工程勘察综合资质的企业,承接工程勘察业务的范围不受限制。取得工程勘察专业资质的企业,可以承接同级别相应专业的工程勘察业务。取得工程勘察劳务资质的企业,可以承接岩土工程治理、工程钻探、凿井工程勘察劳务工作。工程设计资质分为工程设计综合资质、工程设计行业资质、工程设计专项资质。工程设计综合资质只设甲级。工程设计行业资质和工程设计专项资质根据工程性质和技术特点设立类别和级别。取得工程设计综合资质的企业,其承接工程设计业务范围不受限制。取得工程设计行业资质的企业,可以承接同级别相应行业的工程设计业务。取得工程设计专项资质的企业,可以承接同级别相应的专项设计任务。取得工程设计行业资质的企业,可以承接本行业范围内同级别的相应专项工程设计业务,不再单独领取工程设计专项资质。

(二)资质申请与审批

根据《建设工程勘察设计企业资质管理规定》,建设工程勘察、设计资质的申请由建设行政主管部门定期受理。企业申请工程勘察甲级资质、建筑工程设计甲级资质及其他工程设计甲、乙级资质,应当向企业工商注册所在地省、自治区、直辖市人民政府建设行政主管部门提出申请。归中央管理的企业直接向国务院建设行政主管部门提出申请,其所属企业由中央管理的企业向国务院建设行政主管部门提出申请,同时向企业工商注册所在地省、自治区、直辖市人民政府建设行政主管部门备案。企业申请工程勘察乙级资质、工程勘察劳务资质、建筑工程设计乙级资质和其他建设工程勘察、设计丙级以下资质(包括丙级),向企业工商注册所在地县级以上地方人民政府建设行政主管部门提出申请。新设立的建设工程勘察、设计企业,到工商行政管理部门登记注册后,方可向建设行政主管部门提出资质申请。新设立的建设工程勘察、设计企业申请资质,应当向建设行政主管部门提供下列资料:建设工程勘察、设计资质申报表;企业法人营业执照;企业章程;企业法定代表人和主要技术负责人简历及任命(聘任)文件复印件;建设工程勘察、设计企业资质申报表中所列技术人员的职称证书、毕业证书及身份证复印件;建设工程勘察、设计企业资质申报表中所列注册执业人员的注册变更证明材料;需要出具的其他有关证明材料。建设工程勘察、设计企业申请晋升资质等级或者申请增加其他工程勘察、工程设计资质,除上述资料外,还需提供下列资料:企业原资质证书正、副本;建设工程勘察、设计资质申报表中所列的注册执业人员的注册证明材料;企业近两年的资质年检证明材料复印件;建设工程勘察、设计资质申报表中所列的工程项目的合同复印件及施工图设计文件审查合格证明材料复印件。新设立的建设工程勘察、设计企业,在资质暂定有效期满前两个月内,可以申请转为正式资质等级,申请时应当提供企业近两年的资质年检合格证明材料。

工程勘察甲级、建筑工程设计甲级资质及其他工程设计甲、乙级资质由国务院建设行政主管部门审批。申请工程勘察甲级、建筑工程设计甲级资质及其他工程设计甲、乙级资质的,应当经省、自治区、直辖市人民政府建设行政主管部门审核。审核部门应当对建设工程勘察、设计企业的资质条件和企业申请资质所提供的资料进行核实。申请铁道、交通、水利、信息产业、民航等行业的工程设计甲、乙级资质，由国务院有关部门初审。申请工程勘察甲级、建筑工程设计甲级资质及其他工程设计甲、乙级资质，由国务院建设行政主管部门委托有关行业组织或者专家委员会初审。申请工程勘察乙级资质、工程勘察劳务资质、建筑工程设计乙级资质和其他建设工程勘察、设计丙级以下资质(包括丙级)，由企业工商注册所在地省、自治区、直辖市人民政府建设行政主管部门审批。审批结果应当报国务院建设行政主管部门备案。具体审批程序由省、自治区、直辖市人民政府建设行政主管部门规定。审核部门应当自受理建设工程勘察、设计企业的资质申请之日起30日内完成审核工作。初审部门应当自收到经审核的申报材料之日起30日内完成初审工作。审批部门自收到初审的申报材料之日起30日内完成审批工作。审批结果应当在公众媒体上公告。

建设工程勘察、设计企业申请晋升资质等级、转为正式等级或者申请增加其他工程勘察、工程设计资质，在申请之日前一年内有下列行为之一的，建设行政主管部门不予批准：与建设单位勾结，或者企业之间相互勾结串通，采用不正当手段承接勘察、设计业务的；将承接的勘察、设计业务转包或者违法分包的；注册执业人员未按照规定在勘察设计文件签字的；违反国家工程建设强制性标准的；因勘察设计原因发生过工程重大质量安全事故的；设计单位未根据勘察成果文件进行工程设计的；设计单位违反规定指定建筑材料、建筑构配件的生产厂、供应商的；以欺骗、弄虚作假等手段申请资质的；超越资质等级范围进行勘察设计的；转让资质证书的；为其他企业提供图章、图签的；伪造、涂改资质证书的；其他违反法律、法规的行为。

(三)监督与管理

国务院建设行政主管部门对全国的建设工程勘察、设计资质实施统一的监督管理。国务院铁道、交通、水利、信息产业、民航等有关部门配合国务院建设行政主管部门对相应的行业资质进行监督管理。县级以上地方人民政府建设行政主管部门负责对本行政区域内的建设工程勘察、设计资质实施监督管理。县级以上人民政府交通、水利、信息产业等有关部门配合建设行政主管部门对相应的行业资质进行监督管理。任何部门、任何地区不得采取法律、行政法规规定以外的其他资信、许可等建设工程勘察、设计市场准入限制。

建设行政主管部门对建设工程勘察、设计资质实行年检制度。资质年检主要对是否符合资质标准，是否有质量、安全、市场交易等方面的违法违规行为进行检查。工程勘察乙级资质、工程勘察劳务资质、建筑工程设计乙级资质和其他建设工程勘察、设计丙级以下资质(包括丙级)由企业工商注册所在地省、自治区、直辖市人民政府建设行政主管部门负责年检。工程勘察甲级、建筑工程设计甲级资质及其他工程设计甲、乙级资质由国务院建设行政主管部门委托企业工商注册所在地省、自治区、直辖市人民政府建设行政主管部门负责年检。建设工程勘察、设计资质年检按照下列程序进行：企业在规定时间内向建设行政主管部门提交资质年检申请；建设行政主管部门在收到企业资质年检申请后40日内对资质年检做出结论，或者向国务院建设行政主管部门提出年检意见。资质年检结论分为合格、基本合格和不合格。年检结果为合格的应当报国务院建设行政主管部门备案，年检意见为基本合格和不合格的，应当报国务院建设行政主管部门批准，并由国务院建设行政主管部门商国务院有关部门确定年检结论。在资质年检通知规定的时间内没有参加资质年检的建设工程勘察、设计企业，其资质证书自行失效，且一年内不得重新申请资质。建设工程勘察、设计企业连续两年资质年检合格，方可申请晋升资质等级。建设工程勘察、设计企业资质年检不合格或者连续两年基本合格的，应当重新核定其资质。新核定的资质等级应当低于原资质等级；达不到最低资质等级标准的，应当取消其资质。

（四）工程勘察设计单位的业务范围

工程勘察设计单位可以从事工程勘察、工程设计、工程项目建设总承包、岩土工程、工程监理、技术服务、咨询服务、兼营业务等业务活动。

1. 工程勘察

工程勘察的业务范围包括为工程建设、城市规划而进行的测绘、勘探、测试及综合评定，包括工程地质、水文地质、工程测量、地形测量、工程物探等内容。

2. 工程设计

工程设计的业务范围包括为新建、扩建、改建的工程项目和技术改造项目而进行的设计，一般指的是工艺、土建、公用工程、配套工程、建筑装饰、非标准设备设计以及工矿区、生活区总体设计等。

3. 技术服务

技术服务包括建设项目中的有关工艺、材料及科技成果的技术开发、技术协作、技术承包、技术转让、技术培训和相应的技术服务以及相关软件的开发和转让。

4. 咨询服务

咨询服务指与建设项目和技术改造项目有关的工程咨询与技术咨询活动，包括：工程项目投资前的项目机会研究、初步可行性研究、可行性研究；工程项目的规划方案、可行性研究报告以及项目投产后的评估报告；为工程项目提供技术情报、信息、实测分析、设备测绘、技术公关以及从事产品发展方向的专门研究和废物处理与利用；论证评价与科研成果审查；为经济纠纷案件的仲裁与审判提供技术分析；工程事故分析、危房鉴定、抗震加固、工程项目的现场技术指导服务；代建设单位收集和提供技术资料，编制招投标文件，评定投标，编制设计任务书等服务工作；受建设单位的委托，负责建厂监督、试生产、项目投产初期的技术咨询；其他有关工程建设的咨询服务。

5. 兼营业务

兼营业务是指工程设计勘察单位可以兼营本单位开发的产品或与工程项目有关的材料设备或者有关的信息服务以及发挥技术装备条件优势，对外承揽加工任务等。

勘察设计单位经营活动的地域范围随其资质等级的不同而略有差异。甲级勘察设计单位可按核准登记的经营范围在全国范围内承担任务；乙级单位可在本系统和本省内承担任务，跨系统跨省承担任务的，须经项目主管部门或项目所在地省级勘察设计主管部门批准同意，并向所在地工商行政管理机关备案后方可进行；丙级单位限于承担本省范围内的业务；丁级单位只限于在本单位或单位所在地范围内承担任务。

3.3.5 工程勘察设计人员的管理

《建筑法》第14条规定：从事建筑活动的专业技术人员，应当依法取得相应的执业证书，并在执业证书许可的范围内从事建筑活动。本条所说的"从事建筑活动的专业技术人员"是指直接在建筑工程的勘察、设计、施工工艺、工程监理等专业技术岗位上工作的技术人员。本条的规定相当笼统,在实践中,必须参照国务院有关部门的规章执行。2000 年 9 月 25 日国务院颁布的《建设工程勘察设计管理条例》规定,国家对从事建设工程勘察、设计活动的专业技术人员,实行执业资格注册管理制度。未经注册的建设工程勘察、设计人员,不得以注册执业人员的名义从事建设工程勘察、设计活动。建设工程勘察、设计注册执业人员和其他专业技术人员只能受聘于一个建设工程勘察、设计单位;未受聘于建设工程勘察、设计单位的,不得从事建设工程的勘察、设计活动。

3.3.6 建筑勘察设计发包与承包

建设工程勘察设计发包依法实行招标发包或者直接发包。依据国务院 2000 年 9 月 25 日颁布的《建设工程勘察设计管理条例》第 16 条规定,下列建设工程的勘察、设计,经有关主管部门批准,可以直接发包:采用特定的专利或者专有技术的;建筑艺术造型有特殊要求的;国务院规定的其他适合直接发包的建设工程的勘察、设计。除依法可以直接发包的外,建设工程勘察、设计应当依照《中华人民共和国招标投标法》的规定,实行招标发包。建设工程勘察设计方案评标,应当以投标人的业绩、信誉和勘察、设计人员的能力以及勘察设计方案的优劣为依据进行综合评定。建设工程勘察设计的招标人应当在评标委员会推荐的候选方案中确定中标方案。但是建设工程勘察设计的招标人认为评标委员会推荐的候选方案不能最大限度地满足招标文件规定的要求的,应当依法重新招标。发包方不得将建设工程勘察、设计业务发包给不具有相应勘察、设计资质等级的建设工程勘察、设计单位。发包方可以将整个建设工程的勘察、设计发包给一个勘察、设计单位;也可以将建设工程的勘察、设计分别发包给几个勘察、设计单位。承包方必须在建设工程勘察、设计资质证书规定的资质等级和业务范围内承揽建设工程的勘察、设计业务。除建设工程主体部分的勘察、设计外,经发包方书面同意,承包方可以将建设工程其他部分的勘察、设计再分包给其他具有相应资质等级的建设工程勘察、设计单位。建设工程勘察、设计单位不得将所承揽的建设工程勘察、设计转包。在建设工程勘察、设计的发包与承包中,发包方与承包方应当执行国家规定的建设工程勘察、设计程序,应当执行国家有关建设工程勘察费、设计费的管理规定,应当签订建设工程勘察、设计合同。

【案例】

2005 年 8 月,某环保科技有限公司董事会决定兴建一座办公大楼,经咨询有关专家,董事会对建筑风格和艺术造型都作了特殊的要求,同时董事会决定由公司副总经理林某具体负责办公大楼建设的相关事宜。2005 年 9 月 3 日,林某为了显示其工作能力,主动与外省方同建筑设计咨询公司取得联系,声称"深知对方信誉良好,工程设计水平国际一流,但鉴于两省相隔遥远,来往信函多有不便,最好是其主要负责人能来环保科技有限公司面谈,并许诺该工程设计将委托方同建筑设计咨询公司完成"。与此同时,环保科技有限公司董事长耿某认为本地皇亚工程设计院具有较高设计水准,声誉较好,并提出由该设计院进行办公楼设计,最后得到董事会一致同意。环保科技有限公司于 2005 年 9 月 7 日与皇博建筑设计院签订了建筑设计合同。2005 年 9 月 8 日,方同建筑设计咨询公司谈判代表李某赶到环保科技有限公司,准备与林某洽谈，但被告知办公大楼的工程设计工作已委托皇博建筑设计院完成。李某当即找到林某，要其赔偿往返路费及相关经济损失，合计 7 825.73 元。林某认为约请方同建筑设计咨询公司来公司洽谈，是为了进一步确认对方是否具备条件。双方并未就该工程的委托设计达成任何协议，而且李某的相关损失纯属于自身的缔约成本，拒绝赔偿任何损失。因协商不成，方同建筑设计咨询公司向人民法院起诉环保科技有限公司，要求其承担违约责任，并赔偿各项损失共计 14 723.29 元。

【评析】

因为本案中某环保科技有限公司与方同建筑设计咨询公司虽然曾有合作意向，但毕竟双方之间没有形成合同关系，所以方同建筑设计咨询公司的诉讼请求不会得到人民法院的支持，更谈不上违约责任，赔偿各项损失共计 14 723.29 元不成立。

本案中某环保科技有限公司应当承担缔约过失责任。缔约过失责任是指缔约人故意或者过失地违反先合同义务时，依法应承担的民事责任，所谓先合同义务是指订立合同的双方在订立合同的过程中负有的相互协助、相互照顾、相互保护、相互通知、诚实信用等义务。林某代表环保科技有限公司与方同建筑设计咨询公司就缔结合同的相关事宜有过磋商，并有意请对方到公司进一步协商，在环保科技有限公司与皇博建筑设计院签订合同后，环保科技有限公司应该将其与皇博建筑设计院缔结合同的情况及时通知方同建筑设计咨询公司，否则就应承担违反合同成立前通知义务的缔约过失责任。因此，方同建筑设计咨询公司谈判代表李某赶到环保科技有限公司往返路费及相关经济损失由环保科技有限公司承担，合计 7 825.73 元。

3.4 建筑工程施工

建筑工程施工是指通过有效的组织方法和技术途径，按照建筑工程设计图纸和说明书的要求建成供使用的建筑物的过程。建筑工程施工的优劣，直接关系到建筑产品的功用与效能，因此为了规范建筑工程施工，提高建筑工程施工质量，进而提高建筑工程质量与维护建筑工程安全，我国现行相关建筑工程法律对建筑工程施工的相关方面作了系列规定。

建筑施工企业，是指从事土木工程、建筑工程、线路管道设备安装工程、装修工程的新建、扩建、改建活动的企业。为了规范建筑业企业，加强对建筑活动的监督管理，维护建筑市场秩序，保证建设工程质量，建设部 2001 年 7 月 1 日起施行了《建筑业企业资质管理规定》。依照该规定，建筑业企业应当按照其拥有的注册资本、净资产、专业技术人员、技术装备和已完成的建筑工程业绩等资质条件申请资质，经审查合格，取得相应等级的资质证书后，方可在其资质等级许可的范围内从事建筑活动。

3.4.1 建筑施工企业的资质

（一）资质的申请

根据《建筑业企业资质管理规定》，建筑业企业应当向企业注册所在地县级以上地方人民政府建设行政主管部门申请资质。中央管理的企业直接向国务院建设行政主管部门申请资质，其所属企业申请施工总承包特级、一级和专业承包一级资质的，由中央管理的企业向国务院建设行政主管部门申请，同时，向企业注册所在地省级建设行政主管部门备案。新设立的建筑业企业，到工商行政管理部门办理登记注册手续并取得企业法人营业执照后，方可到建设行政主管部门办理资质申请手续。新设立的企业申请资质，应当向建设行政主管部门提供下列资料：建筑业企业资质申请表；企业法人营业执照；企业章程；企业法定代表人和企业技术、财务、经营负责人的任职文件、职称证书、身份证；企业项目经理资格证书、身份证；企业工程技术和经济管理人员的职称证书；需要出具的其他有关证件、资料。除此之外，对于建筑业企业申请资质升级，除向建设行政主管部门提供上述所列资料外，还应当提供下列资料：企业原资质证书正、副本；企业的财务决算年报表；企业完成的具有代表性工程的合同及质量验收、安全评估资料。

申请施工总承包资质的建筑业企业应当在总承包序列内选择一类资质作为本企业的主项资质，并可以在总承包序列内再申请其他类不高于企业主项资质级别的资质，也可以申请不高于企业主项资质级别的专业承包资质。施工总承包企业承担总承包项目范围内的专业工程可以不再申请相应专业承包资质。专业承包企业、劳务分包企业可以在本资质序列内申请类别相近的资质。

建筑业企业申请晋升资质等级或者主项资质以外的资质，在申请之日前一年内有下列行为之一的，建设行政主管部门不予批准：与建设单位或者企业之间相互串通投标，或者以行贿等不正当手段谋取中标的；未取得施工许可证擅自施工的；将承包的工程转包或者违法分包的；严重违反国家工程建设强制性标准的；发生过三级以上工程建设重大质量安全事故或者发生过两起以上四级工程建设质量安全事故的；隐瞒或者谎报、拖延报告工程质量安全事故或者破坏事故现场、阻碍对事故调查的；按照国家规定需要持证上岗的技术工种的作业人员未经培训、考核，未取得证书上岗，情节严重的；未履行保修义务，造成严重后果的；违反国家有关安全生产规定和安全生产技术规程，情节严重的；其他违反法律、法规的行为。

（二）资质的审批

根据《建筑业企业资质管理规定》，施工总承包序列特级和一级企业、专业承包序列一级企业资质经省级建设行政主管部门审核同意后，由国务院建设行政主管部门审批；其中铁道、交通、水利、信息产业、民航等方面的建筑业企业资质，由省级建设行政主管部门商同级有关部门审核同意后，报国务院建设行政主管部门，经国务院有关部门初审同意后，由国务院建设行政主管部门审批。审核部门应当对建筑业企业的资质条件和申请资质提供的资料审查核实。施工总承包序列和专业承包序列二级及二级以下企业资质，由企业注册所在地省、自治区、直辖市人民政府建设行政主管部门审批；其中交通、水利、通信等方面的建筑业企业资质，经同级有关部门初审同意后，由省级建设行政主管部门审批。劳务分包序列企业资质由企业所在地省、自治区、直辖市人民政府建设行政主管部门审批。

（三）资质等级的变更

建筑业企业资质年检不合格或者连续 2 年基本合格的，建设行政主管部门应当重新核定其资质等级。新核定的资质等级应当低于原资质等级，达不到最低资质等级标准的予以取消资质。建筑业企业连续 3 年年检合格，方可申请晋升上一个资质等级。建筑业企业资质升级，由企业在资质年检结束后两个月内提出申请，分批集中办理；建筑业企业资质其他变更事项，应当随时办理。

降级的建筑业企业,经过 1 年以上时间的整改,经建设行政主管部门核查确认,达到规定的资质标准,且在此期间内未有前述建筑业企业申请晋升资质等级或者主项资质以外的资质,建设行政主管部门不予批准的法定情形之一的,可以重新申请原资质等级。

建筑业企业变更名称、地址、法定代表人、技术负责人等,应当在变更后的 1 个月内到原审批部门办理变更手续。其中由国务院建设行政主管部门审批的企业除企业名称变更由国务院建设行政主管部门办理外,企业地址、法定代表人、技术负责人的变更委托省、自治区、直辖市人民政府建设行政主管部门办理,办理结果向国务院建设行政主管部门备案。

在规定时间内没有参加资质年检的建筑业企业,其资质证书自行失效,且一年内不得重新申请资质。建筑业企业遗失《建筑业企业资质证书》,应当在公众媒体上声明作废。

(四)资质的分类

建筑业企业资质分为施工总承包、专业承包和劳务分包三个序列。施工总承包资质、专业承包资质、劳务分包资质序列按照工程性质和技术特点分别划分为若干资质类别。各资质类别按照规定的条件划分为若干等级。建筑业企业资质等级标准由建设部会同国务院有关部门制定。

获得施工总承包资质的企业,可以对工程实行施工总承包或者对主体工程实行施工承包。承担施工总承包的企业可以对所承接的工程全部自行施工,也可以将非主体工程或者劳务作业分包给具有相应专业承包资质或者劳务分包资质的其他建筑业企业。

获得专业承包资质的企业,可以承接施工总承包企业分包的专业工程或者建设单位按照规定发包的专业工程。专业承包企业可以对所承接的工程全部自行施工,也可以将劳务作业分包给具有相应劳务分包资质的劳务分包企业。

获得劳务分包资质的企业,可以承接施工总承包企业或者专业承包企业分包的劳务作业。

3.4.2 建筑施工企业资质的监督管理

(一)监督管理机关

根据《建筑业企业资质管理规定》第 18 条规定,县级以上人民政府建设行政主管部门和其他有关部门应当加强对建筑业企业资质的监督管理。除此之外,任何部门都不得采取法律、行政法规规定以外的其他资信、许可等建筑市场准入限制。

(二)年检制度

根据《建筑业企业资质管理规定》的规定,建设行政主管部门对建筑业企业资质实行年检制度。施工总承包特级企业资质和一级企业资质、专业承包一级企业资质,由国务院建设行政主管部门负责年检;其中铁道、交通、水利、信息产业、民航等方面的建筑业企业资质,由国务院建设行政主管部门会同国务院有关部门联合年检。施工总承包、专业承包二级及二级以下企业资质、劳务分包企业资质,由企业注册所在地省、自治区、直辖市人民政府建设行政主管部门负责年检;其中交通、水利、通信等方面的建筑业企业资质,由建设行政主管部门会同同级有关部门联合年检。

1. 建筑业企业资质年检程序

(1)企业在规定时间内向建设行政主管部门提交《建筑业企业资质年检表》、《建筑业企业资质证书》及其他有关资料,并交验《企业法人营业执照》。

(2)建设行政主管部门会同有关部门在收到企业年检资料后 40 日内对企业资质年检做出结论,并记录在《建筑业企业资质证书》副本的年检记录栏内。

2. 建筑业企业资质年检的内容

建筑业企业资质年检的内容是检查企业资质条件是否符合资质等级标准,是否存在质量、安全、市场行为等方面的违法违规行为。

3. 建筑企业年检结论

建筑业企业年检结论分为"合格"、"基本合格"、"不合格"三种。

(1)建筑业企业资质条件符合资质等级标准,且在过去一年内未发生前述建筑业企业申请晋升资质等级或者主项资质以外的资质时,建设行政主管部门不予批准的法定情形的,年检结论为"合格"。

(2)建筑业企业资质条件中,净资产、人员和经营规模未达到资质等级标准,但不低于资质等级标准的 80%,其他各项均达到标准要求,且在过去一年内未发生前述建筑业企业申请晋升资质等级或者主项资质以外的资质时,建设行政主管部门不予批准的法定情形的,年检结论为"基本合格"。

(3)建筑业企业的资质年检结论为"不合格",主要有几种情况:①资质条件中净资产、人员和经营规模任何一项未达到资质等级标准的 80%,或者其他任何一项未达到资质等级标准的;②有前述建筑业企业申请晋升资质等级或者主项资质以外的资质,建设行政主管部门不予批准的法定情形之一的,已经按照法律、法规的规定予以降低资质等级处罚的行为,年检中不再重复追究。

3.5 建筑工程监理

由于我国的监理制度起步比较晚,工程监理单位更是存在着很多问题,首先监理市场也呈现供大于求的局面,监理单位数量的膨胀,后果则是建设监理公司的质量下降。在这种情况下,竞争的激烈就不言而喻,很多新成立的监理公司承揽不到业务又必须承揽业务,因而产生了不正常的竞争,过低的报价使得监理的质量得不到保证。同时建设单位对监理单位缺乏信任,缺乏配合,使监理工作难上加难。另外,监理工程师队伍年龄偏大和监理行业中的地方保护主义盛行等问题的解决也是迫在眉睫。面对以上众多问题,如何建立严格的法律责任体系和制裁体系尤为重要。怎样才能在我们特有的中国特色的社会主义道路下找到一条同样有中国特色的建筑市场规范道路呢?显然,这是国家领导和建筑行业的精英们共同关注的话题。《建筑法》则对此起到了积极的作用。

建筑工程监理虽然在我国开展时间不长,但各部门制定的有关监理的法规或规范性文件还比较多。1988 年 7 月建设部颁发了《关于开展建设监理工作的通知》,它标志着我国工程建设领域的改革进入一个新的阶段,即参照国际惯例,结合中国国情,建立具有中国特色的建设监理制。1989 年 7 月建设部颁发了《建设监理试行规定》，这是我国第一个建设监理的法规性文件。2000 年 12 月 7 日国家技术监督局和建设部联合发布了《建筑工程监理规范》，并于 2001 年 5 月 1 日实施；2001 年 1 月 17 日建设部发布了《建筑工程监理范围和规范标准规定》。2001 年 11 月 14 日建设部发布了《工程监理企业资质管理规定实施意见》；2002 年 7 月 17 日建设部颁布了《房屋建筑工程施工监理管理办法（试行）》。

3.5.1 建筑工程监理的概念

建筑工程监理有广义与狭义之分。从广义上讲，它不仅包括建筑工程的前期咨询、建筑实施阶段的勘察设计、招标、投标、施工验收，还包括建筑后期的保修在内的各个阶段的管理与监督。从狭义上讲，它是指具有法定资质条件的工程监理单位，受建设单位的委托，依据国家法律、行政法规、规范标准和建筑工程承包合同，代表建设单位对建筑工程承包单位工程施工实施有偿监督的服务活动。

工程监理对建筑工程的监督与政府有关主管部门依照国家有关规定对建筑工程进行的质量监督在法律依据、监督性质以及与建设单位及承包单位的关系方面是不同的。工程监理单位是社会中介组织，是经过建设单位的授权后，代表建设单位实施监督。在监督过程中，工程监理单位必须保持公平、公正的态度，它与工程承包单位以及建设单位三方之间是一种平等民事主体之间的关系。行政主管部门对建设单位实行监督的依据是法律、行政法规的规定，在性质上属于强制性的行政监督管理，与建设单位和工程承包单位之间属于管理与被管理的关系。不论工程建设单位和工程承包单位是否愿意，都必须服从行政主管部门依法进行的监督管理，对建设单位与工程承包单位的违法行为，政府主管部门有权依法做出处罚。

3.5.2 建筑工程监理的性质

(一)公正独立性

监理工程师或工程监理单位在实施监理的过程中，担负着组织建设活动各方相互配合和调解矛盾的职责，所以必须保持公正、独立的立场。具体表现为以下方面。

(1)监理工程师和工程监理单位在法律地位、人际关系、业务关系、经济关系上必须是独立的。工程监理单位是依法成立的法人机构，具有自己的组织机构、名称、办公场所、必要的财产和经费。工程监理单位和监理工程师除了与业主签订的监理委托合同规定的关系外，与工程建设参与各方再无其他任何利益关系，也不得经营该项工程的承包和材料设备的供应业务。监理工程师也不得在政府机关、承建单位和材料设备供应单位任职，以避免利害牵制。

(2)监理工程师和工程监理单位与建设单位之间是平等的合同关系，其监理的范围、权利和职责均在委托合同中明文规定，不得随意变更增减，更不得违约。监理工程师在授权范围内的正常工作，也不受建设单位的干预。

(3)监理工程师和工程监理单位虽然受建设单位委托，监理范围根据建设单位需要而定，从建设单位那里取得委托合同规定的酬金，在某种意义上还代表建设单位与承包商打交道，发布工程部分变更命令，但仍然是处于建设单位、承包商范围之外的独立的第三方，以自己的名义独立工作，独立承担工程监理的业务责任和法律、道德责任，并具有调处建设单位和承包商之间的利益纠纷的合法资格。

(二)科学性

监理工程师和工程监理单位,必须具有发现与解决设计与施工中存在的技术和管理问题的能力,能够提供高水平的专业服务。监理组织的科学性,以监理人员的高素质为前提,只有拥有相当数量的合格的监理工程师,监理组织才有生存、发展和竞争的能力。按照国际惯例,监理工程师都必须具有相当的学历和长期从事工程建设工作的丰富实践经验,通晓专业技术、管理、经济和法律,经权威机关考试合格,并经政府主管部门登记注册、发给证书,才能取得公认的合法资格。

(三)服务性

工程监理单位是一种知识密集型的高智能机构,工程监理的实施是为工程建设活动提供技术咨询和服务。一方面通过对工程建设进行组织、协调、监督和控制,保证建设合同的顺利进行,达到建设单位的建设意图,为建设单位服务;另一方面通过监督建设单位、承包商严守国家有关的政策、法规、建筑标准和技术规范,从而维护了国家和公众的利益,为国家和社会服务。工程监理单位收取的劳动报酬的性质也是服务性的,它既不分享承包商的利润,也不分享工程建成后建设单位获得的经济利益,而是由建设单位按照监理人员付出的脑力劳动量的大小,支付监理费用。

3.5.3 建筑工程监理的范围

我国《建筑法》第30条规定:"国家推行建筑工程监理制度,国务院可以规定实行强制监理的建筑工程的范围。"建设部2001年1月17日发布的《建筑工程监理范围和规模标准规定》规定,下列建设工程必须实行监理:国家重点建设工程;大中型公用事业工程;成片开发建设的住宅小区工程;利用外国政府或者国际组织贷款、援助资金的工程;国家规定必须实行监理的其他工程。

根据《建设工程质量管理条例》第十二条规定:"实行监理的建设工程,建设单位应当委托具有相应资质等级的工程监理单位进行监理,也可以委托具有工程监理相应资质等级并与被监理工程的施工承包单位没有隶属关系或者其他利害关系的该工程的设计单位进行监理。"

3.5.4 建筑工程监理的内容

建筑工程监理要对整个工程的组织和管理进行宏观地把握,对建设项目从决策到实施的全过程进行有效控制,以顺利实现进度、质量和投资3大控制目标,并且要对工程承包合同进行管理。工程监理包括进度控制、质量控制、投资控制和合同管理4项内容。

(一)进度控制

工程建设进度控制是对工程建设项目的各个建设阶段的工作顺序和持续时间进行规划、实施、检查、协调和信息反馈等一系列活动的总称。工程建设进度控制可分为3个阶段进行,主要有建设前期阶段、设计阶段和施工阶段。

在建设前期阶段,工程监理的任务是协助业主确定进度目标,为设计阶段和施工阶段的进度控制提供依据,以达到促进前期工作抓紧进行的目的。工程监理单位要及时编制总进度计划并提供工期和建设进度的信息。

设计阶段,工程监理的主要任务是审核设计单位的设计进度计划,以此来控制总的工程进度。设计进度直接影响施工进度,必须保证施工图纸及时交给施工单位。在这一阶段,工程监理要编制设计工作进度计划并督促计划的按时实施。

施工阶段的进度控制是工程监理单位整个进度控制工作的重点与核心,监理单位要运用各种技术手段,在项目实施过程中随时掌握工程进展情况,监督施工单位严格按照工程施工计划施工,以便按期实现工程各阶段的计划目标,使工程总进度按计划完成。施工阶段的进度控制工作主要包括以下方面。

1. 审查施工单位编制的施工组织设计

施工方案要合理、高效;进度计划要符合平衡原则,要能够保证工程施工各方密切配合,合理衔接,使工程总进度目标高质高效完成;施工现场的物资和人员的调度要合理、科学。

2. 应当密切掌握工程进展情况,根据工程实际进展情况随时调整工程进度计划

监理单位要不断衡量工程进展情况,可以采用实物衡量、形象进度、完成投资额或者工时数等指标,也可以把多个指标综合起来进行衡量。在施工过程中,极有可能因为某一施工程序的拖延造成总进度的延误。监理方应当尽可能利用机动工时加以补救,力争保证总工期按时实现。如果已经没有机动时间可以利用或者延误工期超过了保留的机动工期,则必须设法压缩一部分工期,或者改变关键线路,修订工作进度计划以保证总工期的实现。

3. 收集各种影响工程进度的信息资料,实行主动控制、事前控制,防患于未然

人为因素、设备机具材料因素、资金因素、环境因素等影响工期实现的偶然因素很多,监理单位应当对这些干扰因素进行研究和分析,对有可能发生的干扰因素采取预防措施,尽可能减少其对工程进度造成的影响。

4. 督促承包商严格按工程进度进行施工

监理单位要审批施工单位的进度计划,检查计划执行情况;监督施工单位施工现场的人员和机械材料的流动;协助施工单位研究处理施工过程中遇到的技术难题,提出解决意见,帮助施工单位或者承包商控制工期。

5. 定期向业主报告工期进度情况

工程监理单位要向业主报告总工程进展情况,施工中遇到的问题和解决情况等。当施工进度延误将导致合同工期严重拖延时,工程监理单位有责任向业主提出终止合同执行的详细报告,供业主采取措施或做出决策。

(二)质量控制

工程质量与工程设计、建筑材料的选择和施工单位的技术水平密切相关,所以说,监理单位对工程的质量控制也就是对影响工程质量的几项因素进行检测、检验,并纠正偏差的过程。质量控制可以分为设计阶段的质量控制、施工阶段的质量控制和竣工验收的质量控制。

1. 设计阶段的质量控制

如果设计本身的质量达不到要求,即使施工质量再高、所用的材料性能再好,建筑工程的

质量也无法保证。设计阶段的质量控制是工程总体质量控制的基础。设计质量控制的内容主要包括征集并优选设计方案，审查设计方案是否符合业主的意图，设计标准是否满足使用功能的要求，结构是否安全，平面布置、工艺流程安排是否合理，计算书是否准确等。即使是业主只委托施工阶段监理的工程项目，施工监理人仍旧有权对施工图进行审核，并就其中的质量或使用功能等缺陷提出质疑，要求有关方面进行修改。

2. 施工阶段的质量控制

在保证设计先进、合理、经济的前提下，工程项目的质量就是设计意图被实现的过程。监理工程师的任务就是科学合理地组织人、财、物的流动，安排施工现场的时间、空间使用，使设计意图最大限度地得到实现。本阶段的工作包括以下几方面。

(1)督促承包商建立工程项目质量监控保证体系。承包商是工程的具体实施者，其工作质量影响到工程质量的好坏。监理工程师一般在开工之前就要求承包商根据项目的组织结构和质量要求，设置质量监控体系，设定明确的质量管理目标、职责以及一套进行质量控制的程序和办法，以加强承包商内部的质量控制与验证。

(2)材料、机具的质量控制。监理工程师一般要求承包方提交拟订设备、原材料生产厂家的资历、生产能力、近年产品质量等资料，严格督促有关方面按照合同规定的质量标准组织订货、采购、包装及运输；入场前，严格验收检查，要求承包商进行物理化学试验，并将检测数据上报，接受审查，如不符合合同要求，拒绝进入工地和投入使用；验收入场后，严格按要求堆放、储存、保管和加工，并按计划组织配套供应；在施工过程中，若发现使用不合格材料或与合同要求不一致的材料，监理工程师有权下令停工并重新施工。

(3)施工工艺质量控制。监理工程师应当督促并检查承包商按设计文件施工，认真执行工艺标准和操作流程，提高项目质量的稳定性。首先，监理工程师应当严格工序质量检查。每道工序的施工方法都要经过审查，施工结束后由监理工程师检验。质量合格，由监理工程师签字认可，质量不合格则要返工，直至复检合格。不经签字认可，承包商不得进行下一道工序。监理工程师对于关键工序必须进行现场监督，并进行中间检查和技术复核。其次，对于隐蔽工程，没有得到监理工程师的审查批准，不得覆盖或掩埋，以防止质量隐患。第三，监理工程师要协同承包商研讨处理与质量有关的工程技术问题，处理质量事故，分析研究各种试验数据。

3. 验收阶段的质量控制

对于工程已完工部分的工程质量，监理工程师负责检查验收，检查验收合格后，签发付款凭证。对于已检验或已部分付款的工程，如果监理工程师认为由于材料或操作工艺质量原因而不符合合同规定，仍可命令承包商将其拆除，重新施工。工程竣工后，监理工程师对工程进行初步验收，并在维修期内继续负责检查工程质量状况，鉴定和明确质量责任，督促责任单位进行修理。

(三)投资控制

投资控制虽然贯穿于工程项目建设的全过程，但在工程建设的不同阶段，投资控制的重要性却大不相同，越是在工程建设的前期阶段，投资控制越重要。因此，投资控制的重点在于前期决策和设计阶段。

1. 决策阶段的投资控制

工程建设项目的可行性研究与项目评估的任务虽然涉及市场、工艺技术和经济等多方面的因素,但投资控制是最主要的。这个阶段要在完成市场需求预测、厂址选择、工艺技术方案选择等的基础上,运用定量分析与定性分析相结合,动态分析与静态分析相结合的方法,对拟建项目的各种经济因素进行调查、研究、预测、计算和论证,并对整个工程建设的总投资进行估算,作为项目实施期投资控制的基础。

2. 实施阶段的投资控制

实施阶段的投资控制包括设计阶段和施工阶段。

设计阶段是实施投资控制的关键阶段,项目建设具体投资多少是在这个阶段决定的,虽然设计阶段时间要比施工阶段短得多,但设计阶段对整体工程的投资量具有决定性作用。监理工程师的任务是对设计方案进行审核,控制设计标准和主要设计参数不超过实际需要,及时对方案的不合理之处提出修改意见;在现场勘察时,注意结合工程特点对设计方案某些方面进行优化,力争用最低的费用达到同样的质量要求和功能要求,并向设计单位提出修改意见。

施工阶段是投资大量支出的阶段,也是投资目标风险因素最多的阶段,原材料涨价、汇率变化、通货膨胀、气候因素、组织协调困难等因素都能对投资控制产生影响。监理工程师必须充分重视对此类风险因素进行分析,并在施工过程中不断检查各项费用的实际支出情况,与预定的目标进行比较,采取措施纠正偏差或控制偏离局势。这一阶段的投资控制要抓好三个环节。

首先,监理工程师要注意计量工程价款的支付。承包商每完成一个项目或项目某个部位的工程,监理工程师就进行质量验收,然后确认中间计量。对于不符合质量要求的工程,监理工程师有充分的否定权,不予计量,从而达到控制价款支付的目的。对于合格的工程,承包商根据监理工程师确认的中间计量单,每月提出付款申请,经核实后由监理工程师向业主提出中期付款证书,业主审核后,在规定时间内付款给承包商。在 FIDIC 土木工程条件中,完成上述过程大约需要两个月时间。

其次,监理工程师要在调查、分析的基础上对设计变更予以确认,并暂定变更价格。设计变更可能由多种原因导致,或由于国家建设规模的压缩,或由于业主提出新的设计要求,或由于设计单位原先的失误,也可能由于施工需要、材料问题及不可抗力引起的。设计变更对造价影响很大,所以监理工程师必须对其予以控制。

再次,监理工程师应当熟悉合同中允许索赔的项目,尽量减少可能引发索赔的因素,降低索赔支出额度,从而达到控制投资的目的。

(四)合同管理

合同管理是指监理工程师在公正的立场上,督促承包与发包双方明确各自的责任与义务,依照合同规定全面履行合同条款。监理工程师随时检查合同的执行情况,调解双方发生的合同纠纷,分清违约责任,使违约方造成的损失及时得到赔偿。合同管理是对项目建设进行进度、质量和投资控制的有利手段。合同管理着重在以下几个方面进行。

1. 合同的签订

招标文件中应有内容比较完备的合同文本，现场质疑、答疑时，双方的承诺应有详细的记录。因此在签订工程承包合同时，监理工程师要监督承包、发包双方，以合同为根据平等协商，明确双方的权利义务关系，尽量避免因合同条款的含混日后发生纠纷。

2. 合同的履行

监理工程师监督业主、承包商严格按合同条款履行合同义务，当由于各种原因导致合同纠纷，引起索赔或者工期发生延误时，监理工程师首先要就索赔方申诉的理由进行调查，落实证据并签署意见，然后由监理工程师代表或总监理工程师依据合同条款及技术规范等文件做出公正的结论和处理意见，审定延长的工期和索赔的数额，报业主审批后执行。监理工程师为减少纠纷的产生，在合同履行过程中应当经常沟通业主与承包商之间的联系，及时解决争议，避免不必要的索赔和工期的延长。

3. 合同条款的变更与完善

由于建设项目周期长，合同履行过程中很有可能发生合同签订时难以预料的情况，促使承包方与发包方双方必须对合同加以变更或完善。为保证合同条款的公平合理，维护签约双方的合法权益，监理工程师必须依据各种情况的变化及时提出意见，取得有关各方的谅解，对合同条款进行变更或准备合同补充文件。但监理工程师对合同进行修改或补充必须征得业主的同意。

3.5.5 建筑工程监理单位的资格管理

建筑工程监理单位是受业主委托对工程建设进行第三方监理的具有经营性质的独立的企业单位。它以专门的知识和技术，协助用户解决复杂的工程技术问题，并收取监理费用，同时对其提供的建筑工程监理服务承担经济和技术责任。

(一)建筑工程监理单位资质等级及其业务范围

《建筑法》第13条规定，从事建筑活动的建筑施工企业、勘察单位、设计单位和工程监理单位，按照其拥有的注册资本、专业技术人员、技术装备和已完成的建筑工程业绩等资质条件，划分为不同的资质等级，经资质审查合格，取得相应等级的资质证书后，方可在其资质等级许可的范围内从事建筑活动。第31条规定，实行监理的建筑工程，由建设单位委托具有相应资质条件的工程监理单位监理。根据2001年8月29日建设部发布的《工程监理企业资质管理规定》，建筑工程监理单位的资质等级分为甲、乙、丙三级，不同资质等级的建筑工程监理单位承担不同的建筑工程监理业务。

甲级监理单位应当具备下列条件：单位负责人和技术负责人应当具有15年以上从事工程建设工作的经历，单位技术负责人应当取得监理工程师注册证书；取得监理工程师注册证书的人员不少于25人；注册资本不少于100万元；近3年内监理过5个以上二等房屋建筑工程项目或者3个以上二等专业工程项目。甲级工程监理单位可以监理经核定的工程类别中一、二、三等工程。

乙级监理单位应当具备下列条件：单位负责人和技术负责人应当具有10年以上从事工程

建设工作的经历，单位技术负责人应当取得监理工程师注册证书；取得监理工程师注册证书的人员不少于15人；注册资本不少于50万元；近3年内监理过5个以上三等房屋建筑工程项目或者3个以上三等专业工程项目。乙级工程监理单位可以监理经核定的工程类别中二、三等工程。

丙级监理单位应当具备下列条件：单位负责人和技术负责人应当具有8年以上从事工程建设工作的经历，单位技术负责人应当取得监理工程师注册证书；取得监理工程师注册证书的人员不少于5人；注册资本不少于10万元；承担过2个以上房屋建筑工程项目或者1个以上专业工程项目。丙级工程监理单位可以监理经核定的工程类别中三等工程。

（二）建筑工程监理单位资质申请和审批

工程监理单位应当向单位注册所在地的县级以上地方人民政府建设行政主管部门申请资质。中央管理的企业直接向国务院建设行政主管部门申请资质，其所属的工程监理企业申请甲级资质的，由中央管理的企业向国务院建设行政主管部门申请，同时向企业注册所在地省、自治区、直辖市建设行政主管部门报告。

新设立的工程监理企业，到工商行政管理部门登记注册并取得企业法人营业执照后，方可到建设行政主管部门办理资质申请手续。新设立的工程监理企业申请资质，应当向建设行政主管部门提供下列资料：工程监理企业资质申请表；企业法人营业执照；企业章程；企业负责人和技术负责人的工作简历、监理工程师注册证书等有关证明材料；工程监理人员的监理工程师注册证书；需要出具的其他有关证件、资料。工程监理企业申请资质升级，除向建设行政主管部门提供上述资料外，还应当提供下列资料：企业原资质证书正、副本；企业的财务决算年报表；《监理业务手册》及已完成代表工程的监理合同、监理规划及监理工作总结。

申请甲级工程监理企业资质的，国务院建设行政主管部门每年定期集中审批一次。国务院建设行政主管部门应当在工程监理企业申请材料齐全后3个月内完成审批。由有关部门负责初审的，初审部门应当从收齐工程监理企业的申请材料之日起1个月内完成初审。国务院建设行政主管部门应当将审批结果通知初审部门。国务院建设行政主管部门应当将经专家评审合格和国务院有关部门初审合格的甲级资质的工程监理企业名单及基本情况，在中国工程建设和建筑业信息网上公示。经公示后，对于工程监理企业符合资质标准的，予以审批，并将审批结果在中国工程建设和建筑业信息网上公告。申请乙级和丙级工程监理企业资质的，实行即时审批或者定期审批，由省、自治区、直辖市人民政府建设行政主管部门规定。

新设立的工程监理企业，其资质等级按照最低等级核定，并设一年的暂定期。由于企业改制，或者企业分立、合并后组建设立的工程监理企业，其资质等级根据实际达到的资质条件，依法定审批程序核定。工程监理企业申请晋升资质等级，在申请之日前一年内有下列行为之一的，建设行政主管部门不予批准：与建设单位或者工程监理企业之间相互串通投标，或者以行贿等不正当手段谋取中标的；与建设单位或者施工单位串通，弄虚作假、降低工程质量的；将不合格的建设工程、建筑材料、建筑构配件和设备按照合格签字的；超越本单位资质等级承揽监理业务的；允许其他单位或个人以本单位的名义承揽工程的；转让工程监理业务的；因监理责任而发生过三级以上工程建设重大质量事故或者发生过两起以上四级工程建设质量事故的；其他违反法律法规的行为。

(三)建筑工程监理单位资质年检

建设行政主管部门对工程监理单位资质实行年检制度。甲级工程监理单位资质,由国务院建设行政主管部门负责年检;其中铁道、交通、水利、信息产业、民航等方面的工程监理单位资质,由国务院建设行政主管部门会同国务院有关部门联合年检。乙、丙级工程监理单位资质,由工程监理单位注册所在地省、自治区、直辖市人民政府建设行政主管部门负责年检;其中交通、水利、通信等方面的工程监理单位资质,由建设行政主管部门会同同级有关部门联合年检。工程监理单位年检结论分为合格、基本合格、不合格3种。工程监理企业资质年检不合格或者连续两年基本合格的,建设行政主管部门应当重新核定其资质等级。新核定的资质等级应当低于原资质等级,达不到最低资质等级标准的,取消资质。工程监理企业连续两年年检合格,方可申请晋升上一个资质等级。

【案例】

某监理公司承担了某教学楼工程施工阶段的监理工作,采用建设工程委托监理合同示范文本,工程监理费为21.92万元。工程已经进入了底层楼板安装后发现底层混凝土大梁均有严重裂缝,事故分析并对大梁混凝土剥除后发现大梁受力钢筋比设计偏少10%左右,最后决定所有的大梁全部返工处理,返工造成总费损失15.23万元。经分析事故发生的原因是在浇筑大梁砼前,承包人报告要求对钢筋绑扎进行隐蔽工程验收时,此专业监理工程师因接受承包人的邀请到附近的旅游景点游玩,监理工程师电话表态可以浇筑,并在游玩回来后补签了隐蔽工程验收单,加之在施工中现场施工人员看错图纸,少放受力钢筋而造成的事故。

请问这次事故中监理单位应负什么责任?监理单位是否应当赔偿损失费用?

【评析】

建筑施工合同是业主与承包商之间的合同,在这个合同中监理工程师即便在合同上签字他也不能成为合同的一方当事人,所以损失15.23万元不能由监理工程师承担,但如果承包商破产或因其他原因无力承担损失,由此造成了业主损失,则应当由监理工程师根据承包商和监理工程师对造成损失的责任情况承担其应当承担的部分责任。对于监理工程师的民事责任,示范合同第26条规定,"监理人在责任期内,应当履行约定的义务",如果因监理人过失而造成了委托人的经济损失应当向委托人赔偿,累计赔偿总额除本合同第24条规定以外,但不应超过监理报酬总额(除去税金)。

3.6 工程质量管理

建筑工程质量有狭义和广义之分,狭义的建筑工程质量仅指建筑工程实体质量,即指在国家现行的有关法律、法规、技术标准、设计文件和工程合同中,对建筑工程的安全、适用、经济、美观等特性的综合要求,建筑工程实体质量的好坏是决策、计划、勘察、设计、施工等单位各方面、各环节工作质量的综合反映;广义的建筑工程质量还包括工程建设参与者的服务质量与工作质量,它反映在他们的服务是否及时、主动,态度是否诚恳、守信,管理水平是否先进,工作效率如何等方面,又可分为管理工作质量、技术工作质量和后勤工作质量等方面。

建筑工程质量管理一直是国家工程建设管理的重要内容,有关建筑工程质量的立法工作也一直是建筑工程法规的立法重点。现行的主要法律有《建筑法》,第六章内容就是专门对建设工程质量管理相关内容做出的规定。2000 年 3 月 30 日国务院发布施行的《建设工程质量管理条例》是《建筑法》的配套法规之一,它对建设行为主体的有关质量责任和义务都做出了十分明确的规定。除此以外,还有国务院建设行政主管部门及相关部门颁发的建设行政规章及一般规范性文件,其中最重要的有:《建筑工程质量监督条例(试行)》(1983 年)、《建筑工程质量监督站工作暂行规定》(1985 年)、《建筑工程质量检验工作规定》(1985 年)、《关于确保工程质量的几项措施》(1986 年)、《建设工程质量监督管理规定》(1990 年)、《关于提高住宅工程质量的规定》(1992 年)、《中华人民共和国产品质量法》(1993 年)、《关于建筑企业加强质量管理工作的意见》(1995 年)、《建设工程质量检测管理办法》(2005 年)等。

3.6.1 建筑工程质量管理

建筑工程质量的优劣直接关系到国民经济的发展和人民生命财产的安全,我国建立了对建筑工程质量进行管理的体系,它包括宏观管理和微观管理两个方面。

宏观管理是国家对建筑工程质量所进行的监督管理,它具体由建设行政主管部门及其授权机构实施,是外部的纵向的控制。这种管理贯穿在建筑工程的全过程和各个环节之中,它既对建筑工程从计划、规划、土地管理、环保、消防等方面进行监督管理,又对建筑工程的主体从资格认定和审查,成果质量检测、验证和奖惩等方面进行监督管理,还对各种建筑活动如建筑工程招标投标、建筑工程施工、建筑工程验收、建筑工程维修等进行监督管理。其目的是维护社会公共利益,保证技术法规和标准贯彻执行。建设部是国家建筑工程质量监督工作的主管部门;市、县建设工程质量监督站是建筑工程质量监督的实施机构。

微观管理包括两个方面:一是建筑工程承包单位,如勘察单位、设计单位、施工单位自己对所承担工作的质量管理,是内部的、自身的控制,他们应按要求建立专门质检机构,配备相应的质检人员,建立相应的质量保证制度,如培训上岗制、审核校对制、质量抽检制、各级质量责任制和部门领导质量责任制等;二是建设单位委托社会监理单位对工程建设的质量进行监理,是外部的、横向的控制,其目的在于保证工程项目能够按合同规定的质量要求达到业主的建设意图,取得良好的投资效益。

3.6.2 质量认证体系

质量认证体系又称为企业认证体系或质量体系审核体系等,指的是依据国际通用的质量管理和质量保证系列标准,经过国家认可的质量体系认证机构对企业的质量体系进行审核,对于符合规定条件和要求的,通过颁发企业质量体系认证证书的形式,证明企业的质量保证能力符合相应要求的活动。质量管理是指确定质量方针、目标和职责,并通过质量体系中的质量策划、质量控制、质量保证和质量改进来使其实现的所有管理职能的活动。质量保证是指为确保某一产品或者服务能够满足规定质量要求,提供信任所进行的全部有计划、有系统的活动。质量体系则指为了实施质量管理,由组织机构、职责、程序、过程和资源组成的一个有机整体。

《建筑法》第 53 条规定,国家对从事建筑活动的单位推行质量认证体系制度,从事建筑活动的单位根据自愿原则可以向国务院产品质量监督管理部门或者国务院产品质量监督管理部门授权的部门认可的认证机构申请质量体系认证，经认证合格的，由认证机构颁发质量体系认证证书。

建筑企业认证制度包括以下三方面的内容。

1. 申请质量认证体系的主体

申请质量体系认证的主体是从事建筑活动的单位，包括勘察设计单位、建筑施工企业以及建筑监理单位等。

2. 认证申请的提出

根据自愿的原则，由从事建筑活动的单位向国务院产品质量监督管理部门或者国务院产品质量监督管理部门授权的部门认可的认证机构提出申请。认证的自愿申请原则是法律赋予企业的自主权和选择权，任何部门和组织不得违反法律规定的自愿原则强制企业申请认证。

3. 颁发质量认证证书

经过对申请认证的建筑单位按照规定的认证程序审查后，认定为合格的，由认证单位向该单位颁发质量认证体系证书，以证明企业的质量体系符合相应的标准和技术规范的要求。

3.6.3 质量监督体系

(一) 建筑工程质量群众监督

《建筑法》第63条规定，任何单位和个人对建筑工程的质量事故、质量缺陷都有权向建设行政主管部门或者其他有关部门检举、控告、投诉。《建设工程质量管理条例》第53条规定，任何单位和个人对建设工程的质量事故、质量缺陷都有权检举、控告、投诉。《建设工程勘察质量管理办法》第24条规定，任何单位和个人有权对重大工程勘察质量问题检举、投诉；用户有权就工程勘察质量问题向勘察单位查询，或向建设行政主管部门投诉。这些都是关于建筑工程质量群众监督的规定。建筑工程质量群众监督是指，对于建筑工程质量事故及质量缺陷，任何单位和个人都有权向建设行政主管部门和其他有关部门进行检举、控告和投诉。建筑工程质量群众监督所涉及的行为主体包括两方面：一是同工程质量事故及缺陷无利害关系的第三人享有的检举权；二是事故所侵害的当事人的控告和投诉权。这两类行为主体行使其监督权，可以向建设行政主管部门进行，也可以向工商监察等部门进行。这些政府主管部门应当接受其检举、控告和投诉，并积极去处理。

(二) 建筑工程质量政府监督

建筑工程质量政府监督是指由各级政府建设行政主管部门及相关部门或其授权的建设工程质量监督机构对建筑工程质量进行监督。建筑工程质量政府监督的主要目的是保证建设工程使用安全和环境质量，主要依据是法律、法规和工程建设强制性标准，主要方式是政府认可的第三方强制监督，主要内容是地基基础、主体结构、环境质量和与此相关的工程建设各方主体的质量行为，主要手段是施工许可制度和竣工验收备案制度。

根据2000年1月30日发布施行的《建设工程质量管理条例》的规定，国务院建设行政主管部门对全国的建设工程质量实施统一监督管理。国务院铁路、交通、水利等有关部门按照国务院规定的职责分工，负责对全国的有关专业建设工程质量实施统一监督管理。国务院建设行政主管部门和国务院铁路、交通、水利等有关部门应当加强对有关建设工程质量的法律、法规和强制性标准执行情况的监督检查。国务院发展计划部门按照国务院规定的职责，组织稽查特派员，对国家出资的重大建设项目实施监督检查。国务院经济贸易主管部门按照国务院规定的职责，对国家重大技术改造项目实施监督检查。县级以上地方人民政府建设行政主管部门对本行政区域内的建设工程质量实施监督管理。县级以上地方人民政府交通、水利等有关部门在各自的职责范围内，负责对本行政区域内的专业建设工程质量实施监督管理。县级以上地方人民政府建设行政主管部门和其他有关部门应当加强对有关建设工程质量的法律、法规和强制性标准执行情况的监督检查。

3.6.4 建筑工程质量检测机构

根据《建筑工程质量检测工作规定》，建筑工程质量检测机构是对建筑工程和建筑构件、制品以及建筑现场所用的有关材料、设备质量进行检测的法定单位。建筑工程质量检测机构所出具的检测报告具有法定效力。国家级检测机构出具的检测报告，在国内为最终裁定，在国外具有代表国家的性质。

(一)机构的组成及任务

全国的建筑工程质量检测机构，由国家级、省级、市(地区)级、县级检测机构组成。

1. 建筑工程质量国家检测中心

该中心是国家级的建筑工程质量检测机构，其主要任务如下。

(1)接受委托，承担重大建筑工程质量的检测和试验任务。

(2)负责建筑工程所用的构件、制品以及有关材料、设备的质量认证和仲裁检测工作。

(3)负责对结构安全、建筑功能的鉴定，参加重大工程质量事故的处理和仲裁检测工作。

(4)对申报国家质量奖的建筑工程和建筑构件、制品以及有关材料、设备提供检测报告。

(5)参与建筑新结构、新技术、新产品的重大科技成果鉴定；接受委托、承担重大建筑工程的技术审定。

(6)统一全国建筑工程质量检测方法，承担或参与有关国家标准的制定、修订工作。

(7)对地方建筑工程质量检测工作进行技术指导，组织技术骨干培训工作，提供国内外检测方面的信息。

2. 各省、自治区、直辖市级的建筑工程质量检测中心

该中心由省、自治区、直辖市标准化管理部门和城乡建设主管部门共同审查认可，其主要任务如下。

(1)接受委托，承担本地区建筑工程和建筑构件、制品以及建筑现场所用材料质量的检测工作。

(2)承担本地区建筑工程及建筑构件、制品质量的仲裁检测工作。

(3)承担或参与本地区结构安全、建筑功能的技术评价，参加本地区重大工程质量事故的处理和仲裁检测工作。

(4)对申报省级质量奖的建筑工程和建筑构件、制品提供检测报告。

(5)参与本地区建筑新结构、新技术、新产品的科技成果鉴定。

(6)承担或参与国家或地区组织的技术规范、规程、标准的制定、修订工作。

(7)对市(地区)、县建筑工程质量检测工作进行技术指导;参与对市(地区)级检测单位和检测人员资格的审查;组织技术培训工作。

3. 市(地区)、县级的建筑工程质量检测站

其主要任务如下

(1)接受委托,承担本市(地区)、县建筑工程和建筑构件、制品以及建筑现场所用材料质量的检测工作。

(2)参加本市(地区)、县工程质量事故的处理和仲裁检测工作。

(3)参与本地区建筑新结构、新技术、新产品的科技成果鉴定。

(4)市(地区)检测站参与对县级检测站和检测人员资格的审查。

(二)机构权限和责任

建筑工程质量国家检测中心受建设部的委托,有权对指定的国家重点工程进行检测复核,并向建设部提出检测复核报告和建议。建筑工程质量国家检测中心受建设部和国家标准局的委托,有权对建筑构件、制品以及有关的材料、设备等产品进行抽样检测。对违反技术标准失去质量控制的产品,建筑工程质量国家检测中心有权提请主管部门停止其生产,不合格的不得出厂,已出厂的不得使用。

各地检测机构有权对本地区正在施工的建筑工程所用的建筑材料、混凝土、砂浆和建筑构件等进行随机抽样检测,向本地建筑工程质量主管部门和质量监督部门提出抽检报告和建议。省级、市(地区)级、县级检测机构,受同级建设行政主管部门和标准化管理部门的委托,有权对本省、市、县的建筑构件、制品进行抽样检测。对违反技术标准失去质量控制的产品,省级、市(地区)级、县级检测机构有权提请主管部门停止其生产,不合格的不得出厂,已出厂的不得使用。

建筑工程质量检测机构出具的检测、鉴定报告单必须实事求是,字迹清楚,数据可靠,要具有试验、校核、主管人员签字加盖公章,并留有存根备查。

工程质量控制是一个全面的质量控制,涉及工程建设所涉及各方的质量控制,比如建设单位的质量控制、政府的质量控制、勘察设计单位的质量控制、施工单位的质量控制等,其中建设单位的质量控制是工程质量控制的关键,主要在于:第一,工程建设是按建设单位的要求进行的,这就要求建设单位自己要对工程质量进行检验和监督,或者委托监理工程师对工程项目实行有效管理;第二,建设单位的质量控制贯穿于工程建设的全过程;第三,虽然工程竣工后发现质量问题可以根据责任由施工单位进行维修并赔偿损失,但对于建设单位来说,如果工程迟迟不能按期交付使用,也会造成极大的损失。

3.6.5 质量管理的内容

按照工程建设的逻辑顺序,质量管理的内容相应可以分为建设单位质量管理,勘察设计单位质量管理,施工单位质量管理,工程监理单位质量管理、建筑材料、构配件生产及设备供应单位质量管理以及建筑工程竣工质量管理,建筑工程质量保修质量管理等方面的内容(如图3-1所示)。

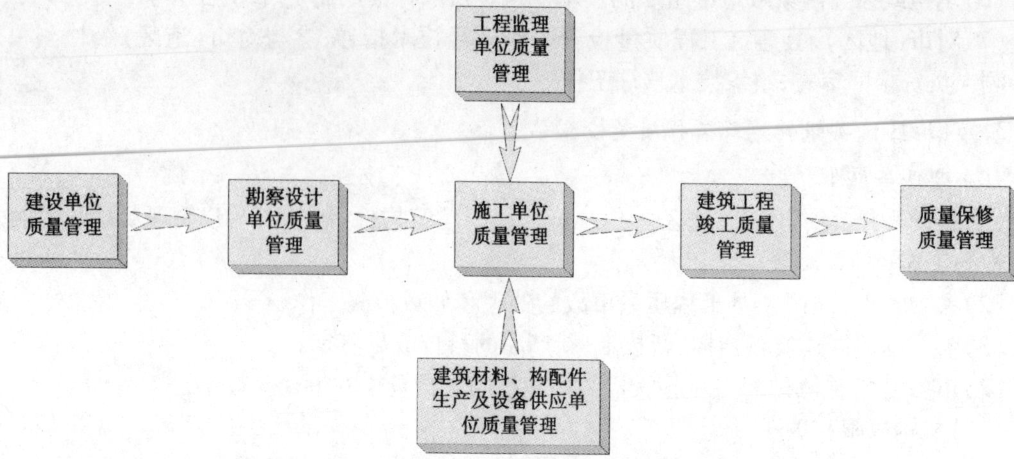

图 3-1　质量管理的内容

(一)建设单位的质量管理

1. 质量责任

根据《建设工程质量管理条例》,建设单位负有如下质量责任。

(1)建设单位应当将工程发包给具有相应资质等级的单位。建设单位不得将建设工程肢解发包。所谓肢解发包,是指建设单位将应当由一个承包单位完成的建设工程分解成若干部分发包给不同的承包单位的行为。

(2)建设单位应当依法对工程建设项目的勘察、设计、施工、监理以及与工程建设有关的重要设备、材料等的采购进行招标。

(3)建设单位必须向有关的勘察、设计、施工、工程监理等单位提供与建设工程有关的原始资料。原始资料必须真实、准确、齐全。

(4)建设工程发包单位不得迫使承包方以低于成本的价格竞标,不得任意压缩合理工期,建设单位不得明示或者暗示设计单位或者施工单位违反工程建设强制性标准,降低建设工程质量。

(5)施工图设计文件审查的具体办法,由国务院建设行政主管部门会同国务院其他有关部门制定,建设单位应当将施工图设计文件报县级以上人民政府建设行政主管部门或者其他有关部门审查,施工图设计文件未经审查批准的,不得使用。

(6)建设单位应根据工程特点,配备相应的质量管理人员,或委托工程建设监理单位进行管理。委托监理单位的,建设单位应与工程建设监理单位签订建设工程委托监理合同,明确双方的责任、权利和义务。实行监理的建设工程,建设单位应当委托具有相应资质等级的工程监理单位进行监理,也可以委托具有工程监理相应资质等级并与被监理工程的施工承包单位没有隶属关系或者其他利害关系的该工程的设计单位进行监理。

(7)建设单位在领取施工许可证或者开工报告前,应当按照国家有关规定办理工程质量监督手续;组织设计和施工单位认真进行设计交底和图纸会审;施工中应按照国家现行的有关工程建设法律法规、技术标准及合同规定,对工程质量进行检查;建设单位收到建设工程竣工报告后,应当组织设计、施工、工程监理等有关单位进行竣工验收。

(8)按照合同约定,由建设单位采购建筑材料、建筑构配件和设备的,建设单位应当保证建筑材料、建筑构配件和设备符合设计文件和合同要求。建设单位不得明示或者暗示施工单位使用不合格的建筑材料、建筑构配件和设备。

(9)涉及建筑主体和承重结构变动的装修工程,建设单位应当在施工前委托原设计单位或者具有相应资质等级的设计单位提出设计方案。对于没有设计方案的,不得施工,房屋建筑使用者在装修过程中,不得擅自变动房屋建筑主体和承重结构,建设单位按照工程承包合同规定供应的设备等产品的质量,必须符合国家现行的有关法律、法规和技术标准的要求。

(10)建设单位应当严格按照国家有关档案管理的规定,及时收集、整理建设项目各环节的文件资料,建立、健全建设项目档案,并在建设工程竣工验收后,及时向建设行政主管部门或者其他有关部门移交建设项目档案。

2. 法律责任

根据《建设工程质量管理条例》,建设单位的质量违法行为按下列规定进行处罚。

(1)违反规定,建设单位将建设工程发包给不具有相应资质等级的勘察、设计、施工单位或者委托给不具有相应资质等级的工程监理单位的,责令改正,处50万元以上100万元以下的罚款。

(2)违反规定,建设单位将建设工程肢解发包的,责令改正,处工程合同价款0.5%以上1%以下的罚款;对全部或者部分使用国有资金的项目,并可以暂停项目执行或者暂停资金拨付。

(3)违反规定,建设单位有下列行为之一的,责令改正,处20万元以上50万元以下的罚款:①迫使承包方以低于成本的价格竞标的;②任意压缩合理工期的;③明示或者暗示设计单位或者施工单位违反工程建设强制性标准,降低工程质量的;④施工图设计文件未经审查或者审查不合格,擅自施工的;⑤建设项目必须实行工程监理而未实行工程监理的;⑥未按照国家规定办理工程质量监督手续的;⑦明示或者暗示施工单位使用不合格的建筑材料、建筑构配件和设备的;⑧未按照国家规定将竣工验收报告、有关认可文件或者准许使用文件报送备案的。

(4)违反规定,建设单位未取得施工许可证或者开工报告未经批准,擅自施工的,责令停止施工,限期改正,处工程合同价款1%以上2%以下的罚款。

(5)违反规定,建设单位有下列行为之一的,责令改正,处工程合同价款2%以上4%以下的罚款,造成损失的,依法承担赔偿责任:未组织竣工验收,擅自交付使用的;验收不合格,擅自交付使用的;对不合格的建设工程按照合格工程验收的。

(6)违反规定,建设工程竣工验收后,建设单位未向建设行政主管部门或者其他有关部门移交建设项目档案的,责令改正,处1万元以上10万元以下的罚款。

(7)建设单位违反国家规定,降低工程质量标准,造成重大安全事故,构成犯罪的,对直接责任人员依法追究刑事责任。

建筑工程勘察担负着为工程建设提供准确地质资料的任务,建筑工程设计直接为工程施工提供赖以遵循的技术依据。建筑工程勘察、设计的质量是决定整个建筑工程质量的基础,如果建筑工程勘察、设计的质量存在问题,整个建筑工程的质量也就没有保障。因此,建筑工程勘察设计单位必须依法采取各种措施确保建筑工程勘察设计质量。

(二)勘察设计单位的质量管理

1. 质量责任

根据《建设工程质量管理条例》,勘察设计单位应承担下列质量责任与义务。

(1)从事建设工程勘察设计的单位应当依法取得相应等级的资质证书,并在其资质等级许可的范围内承揽工程,禁止勘察设计单位超越其资质等级许可的范围或者以其他勘察设计单位的名义承揽工程,禁止勘察设计单位允许其他单位或者个人以本单位的名义承揽工程,勘察设计单位不得转包或者违法分包所承揽的工程。

(2)勘察设计单位必须按照工程建设强制性标准进行勘察设计,并对其勘察、设计的质量负责,注册建筑师、注册结构工程师等注册执业人员应当在设计文件上签字,对设计文件负责。

(3)勘察单位提供的地质、测量、水文等勘察成果必须真实、准确。

(4)设计单位应当根据勘察成果文件进行建设工程设计。设计文件应当符合国家规定的设计深度要求,注明工程合理使用年限。

(5)设计单位在设计文件中选用的建筑材料、建筑构配件和设备,应当注明规格、型号、性能等技术指标,其质量要求必须符合国家规定的标准。除有特殊要求的建筑材料、专用设备、工艺生产线等外,设计单位不得指定生产厂、供应商。

(6)设计单位应当就审查合格的施工图设计文件向施工单位做出详细说明。

(7)设计单位应当参与建设工程质量事故分析,并对因设计造成的质量事故,提出相应的技术处理方案。

2. 法律责任

对于勘察设计单位造成重大工程质量事故的,责令停业整顿,降低资质等级;情节严重的,吊销资质证书;造成损失的,依法承担赔偿责任。根据《建设工程质量管理条例》,勘察设计单位的质量违法行为按下列规定进行处罚。

(1)有下列行为之一的,责令改正,处 10 万元以上 30 万元以下的罚款:①勘察单位未按照工程建设强制性标准进行勘察的;②设计单位未根据勘察成果文件进行工程设计的;③设计单位指定建筑材料、建筑构配件的生产厂、供应商的;④设计单位未按照工程建设强制性标准进行设计的。

(2)勘察、设计超越本单位资质等级承揽工程的,责令停止违法行为,对勘察、设计单位处以合同约定的勘察费、设计费 1 倍以上 2 倍以下的罚款;情节严重的,吊销资质证书;有违法所得的,予以没收。未取得资质证书承揽工程的,予以取缔,依照前款规定处以罚款;有违法所得的,予以没收。以欺骗手段取得资质证书承揽工程的,吊销资质证书,依照规定处以罚款;有违法所得的,予以没收。

(3)勘察、设计允许其他单位或者个人以本单位名义承揽工程的,责令改正,没收违法所得,对勘察、设计单位处以合同约定的勘察费、设计费 1 倍以上 2 倍以下的罚款;对施工单位处工程合同价款 2% 以上 4% 以下的罚款;可以责令停业整顿,降低资质等级;情节严重的,吊销资质证书。

(4)设计单位违反国家规定,降低工程质量标准,造成重大安全事故,构成犯罪的,对直接责任人员依法追究刑事责任。

(三)施工单位的质量管理

1. 质量责任

建筑施工企业,作为建筑施工任务的最终完成者,对工程建设的质量负有极其重要的责任,根据《建设工程质量管理条例》,施工单位承担下列质量责任和义务。

(1)施工单位应当依法取得相应等级的资质证书,并在其资质等级许可的范围内承揽工程。禁止施工单位超越本单位资质等级许可的业务范围或者以其他施工单位的名义承揽工程。禁止施工单位允许其他单位或者个人以本单位的名义承揽工程。施工单位不得转包或者违法分包工程。

(2)施工单位应当对本单位施工的工程质量负责。施工单位应当建立质量责任制,确定工程项目的项目经理、技术负责人和施工管理负责人。建设工程实行总承包的,总承包单位应当对全部建设工程质量负责;建设工程勘察、设计、施工、设备采购的一项或者多项实行总承包的,总承包单位应当对其承包的建设工程或者采购的设备的质量负责。

(3)总承包单位依法将建设工程分包给其他单位的,分包单位应当按照分包合同的约定对其分包工程的质量向总承包单位负责,总承包单位与分包单位对分包工程的质量承担连带责任。

(4)施工单位必须按照工程设计图纸和施工技术标准施工,不得擅自修改工程设计,不得偷工减料。施工单位在施工过程中发现设计文件和图纸有差错的,应当及时提出意见和建议。

(5)施工单位必须按照工程设计要求、施工技术标准和合同约定,对建筑材料、建筑构配件、设备和商品混凝土进行检验,检验应当有书面记录和专人签字;未经检验或者检验不合格的,不得使用。

(6)施工单位必须建立、健全施工质量的检验制度,严格工序管理,作好隐蔽工程的质量检查和记录。隐蔽工程在隐蔽前,施工单位应当通知建设单位和建设工程质量监督机构。

(7)施工人员对涉及结构安全的试块、试件以及有关材料,应当在建设单位或者工程监理单位监督下现场取样,并报送具有相应资质等级的质量检测单位进行检测。

(8)施工单位对施工中出现质量问题的建设工程或者竣工验收不合格的建设工程,应当负责返修。

(9)施工单位应当建立、健全教育培训制度,加强对职工的教育培训;未经教育培训或者考核不合格的人员,不得上岗作业。

2. 法律责任

根据《建设工程质量管理条例》,施工单位的质量违法行为按照下列规定处罚。

(1)施工单位在施工中偷工减料的,使用不合格的建筑材料、建筑构配件和设备的,或者有不按照工程设计图纸或者施工技术标准施工的其他行为的,责令改正,处工程合同价款2%以上4%以下的罚款;造成建设工程质量不符合规定的质量标准的,负责返工、修理,并赔偿因此造成的损失；情节严重的，责令停业整顿，降低资质等级或者吊销资质证书。

(2)施工单位未对建筑材料、建筑构配件、设备和商品混凝土进行检验，或者未对涉及结构安全的试块、试件以及有关材料取样检测的，责令改正，处10万元以上20万元以下的罚款；情节严重的，责令停业整顿，降低资质等级或者吊销资质证书；造成损失的，依法承担赔偿责任。

(3)施工单位不履行保修义务或者拖延履行保修义务的，责令改正，处10万元以上20万元以下的罚款，并对在保修期内因质量缺陷造成的损失承担赔偿责任。

(4)施工单位将承包的工程转包或者违法分包的，责令改正，没收违法所得，处以工程合同价款0.5%以上1%以下的罚款；可以责令停业整顿，降低资质等级；情节严重的，吊销资质证书。

(5)施工单位超越本单位资质等级承揽工程的，责令停止违法行为，处以工程合同价款2%以上4%以下的罚款，可以责令停业整顿，降低资质等级；情节严重的，吊销资质证书；有违法所得的，予以没收。未取得资质证书承揽工程的，予以取缔；有违法所得的，予以没收。以欺骗手段取得资质证书承揽工程的，吊销资质证书，依照规定处以罚款；有违法所得的，予以没收。

(6)施工单位允许其他单位或者个人以本单位名义承揽工程的，责令改正，没收违法所得，处以工程合同价款2%以上4%以下的罚款；可以责令停业整顿，降低资质等级；情节严重的，吊销资质证书。

(7)涉及建筑主体或者承重结构变动的装修工程，没有设计方案擅自施工的，责令改正，处50万元以上100万元以下的罚款；造成损失的，依法承担赔偿责任。

(8)施工单位违反国家规定，降低工程质量标准，造成重大安全事故，构成犯罪的，对直接责任人员依法追究刑事责任。

(四)工程监理单位的质量管理

1. 质量责任

依据《建设工程质量管理条例》，工程监理单位承担下列质量责任和义务。

(1)工程监理单位应当依法取得相应等级的资质证书，并在其资质等级许可的范围内承担工程监理业务。禁止工程监理单位超越本单位资质等级许可的范围或者以其他工程监理单位的名义承担工程监理业务。禁止工程监理单位允许其他单位或者个人以本单位的名义承担工程监理业务。工程监理单位不得转让工程监理业务。

(2)工程监理单位与被监理工程的施工承包单位以及建筑材料、建筑构配件和设备供应单位有隶属关系或者其他利害关系的，不得承担该项建设工程的监理业务。

(3)工程监理单位应当依照法律、法规以及有关技术标准、设计文件和建设工程承包合同，代表建设单位对施工质量实施监理，并对施工质量承担监理责任。

(4)工程监理单位应当选派具备相应资格的总监理工程师和监理工程师进驻施工现场。未经监理工程师签字，建筑材料、建筑构配件和设备不得在工程上使用或者安装，施工单位不得进行下一道工序的施工。未经总监理工程师签字，建设单位不拨付工程款，不进行竣工验收。

(5)监理工程师应当按照工程监理规范的要求,采取旁站、巡视和平行检验等形式,对建设工程实施监理。

2. 法律责任

依据《建设工程质量管理条例》,工程监理单位质量违法行为按下列规定进行处罚。

(1)工程监理单位有下列行为之一的,责令改正,处50万元以上100万元以下的罚款,降低资质等级或者吊销资质证书;有违法所得的,予以没收;造成损失的,承担连带赔偿责任:与建设单位或者施工单位串通,弄虚作假、降低工程质量的;将不合格的建设工程、建筑材料、建筑构配件和设备按照合格签字的。

(2)工程监理单位与被监理工程的施工承包单位以及建筑材料、建筑构配件和设备供应单位有隶属关系或者其他利害关系承担该项建设工程的监理业务的,责令改正,处5万元以上10万元以下的罚款,降低资质等级或者吊销资质证书;有违法所得的,予以没收。

(3)工程监理单位转让工程监理业务的,责令改正,没收违法所得,处以合同约定的监理酬金25%以上50%以下的罚款;可以责令停业整顿,降低资质等级;情节严重的,吊销资质证书。

(4)工程监理单位超越本单位资质等级承揽工程的,责令停止违法行为,处以合同约定的监理酬金1倍以上2倍以下的罚款;情节严重的,吊销资质证书;有违法所得的,予以没收。未取得资质证书承揽工程的,予以取缔,依照前款规定处以罚款;有违法所得的,予以没收。以欺骗手段取得资质证书承揽工程的,吊销资质证书,依照规定处以罚款;有违法所得的,予以没收。

(5)工程监理单位允许其他单位或者个人以本单位名义承揽工程的,责令改正,没收违法所得,对工程监理单位处以合同约定的监理酬金1倍以上2倍以下的罚款。

(6)工程监理单位违反国家规定,降低工程质量标准,造成重大安全事故,构成犯罪的,对直接责任人员依法追究刑事责任。

(五)建筑材料、构配件生产及设备供应单位的质量管理

建筑材料、构配件生产及设备供应单位主要承担下列质量责任和义务。

1. 建筑材料、构配件生产及设备供应单位对其生产或供应的产品质量负责

建筑材料、构配件生产及设备的供需双方均应签订买卖合同,并按合同条款进行质量验收。建筑材料、构配件生产及设备供应单位必须具备相应的生产条件、技术装备和质量保证体系,具备必要的检测人员和设备,把好产品看样、订货、储存、运输和核验的质量关。

2. 建筑材料、构配件及设备质量应当符合下列要求

(1)符合国家或行业现行有关技术标准规定的合格标准和设计要求。

(2)符合在建筑材料、构配件及设备或其包装上注明采用的标准,符合以建筑材料、构配件及设备说明、实物样品等方式表明的质量状况。

3. 建筑材料、构配件及设备或者其包装上的标志应当符合下列要求

(1)有产品质量检验合格证明。

(2)有中文标明的产品名称、生产厂厂名和厂址。

(3)产品包装和商标样式符合国家有关规定和标准要求。

(4)设备应有产品详细的使用说明书,电气设备还应附有线路图。

(5)实施生产许可证或使用产品质量认证标志的产品,应有许可证或质量认证的编号、批准日期和有效期限。

(六)建筑工程竣工的质量管理

建筑工程竣工验收指的是建筑工程完工且具备法定条件后,由建设单位组织有关单位依法定程序及相关依据对所有工程项目进行全面检验与测试。

1. 竣工验收的条件

建筑工程符合下列要求方可进行竣工验收。

(1)完成工程设计和合同约定的各项内容。

(2)施工单位在工程完工后对工程质量进行了检查,确认工程质量符合有关法律、法规和工程建设强制性标准,符合设计文件及合同要求,并提出工程竣工报告。工程竣工报告应经项目经理和施工单位有关负责人审核签字。

(3)对于委托监理的工程项目,监理单位对工程进行了质量评估,具有完整的监理资料,并提出工程质量评估报告,工程质量评估报告应经总监理工程师和监理单位有关负责人审核签字。

(4)勘察、设计单位对勘察、设计文件及施工过程中由设计单位签署的设计变更通知书进行了检查,并提出质量检查报告,质量检查报告应经该项目勘察、设计负责人和勘察、设计单位有关负责人审核签字。

(5)建设单位已按合同约定支付工程款。

(6)有施工单位签署的工程质量保修书。

(7)有公安消防、环保等部门出具的认可文件或者准许使用文件。

(8)建设行政主管部门及其委托的工程质量监督机构等有关部门责令整改的问题全部整改完毕。

2. 竣工验收的程序

建筑工程竣工验收应当按以下程序进行。

(1)工程完工后,施工单位向建设单位提交工程竣工报告,申请工程竣工验收。实行监理的工程,工程竣工报告须经总监理工程师签署意见。

(2)建设单位收到工程竣工报告后,对符合竣工验收要求的工程,组织勘察、设计、施工、监理等单位和其他有关方面的专家组成验收组,制定验收方案。

(3)建设单位应当在工程竣工验收7个工作日前将验收的时间、地点及验收组名单书面通知负责监督该工程的工程质量监督机构。

(4)建设单位组织工程竣工验收。

参与工程竣工验收的建设、勘察、设计、施工、监理等各方不能形成一致意见时,应当协商提出解决的方法,在各方意见一致后重新组织工程竣工验收。

3. 竣工验收报告

工程竣工验收合格后,建设单位应当及时提出工程竣工验收报告。工程竣工验收报告主要包括工程概况,建设单位执行基本建设程序情况,对工程勘察、设计、施工、监理等方面的评价,工程竣工验收时间、程序、内容和组织形式,工程竣工验收意见等内容。工程竣工验收报告还应附有施工许可证、施工图设计文件审查意见、项目经理和施工单位有关负责人签署的工程竣工报告、公安消防和环保等部门出具的认可文件或者准许使用文件、施工单位签署的工程质量保修书等内容。

4. 竣工验收监督

国务院建设行政主管部门负责全国工程竣工验收的监督管理工作,县级以上地方人民政府建设行政主管部门负责本行政区域内工程竣工验收的监督管理工作,县级以上地方人民政府建设行政主管部门应当委托工程质量监督机构对工程竣工验收实施监督。负责监督工程竣工验收的工程质量监督机构应当对工程竣工验收的组织形式、验收程序、执行验收标准等情况进行现场监督,发现有违反建设工程质量管理规定行为的,责令改正,并将对工程竣工验收的监督情况作为工程质量监督报告的重要内容。建设单位应当自工程竣工验收合格之日起15日内,依照《房屋建筑工程和市政基础设施工程竣工验收备案管理暂行办法》的规定,向工程所在地的县级以上地方人民政府建设行政主管部门备案。

(七)建筑工程质量保修的质量管理

《建筑法》第62条和《建设工程质量管理条例》第39条均明确规定,建筑工程实行质量保修制度,建筑工程质量保修指的是建筑工程自办理竣工验收手续后,在规定的保修期内,因勘察、设计、施工、材料等原因造成的质量缺陷,应当由施工单位负责维修。

1. 建筑工程的保修期限

建筑保修期限应当按照保证建筑物合理寿命年限内正常使用,维护使用者合法权益的原则确定,根据《建设工程质量管理条例》规定,建设工程的保修期自竣工验收合格之日起计算,在正常使用条件下建设工程的最低保修期限应该满足下列要求。

(1)基础设施工程、房屋建筑的地基基础工程和主体结构工程,为设计文件规定的该工程的合理使用年限。

(2)屋面防水工程、有防水要求的卫生间、房间和外墙面的防渗漏的保修期限为5年。

(3)供热与供冷系统的保修期限为2个采暖期、供冷期。

(4)电气管线、给排水管道、设备安装和装修工程的保修期限为2年。

(5)其他项目的保修期限由发包方与承包方约定。

2. 建设工程保修范围

建筑工程的保修范围应当包括基础设施工程、房屋建筑的地基基础工程和主体结构工程,屋面防水工程,供热与供冷系统工程,电气管线、给排水管道、设备安装和装修工程等项目。

3. 建设工程的保修责任

(1)施工单位未按国家有关规范、标准和设计要求施工,造成的质量缺陷,由施工单位负责返修并承担经济责任；建设工程自办理交工验收手续后，在规定的期限内，因勘察、设计、施工、材料等原因造成的质量缺陷，应当由施工单位负责维修。质量缺陷是指工程不符合国家或行业现行的有关技术标准、设计文件以及合同中对质量的要求。

(2)由于设计方面的原因造成的质量缺陷，由设计单位承担经济责任。由施工单位负责维修，其费用按有关规定通过建设单位向设计单位索赔；不足部分由建设单位负责。

(3)因建筑材料、构配件和设备质量不合格引起的质量缺陷，属于施工单位采购的或经其验收同意的，由施工单位承担经济责任；属于建设单位采购的，由建设单位承担经济责任。

(4)因使用单位使用不当造成的质量缺陷，由使用单位自行负责。

(5)因地震、洪水、台风等不可抗力造成的质量问题，施工单位、设计单位不承担经济责任。

施工单位自接到保修通知书之日起，必须在两周内到达现场与建设单位共同明确责任方，商议返修内容。属于施工单位责任的，如施工单位未能按期到达现场，建设单位应再次通知施工单位；施工单位自接到再次通知书起的一周内仍不能到达时，建设单位有权自行返修，所发生的费用由原施工单位承担。不属施工单位责任的，建设单位应与施工单位联系，商议维修的具体期限。建设工程在超过合理使用年限后需要继续使用的，产权所有人应当委托具有相应资质等级的勘察、设计单位鉴定，并根据鉴定结果采取加固、维修等措施，重新界定使用期。

【案例】

"虹桥"系重庆市綦江县形象工程，形似彩虹而得名，该桥跨越长江支流綦河，连接城东城西，于1994年11月5日动工建设，1996年2月16日竣工，桥净空跨度120米，耗资368万元。1999年1月4日晚6时50分左右，彩虹桥整体垮塌，包括18名年轻武警战士在内的40人遇难。1999年3、4月，"綦江虹桥垮塌案"涉案的14名责任人被重庆第一中级人民法院一审宣判，10人提起上诉，同年12月，重庆市高院做出终审判决。原綦江县委员会副书记林某、原綦江县城乡建设管理委员会主任张某、原重庆市市政工程质量监督站站长赵某、原綦江县人大常委会副主任贺某、"虹桥"工程组织承建者费某等人，分别因受贿罪、重大工程重大安全事故罪、玩忽职守罪等罪名，被判处有期徒刑6年至死刑，并对其中部分责任人处以2万至50万元罚款。

【评析】

重大工程安全事故罪指的是单位犯罪，主要指建设单位、设计单位、施工单位、工程监理单位违反国家规定，降低工程质量标准，造成重大安全事故。根据刑法规定，如果检方指控罪名成立，对直接责任人员，可处5年以下有期徒刑或者拘役，并处罚金；后果特别严重的：致多人死亡、重伤的；直接经济损失特别巨大的；重大安全事故发生后犯罪行为人表现特别恶劣的，如不采取积极措施防止危害结果的扩大或者故意伪造、破坏现场，企图逃避罪责等；行为人明知没有安全保证，甚至已经发现事故苗头，仍然不听劝阻，拒不采纳正确意见和补救措施，一意孤行，终于酿成重大安全事故，可处5年以上10年以下有期徒刑，并处罚金。

3.7 安全生产管理

建筑工程安全生产是指建筑生产过程中要避免人员、财产的损失及对周围环境的破坏。建筑工程安全生产主要包括3个方面的内容,即控制建筑工程施工人员的不安全行为,控制与建筑工程相关的物的不安全状态,保护建筑工程作业环境。多年以来国家及有关主管部门先后多次发出通知,强调要大力加强建筑工程建设中的安全生产管理,国务院及其职能部门先后制定了一系列的建筑工程安全生产法律、法规和规范性文件。为了规范安全生产事故灾难的应急管理和应急响应程序,及时有效地实施应急救援工作,最大程度减少人员伤亡、财产损失,维护人民群众的生命安全和社会稳定,于2006年1月22日起执行《国家安全生产事故灾难应急预案》;为了加强安全生产监督管理,防止和减少生产安全事故,保障人民群众生命和财产安全,促进经济发展,从2002年1月1日起施行了《中华人民共和国安全生产法》;为了进一步加强安全生产工作,尽快实现安全生产局面的根本好转,国务院于2004年1月9日实施《进一步加强安全生产工作的决定》,许多法律法规中详细对建筑工程安全生产管理作了相应规定,对建筑安全生产方针、责任制、施工现场管理、培训教育、建设单位和施工企业的责任、事故报告等方面阐述了建筑安全管理各方面的制度,突出建筑安全管理制度的地位和意义。

建筑工程安全生产管理是指安全生产监督管理部门、建设行政主管部门、建筑安全监督管理机构、建筑企业及有关单位对建筑生产过程中的安全工作,进行计划、组织、指挥、控制、监督等一系列的管理活动。建筑工程安全生产管理包括纵向、横向、施工现场三个方面的管理。纵向方面的管理主要是安全生产监督管理部门、建设行政主管部门及其授权的建筑安全监督管理机构对建筑工程安全生产的综合监督管理与行业监督管理。横向方面的管理主要是指建筑工程生产有关各方如建设单位、设计单位、建筑施工企业等的安全责任和义务。施工现场管理主要是控制人的不安全行为和物的不安全状态,是建筑工程安全生产管理的关键和集中体现。

3.7.1 建设工程安全管理的方针和制度

《建筑法》第36条规定,“建筑工程安全管理必须坚持安全第一、预防为主的方针,建立安全生产的责任制度和群防群治制度。”“坚持安全第一、预防为主的方针”指的是将建设工程安全管理放到第一位,采取有效措施控制不安全因素的发展与扩大,把可能发生的事故消灭在萌芽状态。“安全第一”是从保护和发展生产力的角度,表明在生产范围内安全与生产的关系,肯定安全在建筑生产活动中的首要位置和重要性。“预防为主”是指在建筑生产活动中,针对建筑生产的特点,对生产要素采取管理措施,有效地控制不安全因素的发展与扩大,把可能发生的事故消灭在萌芽状态,以保证生产活动中人的安全与健康。“安全第一,预防为主”的方针体现了国家对在建筑工程安全生产过程中保护劳动者权利、保护社会生产力、保护建筑生产的高度重视。

为了加强建设工程安全生产监督管理,保障人民群众生命财产安全,建设部根据《中华人民共和国建筑法》和《中华人民共和国安全生产法》制定了《建设工程安全生产管理条例》,并于2003年11月12日国务院第28次常务会议通过,自2004年2月1日起施行。对在中华人民共和国境内从事建设工程的新建、扩建、改建和拆除等有关活动及实施对建设工程安全生产的监督管理,必须遵守《建设工程安全生产管理条例》。此条例所称建设工程是指土木工程、建筑工程、线路管道和设备安装工程及装修工程。建设单位、勘察单位、设计单位、施工单位、工程监理单位及其他与建设工程安全生产有关的单位,必须遵守安全生产法律法规的规定,保证建设工程安全生产依法承担建设工程安全生产责任。国家鼓励建设工程安全生产的科学技术研究和先进技术的推广应用,推进建设工程安全生产的科学管理。

(一)安全生产责任制度

安全生产责任制度是建筑生产中最基本的安全管理制度,是所有安全规章制度的核心。安全生产责任制度是指将各种不同的安全责任落实到负责安全管理责任的人员和具体岗位人员身上的一种制度,作为"安全第一,预防为主"方针的具体体现,同时也是建筑安全生产的基本制度。安全责任制的主要内容包括以下几点。

(1)从事建筑活动主体的负责人的责任制;

(2)从事建筑活动主体的职能机构或职能处室或者专职安全人员要对安全负责。

(3)岗位人员的安全生产责任制,要求岗位人员必须对安全负责,尤其对于从事特种作业的安全人员必须进行培训,经过考试合格后方能上岗作业。

(二)群防群治制度

群防群治制度是职工群众进行预防和治理安全的一种制度。这一制度也是"安全第一,预防为主"的具体体现,同时也是群众路线在安全工作中的具体体现,是企业进行民主管理的重要内容。这一制度要求建筑企业职工在施工中应当遵守有关生产的法律、法规和建筑行业安全规章、规程,不得违章作业;对于危及生命安全和身体健康的行为有权提出批评、检举和控告。

(三)安全生产教育培训制度

安全生产教育培训制度是对广大建筑干部职工进行安全教育培训,提高安全意识,增加安全知识和技能的制度,只有通过对广大职工进行安全教育、培训,才能使广大职工真正认识到安全生产的重要性、必要性,才能使广大职工掌握更多有效的安全生产的科学技术知识,牢固树立"安全第一"的思想,自觉遵守各项安全生产的规章制度。分析许多建筑安全事故,一个重要的原因就是有关人员安全意识不强,安全技能不够,这些都是没有搞好安全教育培训工作的后果。

(四)安全生产检查制度

安全生产检查制度是上级管理部门或企业自身对安全生产状况进行定期或不定期检查的制度。通过检查可以发现问题,查出隐患,从而采取有效措施,堵塞漏洞,把事故消灭在发生之前,做到防患于未然,是"预防为主"的具体体现。通过检查,还可总结出好的经验加以推广,为进一步搞好安全工作打下基础。安全检查制度是安全生产的保障。

(五)伤亡事故处理报告制度

伤亡事故处理报告制度是施工中发生事故时,建筑企事业应当采取紧急措施减少人员伤亡和事故损失,并按照国家有关规定及时向有关部门报告的制度。事故处理必须遵循相应的程序,做到"三不放过":事故原因不清不放过;事故责任者和群众没有受到教育不放过;没有防范措施不放过。

(六)安全责任追究制度

法律责任中,规定建设单位、设计单位、施工单位、监理单位,由于没有履行职责造成人员伤亡和事故损失的,视情节给予相应处理:情节严重的,责令停业整顿,降低资质等级或吊销资质证书;构成犯罪的,依法追究刑事责任。

3.7.2 安全生产的监督管理

建筑工程安全生产监督管理指的是各级人民政府安全生产监督管理部门、各级人民政府建设行政主管部门及其授权的建筑安全生产监督机构,对于建筑工程安全生产所实施的监督管理,建筑安全生产监督管理,坚持"安全第一、预防为主"的方针。根据国务院2003年公布的《建设工程安全生产管理条例》第39条,国务院负责安全生产监督管理的部门依照《中华人民共和国安全生产法》的规定,对全国建筑工程安全生产工作实施综合监督管理。县级以上地方人民政府负责安全生产监督管理的部门依照《中华人民共和国安全生产法》的规定,对本行政区域内建筑工程安全生产工作实施综合监督管理。《中华人民共和国安全生产法》第4章共计15条,从不同的方面规定了安全生产的监督管理,其主要内容有下列几点。

(1)县级以上地方各级人民政府应当根据本行政区域内的安全生产状况,组织有关部门按照责任分工,对本行政区域内容易发生重大安全生产事故的生产经营单位进行严格检查,发现事故隐患,应当及时处理。

(2)对安全生产负有监督管理职责的部门,依照有关法律、法规的规定,对涉及安全生产的事项需要审查、批准、核准、许可、注册、认证、验收的,必须严格依照有关法律、法规和国家标准或者行业标准规定的安全生产条件和程序进行审查;不符合有关法律、法规和国家标准或者行业标准规定的安全生产条件的,不得批准或者验收通过;对未依法取得批准或者验收合格的单位擅自从事有关活动的,负责行政审批的部门发现或者接到举报后应当立即予以取缔,并依法予以处理;对已经依法取得批准的单位,负责行政审批的部门发现其不再具备安全生产条件的,应当撤销原批准。

(3)负有安全生产监督管理职责的部门对涉及安全生产的事项进行审查、验收,不得收取费用;不得要求接受审查、验收的单位购买其指定品牌或者指定生产、销售单位的安全设备、器材或者其他产品。

(4)负有安全生产监督管理的职责部门依法对生产经营单位执行有关安全生产的法律、法规和国家标准或者行业标准的情况进行监督检查,行使以下职权。

(i)进入生产经营单位进行检查,调阅有关资料,向有关单位和人员了解情况。

(ii)对检查中发现的安全生产违法行为,当场予以纠正或者要求限期改正;对依法应当给予行政处罚的行为,依照本法和其他有关法律、行政法规的规定做出行政处罚决定。

(iii)对检查中发现的事故隐患,应当责令立即排除;重大事故隐患排除前或者排除过程中无法保证安全的,应当责令从危险区域内撤出作业人员,责令暂时停产停业或者停止使用;重大事故隐患排除后,经审查同意,方可恢复生产营业和使用。

(iv)对有根据认为不符合保障安全生产的国家标准或者行业标准的设施、设备、器材予以查封或者扣押,并应当在15日内依法做出处理决定;监督检查不得影响被检查单位的正常生产经营活动。

(v)生产经营单位对负有安全生产监督管理职责的部门的监督检查人员依法履行监督检查职责,应当予以配合,不得拒绝、阻挠;安全生产监督检查人员应当忠于职守,坚持原则,秉公执法。

安全生产监督检查人员执行监督检查任务时,必须出示有效的监督执法证件;对涉及被检查单位的技术秘密和业务秘密,应当为其保密。安全生产监督检查人员应当将检查的时间、地点、内容、发现的问题及其处理情况,做出书面记录,并由检查人员和被检查单位的负责人签字;被检查单位的负责人拒绝签字的,检查人员应当将情况记录在案,并向有安全生产监督管理职责的部门报告。负有安全生产监督管理职责的部门在监督检查中,应当相互配合,实行联合检查;确需分别进行检查的,应当互通情况,发现存在的安全问题应当由其他有关部门进行处理的,应当及时移送其他有关部门并形成记录备查,接受移送的部门应当及时进行处理。监察机关依照行政监察法的规定,对负有安全生产监督管理职责的部门及其工作人员履行安全生产监督管理职责实施监察。

3.7.3 建筑工程施工安全责任管理

建筑工程施工现场指的是进行工业和民用项目的房屋建筑、土木工程、设备安装、管线敷设等施工活动,经批准占用的施工场地。

(一)施工企业安全责任管理

建筑施工企业的法定代表人对本企业的安全生产负责,项目经理全面负责施工过程中的现场管理,并根据工程规模、技术复杂程度和施工现场的具体情况,建立及实施施工现场管理责任制。建筑施工现场安全由建筑施工企业负责,实行施工总承包的由总承包单位负责,分包单位向总承包单位负责,并服从总承包单位对施工现场的安全生产管理。施工组织设计又称为施工组织规划,是建筑工程施工单位为做好施工准备、指导施工现场工作而编制的技术、经济性文件。施工组织设计是建筑工程施工单位进行施工的准备文件,是保证建筑工程的质量与安全、及时合理施工的前提条件,因此建筑施工企业在施工准备阶段必须进行施工组织设计的编制。根据《建筑法》第 38 条,建筑施工企业在编制施工组织设计时,应当根据建筑工程的特点制定相应的安全技术措施;对专业性较强的工程项目,应当编制专项安全施工组织设计,并采取安全技术措施,即能够消除或控制建筑生产过程中已知的或可能出现的危险因素的技术性措施,安全技术措施的制定必须与建筑工程相配套,并能够解决可能出现的问题,具有针对性及可实施性。

根据《建筑法》第 39 条,建筑施工企业应当在施工现场采取维护安全、防范危险、预防火灾等措施;有条件的,应当对施工现场实行封闭管理。施工现场对毗邻的建筑物、构筑物和特殊作业环境可能造成损害的,建筑施工企业应当采取安全防护措施。根据 1991 年 12 月 5 日建设部发布的第 15 号令《建筑工程施工现场管理规定》,建筑工程施工单位在施工现场的安全生产责任主要有以下几方面。

1. 制定和执行施工现场的劳动安全保护制度

建筑工程施工单位必须执行国家有关安全生产和劳动保护的法规,建立安全生产责任制,加强规范化管理,进行安全交底、安全教育和安全宣传,严格执行安全技术方案。施工现场的各种安全设施和劳动保护器具,必须定期进行检查和维护,及时消除隐患,保证其安全有效。

2. 建立和执行防火制度和措施

建筑工程施工单位应当严格依照《消防法》的规定,在施工现场建立和执行防火管理制度,设置符合消防要求的消防设施,并保持完好的备用状态。在容易发生火灾的地区施工或者储存、使用易燃易爆器材时,建筑工程施工单位应当采取特殊的消防安全措施。

3. 对爆破作业的管理

建筑工程施工中需要进行爆破作业的,必须经上级主管部门审查同意,并持有使用爆破器材的地点、品名、数量、用途、四邻距离等文件和安全操作规程,向所在地县、市公安局申请《爆破物品使用许可证》,方可使用爆破物。进行爆破作业时,必须遵守爆破安全规程。

4. 架设临时电网、移动电缆的安全操作

建筑工程施工中需要架设临时电网、移动电缆等时,需要具备相应的专业知识,建筑工程施工单位应当向有关主管部门提出申请,经批准后在有关专业技术人员的指导下进行,以保障架设活动的安全进行。

5. 减少因施工给周边单位和个人带来的不便

建筑工程施工中需要停水、停电、封路而影响到施工现场周围地区的单位和居民时,必须经有关主管部门批准,并事先告知受影响的单位和居民。

6. 保护地下文物或地下管线

建筑工程施工单位进行地下工程或者基础工程施工时,发现文物、古化石、爆炸物、电缆等应当暂停施工,保护好现场,并及时向有关部门报告,在按照有关规定处理后,方可继续施工。

7. 合理安排场内布置,保障安全

建筑工程施工单位应当按照施工总平面布置图设置各项临时设施、堆放大宗材料、成品、半成品和机具设备,不得侵占场内道路及安全防护等设施,确保安全防护设施在紧急状况下能够发挥作用。

8. 施工现场安全用电

电,是进行建筑施工所不可或缺的,同时也具有极大的危险性,施工过程中应当尤其注意用电安全。施工现场的用电线路、用电设施的安装和使用必须符合安装规范和安全操作规程,并按照施工组织设计进行架设,严禁任意拉线接电。施工现场必须设有保证施工安全要求的夜间照明;危险潮湿场所的照明以及手持照明灯具,必须采用符合安全要求的电压。

9. 施工机械的安全使用

施工机械应当按照施工总平面布置图所规定的位置和线路设置,不得任意侵占场内道路。施工机械往往形体巨大,操作有一定的难度,操作不当易造成人身、财产的伤亡与损失,故进入施工现场的施工机械须经过安全检查,经检查合格的方能使用。另外,建筑工程施工单位还应建立施工机械操作的规章制度,要求施工机械操作人员必须建立机组责任制,并依照有关规定持证上岗，禁止无证人员操作，减少因操作机械不当而造成的人员伤亡。

10. 做好施工现场的安全保卫工作

建设单位或者施工单位应当做好施工现场安全保卫工作，采取必要的防盗措施，在现场周边设立围护设施。施工现场在市区的，周围应当设置遮挡围栏，临街的脚手架也应当设置相应的围护设施，防止高空坠物砸伤行人，并保护施工人员的施工安全。此外，非施工人员由于不具有施工经验，缺乏施工应具备的安全意识，不得擅自进入施工现场，否则会增加不安全因素，扰乱施工现场的工作秩序，增加安全隐患。

（二）施工人员安全责任管理

安全施工关键在施工人员的管理与培训，建筑工程施工单位应当注重对施工人员的安全管理，建立健全劳动安全生产教育培训制度，提高职工安全生产技能，增强职工安全生产意识，最终达到提高建筑施工质量的目的。

1. 建立健全劳动安全生产教育培训制度

建筑施工企业应当建立健全劳动安全生产教育培训制度，加强职工安全生产教育培训，未经安全生产教育培训的人员，不得上岗作业。安全生产教育培训，是安全生产管理的重要内容，主要包括相关安全生产法律、法规、规章的宣传与教育，相关建筑安全知识与技能的教育以及安全生产意识与责任感的培养等。

2. 按照安全生产规章作业

建筑施工企业和作业人员在施工过程中，应当遵守有关安全生产的法律、法规和建筑行业安全规章、规程，不得违章指挥或者违章作业。否则，必然增加不安全系数。建筑工程施工单位对作业人员的指挥与管理，不能凌驾于安全生产法律、法规及规章之上，作业人员有权对影响人身健康的作业程序和作业条件提出改进意见，有权获得安全生产所需的防护用品，有权对危及生命安全和人身健康的行为提出批评、检举和控告。

3. 按规定为职工办理意外伤害保险

建筑工程施工单位必须为从事危险作业的职工办理意外伤害保险，支付保险费。应当注意的是，此处的意外伤害保险属于强制性保险，无论施工单位的安全管理机制多么完善。办理意外伤害保险，是切实保障职工人身利益的措施，体现了我国建筑安全生产管理的力度。

（三）建筑施工安全事故的应急救援

施工过程中难免会存在诸多威胁安全的隐患，鉴于此，建筑工程施工单位应当根据建筑工程施工的特点、范围，对施工现场易发生重大事故的部位、环节进行监控，制定施工现场生产安全事故应急救援预案，建立应急救援组织或者配备应急救援人员，配备必要的应急救援器材、设备，并定期组织演练。实行施工总承包的，由总承包单位统一组织编制建设工程生产安全事故应急救援预案，工程总承包单位和分包单位按照应急救援预案，各自建立应急救援组织或者配备应急救援人员，配备救援器材、设备，并定期组织演练。

1. 建筑工程勘察单位的安全生产责任

根据国务院2003年发布的《建设工程安全生产管理条例》第12条，勘察单位应当按照法律、法规和工程建设强制性标准进行勘察,提供的勘察文件应当真实、准确,满足建设工程安全生产的需要。勘察单位在勘察作业时,应当严格执行操作规程,采取措施保证各类管线、设施和周边建筑物、构筑物的安全。

2. 建筑工程设计单位的安全生产责任

根据《建筑法》第37条,建筑工程设计应当符合按照国家规定制定的建筑安全规程和技术规范,保证工程的安全性能。

根据国务院2003年发布的《建设工程安全生产管理条例》第13条,设计单位应当按照法律、法规和工程建设强制性标准进行设计,防止因设计不合理导致生产安全事故的发生。设计单位应当考虑施工安全操作和防护的需要,对涉及施工安全的重点部位和环节在设计文件中注明,并对防范生产安全事故提出指导意见。采用新结构、新材料、新工艺的建设工程和特殊结构的建设工程,设计单位应当在设计中提出保障施工作业人员安全和预防生产安全事故的措施建议。设计单位和注册建筑师等注册执业人员应当对其设计负责。

3.7.4 其他相关单位的安全生产责任

根据国务院2003年发布的《建设工程安全生产管理条例》的有关规定,与建筑工程相关的其他单位承担的安全生产责任应该满足以下条件。

(1)为建设工程提供机械设备和配件的单位,应当按照安全施工的要求配备齐全有效的保险、限位等安全设施和装置。

(2)出租的机械设备和施工机具及配件,应当具有生产(制造)许可证、产品合格证。出租单位应当对出租的机械设备和施工机具及配件的安全性能进行检测,在签订租赁协议时,应当出具检测合格证明,禁止出租检测不合格的机械设备和施工机具及配件。

(3)在施工现场安装、拆卸施工起重机械和整体提升脚手架、模板等自升式架设设施,必须由具有相应资质的单位承担。安装、拆卸施工起重机械和整体提升脚手架、模板等自升式架设设施,应当编制拆装方案、制定安全施工措施,并由专业技术人员现场监督。施工起重机械和整体提升脚手架、模板等自升式架设设施安装完毕后,安装单位应当自检,出具自检合格证明,并向施工单位进行安全使用说明,办理验收手续并签字。

(4)施工起重机械和整体提升脚手架、模板等自升式架设设施的使用达到国家规定的检验检测期限的,必须经具有专业资质的检验检测机构检测。经检测不合格的,不得继续使用。检验检测机构对检测合格的施工起重机械和整体提升脚手架、模板等自升式架设设施,应当出具安全合格证明文件,并对检测结果负责。

3.7.5 建筑工程重大事故

工程建设重大事故处理主要依据建设部1989年发布的《工程建设重大事故报告和调查程序的规定》及其他有关规定进行。重大事故是指在工程建设过程中由于责任过失造成工程倒塌或报废、机械设备毁坏和安全设施失当造成人身伤亡或者重大经济损失的事故。

(一)重大事故的等级

一级重大事故:死亡30人以上或直接经济损失300万元以上。

二级重大事故：死亡 10 人以上 29 人以下，或直接经济损失 100 万元以上 300 万元以下。

三级重大事故：死亡 3 人以上 9 人以下，或重伤 20 人以上，或者直接经济损失 30 万元以上 100 万元以下。

四级重大事故：死亡 2 人以下，或重伤 3 人以上 9 人以下，或直接经济损失 10 万元以上 30 万元以下。

（二）重大事故的报告

重大事故发生后，事故发生单位必须以最快的方式将事故的简要情况向上级主管部门和当地建设行政主管部门及检查、劳动部门报告，事故发生单位属于国务院部委的应同时向国务院有关部委报告。当地建设行政主管部门接到事故报告后，应立即向当地人民政府和省级建设行政主管部门报告，省级建设行政主管部门接到报告后，应立即向省人民政府和建设部门报告。重大事故发生后，事故发生单位应在 24 小时内写出书面报告，并逐级上报。同时严格保护事故现场，采取有效措施抢救人员和财产，防止事故扩大。

（三）重大事故的调查

重大事故的调查由事故发生地的市县级以上建设行政主管部门或国务院有关主管部门成立调查组负责进行。调查组由建设行政主管部门、事故发生单位的主管部门和劳动等有关部门的人员组成，并应邀请人民检察机关和工会派员参加。必要时，调查组可以聘请有关专家协助进行技术鉴定、事故分析和财产损失的评估工作。重大事故调查组的职责包括以下几点。

（1）组织技术鉴定。

（2）查明事故发生的原因、过程、人员伤亡和财产损失情况。

（3）查明事故的性质、责任单位和主要责任人。

（4）提出事故处理意见及防止类似事故再次发生所应采取措施的建议。

（5）提出对事故责任者的处理意见。

（6）写出事故调查报告。

调查组在调查工作结束后 10 日内，应将调查报告报送批准成立调查组的人民政府和建设行政主管部门以及调查组其他成员部门。经组织调查的部门同意，调查工作即告结束。

（四）重大事故的法律责任

事故发生后隐瞒不报、谎报、故意拖延报告期限的，故意破坏现场的，阻碍调查工作正常进行的，无正当理由拒绝调查组查询或者拒绝提供与事故有关情况、资料的，以及提供伪证的，由其所有单位或上级主管部门按有关规定给予行政处分；构成犯罪的，由司法机关依法追究刑事责任。对造成重大事故的责任者，由其所在单位或上级主管部门按有关规定给予行政处分；构成犯罪的，由司法机关依法追究刑事责任。对造成重大事故承担直接责任的建设单位、勘察设计单位、施工单位、构配件生产单位及其他单位，由其上级主管部门或当地建设行政主观部门，根据调查组的建议，令其限期改善工程建设技术安全措施，并依据有关规定予以处罚。

【案例】

某综合商务楼工地，±0.00 以下为 5 层地下室，±0.00 以上为 31 层高的建筑物，建筑物高度为 98.2 m，建筑面积 74 500 m^2，采用钢筋混凝土核心筒剪力墙结构，结构施工至 28 层，建筑物共有 6 个电梯井，编号分别为 L1 – L6，电梯井内安全设施采用三种形式：第一种是每隔两

层安装由 ϕ51×3.5 钢管支撑 ϕ10 钢筋网上加铺密目网组成的安全防护设施;第二种是 10 层、20 层在钢管及钢筋网面铺 19 mm 厚夹板作为工作平台;第三种是负 1 层、9 层在钢管及钢筋网面铺 19 mm 厚夹板加铺细石混凝土。2006 年 2 月 13 日上午,4 名工人进入第 16 层电梯井进行淤泥垃圾清理作业时发生坠落,其中 2 名工人跌至负一层,当场死亡,另外 2 名工人重伤。

【评析】

按照《工程建设重大事故报告和调查程序的规定》,凡是死亡 2 人以下,或重伤 3 人以上 9 人以下属于四级重大事故。该事例反映了安全设计和现场安全管理两个方面的问题,安全设计中电梯井内平台作为一般性安全防护措施是满足施工安全需要的,由于该平台在结构施工过程中,承接了相应电梯井范围内掉下的素混凝土及淤泥垃圾,日积月累已承载并超过平台原设计规定的荷载,使平台的受力钢筋处于弯曲状态,在平台设计开始就必须明确平台的搭设目的是作为单纯的承载和遮挡平台还是同时也作为作业平台。作为现场安全管理而言,严格的安全管理制度和现场监督是保证电梯井作业安全必不可少的条件,应及时提醒作业注意安全,采取相应的安全措施。

3.8 环境保护问题

环境泛指某一主体周围的地域、空间、介质,在环境科学中,环境指的是围绕着人类的空间以及位于该空间内部的直接或间接地决定或影响人类生存和发展的各种自然因素的整体。在环境保护法范围内,环境一词则又有着特定的内涵与外延。从内涵讲,环境必须是对人类直接或间接地起着某种影响和作用的因素,而这种因素必须能在当时或最近的将来影响人类。从外延讲,环境包括大气、水、动植物等。一般而言,环境是指影响人类生存和发展的各种天然的和经过人工改造的自然因素的总体,包括大气、水、海洋、土地、矿藏、森林、草原、野生生物、自然遗迹、人文遗迹、自然保护区、风景名胜区、城市和乡村等。

3.8.1 环境问题

环境问题是指由于自然原因或人类活动的因素使环境效应对人类发生了不利的变化,以致影响人类的生产和活动,因而给人类带来灾难的现象亦称之环境问题。环境问题实质上是经济发展与环境保护比例失调的问题。环境问题以产生的原因不同,则可将其分为第一环境问题和第二环境问题两类。

(一)第一环境问题

第一环境问题是指因自然界本身的变化造成的环境问题(如地震、水灾、风雹等)。这类环境问题在人类诞生之前就已存在,在人类诞生之后仍在继续。这类问题是人力所不能控制的,其影响也是人类所不能预测的。人类只能靠科学技术的发展不断地认识它们的规律,加以预测、预报、减轻它们所造成的危害及采取各种救灾措施。在法律上把其划归不可抗力之中,这不是环境法要研究的内容。

(二)第二环境问题

第二环境问题是指由人类活动所造成的环境问题,即由人类不恰当地开发、利用环境而遭到环境的报复和惩罚。第二环境问题又分为自然环境的破坏和环境污染两类。

1. 自然环境的破坏

自然环境的破坏是指人类不适当开发利用环境的一个或数个要素，使其数量减少，质量降低，从而破坏或降低了它们的环境效能，使生态平衡受到破坏，某种资源枯竭而危及人类的生存与发展的一种现象。因为环境的要素种类很多，为此环境破坏的种类也很多、主要有：水土流失及风蚀，土壤沙化、盐渍化、潜育化，地面下沉，森林资源破坏，水资源不足，物种灭绝等内容。

2. 环境污染

环境污染是指由于自然原因或人类活动向环境排入了超过环境自净能力的物质或者能量，从而使环境的物理、化学、生物学性质发生了不利于人类或者影响其他生物正常生存和发展的现象。排入环境的污染物种类很多，把排入环境的污染物是否转化成其他污染物，可以分为一次性污染物和二次性污染物。一次性污染物指的是由污染源直接排入环境并且排入环境后它的物理、化学性质没有发生变化的污染物；二次性污染物指的是由排入环境的一次性污染物与其他物质发生反应后形成的，其物理、化学性质与一次性污染物完全不同的污染物。总的来说，二次污染物对人类危害比一次性污染物要强烈得多。

自然环境的破坏和污染，这两者是互相联系、互相作用的。严重的环境污染可以致生物死亡从而破坏生态平衡，使自然环境受到破坏；自然环境的破坏又降低了环境自净能力，加剧了污染程度。

3.8.2 环境保护

为了协调人和环境的关系，要按客观规律来调整人与环境的关系，便出现了环境保护工作。环境保护是指公民、团体、国家及国际社会为了协调人类与环境的关系、解决环境问题而采取的行政、法律、科学技术等措施，合理地利用自然资源，防止污染和破坏，以求保护和发展生态平衡，保护人类和社会发展的活动称之为环境保护。人类环境的保护是个十分复杂的问题。从总体上看，面临的实际问题和理论问题还是不少，例如，在解决某些具体环境问题时，往往与总体环境产生矛盾，并对环境保护和资源无控制利用之间的矛盾缺乏科学的认识，自然环境在人为影响下对人类社会的反作用还难于做出可靠的预测。要解决这些问题，既要研究自然规律，同时又要研究社会规律，使人类和自然协调发展。关于环境保护的内容，目前世界各国不尽相同，大致可包括如下3个方面。

(1)控制、防止各种有毒物质及致病因素进入环境，以免人类健康受到危害。

(2)保护和改善生活居住区的环境质量，防止由于环境污染及各种环境要素质量下降使人类生活条件恶化。

(3)保护生态平衡，养护自然资源，尤其是保护、改善生物性可更新资源的生产能力以便能向人类提供更多的生活必需品和使环境优美。

(一)环境保护法

环境保护法是国家为协调人类与环境的关系，保护与改善环境而制定的调整人类在开发利用、保护改善环境的活动中所产生的各种社会关系的法律规范的总称，包括以下内容。

(1)国家制定环境保护法的直接目的就是为了协调人类与环境的关系，迫使人类必须按照自然界的客观规律进行开发利用环境。

(2)环境保护法要保护的是整个环境而不是某一种自然资源或环境要素，这必然要通过防止自然环境破坏和环境污染来保护人类的生存环境，维护生态平衡。

(3)环境保护法要协调人类与环境的关系，只能调整人与人之间的社会关系才能做到。人们只有在一定的社会关系下才能从事生产活动，与环境相联系。

(二)环境保护法的特点

环境保护法的特点是环境保护法与其他法律部门存在本质区别的体现，搞清其特点，是深刻领会和掌握环境保护法的精神实质的必要条件。环境保护法的特点有以下几方面。

1. 科技性

环境保护法的科技性实际上是环境保护法的科学性与技术性的总称，科学性是指环境保护法必须反映、体现生态科学、环境科学等规律，技术性是指环境保护法必与技术同步，不能超越技术发展的现状和最近可预见的将来的可能性。环境保护法本身包括了大量的标准、技术规范和操作规程，这些标准和规程成为环境保护法律规范的一部分。环境保护法要求人们按自然界的客观规律行事，这样在开发利用环境时，采取各种适当的严格的工程、技术及其他科学措施。这样，环境保护法就不得不把大量的技术规范乃至操作规程包括在其中，这便使环境保护法具有极强的技术性。

2. 区域性

环境保护法的区域性是环境本身的区域性及一定范围人类确定的环境功能的区域性决定的，环境保护法的制定与实施应当与环境及环境功能的特点相适应，即应当因地制宜。环境保护法的区域性表现在很多方面，比如在立法权方面，授权省级的国家权力机关或行政机关根据国家法律、结合本地区实际情况制定具体的地方性法规，在立法内容中确立重点环境保护区的严格保护制度，在标准方面国家授权省级人民政府制定地方环境质量补充标准和地方污染物标准，并在国家标准中对不同功能的地区要求制定不同的标准。

3. 综合性

环境保护法的综合性是环境对象的系统性、环境问题的复杂性、环境事物的多部门性等因素所决定的。其表现为环境保护法以宪法为指导思想和立法依据，以专门环境保护法规为基干，兼含行政法、民法、诉讼法、劳动法、刑法、经济法及国际法的有关规定，并以环境标准为其配套部分。由此看出其具有综合性。

4. 广泛性

环境是一国国民生存的条件和基础，环境保护法所要保护的是全体国民的生存条件，要符合全社会和全民族的根本的、长远利益。环境质量的好坏，只有极少数情况下才会对不同阶级的人产生不同的影响，而绝大多数情况下对所有的人的影响是相同的。环境的改善不会只对上层人物带来好处而损害广大人民的利益，正因如此，使得环境保护法具有极广泛的社会性。

5. 共同性

环境保护法要解决的环境问题是人类所面临的共同性问题。解决这类问题的理论根据和遵循的途径也是基本相同的。环境破坏和环境污染的产生、防止、治理等不会因社会制度、意识形态不同而有很大的差别。因此,环境问题的共同性带来了解决该问题的对策、措施、手段的共同性。

(三)环境保护法律关系

环境保护法律关系的概念:环境保护法律关系是指环境保护法的主体之间,在利用、保护、改善环境的活动中形成的并由环境保护法律规范所调整与确认的权利义务为内容的社会关系。国家把人们在保护环境活动中形成的社会关系确认为环境保护法律关系,说明国家要对这个领域的活动,进行法律调整,以此加强国家对环境的管理,人们在这个领域的有关的活动要受到法律的制约和产生法律后果。环境保护法律关系体现于下列三要素中。

1. 主体

环境保护法律关系的主体是指依法享有良好环境的权利和承担保护环境的义务的环境保护法律关系的参加者,即国家、国家机关、企事业单位,其他社会组织和公民个人,而且是没有权利能力的限制,这就更加体现出该法律关系主体的广泛性。

2. 客体

环境保护法律关系的客体是指该法律关系主体的权利与义务所指向的对象。该法律关系的客体有物和行为。

1)物

环境保护法律关系中的物是指表现为自然物的各种环境要素。该物必是人类可以控制和影响的,具有环境功能的自然物。

2)行为

在环境保护法律关系中,主体的权利和义务,则表现为从事一定的行为或不得从事一定的行为。

(四)环境保护法原则

环境保护法的基本原则是指被我国环境保护法所确认的、体现了我国环境保护工作的基本方针、政策,是国家环境管理和执法中应遵循的基本准则。我国环境保护法的基本原则有:环境保护与经济建设、社会发展相协调的原则;预防为主、防治结合的原则;奖励综合利用原则;开发者养护、污染者治理的原则;环境保护的民主原则。这些原则是一个相互联系和制约的整体。贯彻其中某一项原则,则同时要求实施其他原则;违背其中一项原则,则构成对其他原则的违反。

1. 环境保护与经济建设、社会发展相协调的原则

提出这一原则的宗旨是,环境保护与经济建设,含城乡建设,必须同步规划、同步实施和同步发展,实现经济效益、社会效益、环境效益的统一,贯彻这一原则应采取以下措施。

(1)把环境保护纳入国民经济和社会发展计划,是保障环境保护与经济建设保持一定的比例关系,实现协调发展的根本措施。因为我国国民经济和社会发展计划是协调各种比例关

系，实现综合平衡的必经程序。这样从宏观上协调环境保护与经济发展的比例关系，使工业及城市污染防治取得成效，从而缓解环境急剧恶化的严重局势。

(2)要制定一套与国民经济总体计划相协调并能真正反映和落实环境保护的目标、任务和办法的环境保护的计划指标和统计指标体系。这样才能真实无虚地落实到各地区和工矿企业，真正将环境保护纳入国民经济和社会发展计划，如《国民经济和社会发展第十一个五年规划时期国家环境保护计划》(2006－2010)。

(3)从微观上控制环境污染，应将环境保护纳入有关部门的经济管理与企业管理中去，使环境保护计划得到具体落实，这是使环境保护与经济发展相协调的重要措施。

2. 预防为主、防治结合的原则

预防为主、防治结合的原则是指采取各种手段、措施防止环境问题的产生和恶化，把环境污染和其他破坏控制在维持生态平衡、保护人体健康和保障社会物质财富能持续、稳定增长的限度内。

预防为主，并不排斥必要的治理，因为预防工作无论做得多么完善，也难免会出现污染和破坏。从目前情况看，由于种种原因，我国环境问题是非常严重的，如不加强和加速治理工作，则达不到宪法所规定的“保护和改善生活环境和生态环境”的要求。我国是发展中国家，由于资金、技术等方面的限制，在建设过程中，我们很难筹集巨额资金用于污染治理。根据我国国情，采取预防为主、防治结合的原则，尽量将污染损害消灭在生产过程中；对已产生的污染，我们则根据污染损害的原因采取综合的措施控制环境污染，运用各种办法治理污染达到环境目标的要求，实践已证明，这是一条把环境保护与经济建设协调起来，投资少、见效快、收益大的途径。

为了更好地贯彻预防为主、防治结合的原则，必须做到：第一，要全面规划、合理布局，环境保护必须纳入国家的、地方的、部门的及各行各业的发展规划，在安排工业、农业、城市、乡村、交通等建设时，要充分注意环境保护与经济发展各方面的协调关系，根据自然条件、经济条件，合理布局功能区和生产力，防治对环境的污染和破坏，开发自然资源时，要维持生态平衡，既要注意经济效益，又要注意环境效益，保持环境质量的最佳总体规划方案；第二，制定和实施环境管理制度，为了贯彻预防为主、防治结合原则，必要有一套完整的环境管理制度，如环境影响评价制度、“三同时”制度、土地规划制度等。

3. 奖励综合利用的原则

综合利用是指把物质生产过程和消费过程中排放的各种“废弃物”最大限度地利用起来，使社会生产和消费的排泄物，减少到最低限度，以取得经济效益和环境效益相协调的社会效益。奖励综合利用早在1973年的环境立法中就被确认了。自1973年的《关于保护和改善环境的若干规定(试行草案)》开始，把“综合利用，除害兴利”，列为10项规定的第4项，此后相继制定颁发了近十几个法规，对奖励综合利用，治理“三废”(废水、废气和废渣)作了具体规定。

(1)国家鼓励企业积极开展资源综合利用，对综合利用资源的生产建设，实行优惠政策。要求企业实行一业为主，多种经营，尽量把“三废”消灭在生产过程中。

(2)防止新污染源的产生,对排放污染物的新建、改建、扩建项目,对污染处理设施工程要严格与主体工程执行"三同时"的规定。

(3)对重要的自然资源的开发要进行综合利用,综合利用生产的产品要优先发展。对矿产、森林、江河、湖海等重要资源的勘探开发,要严格按"综合评价、综合利用和综合开采"的规定进行。

(4)为鼓励企业进行综合利用,实行"谁投资谁受益"的规定。企业用自筹资金建设综合利用项目,其收益归企业所有。所生产的产品,不列入国家分配计划、企业可自销、法律有规定产品除外。对独立核算的车间、工段、分厂,其综合利用产品执行独立计算盈亏,投产5年内免交所得税、调节税;生产产品在《资源综合利用目录》内的,减免产品税。

(5)对于本单位不能利用的"三废",其他单位利用应免费供应,严禁变相收费。

(6)综合利用的技术引进项目和进口设备、配件,可与技术改造项目同样享受减免税、优先安排外汇等优惠待遇;出口综合利用产品可实行外汇分成。

(7)开展综合利用的资金,靠企业自筹;社会效益大而企业又不受益的项目,要纳入国家计划,予以扶持;银行可予贷款扶持,还贷期限可延长。综合利用项目的折旧基金,全部留成企业用于综合利用设备的更新改造。

(8)国家设立综合利用奖励制度,奖励对发展综合利用有贡献的单位和个人。

4. 开发者养护、污染者治理的原则

开发者养护、污染者治理的原则是个相对独立的概念。开发者养护是指对环境和自然资源进行开发利用者,有对其进行恢复、整治、养护的责任。污染者治理是指对环境造成污染者对其污染源和被污染的环境进行治理的责任。这一原则并不排除各级人民政府、环境保护部门负责组织区域性的综合治理,完成多部门、多地区、多单位的协调工作。

关于污染者的责任在《环境保护法》中规定,产生污染和其他公害的单位,必须把环境保护工作纳入计划,建立环境保护责任制度,采取有效措施防治在生产建设或者其他活动中产生的废气、废水、废渣、粉尘、恶臭气体、放射性物质以及噪声、振动、电磁波辐射等对环境的污染和危害。排放污染物超过国家或者地方规定的污染物排放标准的企业事业单位,依照国家规定缴纳超标准排污费,并负责治理。为了贯彻这一原则,我国制定了一系列的措施和制度。

1)整治与养护的责任

在《环境保护法》第18条、第19条的规定中充分体现了我国以法律的形式规定了对自然资源的开发者强制性的整治与养护的责任。另外,在《草原法》、《森林法》、《矿产资源法》、《水土保持工作条例》、《土地管理法》等单行法规中对此都有具体规定。

2)实行环境保护目标责任制

在《环境保护法》第16条中规定,"地方各级人民政府,应当对本辖区的环境质量负责,采取措施,改善环境质量",因此要具体规定各级领导从省、市、区、县直到基层企业厂长,在任期内的环境目标和管理指标,并建立相应的检查、考核、奖励办法,这样就能促进环保机构的建设,加强环保部门监督管理职能,促进企业污染的防治工作。

3)规定限期治理污染的制度

国家对污染限期治理项日施行强制限期治理,效果较为明显,说明该原则的贯彻是对污染严重的企业实行限期治理的一种强制性和十分显效的措施。这是加快区域污染治理、改善区域环境状况，并且是省力、省物、省财的好办法，都达到环境效益和经济效益并取的效果。

5.环境保护的民主原则

民主就公民群众有自由、平等的权利在良好的环境中生活，并受法律的保护。环境保护的民主原则是讲在环境保护过程中要切实依靠群众，使环境的专业管理与人民群众监督管理相结合，把环境保护变为全体公民的事业。从我国有关的法律规定也赋予了公民这种权利。

(1)宪法规定，中华人民共和国的一切权利属于人民，人民依照法律规定，通过各种途径和形式来管理国家事务，管理经济和文化事业，管理社会事物。当然，环境保护也是一项民主事业，必然要有人民群众参与管理。

(2)从群众与环境保护的密切关系看，公民的生活、劳动于环境中，受到环境的影响，环境的污染和破坏直接危害广大公众的健康与生命，环境状况优劣关系着每位公民的根本利益。《宪法》第26条规定："国家保护和改善生活环境和生态环境，防治污染和其他公害。"《民法通则》第83条之规定中就有保证公民的通风、采光权，《环境保护法》第1条规定，"为保护和改善生活环境和生态环境，防治污染和其他公害，保障人体健康，促进社会主义现代化建设的发展，制定本法。"这实际上是规定了公民的环境权利。因此，群众对保护环境蕴藏着巨大力量和智慧。

(3)公民有对污染破坏环境的行为进行监督、检举和控告的权利。我国的《环境保护法》、《水污染防治法》、《海洋环境保护法》等法律、法规中都对公民享有监督、检举和控告的权利作了规定，充分体现了环境管理的民主原则。公民的这种权利受到法律的保护，被检举、控告的单位、个人不得打击报复，否则要予以行政、民事乃至刑事的制裁。但就公民参与环境管理、监督、检举这一问题上还存在许多困难，有待于在行使权利的程序、形式等方法上给予具体的规定。

(五)环境保护法的内容

环境保护法是根据宪法赋予的权利而制定的。在环境保护法体系中，除了宪法外它占据着核心的最高位置，对环境保护的重要方面作了全面具体的规定。

(1)规定了环境保护的任务、目的。

(2)规定了环境保护的对象、范围。

(3)规定了环境保护的原则、制度。

(4)规定了保护自然环境的要求和开发利用自然资源者的义务。

(5)规定了对造成环境污染者的要求和承担的义务。

(6)规定了环境管理机构的权限和职责。

(7)规定了一切单位和公民对保护环境的权利和义务。

(8)规定了违反环境保护法的法律责任。

(六)环境管理

环境管理主要是指国家对环境的管理，而国家对环境的管理是指国家运用行政、法律、经济、教育和科学技术的手段，协调社会经济发展同环境保护之间的关系，处理国民经济各部门、各社会集团和个人有关环境问题的相互关系，使社会经济发展在满足人们的物质和文化生活需要的同时，防治环境污染、破坏和维护生态平衡的全部管理活动。环境管理的概念就是在此认识的基础上提出来的。协调环境和发展目标的方法就是环境管理。环境管理必须同经济计划管理紧密地结合起来。如生产中排出的过多的废气、废液、废渣,在某种意义上就是资源、能源综合利用率低,原材料消耗过多而造成的。因此,环境管理必须同自然资源开发、利用、保护的管理结合起来,同工业企业环境管理结合起来。

1. 环境管理的内容

1)环境计划管理

环境计划管理包括工业交通污染防治计划、城市污染控制计划、流域污染控制计划、自然环境保护计划、环境科学技术发展计划、宣传教育计划;在调查、评价特定区域的环境状况的基础上综合制订的区域环境规划。

2)环境质量的管理

环境质量的管理主要是组织制定各种环境标准、各类污染物排放标准和监督检查工作;组织监测、调查、评价环境质量状况和预测环境质量变化的趋势。

3)环境技术管理

环境技术管理主要包括确定环境污染和破坏的防治技术路线和技术政策;确定环境科学技术发展方向;组织环境保护的技术咨询和情报服务;组织国内外的环境科学技术合作交流等。

2. 环境管理的机构

(1)中央环境保护管理机关,国务院设置国家环境保护局,是国务院环境保护的办事机构。

(2)国务院各部委设置环境保护司(局)。

(3)地方环境保护机构包括了省、自治区、直辖市等设置环境保护厅,市、州、盟等设置环境保护局,县、旗等设置环境保护局相应机构。

(4)基层环境保护机构,对于企业、事业单位内部的环境保护机构设置有科、室或专职人员负责环境保护工作。

3. 环境管理的"三同时"制度

"三同时"是在环境管理中防止出现新污染源污染环境的一项行之有效的制度,要求一切企业、事业单位在进行新建、改建、扩建工程时,防治污染和其他公害的设施必须与主体工程同时设计、同时施工、同时竣工投产。"三同时"制度与环境影响评价制度结合起来同时贯彻执行成为我国执行"预防为主"的环境保护方针的配套环境管理制度,真正做到合理布局,最大限度地消除和减轻污染。

1)同时设计

同时设计是指建设单位在委托设计时,要将防治污染和生态破坏的设施与主体工程一并委托设计,承担设计的部门必须按照国家有关规定,把防治污染和生态破坏的设施与主体工程同时设计。而且要求,基本建设项目的初步设计中要有环境保护的篇章,其内容包括:①环境保护设计的依据;②排放污染物的种类、数量、处理工艺及达到的排放标准;③防治污染设施的种类、构造、操作规程;④对生态变化采取的防范措施等。

2)同时施工

同时施工指的是施工单位在接受有污染的建设项目施工任务时,要同时承包防治污染和生态破坏的设施的施工任务。环境保护部门对于施工、试车过程中的环境保护措施的实施情况有权进行检查,建设单位应给予积极地协助,提供必要的资料,要求施工过程中必须做到:①防止盲目地对自然环境造成不应有的破坏;②防止和减轻粉尘、噪声、振动等对周围生活区的污染危害。

3)同时投产

同时投产是指防治污染和生态破坏的设施建成后,建设项目才能与其一并投产使用。为此,规定在基本建设项目竣工验收中应注意的事项:①要有环境保护部门参加环境保护设施工程的检查验收;②环境保护设施没有建成或达不到要求的,不准验收、不准投产,否则追究法律责任。

针对我国以往进行经济建设不能正确处理各种比例关系,尤其是经济建设与环境保护的比例关系,往往把环境保护的资金、材料、设备挤掉;在法律上没有一套具体的、明确的法律制度来保证,只在单行法规中作些原则性的规定。按照《建设项目环境保护管理办法》规定,对"三同时"制度的有效执行问题作了具体规定。

(1)凡从事对环境有影响的建设项目,都必须执行"三同时"制度。

(2)各级政府的环境保护部门对建设项目的环境保护实施统一的监督管理,包括设计任务书中有关环境保护内容的审查;环境影响报告书(表)的审批;建设施工的检查;环境保护设施的竣工验收;环境保护设施运转和使用情况的检查和监督。

(3)建设项目的初步设计,必须有环境保护内容,包括环境保护措施的设计依据,防治污染的处理工艺流程、预期效果,对资源开发引起的生态变化所采取的防范措施,绿化设计,监测手段,环境保护投资的概预算。

(4)建设项目在正式投产使用前,建设单位要向环保部门提交"环境保护设施竣工验收报告",说明设施运行情况、治理效果和达到的标准。经验收合格并发给"环境保护设施验收合格证"后,方可正式投入使用。

(5)凡环境保护设计内容未经环保部门审查的建设项目,有关部门不办理施工执照;物资部门不供应材料、设备;未取得"环境保护验收合格证"的建设项目,工商行政管理部门不办理营业执照。

3.8.3 其他环境保护法律法规

(一)大气污染防治法

大气污染是指因某些物质进入大气而导致其化学、物理、生物或者放射性等方面的特性改变,使人们的生命、健康、财产及生态系统遭受危害的现象。为防治大气污染,保护和改善生活环境和生态环境,保障人体健康,促进经济和社会的可持续发展,于2000年9月1日起施行修订的《中华人民共和国大气污染防治法》,要求国务院和各级人民政府,都具有保护和改善大气环境,防治大气污染的责任,将大气环境保护工作纳入国家和地方各级人民政府的国民经济和社会发展计划,要求各行各业严格执行城市总体规划,在居民稠密地区、风景名胜区、自然环境保护区内不得建设污染大气环境的企业。该企业也不得建在居民区和饮用水源的上风向。

1. 排污单位和公民的责任和义务

(1)凡向大气排放污染物的单位,不论是否超过国家或地方污染物排放标准,都负有采取防治大气污染措施的义务。

(2)任何单位和个人在保护大气环境中有权利对污染大气环境单位和个人进行检举和控告,并负有保护大气环境的义务。

2. 对防治大气污染的管理、监督的规定

(1)各级人民政府的环境保护部门是对大气污染防治实施统一监督管理的机关。各级公安、交通、铁道、渔业管理部门根据各自的职责,对机动车船污染大气实施监督管理。

(2)上述机关可对违反《大气污染防治法》的单位依法行使行政处罚权。

3. 大气环境保护标准的制定

(1)大气环境质量标准由国家环境保护局统一制定。省、自治区、直辖市人民政府对国家大气环境质量标准中未规定的项目,可以制定地方标准,并报国务院环境保护部门备案。

(2)国家环境保护局制定国家大气污染物排放标准;省级人民政府对国家大气污染物排放标准中未作规定的项目,可以制定地方排放标准,对国家大气污染物排放标准中已作规定的项目,可以制定严于国家排放标准的地方排放标准,地方排放标准须报国家环境保护局备案。

4. 防治烟尘污染大气环境的规定

(1)锅炉产品必须符合环境保护标准。

(2)新建窑炉和锅炉烟尘排放不得超过规定排放标准。

(3)改进城市燃料结构和发展城市集中供热。

(4)控制地面烟尘污染大气。

5. 防治废气、粉尘、恶臭污染大气环境的规定

(1)严格限制向大气排放含有毒物质的废气和粉尘;确需排放的,应当经过净化处理,不得超过规定排放标准。

(2)工业生产中产生的可燃性气体应当回收利用,不具备回收利用条件而向大气排放的,应当进行防治污染处理。向大气排放转炉气、电石气、电炉法黄磷尾气、有机烃类尾气的单位,须报当地环境保护部门批准之后方可排放。

(3)冶炼石油、合成氨、煤气焦化、有色金属冶炼过程中排放含有硫化物气体时,应当配置脱硫装置或者采取其他脱硫措施。

(4)向大气排放含放射性物质的气体和气溶胶,必须符合国家有关放射性防护的规定,不得超过规定的排放标准。

(5)向大气排放恶臭气体的排放单位,必须采取措施防止周围居民区受到污染。禁止在人口集中地区焚烧沥青、油毡、橡胶、塑料皮革以及其他产生有毒有害烟尘和恶臭气体的物质;特殊情况下确需焚烧的,须报当地环境保护部门批准。

(6)机动车船向大气排放污染物不得超过规定的排放标准,对超过规定排放标准的机动

车船，应当采取治理措施。

(7)不得制造、销售和进口污染物超过国家规定的排放标准的汽车。

(二)水污染防治法

关于水体的含义有两种，一是指海洋、湖泊、河流、沼泽、水库等地表水和地下水总和；二是指在一定范围内由水、水中悬浮物、溶解物，水生动物和底泥等组成的具有完整的生态系统的自然综合体。水体污染指的是某种物质或能量介入，导致其化学、物理、生物或者放射性方面的特征改变，从而影响水的有效利用，危害人体健康或者破坏生物生态平衡，造成水质恶化的现象称之水体污染。

为防治水污染，保护和改善环境，以保障人体健康，保证水资源的有效利用，促进社会主义现代化建设的发展，我国于1996年5月15日施行《水污染防治法》。国务院环境保护部门制定国家水环境质量标准，省、自治区、直辖市人民政府可以对国家水环境质量标准中未规定的项目，制定补充标准，省、自治区、直辖市人民政府还可以制定严于国家污染物排放标准的地方污染物排放标准；凡是向已有地方污染物排放标准的水体排放污染物的，应当执行地方标准。

环境管理监督部门根据法律赋予的权力，对有关部门、地区或单位的水污染防治工作进行督促、调查和处理。为了做好水污染防治工作，规定以下法律制度。

(1)划定重要用水保护区制度。

(2)制定环境影响评价制度、“三同时”制度。

(3)实行排污登记和排污许可制度。

(4)排污收费制度。

(5)限期治理制度。

(6)强制应急制度。

(7)现场检查制度。

各级人民政府的环境保护部门是对污染防治法实施统一监督管理的机关，对水污染防治实施监督管理。

(三)防治噪声污染的法律规定

噪声是声音的一种，噪声在物理学上被定义为由不同的振动和频率组成的无调的嘈杂声，环境科学中把人们所不需要的声音统称之噪声。环境噪声是指在工业生产、建筑施工、交通运输和社会生活中所产生的影响周围生活环境的声音称之环境噪声。为防治环境噪声污染，保护和改善生活环境，保障人体健康，促进经济和社会发展，1997年3月1日施行的《中华人民共和国环境噪声污染防治法》，明确规定了环境噪声主要包括生产噪声、交通噪声、施工噪声和社会噪声等4类。

1. 生产噪声的防治

(1)合理规划城市功能区。禁止在需要安静的地区、特殊住宅区、风景游览区、自然保护区、居民教育区、疗养区等地修建、改建、扩建可能造成环境噪声污染的企业、事业组织。

(2)规定在新建的会造成环境噪声污染的工厂与居住区之间设置一定的卫生防护地带并将该地带加以绿化，减轻噪声危害。

(3)关闭、停顿、合并、迁移某些设在居民稠密等区域内，并造成严重环境噪声污染扰民的工厂。

(4)新建会造成环境污染的企业,应做出环境影响评价并采取各种防止、减少噪声的措施,且这些措施应与主体工程同时设计、同时施工、同时投产。

(5)改进工业企业所用的设备的性能,降低其噪声。

(6)对现已造成环境噪声污染的工厂企业应当按照"谁污染、谁治理"的原则,采取各种防治噪声污染措施或者结合技术改造,消除其污染。

(7)加强行政管理,迫使造成环境污染的企业治理噪声污染。

2. 交通噪声的防治

(1)控制机动车辆在使用时产生的交通噪声,控制机动车辆的设计,结构等。

(2)对火车行驶鸣笛规定一律鸣风笛,听觉信号长声三秒,短声一秒、音响间隔一秒,重复鸣笛须间隔五秒以上。

(3)控制船舶的航行而产生的交通噪声。

(4)控制航空器飞行而产生的噪声。

(5)控制对噪声敏感的建筑物、构筑物的建设地点。

(6)加快绿化,通过绿化带,减轻交通噪声。

3. 施工噪声的防治

(1)在城市市区范围内向周围生活环境排放建筑施工噪声的,应当符合国家规定的建筑施工场界环境噪声排放标准。

(2)在城市市区范围内,建筑施工过程中使用机械设备,可能产生环境噪声污染的,施工单位必须在工程开工15日以前向工程所在地县级以上地方人民政府环境保护行政主管部门申报该工程的项目名称、施工场所和期限、可能产生的环境噪声值以及所采取的环境噪声污染防治措施的情况。

(3)在城市市区噪声敏感建筑物集中区域内,禁止夜间进行产生环境噪声污染的建筑施工作业,但抢修、抢险作业和因生产工艺上要求或者特殊需要必须连续作业的除外。

(4)因特殊需要必须连续作业的,必须有县级以上人民政府或者其有关主管部门的证明。

4. 社会噪声的防治

(1)在商业经营活动中使用空调器、冷却塔等可能产生环境噪声污染的设备、设施的,其经营管理者应当采取措施,使其边界噪声不超过国家规定的环境噪声排放标准。

(2)在已竣工交付使用的住宅楼进行室内装修活动,应当限制作业时间,并采取其他有效措施,以减轻、避免对周围居民造成环境噪声污染。

(四)防止固体废弃物污染的法律规定

固体废弃物是相对废水、废气而言的。是指人们在从事生产和生活时所扬弃的各种固体物件和泥状物质。固体废弃物的危害主要是占用大量土地、污染土地、污染大气、污染水体等。固体废弃物种类很多,大致可分为有机和无机废弃物,固体废弃物和泥状废弃物,工业、矿业、生活废弃物和农业、放射性废弃物与有毒、有害废弃物和一般废弃物等。

为了防治固体废物污染环境,保障人体健康,维护生态安全,促进经济社会可持续发展,

2005年4月1日起施行新修订的《中华人民共和国固体废物污染环境防治法》，对防治固体废弃物污染作了明确的法律规定。

(1)将防治固体废弃物污染工作纳入国家经济与社会发展计划和将固体废弃物污染防治纳入城市规划和城市建设工作。

(2)为防治固体废弃物污染，我国对其采用统一管理和分工负责相结合的管理体制。

(3)为防治固体废弃物污染，国家环保总局制定工业企业排放固体废弃物的标准，省级人民政府制定地方工业企业固体废弃物排放标准。地方标准优于国家标准。

(4)根据环境保护法第12~14条规定，国家各级人民政府环境保护部门对防治固体废弃物污染工作按规定行使监督管理权。

(i)对新、改、扩建项目将排放、扬弃固体废弃物的环境影响报告书进行审查。监督其防治固体废弃物污染设施和综合利用设施与主体工程执行"三同时"制度情况。

(ii)监督排放固体废弃物的企事业单位，进行技术改造，引进先进工艺减少固体废弃物的排放量。

(iii)要求排放固体废弃物的单位如实申报在设施、设备及正常作业情况下排放的种类、数量、浓度。

(iv)对排放固体废弃物造成严重污染的单位，责令限期治理。

(v)对排放固体废弃物的企事业单位进行现场检查，并索取有关防治固体废弃物污染的资料。

(vi)监督其他监督管理部门依法行使其职责。

(vii)对违反防治固体废弃物污染规定者，依法给予行政处罚。

(viii)在因固体废弃物污染引起的赔偿纠纷中当事人的请求下，对此类纠纷进行调解处理。

(5)为了防止固体废弃物污染，对其收集、存储、堆放都做出了具体规定。

(i)工业、建筑业的固体废弃物自行收集；城市生活垃圾、粪便由市环卫部门统一收集；含病菌的医疗垃圾由生产者自行收集处理。

(ii)禁止在城市建设、卫生部门划定防护带内堆放各种废渣和禁止利用渗坑、溶洞、裂隙堆放各种废渣。

(iii)禁止用埋入地下的方法存放可溶性剧毒废渣，其存放场所必须防水，防渗。

(iv)禁止在水域地区的最高水位线以下的滩地、岸坡堆放、存贮固体废弃物；未经批准不得将尾矿、矿渣、煤粉渣、垃圾等堆放于沿海岸滩，依法批准堆放的，要建造防护堤，防止废弃物流失入海。

(v)禁止用无隔渗层的沟渠、坑塘存贮固体废弃物。

(vi)运输固体废弃物应采取防扬散、渗漏措施，遵守关于危险货物运输规定。

(6)对不同种类的固体废弃物采用不同的处理、处置方法。

(i)陆地处理、处置固体废弃物采用填埋和焚化，在进行中要按法律规定的具体规范要求去做，不得违背。

(ii)向海洋倾倒固体废弃物是对其进行处理和最终处置的一种形式。但一定要按海洋环境保护法规定进行。

(7)对固体废弃物尽可能加以回收利用、循环利用、综合利用,这是防治固体废弃物污染的根本办法。我国法律规定鼓励对固体废弃物的综合利用,把发展固体废弃物综合利用技术作为环境科学技术发展的重点。

思考题

1. 什么是建筑许可？建筑许可有什么特点？
2. 建设工程承包和发包的区别是什么？
3. 对工程勘察设计的资质条件有什么具体要求？
4. 何为施工企业？对施工企业年检包括了哪些程序？
5. 什么是建设工程监理？实施建设工程监理有什么意义？
6. 什么是建设工程监理招标投标？
7. 如何进行监理招标？应遵循什么程序？
8.《建设工程委托监理合同》示范文本有哪些主要内容？
9. 质量管理包括哪些内容？
10. 安全生产管理的方针和制度有何规定？
11. 环境保护法的特点及其原则是什么？

4 城市规划

改革开放以来,国民经济和社会的蓬勃发展推动了我国城市化的进程,城市作为一定区域内政治、经济、文化的中心,在整个经济和社会发展中占有十分重要的地位,发挥着愈来愈大的作用。实践经验证明,要把城市建设好、管理好首先必须把城市规划好。只有科学合理地编制城市规划,明确城市的发展方向、发展格局,通过规划指导建设和管理,在规划的引导和控制下,逐步实现城市经济和社会发展目标。城市建设和发展,对建立社会主义市场经济体制、促进经济和社会协调发展关系重大,城市规划是指导城市合理发展、建设和管理城市的重要依据和手段,应进一步加强城市规划工作。同时城市建设和发展要严格按照经批准的城市总体规划,量力而行,逐步实施。对城市总体进行局部调整或重大变更的,必须依法报原审批机关备案或审批。

4.1 城市规划法

城市规划是指为了实现一定时期内城市的经济和社会发展目标,确定城市性质、规模和发展方向,合理利用城市土地,协调城市空间布局和各项建设的综合部署和具体安排。城市规划是城市建设的基本依据,是保证城市土地合理利用和城市生产、生活协调运行的重要手段。城市规划法是调整在编制、审批和实施城市规划过程中发生的各种社会关系,保障城市中的土地利用及各项建设活动符合城市规划,对违反城市规划法的行为进行处罚的各种规范性文件的总称。城市规划法从广义上讲,包括《中华人民共和国城市规划法》,国务院发布的《中华人民共和国城市规划法实施条例》,建设部发布的《城市规划编制办法》、《城镇规划体系编制办法》和选址意见书管理办法等部门规章,各省、自治区、直辖市人民代表大会或人大常委会审议通过的中华人民共和国城市规划法实施办法,各省、自治区人民政府、省会所在地城市人民政府、国务院批准的较大的市的人民政府发布的关于城市规划管理的地方行政规章等。另外还包括《土地管理法》、《环境保护法》、《文物保护法》、《基本建设投资法》、《市政公用事业法》等法律、法规中有关城市规划管理的内容。

4.1.1 城市规划的基本方针

(一) 节约和合理利用土地方针

城市规划工作的基本任务,是统筹安排城市种类用地及空间资源,综合部署各项建设,实现经济和社会的可持续发展。城市规划要体现应有的整体性和战略性,重点加强和改善城市基础设施,促进经济、社会、环境效益的统一,以适应经济与社会发展的需要;要切实体现量力而行的思想，注重现实性和可行性。节约和合理利用土地及空间资源是我国城市规划工作的基本原则，应贯彻于城市规划、建设和管理的始终。城市建设用地应充分挖掘现有用地潜力、利用非耕地和提高土地利用率。城市总体规划应与土地利用总体规划等相协调，切实保护和节约土地资源。

(二)控制大城市规模、合理发展中小城市的方针

由于我国现在的基本国情是人多地少、耕地资源更少，实事求是地确定城市总体发展目标、方向和规模。根据严格控制大城市规模、合理发展中等城市和小城市的方针，大城市的城市建设用地和人口规模，控制在已经批准的城市总体规划的近期建设规划规定范围内；非农业人口100万以上的大城市的城市建设用地规模，原则上不得再扩大。城市总体规划要确定分阶段城市人口和用地规模控制目标，不得突破。控制大城市的规模，主要是控制市区的人口和用地规模，以缓解由于人口过度膨胀，基础设施不足、交通拥挤、住房紧张、环境恶化等矛盾。通过依靠技术进步、调整产业结构和用地布局，控制大城市规模，提高其综合效益。同时在大城市的周围，有计划地建设一批卫星城，疏解大城市市区的人口。研究和注意发挥现有中等城市、小城市的潜力和优势，使其有计划地合理发展，避免片面追求规模，盲目建设。更不可以片面追求小城市的数量和发展速度，而造成城镇布局的混乱、环境污染、土地浪费。

(三)勤俭建国、适用、经济的方针

城市规划必须符合我国国情、市情，正确处理近期建设和远景发展的关系。我国地少人多，经济发展落后，各地自然条件差异较大，因此，编制城市规划必须因地制宜，从实际出发。既要考虑远景发展需求，使城市建设具有一定弹性、留有一定余地，又要避免不顾全局、不顾长远发展的短期行为。在确定城市发展规模、速度，建设标准和定额指标时，应当与国家和地方的经济技术发展水平相适应，符合城市国民经济和社会发展持久、稳定、协调的要求。城市中的各项建设应当勤俭，坚持适用、经济的原则。城市规划确定的发展目标，应当按照合理的开发程序分期、分批地逐步实施。城市中的各项建设必须量力而行，不可盲目攀比，追求脱离实际的高标准、高速度。

4.1.2 城市规划法的适用范围

(一)城市

城市的含义按照国家有关划分城乡标准的规定，直辖市、设市城市、建制镇均属于城市的范畴。因此城市规划法所规定的城市是指按国家行政建制设立的直辖市、市和镇。我国建制镇的数量较多，其规模、发展水平差异较大，但从性质上说，都是城市型居民点，都是一定区域内政治或经济或交通或文化的中心。从城市化的趋势及发展上看，为了避免建制镇的盲目发展、浪费土地、布局混乱、环境污染，要求其编制城市规划，按规划进行建设是非常必要的，另外未设镇建制的工矿区居民点，应当参照规划法执行。因为这些居民点，伴随着城市化的进程，必将逐步达到建制镇的标准。这些居民点，事先编制城市规划，按照规划进行建设，就可以保证在设立行政建制后，使城市建设顺利地承前启后。

(二)城市规划区

城市规划法地域上的适用范围是指城市规划区。所谓城市规划区包括：城市市区；城市近郊区;远离城市市区、近郊区的机场、水源地、重要交通设施、基础设施、风景名胜区等建设用地;城市人民政府认为需要统一进行规划控制的区域。城市规划区的具体范围由城市人民政府在编制总体规划时划定,凡在城市规划区内进行与城市规划有关的土地利用和各项建设活动都必须遵守城市规划法的有关规定。城市规划区范围不宜过小,也不必过大,范围过小,势必造成城市外围建设失控,城乡结合部管理混乱,影响城市的进一步发展。范围过大,也不符合规定城市规划区的基本含义。过去有些城市的城市总体规划中没有城市规划区的具体界限,这既不利于实施严格的规划管理,也造成了规划管理与土地管理等相互矛盾、各自为政的现象。城市规划法颁布之后,已经划定城市规划区的城市应当依据规划法的原则规定进行调整,没有划定城市规划区的城市应当抓紧补划,并报城市总体规划的原审批机关备案。

(三)与城市规划有关的土地利用和各项建设

城市土地指的是各项城市建设用地,其利用也就是利用土地进行城市建设的活动。城市土地包括国有土地和城市规划区内的集体土地,城市土地的利用必须符合城市规划,《城市规划法》第29条规定,"城市规划区内的土地利用和各项建设必须符合城市规划,服从规划管理"。因此无论是出让土地、转让土地使用权或者征用集体土地都必须符合城市规划。转让土地使用权,受让人在取得土地使用权之后,必须遵守该幅土地原来规定的用途和规划要求。

各项建设指的是与城市规划管理有关的各项建设,主要包括以新建、扩建、改建的方式进行各类房屋的建设,城市道路、桥梁、地铁、港口、机场及附属设施等城市基础的建设,各类防灾减灾工程,绿化工程及其他工程附属的建设。在城市规划区进行土地利用和各项建设活动的有关部门、单位和个人,其活动必须符合城市规划,并服从城市规划行政主管部门的规划管理。

4.1.3 城市规划法律关系

城市规划法律关系是城市规划法确认的具有权利和义务内容的一种社会关系。这种法律关系体现的是国家与集体或个人,集体与个人,个人与个人之间的关系。例如,单位建设住宅,建设用地及建筑的高度、密度、造型等是否符合城市规划,在建设活动中表现出来的双方当事人之间的权利义务关系,就是城市规划法律关系。城市规划法律关系是以国家强制力保证其实现的一种社会关系,如果义务人不履行应尽的义务,致使对方的权利受到侵犯时,就会受到行政处罚或者引起行政诉讼。

(一)城市规划法律关系主体

城市规划法律关系的主体,即参与城市规划法律关系的当事人,享有和承担这种法律关系确认的权利和义务,包括国家(城市规划行政主管部门)、法人和自然人。在这种法律关系中享有权利的一方是权利主体,承担义务的一方是义务主体,有些情况下,双方当事人既是权利主体,又是义务主体。例如,单位在办理征用土地手续之前,必须到城市规划行政主管部门申请建设项目的选址定点,取得建设用地规划许可证之后,才能向土地管理部门依法申请征地。城市规划行政主管部门即是权利主体,单位即是义务主体。城市规划行政主管部门享有审查批准、颁发建设用地规划许可证的权利,同时也负有受理申请,在规定的时间完成审查批准申请的义务,建设单位负有提供文件,申请的义务,也享有依法获得建设用地规划许可证的权利。

(二)城市规划法律关系的客体

城市规划法律关系的客体是指权利义务所指向的物和行为。没有客体,其主体也就失去存在的意义。城市规划法律关系客体,即物和行为的主要内容有:物,包括建设用地和各种建筑物、构筑物及其附属设施;行为,包括在城市规划区内进行土地利用和各种建设活动。建设用地的位置、界限,新建,扩建,改建的行为作为客体,与主体构成了完整的城市规划法律关系。

4.1.4 城市规划法的基本内容

《中共中央关于经济体制改革的决定》明确指出,"城市政府应该集中力量做好城市规划、建设和管理"。1979 年开始着手起草城市规划法(草案);1983 年 12 月,国务院在讨论城市规划法(草案)时,认为当时城市各项改革刚刚起步,一些重要的经济关系和管理体制有待通过实践进一步理顺,决定先以行政法规的形式颁发;1984 年 1 月 5 日国务院颁发了《城市规划条例》,它的颁布标志着我国城市规划工作开始纳入法制轨道;1986 年 5 月,全国人大四次会议的代表提出尽快制定城市规划法的议案,之后城市规划法纳入全国人大常委会和国务院立法计划;1989 年 10 月全国人大常委会第十一次会议审议通过了《中华人民共和国城市规划法》(City Planning Law of the People's Republic of China,以下简称《城市规划法》),并于 1989 年 12 月 26 日以国家主席令第 23 号予以公布,于 1990 年 4 月 1 日实施。《城市规划法》是我国建设领域第一部法律,是对我国 40 年城市规划工作理论和实践的总结,它的颁布和实施将保障我国城市规划事业在法制的轨道上健康发展。

《城市规划法》的基本框架和主要内容:城市规划法共 6 章,46 条,第一章是总则(共 10 条),分别规定了立法的目的和任务,适用范围,基本方针,城市规划与相关规划的关系,国家和地方的管理体制及公民的权利和义务;第二章是城市规划的制定(共 12 条),分别规定了城镇规划体系,城市规划的概念、内容、阶段、种类,编制城市规划的基本原则,审批城市规划的程序和权限,调整和变更城市规划的程序和权限;第三章是城市新区开发和旧区改建(共 5 条),分别规定了新区开发和旧区改建遵循的基本原则,新区开发的规划要求,旧区改建的规划要求;第四章是城市规划的实施(共 11 条),分别规定了对城市的土地利用和各项建设实施统一的规划管理,选址意见书,建设用地规划许可证,建设工程规划许可证,现场检查、竣工验收等管理制度;第五章是法律责任(共 5 条),分别规定了违反规划管理的行为,应当给予行政处罚的种类,对城市规划行政主管部门工作人员违法行为的处罚,不服行政处罚的解决程序等;第六章是附则(共 3 条),分别规定了制定实施城市规划法的条例及实施办法,城市规划法生效日期和原《城市规划条例》的废止等内容。

【案例】

某餐饮有限公司(合资)投资兴建"水上人家"项目,2004 年 6 月,当地计委批复了其可行性研究报告,同意在某内河航道附近修建仿古石舫建筑,项目总投资为 220 万元。该工程未办理建设工程规划许可证。2005 年 7 月,餐饮业有限公司与某建筑公司签订了第一期工程施工合同,该工程于 2006 年 3 月完工。

【评析】

"水上人家"建设项目规划违反了城市总体规划的要求,侵占行洪河道,违反《中华人民共和国水法》、《防洪法》及《河道管理条例》等法律法规，影响城市防洪安全；当地计委在批复可行性研究报告时，越权为该建设选址定点，而该项目未按法定程序取得"建设项目选址意见书"、"建设用地规划许可证"，土地规划管理局发放了建设工程规划许可证，准予建设。按照《城市规划法》相关规定，在城市规划区内未取得建设工程规划许可证件或者违反建设工程规划许可证件的规定进行建设，严重影响城市规划的，由县级以上人民政府城市规划行政主管部门责令停止建设，限期拆除或者没收违法建筑物、构筑物或者其他设施；影响城市规划，尚可采取改正措施的，由县级以上地方人民政府城市规划行政主管部门责令限期改正，并处罚款。此项目建设违反《城市规划法》和城市总体规划要求，影响城市安全，违法性质严重，应予以拆除。

4.2 城市规划的编制及实施

编制城市规划是市、县人民政府的一项重要职责，依据城市规划法第 12 条的规定，"设市城市的城市规划由市人民政府组织编制，县人民政府所在地镇的城市规划由县人民政府组织编制"。城市规划特别是城市总体规划，涉及城市建设和发展的全局，包括土地、人口、环境、工业、农业、商业、文化、交通、能源、通信、防灾等各方面的内容。编制过程中需要收集各个方面的资料，进行各方面的发展预测，协调各个方面的关系。对于城市规划编制这种综合性的工作，必须由城市人民政府直接领导和组织。城市规划的设计工作，可以由城市规划行政主管部门或具有相应设计资格的单位承担。编制城市规划大体上要分成 7 个阶段来完成。

(1)编制城市规划纲要，它是由城市人民政府在城市规划编制前组织制定的。主要对总体规划需要确定的性质、规模、目标、发展方向等内容提出原则性的意见，作为编制城市规划的依据之一。

(2)进行调查研究，收集资料，广泛征求人民群众和有关部门的意见。

(3)进行技术、经济论证和多方案的比较。

(4)组织鉴定。

(5)同级人民代表大会或者常委会审查同意，即对拟上报的城市规划方案进行讨论审查，并决定同意上报。

(6)上级人民政府审批。

(7)公布。

4.2.1 编制城市规划的原则及其内容

(一)城市规划的原则

城市的聚集效益决定了经济社会的发展必然走城市化的道路，建设和发展城市必然要占用土地。由于我国土地资源短缺，人多地少，尤其是耕地少，使得城市建设必须严格执行规定的城市用地标准，不得扩大城市用地规模。在确定具体建设项目的位置范围时，应当对各项定额指标精打细算，尽量利用荒地、劣地、非耕地，尽少占菜地良田。城市新区开发，旧区改建应当统一规划、综合开发，配套建设，避免零星、分散建设。通过综合开发满足工业、交通、住宅、商业、办公、基础设施、科教文卫等各方面的要求，切实充分发挥每一寸土地的价值。编制城市规划应该按照下列原则进行。

1. 统筹兼顾、综合部署的原则

城市规划应当依据国民经济和社会发展规划以及当地的自然环境、资源条件、历史情况、现状特点，统筹兼顾，综合部署。城市规划确定的城市基础设施建设项目，应当按照国家基本建设程序的规定纳入国民经济和社会发展计划，按计划分步实施。城市总体规划应当和国土规划、区域规划、江河流域规划、土地利用总体规划相协调。

2. 合理用地的原则

土地是人类赖以生存的最基本的生产要素和生活资料，由于其有限性和不可再生性，土地也是一种极为宝贵的自然资源，我国是一个地少人多的国家，控制城市用地规模，珍惜、节约、合理利用每一寸土地是编制城市规划时应贯彻的一个重要原则，因此城市规划应当贯彻合理用地、节约用地的原则。

3. 有利生产、方便生活、促进流通、繁荣经济、促进科技文化教育事业的原则

为实现城市的经济和社会发展目标，城市规划应当体现有利生产、方便生活、促进流通、繁荣经济、促进科学技术文化教育事业的原则。同时城市规划应当符合城市防火、防爆、抗震、防洪、防泥石流，以及治安、交通管理、人民防空建设等要求，在可能发生强烈地震和严重洪水灾害的地区，必须在规划中采取相应的抗震、防洪措施，保障城市及人民生产生活的安全。

4. 保护环境和文化遗产的原则

城市规划应当注意保护和改善城市生态环境，防止污染和其他公害，加强城市绿化建设和市容卫生建设，保护历史文化遗产、城市传统风貌、地方特色和自然景观。尤其对于民族自治地方的城市规划，应当注意保持民族传统和地方特色。

编制城市规划一般分为总体规划、详细规划两个阶段。但考虑到大城市、中等城市规模较大，依据总体规划直接编制详细规划，确有一定困难，因而规定，大、中城市可以编制分区规划。所谓分区规划是将总体规划中不同地区，不同地段土地的用途、范围、容量等分别做出进一步的确定和控制，使其能够顺利地编制详细规划。在理论上，分区规划仍然属于总体规划的范畴，只不过通过若干张分区规划，将总体规划的意图更清晰、更有操作性地表现出来，而小城市一般可以不编制分区规划。

（二）总体规划

城市总体规划是确定城市性质、规模、发展方向，合理利用城市土地，协调城市空间布局和各项建设的综合部署，其期限一般为 20 年。近期建设规划指的是对城市近期内发展布局和主要建设项目的安排，其期限一般为 5 年，同时也是城市总体规划中的一个组成部分。除此之外，城市总体规划还应当对城市远景发展进程及方向做出轮廓性的安排。

城市总体规划应有下列一些主要内容。

（1）市和县域行政辖区内的城镇体系规划，城市交通、基础设施、生态环境、风景旅游资源进行合理布局和综合安排。

（2）确定规划期限内城市的用地规模和人口规模。

(3)确定市区、中心区的位置、范围,确定城市用地发展方向和布局结构。

(4)确定城市对外交通系统的结构和布局,编制城市交通运输和道路系统专业规划。

(5)确定城市供水、排水、供气、供热、供电、通信、环保、环卫等设施的发展目标和总体布局。

(6)确定城市河、湖水系和绿化系统的治理、发展目标和总体布局。

(7)编制城市防洪、抗震、人防等专业防灾规划。

(8)确定需要保护的风景名胜、文物古迹、传统街区,并划定保护和控制范围。

(9)编制历史文化各城保护规划。

(10)确定旧城改建、用地调整的原则、方法和步骤,提出控制市区人口密度的要求。

(11)对城市规划区内的农村居民点、乡镇企业等建设用地,蔬菜、牧场、林木花果、副食品基地等做出统筹安排,划定保留的绿地和隔离地带。

(12)编制近期建设规划,确定近期建设目标、内容和实施部署。

城市总体规划通过文件和主要图纸表现出来。规划文件主要包括规划文本和附件。规划说明及基础资料收入附件。图纸主要有城市现状图,市、县城城镇体系规划图,总体规划图,近期建设规划图,各类专业规划图等。对于图纸比例,大中城市一般为1∶10 000～1∶25 000,小城市一般为1∶5 000～1∶10 000,其中城镇体系规划图一般为1∶50 000～1∶100 000。

(三)详细规划

详细规划是依据城市总体规划或分区规划,规定一定区域内的建设用地的各项控制性指标和规划管理要求,或直接对建设项目做出的具体安排,详细规划分成控制性详细规划和修建性详细规划。

控制性详细规划主要作为城市建设综合开发、土地出让、土地使用权转让进行规划管理的依据,主要内容有如下方面。

(1)确定规划地区内各类用地的界线和适用范围,提出建筑高度、容积率、建筑率的控制指标,各类用地内可以建设的建筑类型,规划地区内交通出入口方位,建筑红线距离等。

(2)确定规划地区内各级道路的红线位置、断面、控制点坐标和标高。

(3)确定规划地区内工程管线走向,管径及工程设施的用地界线。控制性详细规划通过规划文件和图纸表示出来。规划文件包括土地利用和建设管理的细则及附件,附件包括规划文件说明及基础资料。图纸主要有,规划地区现状图、规划地区规划图等。图纸比例一般为1∶1 000～1∶2 000。

修建性详细规划是对即将进行修建的地区和建设项目所作的具体安排,主要内容有如下方面。

(1)建筑和绿地的空间布局、景观规划设计、总平面布置图。

(2)道路系统、绿地系统、工程管线和竖向规划设计。

(3)估算工程量、拆迁量、总造价和分析投资效益。

修建性详细规划通过规划文件和图纸表示出来。规划文件为规划设计说明书,图纸主要包括规划地区现状图、总平面布置图、各项专业规划图、竖向规划图等。图纸比例一般为1∶500～1∶2 000。

(四)分区规划

分区规划是在总体规划的基础上,对城市中的部分地区的土地利用、人口分布、基础设施配置做出进一步的规划安排,为详细规划的编制提供依据,主要内容有以下方面。

(1)原则确定分区内土地使用性质、人口分布、建筑用地的容量控制指标。

(2)确定市、区级基础设施的分布及用地范围。

(3)确定分区内主、次干道的红线位置、断面、控制点坐标和标高,主要交叉口、广场、停车场的位置和控制范围。

(4)确定绿地系统、供电高压线走向、对外交通设施、风景名胜的用地界线,文物古迹、传统街区的保护范围和保护要求。

(5)确定工程管线的位置、走向、管径、服务范围及工程设施的位置和用地范围。

分区规划通过规划文件和图纸表示出来,规划文件包括规划文本和附件,主要图纸有分区规划图、分区现状图、分区土地利用规划图、各项专业规划图等,图纸比例一般为1:5 000。

4.2.2 城市规划的审批

(一)城市规划分级审批制度

1. 城市总体规划的审批

直辖市的城市总体规划,由城市人民政府报国务院审批,省、自治区人民政府所在地的城市、百万人口以上的大城市、国务院特别指定的城市的总体规划,经省、自治区人民政府审查同意后,报国务院批准。设市城市的总体规划报所在地的省、自治区人民政府审批。县人民政府所在地镇的总体规划报省、自治区、直辖市人民政府审批,其中市管辖的县人民政府所在地镇的总体规划报所在地市人民政府审批。

2. 详细规划的审批

城市的详细规划由城市人民政府审批。由于详细规划分成控制性详细规划和修建性详细规划,因此,可以考虑控制性的规划由市人民政府审批,修建性的规划由城市规划行政主管部门审批。详细规划是依据总体规划进行编制的,尤其大中城市,详细规划是依据总体规划和分区规划进行编制的,修建性规划又是依据控制性规定做出的,因此,修建性详细规划由规划行政主管部门审批不会影响城市总体规划的实施。

3. 分区规划的审批

城市分区规划原则上由市人民政府审批。只有大、中城市才有必要编制分区规划,虽然理论上分区规划属于总体规划的范畴,但它又是依据已经批准的总体规划编制而成,可由城市人民政府审批。

根据城市规划的规定,城市总体规划上级审批前,须经同级人民代表大会或其常务委员会审查同意。实践证明,城市总体规划应当让同级人民代表大会及其常务委员会了解并进行把关是非常必要的,但人民代表大会及其常务委员会通过的草案、报告具有法律效力,各级行政机关无权再行变更,而城市总体规划须报上一级行政机关审批并有可能变更。因此,城市规划法针对的审查同意,指的是由人民代表大会及其常务委员会对拟上报的规划方案进行讨论审查，并同意上报的含义。

（二）城市总体规划的调整

城市总体规划的调整是指在不影响城市性质，规模、发展方向的前提下，对城市中的局部地区的用途、容量、标准定额等方面所作的修改。例如，适当调整某些地块的功能，以满足城市用地需求及合理利用土地的需要。又例如，在不违背城市道路总体布局的原则下，对某些道路的宽度、走向等进行修改。城市规划是一门内容广泛并具有长期性、综合性特征的学科。总体规划的期限为20年，而城市的生产、生活的发展日新月异，规划要适用、指导不断变化着的城市需求，就决定了必须要定期地对城市总体规划进行局部的修改。对城市总体规划进行的局部调整，应当由城市人民政府将调整方案报同级人大常委会和原审批机关备案。

（三）城市总体规划的变更

城市总体规划的变更是指涉及城市性质、规模、发展方向等方面所作的修改。例如，由于机场、铁路、大型工业项目的兴建或下马，影响到城市的总体布局和城市的发展方向。例如，由于产业结构的重大调整或城市人口大幅度增长，造成城市性质和规模的重大变更。经过批准的城市总体规划，在经历一段时间后，出现不能适应城市经济和社会发展的要求；进行重大变更，也是正常的。对城市总体规划进行重大变更的修改，应当由城市人民政府组织进行，修改后的方案，须经同级人民代表大会或其常委会审查同意后，报原批准机关批准。总的来说，对城市总体规划的变更，应当与编制和审批的程序一样有计划有步骤地进行。

4.2.3　城市规划的实施

城市规划的实施，也就是经过法律程序批准的城市规划设计方案的实施过程。在这一过程中，需要城市规划管理部门实行严格的规划管理，以保证和促进城市的各项建设，按照规划付诸实施。

（一）选址意见书

选址意见书是建设单位在进行项目的可行性研究阶段，在设计任务书报批时，必须附具的，由规划行政主管部门出具的关于该建设项目，选在哪个城市，或选在城市中哪个方位及范围的书面文件。1978年国家计委、国家建委、财政部颁发的《关于基本建设程序的若干规定》中规定了，建设项目要认真调查原料、工程地质、水文地质、能源等条件，必须慎重选择建设地点，凡在城市辖区选点的，要取得城市规划部门的同意，并且要有协议文件。1985年国家计委和城乡建设环境保护部颁发的《关于加强重点项目建设中城市规划和前期工作的通知》中规定，凡与城镇有关的建设项目，应按照城市规划条例的有关规定，在当地城市规划部门的参与下共同选址。大、中型建设项目在可行性研究阶段，应当把计划管理与规划管理有机地结合起来，从而保证各项建设有计划、按规划进行。选址意见书制度正是通过法律的形式将选址的规划管理固定下来，使设计任务书的编制符合城市规划要求，保证城市规划的实施。

选址意见书包括以下程序。

（1）建设单位在进行可行性研究报告阶段，应当邀请城市规划主管部门共同参加，就项目选在哪个城市，选在城市哪个位置进行调查研究和协商。

（2）建设单位在上报设计任务书前，应当与城市规划行政主管部门协商项目的定点，协商一致后，由规划部门出具关于项目选在城市哪个位置的书面意见。

(3)建设单位在报批设计任务时，应当将选址意见书同设计任务书一并报批。审批部门应当尊重选址意见书关于项目定点的确定，没有附具选址意见书的设计任务书，审批部门不能擅自批准。

(二)城市规划公布制度

城市规划公布是指城市人民政府应当将经批准的城市规划采用适当的方式向全社会公布。《城市规划法》第 28 条规定："城市规划经批准后，城市人民政府应当公布。"在公布规划过程中，涉及某些保密单位或地区，或者影响到对拆迁当事人的补偿、安置等方面问题时，可以通过采取相应的行政措施加以解决。

城市规划公布制度的意义主要表现为下列 3 点。

1. 便于群众了解

将批准后的城市规划公布施行，城市中各单位和广大人民群众就可以了解城市性质、发展规模和发展方向，各项用地的布局，各项建设的具体安排等，有利于把城市整体的利益和自身局部的利益结合起来，以城市规划作为进行建设活动的准则，并自觉维护城市规划的权威。

2. 便于群众参与

将批准后的城市规划公布施行，使城市中各单位和广大人民群众真正了解到城市规划所确定的城市发展目标与建设部署，与自身长远的和当前的利益都是息息相关的，从而提高参与城市规划实施的积极性和主动性；使广大人民群众自觉配合城市规划行政主管部门，按照城市规划的要求进行建设活动，并且配合城市规划行政主管部门，及时发现和制止各类违背城市规划要求的违法行为。

3. 便于群众监督

把行政机关及其工作人员的执法行为置于群众监督之下，是发扬民主，有效地防止和反对官僚主义，同一切不良现象作斗争的重要手段。将批准后的城市规划公布，群众就可对城市规划区内的建设活动进行监督，发现问题及时举报，以便城市规划行政主管部门能够及时制止和处理各种违法占地和违法建设行为。

(三)建设用地规划许可证

建设用地规划许可证是由城市规划行政主管部门确定建设项目的用地位置和范围，证明建设项目符合城市规划，允许建设单位依此向土地管理部门申请征用，办理划拨土地手续的凭证。建设用地规划许可是对城市用地进行规划管理的重要制度，根据城市规划法第 31 条和第 39 条的规定："只有取得建设用地规划许可证后，才可向土地管理部门申请征用土地；未取得建设用地规划许可证，而直接向土地管理部门申请征用土地并取得批准文件的，批准文件无效，占用的土地退回。"城市规划用地管理的主要内容城市规划确定了城市总体布局和不同地段的使用性质、容积率、控制指标等。各类建设项目可以使用哪块土地，不可以使用哪块土地，在保证建设项目功能和使用要求的条件下，如何经济、合理的利用城市土地，必须符合城市规划。为了保证城市土地利用和各项建设符合城市规划，任何单位和个人必须服从规划管理。取得建设用地规划许可证的程序包括以下步骤。

(1)审核申请建设用地定点的批准文件(设计任务书、有关部门的批件等)是否具备合法性。

(2)根据建设项目的性质、规模及外部关系(环保、消防、菜地等)征求各有关部门的意见。

(3)核定建设项目的位置和范围,划出规划红线。

(4)提出规划设计条件,作为进行总平面布置的依据。

(5)审查建设用地总平面布置,确认是否符合规划要求。

(6)核发建设用地规划许可证。

(四)建设工程规划许可证

建设工程规划许可证是建设单位提出申请,经规划行政主管部门审查,确认建设工程符合城市规划、并准予开工的凭证。建设工程规划许可证是证明建设活动合法、保护建设单位和个人合法权益的依据;是规划行政主管部门检查、验收建设工程,对违反建设工程规划许可证规定的内容进行处罚的依据。对城市中各项建设工程实施严格统一的规划管理,是保证城市规划顺利实施的主要制度之一,它的主要内容包括下列几个方面。

(1)各项建设必须符合城市规划,服从规划管理,其中各项建设活动包括:各类房屋及其附属物的建设;城市道路、桥涵、铁路、机场、港口、供水、供气、供热、供电等基础设施的建设;防灾工程(防洪、人防、抗震)、绿化工程(公园、绿地、雕塑等)、农贸市场、广告牌等建设;为完成上述工程或因其他需要进行的临时建设。

(2)对建设工程的性质、规模、位置、标高、高度、造型、朝向、间距、建筑率、容积率、色彩、风格等进行审查和规划控制。

(3)对道路的走向、等级、标高、宽度、交叉口设计、横断面设计及道路的附属设施进行审查和规划控制。

(4)对各类管线(供水、供气、供热、供电、排水、通信等)的性质、走向、断面、架设高度、埋置深度、相互间的水平距离、垂直距离等进行审查和规划控制。

取得建设工程规划许可证的程序包括以下内容。

(1)审查申请单位提交的批准文件是否齐备和合法。

(2)建设工程涉及相关行政主管部门的,征求有关行政主管部门的意见,如环境保护、交通、防疫、安全、文物等部门。

(3)提出规划设计要求,作为编制建设工程初步设计方案的依据。

(4)审定初步设计方案是否符合规划设计要求。

(5)审查施工图,核发建设工程规划许可证。

(五)现场检查制度

现场检查是指城市规划行政主管部门工作人员进入有关单位或者施工现场,了解有无违章用地、违章建筑情况,检查建设工程是否符合规划设计条件或者要求并对各类违章用地、违章建设活动进行处罚的行为。进入现场,及时发现、纠正和处理各种违章用地、违章建设,才能保证城市土地利用和各项建设活动符合城市规划,保证城市规划的顺利实施。现场检查主要包括:有无未取得建设用地规划许可证,擅自征用和使用土地的行为;有无未取得建设工程规划许可证擅自进行建设的行为;在办理征用土地手续时,有无违背建设用地规划许可证规划的位置、范围的行为;在进行建设活动时,有无违反建设工程规划许可证规定的要求的行为等等。任何单位和个人不得以保密等为借口阻挠规划工作人员进入现场,或者拒绝提供与城市规划管理有关的情况、文件、图纸等。城市规划工作人员在现场检查中接触或获得的有关单位和个人的技术秘密或业务秘密,应当严格保守,不得泄露。故意泄露有关单位和个人技术秘密或业务秘密造成经济损失的,应当承担相应的法律责任。

(六)竣工验收制度

竣工验收是指规划行政主管部门参加建设工程的验收,检查建设工程是否符合规划设计条件或要求,对符合城市规划的建设工程予以认可并准允交付使用的活动。根据城市规划法第38条的规定,城市规划行政主管部门可以参加,也可以不参加建设工程的竣工验收,通常参加重要建设工程,即新建大中型建设项目或规划部门认为有必要参加验收的建设项目。竣工验收是基本建设程序中的最后一个阶段,在立项阶段、征用土地阶段、设计和施工阶段中,通过选址意见书、建设用地规划许可证、建设工程规划许可证,对建设项目是否符合城市规划进行了强有力的管理。规划主管部门参加建设工程的竣工验收,对建设工程是否符合城市规划进行最后把关,是对建设项目全过程实施规划管理不可缺少的重要组成部分,是保证建设活动符合城市规划的重要手段。城市规划部门参加建设工程竣工验收,主要内容是检查建设工程规划设计要求,包括下列内容。

(1)检查建设工程的位置、用地范围是否符合建设用地规划许可证规定的要求。

(2)检查建设工程的平面布局(坐标、建筑间距、管线走向、出入口布置、与相邻建筑物的关系)是否符合规划设计要求。

(3)检查建设工程的空间布局(地下设施与地面设施的关系、建筑率、容积率、高度、层数、与周围建筑物的关系)是否符合规划设计要求。

(4)检查建设工程造型(造型形式、风格、色彩、与周围环境的协调)是否符合规划设计要求。

(5)检查建设工程各项经济技术指标、建设标准、建设质量等是否符合规划设计要求。

(6)检查建设工程的配套设施(道路、绿化、停车场、雕塑等)是否符合规划设计要求。

4.3 土地利用总体规划

土地利用总体规划是指县级以上人民政府为贯彻执行国家土地利用政策,并根据国民经济和社会发展对土地的需求,以及地区的自然、社会经济条件而编制的合理分配土地和调整各类土地的利用结构与布局的战略构想和设计方案。土地利用总体规划是国家及各级地方政府调控、管理土地资源开发利用,全面安排生产和建设用地的基本手段,是土地管理立法的核心。

(一)土地利用总体规划编制的依据和原则

《土地管理法》第17条规定:“各级人民政府应当依据国民经济和社会发展规划,国土整治和资源环境保护的要求,土地供给能力以及各项建设对土地的需求,组织编制土地利用总体规划。”

土地利用总体规划编制的原则包括以下内容。

(1)严格保护基本农田,控制非农业建设占用农用地。

(2)提高土地利用率。

(3)统筹安排各类、各区域用地。

(4)保护和改善生态环境,保障土地的可持续利用。

(5)占用耕地与开发复垦耕地相平衡。

为了确保土地利用总体规划编制的质量,切实保护土地资源,特别是作为社会经济持续、稳定、协调发展基础的农用地和必要的建设用地的合理配置,国家对土地利用总体规划中的建设用地实行总量控制,地方各级人民政府编制的土地利用总体规划中的建设用地总量不得超过上一级土地利用总体规划确定的控制指标,省、自治区、直辖市人民政府编制的土地利用总体规划,应当确保本行政区域内耕地总量不减少。

(二)土地利用总体规划的构成

土地利用总体规划是各级政府根据土地调查、土地统计所获得的土地资源资料而编制的土地利用的设计方案。我国《土地管理法》规定土地利用总体规划由城市总体规划和村庄集镇规划和江河、湖泊综合治理和开发利用规划构成。

1. 城市总体规划和村庄集镇规划

城市建设用地规划应当符合国家规定的标准,充分利用现有建设用地,不占或尽量少占用农用地;城市总体规划、村庄和集镇规划,应当与土地利用总体规划相衔接,所需建设用地规模不得超过土地利用总体规划确定的城市、村庄和集镇建设用地规模。

2. 江河、湖泊综合治理和开发利用规划

该规划应当与土地利用总体规划相衔接。在江河、湖泊、水库的管理和保护范围内以及蓄洪滞洪区内,土地利用应当符合江河、湖泊行洪、蓄洪和输水的要求。

(三)土地利用总体规划的编制程序

根据《土地管理法》规定,下级土地利用总体规划应当依据上一级土地利用总体规划编制,各级政府编制自己的土地利用总体规划时,建设用地总量和耕地保有量均必须符合上级的控制指标。县级土地利用总体规划应当划定土地利用区,明确土地用途;乡(镇)土地利用总体规划在确定土地利用区时,应根据土地使用条件,确定每一块土地的用途,并予公告。国家对土地利用总体规划实行分级审批制度,省、自治区、直辖市的土地利用总体规划报国务院批准;县、市级人民政府的土地利用总体规划应逐级上报省、自治区、直辖市人民政府批准;乡镇土地利用总体规划可以由省级人民政府授权设区的市、自治州人民政府批准。土地利用总体规划一经批准,即构成土地管理法律制度的一部分,必须严格执行,如需修改,必须经原批准机关批准;未经批准,不得改变土地利用总体规划确定的土地用途。

4.4 新区开发和旧区改建

4.4.1 城市新区开发

新区开发是指在城市建成区之外,集中成片地在一定规模的地段内,通过统一规划、合理布局、配套建设、综合开发，进行城市建设的一种活动。新区开发伴随着城市经济和社会发展，城市规模扩大，为了进一步满足城市生产、生活的需求，而逐步地发展起来，是目前城市建设和发展的主要途径和重要组成部分。

新区开发有着重要的作用和意义，主要体现在以下几个方面。

(1)优化城市的用地结构，改善市区内的功能和环境，解决诸如交通堵塞、居住条件恶化、环境污染等由于布局混乱、密度过高造成的众多问题，更好地保护旧城的传统风貌和特色。

(2)新区开发，为吸引外资、引进先进技术开展横向经济联合，创造优良的投资环境。例如，沿海城市或大中城市集中建设的一批经济技术开发区，通过优惠政策和良好地投资环境，促进了城市经济改革、对外开放的发展。

(3)新城镇和工矿区的开发建设，可以有效地控制大城市市区人口和用地规模，并将那些需要迁出市区的大、中型工业项目，安置到城市周边的卫星城镇和工矿区，形成比较完善的，以大城市为中心的城镇体系。

新区开发的规划要求应该满足以下要求。

(1)新区的选址，应当尽量依托城市市区，充分考虑利用城市现有设施。

(2)要从实际出发，量力而行，开发规模、开发程序要符合当地的经济技术水平和能力，预先进行充分地论证，编制好开发区规划，有计划、有步骤地分期分批地进行，充分发挥开发区的综合效益。

(3)开发区的标准、设施水平应当适当提高，以吸引、促进市区人口和工业项目向外疏散。

(4)新区与市区应当有方便的交通和通信联系。

(5)新区开发应当按照社会化的要求，统一组织基础设施、公共设施的建设，新区内各个建设项目需要配套的市政公用设施，不能各行其是、重复建设、相互干扰，应当纳入新区或城市统一的市政公用设施系统，不要自成体系，影响新区或城市功能的协调，造成不必要的浪费。

城市新区开发和各项建设的选址、定点是合理布局的关键，布局不得妨碍城市的发展，危害城市的安全、污染和破坏城市环境，影响城市各项功能的协调。这就要求：首先，应当保证有可靠的水源、能源、交通、防灾等建设条件，并避开有开采价值的地下矿藏、有保护价值的地下文物古迹以及工程地质条件不宜修建的地段；其次，居住区应当优先安排在自然环境良好的地段，其相邻地段的土地利用不得妨碍居住区的安全、卫生与安宁；第三，工业项目应考虑专业化和协作的要求，合理、统筹安排，防止产生有毒、有害废弃物的工业和其他建设项目对城市大气和水体的污染，并避开文物古迹和风景名胜保护区；第四，生产和储存易燃、易爆、剧毒物的工厂和仓库，产生放射危害的设施以及严重影响环境卫生的建设项目，应当避开居民密集的地区，以免损害居民健康，影响城市安全；第五，城市对外交通货运设施，高压供电线路及重要军事设施等，应避开居民密集地区，以免妨碍城市发展，造成城市有关功能的相互干扰。

4.4.2　城市旧区改建

旧区改建是指在建成区内，对不能适应城市经济、社会发展的地区进行改造，对有保护价值的文物古迹、传统街区进行保护、利用，以改造、保护、发挥建成区的潜力、功能而进行的一种建设活动。城市旧区是长期发展过程中，逐步形成的进行各类政治、经济、文化活动的聚集地区。城市旧区体现了各个历史阶段的发展,具有较强的吸引力,但也会遗留下一些弊端,比如许多城市旧区布局混乱、房屋破旧、居住拥挤、交通阻塞、环境污染、市政公用设施短缺,也不能适用,甚至妨碍了城市经济、社会的进一步发展。因此,只有通过旧区改建,才能挖掘旧区的潜力,发挥出它固有的优势,真正地实施城市总体规划的设想,实现城市的经济和社会发展目标。

旧区改建的规划应该满足以下要求。

(1)旧区改建应当统一规划,合理布局,分期分批地实施。旧区改建的重点是设施简陋、交通阻塞、房屋破旧、污染严重的地区,对其应当采取集中成片地拆除改建,对部分住房质量低劣或设施短缺的地区,应当进行局部拆建、补齐,对房屋和各项设施基本完好的地区,应当加强维护、充分利用。

(2)旧区改建应当通过产业结构调整和企业的技术改造,改善用地结构,应当按照规划将产生严重危害和污染环境的企业迁出旧区,充分利用调整后的土地,建设科、教、文、卫、体育、办公、商业等公益事业房屋及设施,增加城市绿化用地和城市基础设施用地,改善城市环境及景观,真正发挥旧区房屋、土地的价值,提高城市的综合功能和综合效益。

(3)历史文化名城,少数民族地区城市的旧区改建,应当充分体现传统风貌、民族特点、地方特色,旧区中具有重要历史意义、革命纪念意义、科学和艺术价值的文物古迹和风景名胜,代表城市传统风貌的街区、建筑物、构筑物等,应当切实采取保护措施,并划定保护区和建设控制区。

4.4.3 新区开发和旧区改建应当共同遵守的原则

(一)统一规划、合理布局的原则

无论是新区开发,还是旧区改建,还是各个建设项目的具体安排,都是为了实施城市规划。因此,新区开发、旧区改建、各个建设项目的选址、定点都必须进行统一规划,合理布局,选址、定点不妥,势必对城市生产、生活造成影响和损害。布局合理是城市规划的核心,通过统一规划才能保证选址,定点不妨碍城市的安全,不污染和破坏城市的环境。统一规划、合理布局原则应当体现下列要求。

(1)新区开发或各个建设项目的选址、定点,应当有可靠的水源、能源、交通、防灾等条件;避开有开采价值的地下矿藏,有保护价值的地下文物古迹,工程地质、水文地质条件不宜建设的地段。

(2)工业项目的选址、定点,应当满足专业化、协作化的要求,产生有毒有害废弃物的项目禁止选在城市主导风向的上风向和水源的上游地区,同时应该避开文物古迹和风景名胜保护区。

(3)居住区应当优先安排在自然环境优良的地区,与其相邻地区不得安排妨碍居民安全和卫生的建设项目。

(4)道路选线应当同城市或对外交通设施相互衔接、协调,形成合理的交通运输体系,港口的建设应当合理利用和分配城市岸线,留有足够的城市生活岸线,尤其是对铁路和过境公路的选线、机场和高压供电线路的选址应尽可能避开市区,避免割裂城市或造成城市有关功能运转失调或相互干扰。

(5)对于生产和储存易燃、易爆、剧毒物的建设项目,其选址应尽可能避开市区或居民区,并妥善考虑事故和废弃物的处理措施。

(二)综合开发和配套建设的原则

综合开发和配套建设是一种城市建设方式、管理体制的重大改革。城市建设在过去以分散建设、零星插建的方式居多,20 世纪 80 年代初期,一些城市开始试行以"三通一平"为主的土地综合开发,进而发展成为配套设施齐全的房地产综合开发。在统一规划、合理布局的前提下,通过综合开发、配套建设保证了城市规划的实施,促进城市建设良性循环,提高了城市建设的经济效益、社会效益和环境效益。综合开发和配套建设的原则主要包括下列几方面的内容。

(1)应当尽量避免零星分散地进行建设,选择适当的地段,集中成片地进行建设。避免零星征用土地,避免不进行或没有配套设施的住宅、办公、商业用房的建设,防止过多的零星插建,妨碍城市的发展,影响城市的生产、生活,恶化城市的交通、环境等。

(2)应当严格按照规划和合理的开发程序,先地下、后地上进行建设,保证基础设施先行和环境建设(绿化、学校等)同步实施。

(3)对集中成片地进行建设的新区开发和旧区改建,应当由取得综合开发资格的房地产开发公司统一组织。从勘测、规划、设计、征地、拆迁,道路、供水、供气、供热、供电、通信、排水、土地平整等工程建设到开发区内住宅、公用设施、生活服务设施、厂房等建设及出售,都由综合开发公司统一组织进行。开发公司实行企业化经营,其开发资金包括企业自有资金、国家基本建设投资、银行贷款和向用户预收定金等。

(4)实行综合开发要注意不能讲形式、论排场,盲目追求高速度、高标准。开发区的规模、数量、标准应当适应城市经济技术水平和城市经济发展的能力,从实际出发、量力而行。

4.5 村庄和集镇规划

村庄指的是农村村民居住和从事各种生产的聚居点。集镇指的是乡、民族乡人民政府所在地和经县级人民政府确认由集市发展而成的作为农村一定区域经济、文化和生活服务中心的非建制镇。村庄和集镇规划区指的是村庄和集镇建成区及因村庄和集镇建设及发展需要实行规划控制的区域,村庄和集镇规划区的具体范围在村庄和集镇总体规划中划定。村庄和集镇规划的建设管理,应当坚持合理布局、节约用地的原则,全面规划,正确引导,依靠群众,自力更生,因地制宜,量力而行,逐步建设,实现经济效益、社会效益和环境效益的统一。为加强村庄和集镇的规划建设管理,改善村庄和集镇的生产、生活环境,促进农村经济和社会发展,我国于 1993 年 11 月 1 日起施行了《村庄和集镇规划建设管理条例》(Regulations on Administration for Planning of Town and Village,以下简称《管理条例》),对制定和实施村庄和集镇规划,在村庄和集镇规划区内进行居民住宅、乡(镇、村)企业的公共设施和公益事业等的建设作了明确规定。

4.5.1 村庄和集镇规划的制定

（一）村庄和集镇规划的原则

按照我国村庄和集镇发展的特点，村庄和集镇规划应当遵循下列原则。

（1）根据国民经济和社会发展计划，结合当地经济发展的现状和要求，以及自然环境、资源条件和历史情况等，统筹兼顾，综合部署村庄和集镇的各项建设。

（2）处理好近期建设与远景发展、改造与新建的关系，使村庄和集镇的性质和建设的规模、速度和标准，同经济发展和农民生活水平相适应。

（3）合理用地，节约用地，各项建设应当相对集中，充分利用原有建设用地，新建、扩建工程及住宅应当尽量不占用耕地和林地。

（4）有利生产，方便生活，合理安排住宅、乡（镇）村企业、乡（镇）村公共设施和公益事业等的建设布局，促进农村各项事业协调发展，并适当留有发展余地。

（5）保护和改善生态环境，防治污染和其他公害，加强绿化和村容镇貌、环境卫生建设。

（二）村庄和集镇规划的内容

《管理条例》规定，县级人民政府组织编制的县域规划应当包括村庄和集镇建设体系规划，村庄和集镇规划的编制应以县域规划、农业区划、土地利用总体规划为依据，并同有关部门的专业规划相协调，村庄和集镇规划由乡级人民政府负责组织编制，以及进行相应管理和监督实施。

（1）编制村庄和集镇规划分为村庄和集镇总体规划、村庄和集镇建设规划两个阶段进行：第一，村庄和集镇总体规划是乡级行政区域内村庄和集镇布点规划及相应的各项建设的整体部署；第二，村庄和集镇总体规划的主要内容包括乡级行政区域的村庄和集镇布点，村庄和集镇的位置、性质、规模和发展方向，村庄和集镇的交通、供水、供电、商业、绿化等生产和生活服务设施的配置等。

（2）村庄和集镇建设规划应在村庄和集镇总体规划指导下，具体安排村庄和集镇的各项建设。集镇建设规划的主要内容包括：住宅、乡（镇）村企业、乡（镇）村公共设施、公益事业等各项建设的用地布局、用地规划；有关的技术经济指标；近期建设工程以及重点地段建设具体安排。村庄建设规划的主要内容可根据本地区经济发展水平，参照集镇建设规划的编制内容，主要对住宅相关的供水、供电、道路、绿化、环境卫生以及生产配套设施做出具体安排。

村庄和集镇总体规划、集镇建设规划均须经乡级人民代表大会审查同意，由乡级人民政府报县级人民政府批准。村庄建设规划须经村民会议讨论同意，由乡级人民政府报县级人民政府批准。

4.5.2 村庄和集镇规划的实施

村庄和集镇总体规划和集镇建设规划，须经乡级人民代表大会审查同意，由乡级人民政府报县级人民政府批准；村庄建设规划，须经村民会议讨论，由乡级人民政府报县级人民政府批准。

《管理条例》规定，村庄和集镇规划经批准后，由乡级人民政府公布。这种作法有利于广大群众了解规划;提高群众配合各级政府按照规划的要求进行建设活动的自觉性。同时,也可以使各项建设活动置于群众的监督之下。《管理条例》第 18 条规定,农村村民在村庄和集镇规划内建住宅的,应当先向村集体经济组织或者村民委员会提出建房申请,经村民会议讨论通过后,按照下列审批程序办理。

1. 住宅建设用地规划

(1)需要使用耕地的,经乡级人民政府审核、县级人民政府建设行政主管部门审查同意并出具选址意见书后,方可依照《土地管理法》向县级人民政府土地管理部门申请用地,经县级人民政府批准后,由县级人民政府土地管理部门划拨土地。

(2)使用原有宅基地、村内空闲地和其他土地的,由乡级人民政府根据村庄、城镇规划和土地利用规划批准。

集镇规划区内需要使用集体所有的土地建住宅的,应当经其所在单位或者居民委员会同意后,依照前款第(1)项规定的审批程序办理。回原籍村庄和集镇落户的职工、退伍军人和离休、退休干部以及回乡定居的华侨、港澳台同胞,在村庄和集镇规划区内需要使用集体所有的土地建住宅的,依照本条第一款第(1)项规定的审批程序办理。

2. 乡(镇、村)企业、公共设施、公益事业建设用地规划

根据《管理条例》第 19 ~20 条规定,兴建乡镇村企业、公共设施、公益事业建设用地规划审批程序如下。

(1)兴建乡(镇、村)企业须持县级以上地方人民政府批准的设计任务书或者其他批准文件,向县级人民政府建设行政主管部门申请选址定点;乡(镇、村)公共设施、公益事业建设要经乡级人民政府审核。

(2)县级人民政府建设行政主管部门对申请的建设项目进行审查,同意后出具选址意见书。

(3)建设单位持选址意见书依法向县级人民政府土地管理部门申请用地,经县级人民政府批准后,由土地管理部门划拨土地。

4.5.3 村庄和集镇管理

(一)村庄和集镇行政管理

县级以上人民政府建设行政主管部门,应当加强对村庄和集镇房屋的产权、产籍的管理,依法保护房屋所有人对房屋的所有权。《管理条例》第 29 条规定:“任何单位和个人都应当遵守国家和地方有关村庄和集镇的房屋、公共设施的管理规定,保证房屋的使用安全和公共设施的正常使用,不得破坏或者损毁村庄和集镇的道路、桥梁、供水、排水、供电、邮电、绿化等设施。”从集镇收取的城市维护建设税,应当用于集镇公共设施的维护和建设,不得挪作他用。具体办法由国务院建设行政主管部门制定,目前,国家对村镇的房屋管理办法尚未出台,根据一些省市的规定,在房屋产权、产籍管理方面,大致有以下内容。

(1)房屋(包括公房和私房)的产权登记,造册、发证以及房屋产权变更的登记、注册等。

(2)房屋转让、买卖出租、抵押等的管理。

(3)房屋的修缮管理。

(4)房地产综合开发的管理。

(5)房屋产权纠纷调解,政策咨询和仲裁。

(二)村庄和集镇公共设施管理

1. 公共设施保护

村庄和集镇的道路、桥梁、供水、排水、供电、邮电、绿化等设施是村庄和集镇内居民生产、生活的重要基础条件,要加快村庄和集镇建设速度,促进村庄和集镇的精神文明和物质文明建设,首先要搞好公共设施的建设和管理。任何单位和个人都不得破坏或者损毁。村庄和集镇的道路、桥梁、供水、排水、供电、绿化等设施不得任意开挖和占用村庄和集镇的道路,不得损伤桥梁设施,不得在供水和排水管道上修建建筑物、构筑物,不得向排水设施中倾倒废弃物,并保护好供电、邮电和消防设施。

2. 建设和维护资金管理

《管理条例》规定,从集镇收取的城市维护建设税,应当用于集镇公共设施的维护和建设,不得挪作他用。这条规定,使集镇的建设维护资金做到专款专用有了法律的保证。

(三)村容镇貌和卫生管理

1. 水源保护

《管理条例》规定乡级人民政府应当采取措施,保护村庄和集镇饮用水源;有条件的地方可以集中供水,使水质逐步达到国家规定的生活饮用水卫生标准。村庄、集镇的饮用水质量关系到广大农民的身体健康,因此各地乡(镇)人民政府要重视水质,把水质达到国家规定的标准作为一项大事来抓,在保护水质的前提下,应当采用各种卫生、安全的取水方式。有条件的地方应当逐步实行集中供水。按照1994年6月1日施行的《村镇规划标准(GB 50188—93)》(Standard for Planning of Town and Village),对保护农村水源作了下列具体规定。

(1)水量充足,水源卫生条件好、便于卫生防护。

(2)原水水质符合要求,优先选用地下水。

(3)取水、净水、输配水设施安全经济,具备施工条件。

(4)选择地下水作为给水水源时,不得超量开采;选择地表水作为给水水源时,其枯水期的保证率不得低于90%。

2. 环境管理

(1)乡级人民政府应当对村庄和集镇规划区内街道、广场、市场和车站等地修建的临时建筑物、构筑物和其他设施加强管理,防止这些临时建筑物、构筑物和设施对村庄和集镇容貌和环境造成影响,任何单位和个人在村庄和集镇规划区内的街道、广场、市场和车站等场所修建临时建筑物、构筑物和其他设施,都应当事先征得乡级人民政府的同意,并必须保证在规定的期限内拆除。

(2)乡级人民政府应当增强环境卫生意识,提高广大农民维护环境卫生的自觉性,对那些影响村庄和集镇环境卫生比较大的粪堆、垃圾堆和柴草堆要进行妥善处理,有条件的村庄和集镇要配备环卫人员专门负责清理街道和厕所,及时清运垃圾和粪便,不在街道和公共广场堆放柴草堆。

3. 绿化管理

乡级人民政府应当加强村庄和集镇规划区内的环境美化工作。加强绿化管理,应当采取各种措施和方法,组织植树活动,美化村镇环境,严格保护村庄和集镇内的树木、花卉、草皮、苗圃以及各类绿地不受损坏。

4. 文物古迹和古树名木管理

在我国广大的农村和集镇,有许多文物古迹、古树名木和风景名胜,这是自然和历史给我们留下的宝贵遗产,在进行村庄和集镇建设中,应当注意加以保护。乡(镇)人民政府在编制村庄和集镇规划,进行建设项目选址和批准建设项目时,应当注意对文物古迹、古树名木、风景名胜的保护。任何单位和个人都有义务和责任保护村庄和集镇内的文物古迹、古树名木、风景名胜,一切破坏活动,都将受到有关法律的处罚。

4.6 风景名胜区规划和建设

风景名胜区是风景资源集中的地域。风景资源可分为自然资源与人文资源两大类,自然资源是指:山川、河流、湖泊、海滨、岛屿、森林、动植物、特殊地质、地貌、溶洞、化石、天文气象等自然景观。人文资源包括文物古迹、历史遗址、革命纪念地、园林、古建筑、工程设施、宗教寺庙等人文景观和它们所处环境以及风土人情。风景名胜区有广义和狭义两种意义。广义是具有较高美学、科学与历史文化价值,以自然景观为主,融合人文景观,有国家典型性、代表性的特殊地域;狭义指的是特指风景名胜集中、自然环境优美、具有一定规模和游览条件、经县级以上人民政府审定命名、划定范围,供人游览、观赏、休息和进行科学文化活动的地域,分为国家级、省级和市、县级三级。为了加强对风景名胜区的管理,有效保护和合理利用风景名胜资源,我国于2006年12月1日施行了《风景名胜区条例》(以下简称《条例》)(Scenic Areas Regulation),对现行风景名胜区规划、建设和管理作了具体规定。

4.6.1 风景名胜区规划

(一)风景名胜区规划应遵循的原则

(1)对风景名胜区规划实行全面调查,整体保护。风景名胜区的规划应建立在该区域的自然资源、历史人文、综合环境和社会经济条件全面系统的调查研究基础上,揭示其整体价值,制定优化的技术措施,提出有效的保护措施。规划应充分发挥风景名胜区的环境、社会和经济上的效益,协调各项事业之间的关系。

(2)采取因地制宜方式,进行风景名胜区规划。风景名胜区的规划必须坚持因地制宜,突出本风景名胜区特性和自然环境的主导作用,切忌大搞"人工化"造景。

(3)恰当、合理布置配套设施。风景名胜区的规划要对区域内的基础设施进行全面评估,提出改进和完善的意见,对商业、服务等设施提出分级分类设置的方案,避免损害景观价值的行为。

(二)风景名胜区规划的编制

根据《条例》的规定,风景名胜区规划的内容和编制程序如下。

1. 规划编制的内容

(1)确定风景名胜区的性质。

(2)划定风景名胜区的范围及其外围、保护地带。

(3)划分景区和其他功能区。

(4)确定保护和开发利用风景名胜资源的措施。

(5)确定游览接待客流量和游览活动的组织管理措施。

(6)统筹安排公用、服务及其他设施。

(7)估算投资和效益。

(8)其他需要规划的事项。

2. 规划编制的程序

(1)风景名胜区的规划,在风景名胜区所属人民政府领导下,由建设行政主管部门会同土地、林业、环保、文物、旅游、宗教、交通、卫生、水利等有关部门共同编制。

(2)主管部门在编制规划时,应广泛征求各有关部门、专家的意见,进行多方案的比较和论证。

(3)风景名胜区规划经主管部门审查后,报人民政府审批,并报上级主管部门备案。

3. 规划的审批

各级风景名胜区规划的审批程序如下。

(1)县(市)级风景名胜区规划,由县(市)建设行政主管部门审查后,报县(市)人民政府审批,并报省级行政主管部门备案。

(2)省级风景名胜区的规划,由风景名胜区管理机构所在市、县人民政府报省、自治区、直辖市人民政府审批,并向建设部备案。

(3)国家重点风景名胜区规划,由所在省、自治区、直辖市人民政府报国务院审批。

(4)国家重点风景名胜区的详细规划,一般由所在省、自治区、直辖市建设行政主管部门审批。特别重要的区域详细规划,经省级建设行政主管部门审查后,报建设部审批。

4.6.2 风景名胜区建设

风景名胜区的建设与一般意义的开发建设不同,它是服从于风景资源保护这一首要任务的。风景名胜区的建设所追求的首先是社会效益和环境效益,同时又要考虑经济效益,所以风景名胜区建设有其特定的含义。就风景名胜区而言,首先,是对处于原始状态的景物及周围环境的清理整治,包括对古建筑、古迹文物的修复和绿化工程设施的建设等;其次,是对风景名胜区内的道路、交通、供水、供电、排水、排污、环境卫生等基础设施的建设;第三,是对风景名胜区内旅馆、索道、停车场、商店等旅游设施和生活设施的建设。

风景名胜区的建设应该按照下列原则进行。

1. 以保护为主的原则

风景名胜区的建设是我国风景名胜区历史的延续，是对自然景观和人文景观的必要的保护和合理利用。

2. 遵循规划原则

风景名胜区规划是切实地保护、合理地开发建设和科学地管理风景名胜区的综合部署。经批准的规划就是风景名胜区开发建设的依据，所有开发建设都必须遵循总体规划和详细规划。

3. 风格协调和谐的原则

风景名胜区的建设应充分认识到现有的自然景观和历史文化遗产是主体，是根本性的，人造的物质形象只能从属于主体，服务于风景环境的需要。因此，风景名胜区的建设应风格协调和谐，防止和制止损害景区、景点审美价值的"破坏性"建设。

4.6.3 风景名胜区建设的管理

1. 可行性论证

风景名胜区，凡是重要的建设项目，如大型水库、公路、火车站、缆车索道、旅馆等，都要经过专家论证，然后才进行决策。其建设可行性研究报告或设计任务书，在报请计划主管部门审批之前，必须经同级建设行政主管部门审查同意。

2. 建设用地管理

风景名胜区的土地所有权属于国家所有。风景名胜区的土地和设施实行有偿使用制度。在风景名胜区规划范围内进行建设需要申请用地的，必须持有批准建设项目的有关文件，向风景名胜区管理机构申请定点，由其核发《风景名胜区建设用地许可证》，然后由建设单位持许可证向县级以上人民政府土地管理部门申请用地，经县级以上人民政府审查批准后，由土地管理部门划拨土地。值得注意的是建设单位只享有土地使用权，并非所有权。

3. 严格控制建设项目

1）禁止建设的项目

在风景名胜区及其外围保护地带内，不得建设工矿企业、铁路、站场、仓库、医院等同风景和浏览无关或破坏景观、污染环境、妨碍游览的单位和设施。在游人集中的游览区和自然环境保留地内，不得建设旅馆、招待所、休疗养机构、管理机构、生活区以及大型工程等设施。

2）从严控制的项目

根据《条例》规定，下列建设应从严控制，严格审查。

（1）公路、索道与缆车。

（2）大型文化、体育与游乐设施。

（3）旅馆建筑。

（4）设置中国国家风景名胜区徽志的标志的建筑。

（5）由上级建设行政主管部门认定的其他重大建设项目。

4. 建设项目的审批程序

1)项目选址审批

按照《条例》的规定,从严控制的建设项目选址,实行分级审批,属于国家级风景名胜区的,由省级建设行政主管部门审查后报国务院建设行政主管部门或其授权部门审批;属于省级和县(市)级风景名胜区的,报省级建设行政主管部门或其授权部门审批;在各级风景名胜区进行的其他建设项目选址,由省级建设行政主管部门或其授权部门审批。各级审查机关在收到"建设选址审批书"后,要依据国家有关规定和各风景名胜区规划,严格审查,一个月内批复。

2)项目立项审批

建设单位持所批准的"建设选址审批书",按国家规定报有关部门办理立项等有关手续。已立项的建设项目可行性研究报告、初步设计和设计任务书,在报请计划部门审批之前,必须经建设行政主管部门审查同意。

5. 设计施工管理

1)资质管理

凡承担风景名胜区建设项目设计任务的设计单位,应向风景名胜区管理机构的上级主管部门提交设计资质证书,经确认后方可进行设计。凡承担风景名胜区建设项目施工任务的施工单位,应向当地风景名胜区管理机构提交施工资质证书,经确认后方可进行施工。

2)施工环境管理

在风景名胜区及其外围保护地带内各类建设项目在施工过程中,必须采取有效措施保护景物及周围的林木、植被、水体、地貌,不得造成污染和破坏。施工结束后,施工单位必须及时清理场地,进行绿化,恢复环境原貌。

4.7 历史文化名城和文物遗产保护

历史文化名城是指经国务院或省级人民政府核定公布的,具有历史价值和革命意义的城市,主要指我国古代政治、经济、文化的中心或者近代革命运动和发生重大历史事件的重要城市。文物遗产是指遗存在社会上或埋藏在地下的历史文化遗物。文物经过鉴定并通过一定的程序确定为需要保护的文物后,按国家文物保护法及实施细则规定实施保护。在我国境内,受国家保护的具有历史、艺术、科学价值的文物有下列5类。

(1)具有历史、艺术、科学价值的古文化遗址、古墓葬、古建筑、石窟寺和石刻。

(2)与重大历史事件、革命运动和著名人物有关的、具有重要纪念意义、教育意义和史料价值的建筑物、遗址、纪念物。

(3)历史上各时代珍贵的艺术品、工艺美术品。

(4)重要的革命文献资料以及具有历史、艺术、科学价值的手稿、古旧书籍资料等。

(5)反映历史上各时代、各民族社会制度、社会生产、社会生活的代表性实物。

历史文化名城和文物遗产保护包括的内容很多,从建设规划角度理解,我们注重的文物主要是指革命遗址、纪念建筑物、古文化遗址、古墓葬、古建筑、石窟寺、石刻等。历史文化名城和文物是中华民族的悠悠历史、灿烂文化的结晶，是极其宝贵的物质财富和精神财富，加强其保护无论是继承和发扬城市的优秀传统，继承历史文化遗产还是为人们创造观赏、学习、借鉴历史的环境及陶冶情操都具有深远的现实意义和历史意义。历史文化名城和文物的保护就是规划管理，维护修缮，使历史文化遗产保存下来，延续下去，造福人类。

历史文化名城反映了城市的特定性质，它应当在城市规划中体现出来。城市和文物的价值应该进一步得到开发和利用。历史文化名城应该保护城市的文物古迹和历史地段，保护和延续古城的风貌特点，继承和发扬城市的传统文化。编制保护规划要从城市总体布局上采取规划措施，为保护城市历史文化遗产创造有利条件，同时又要注意满足城市经济、社会发展和改善人民生活和工作环境的需要，使保护与建设协调发展，促进城市物质文明和精神文明的建设。

历史文化名城和文物保护应当突出保护重点，即保护文物古迹、风景名胜及其环境；对于具有传统风貌的商业、手工业、居住以及其他性质的街区，需要保护整体环境的文物古迹、革命纪念建筑集中连片的地区，或在城市发展史上有历史、科学、艺术价值的近代建筑群等，要划定为“历史文化保护区”予以重点保护。特别要注意对面临破坏的历史实物遗存的抢救和保护，使其不再继续遭到破坏。

(1)编制历史文化名城保护规划应包括的主要内容：①城市历史演变、建制沿革、城址兴废变迁，历史文化遗产资源普查、分析、鉴定；②历史建筑类别、等级确定，历史地段保护区范围的划定；③视觉景观分析、建筑高度分区控制；④历史风貌、空间特色的保护规划，历史环境更新、整治及再开发利用；⑤历史保护相关法规、政策的制定，公众参与、宣传、教育及文化活动的开展；⑥城市特有的传统文化、手工艺、传统产业及民族精华等；⑦现存历史文化遗产及其环境遭受破坏威胁的状况；⑧城市现存地上和地下文物古迹、历史街区、风景名胜、古树名木、革命纪念地、近代具有代表性建筑，以及有历史价值的水系、地貌遗迹等。

(2)编制文物遗产保护的内容主要是建筑物实体和环境两个方面。建筑实体主要包括国家级、省市级、县级文物建筑，各级政府批准公布的优秀近现代建筑物、构筑物。环境指的是保护建筑物所处的一定范围的历史环境。

4.8 城市规划法律责任

4.8.1 行政处罚

(一)违法占用土地的行政处罚

(1)任何单位和个人未经批准擅自占用城市规划区内的土地进行建设，或者从事挖取砂石等活动的。由城市规划行政主管部门责令当事人立即停止违法建设活动，限期退出违法占用的土地。在违法占用土地上已经形成建筑物或者其他设施的，由规划行政主管部门根据影响城市规划的程度处以限期拆除、没收，并可处以罚款。擅自挖砂采石破坏原有地形地貌和环境的，责令当事人限期恢复原状。

(2)任何单位和个人未取得建设用地规划许可证,就向土地管理部门申请征用土地,并获得批准文件,占用土地的,依据规划法第39条规定,批准文件无效,由城市规划行政主管部门提请人民政府收回批准文件并责令当事人限期退出占用的土地。

(3)任何单位和个人虽然取得建设用地规划许可证,但在征用、划拨用地过程中,或在进行建设工程活动中,违反了建设用地许可证中规定的位置、面积等要求的,由规划行政主管部门责令当事人限期采取改正措施。

(4)任何单位和个人未经批准,擅自改变已经确定的土地使用性质的,由规划行政主管部门责令当事人限期改正。已在用地上建成建筑物或者其他设施的,由规划行政主管部门根据影响城市规划的程度,对当事人处以限期改正、限期拆除或者没收,并可处以罚款。

(二)违法建设的行政处罚

(1)任何单位和个人未向城市规划行政主管部门提出建设申请,也就是说没有取得建设工程许可证就在城市规划区擅自进行建设活动的,由城市规划行政主管部门给予当事人行政处罚,对已经建成的建筑物或者其他设施,如严重影响城市规划的,给予停止建设,限期拆除或者没收;如属于尚可采取改正措施的,给予限期改正,并可处以罚款。所谓严重影响城市规划是指侵占城市水源地、风景园林绿地、文物保护区,妨碍城市道路对外交通及消防安全、防灾、污染环境等并不可能采用改正措施避免或减轻影响的建设工程。

(2)任何单位和个人擅自改变建设工程规划许可证规定的内容,由城市规划行政主管部门给予行政处罚。严重影响城市规划的,给予当事人停止建设、限期拆除或没收;尚可采取改正措施的,给予当事人限期改正,并可处以罚款。

(3)任何单位和个人未经规划部门批准,擅自改变建筑物原来使用性质的,由城市规划行政主管部门责令当事人限期采取改正措施,并可处以罚款。

(4)批准临时建设,但建成半永久或者永久性建筑物的,由规划行政主管部门责令当事人限期拆除,并可处以罚款。

4.8.2 行政法律责任

《城市规划法》第43条规定:“城市规划行政主管部门工作人员玩忽职守、滥用职权、徇私舞弊的,由其所在单位或者上级主管机关给予行政处分;构成犯罪的,依法追究刑事责任。”违法建设的直接责任人员,由有关单位或上级主管机关给予行政处分。例如,对违法行为的直接责任人员给予警告、降级、撤职、开除等处分。违反规划管理的责任人员属于一般工作人员,可以由其所在单位给予行政处分,属于单位主要负责人,可以由其上级主管机关给予行政处分。

《城市规划法》第39~42条规定:“在城市规划区内,未取得建设用地规划许可证而取得建设用地批准文件、占用土地的,批准文件无效,占用的土地由县级以上人民政府责令退回。”在城市规划区内,未取得建设工程规划许可证件或者违反建设工程规划许可证件的规定进行建设,严重影响城市规划的,由县级以上地方人民政府城市规划行政主管部门责令停止建设,限期拆除或者没收违法建筑物、构筑物或者其他设施;影响城市规划,尚可采取改正措施的,由县级以上地方人民政府城市规划行政主管部门责令其限期改正,并处罚款。对未取得建设工程规划许可证件或者违反建设工程规划许可证件的规定进行建设的单位的有关责任人员,可以由其所在单位或者上级主管机关给予行政处分。当事人对行政处罚决定不服的，可以在接到处罚通知之日起15日内，向做出处罚决定的机关的上一级机关申请复议；对复议决定不服的，可以在接到复议决定之日起15日内，向人民法院起诉。当事人也可以在接到处罚通知之日起15日内，直接向人民法院起诉。当事人逾期不申请复议、也不向人民法院起诉、又不履行处罚决定的，由做出处罚决定的机关申请人民法院强制执行。

4.8.3 刑事法律责任

《城市规划法》第43条规定："城市规划行政主管部门工作人员玩忽职守、滥用职权、徇私舞弊的，由其所在单位或者上级主管机关给予行政处分；构成犯罪的，依法追究刑事责任。"刑事法律责任是指实施了刑法禁止的行为并达到了犯罪程度而应承担的法律责任，在城市规划实施过程中，可能引起刑事责任的行为主要有以下3个方面。

(1)由于违法建设行为而造成严重危害，威胁居民生命安全，使国家财产遭受重大损失，情节严重，已经构成犯罪的。

(2)以暴力、威胁方法阻挠城市规划管理人员依法执行公务，造成城市规划实施受到严重影响，国家财产受到重大损失的直接责任人员，情节严重，已经构成犯罪的。

(3)由于城市规划行政主管部门的工作人员玩忽职守、滥用职权、徇私舞弊，使国家遭受重大损失，情节严重，构成犯罪的。

思考题

1. 我国城市规划法规体系的构成包括哪些内容？
2. 城市规划的特点是什么？
3. 编制城市规划的依据是什么？
4. 建设用地规划许可证审该有什么内容？
5. 对违法占地和违法建设有哪几种城市规划行政处罚措施？
6. 城市规划行政处罚有哪些原则？
7. 什么是历史文化名城？对其进行规划须要注意什么？
8. 城市规划相关法律责任有哪些具体的规定？有什么特点？

5 土地管理

土地是人类社会生产力的重要源泉,作为人类生活、生产等一切活动的场所,亦是农业生产的基本生产资料和劳动对象。《马克思恩格斯选集》指出:“土地是一切生产和一切存在的源泉。”英国古典经济学家威廉配第指出:“劳动是财富之父,土地是财富之母”。土地是最宝贵的自然资源,在一定的时间、地点和条件下,能够实现其经济价值,成为财富的来源,因此土地对于农业生产、对于整个国民经济的发展乃至整个世界的发展的重要性是显而易见的,如果没有土地,人类就不能生存和进行任何生产活动。

我国土地资源相当丰富,国土陆地总面积约960万平方公里,但由于人口基数大,人均土地资源逐渐减少,加之大部分土地资源质量不高,土地沙化、退化现象严重,适合耕种的土地显得更少。我国荒漠化潜在发生区域范围,即干旱、半干旱和半湿润地区范围总面积约331.7万平方公里,占国土面积34.6%,其中荒漠化土地面积262万平方公里,占这一区域面积的79%,占国土面积的27.3%,并以每年2 500多平方公里速度扩大,生活在荒漠地区和受荒漠化影响的人口近4亿。据有关方面粗略估算,因荒漠化危害造成的直接经济损失每年高达540多亿元。因此我们加深对土地管理的认识,尤其是利用法律手段来加强土地管理已是刻不容缓。

为全面落实科学发展观,适应构建社会主义和谐社会和全面建设小康社会的要求,切实加强土地管理工作,完善土地执法监察体系,根据2004年10月29日发布的《国务院关于深化改革严格土地管理的决定》,2006年7月13日国务院设立国家土地总督察和相应办公室,并向地方派驻国家土地督察局,从而加大国家对土地的监管力度。

5.1 土地及土地管理法

5.1.1 土地

土地指的是地球表层的陆地,主要由地质、地貌、土壤、植被、气候和水文等地理要素组成的,并受到人类活动长期影响而不断变化的自然—经济综合体。土地资源指的是在一定的时间、地点和条件下,能够实现其经济价值成为财富来源的土地,因此在一定的技术经济条件下,能够为人类生产和生活所利用并能产生效益,对人类目前或可预见的将来有用的土地被称为土地资源。土地是最宝贵的自然资源,是最重要的社会财富,是最基本的生产要素,是宏观调控的重要手段。

(一)土地的经济社会属性

1. 权属垄断性

土地产权是指存在于土地的排他性完全权利,它包括土地所有权、土地使用权、土地收益权、土地处置权等多项权利。每一块土地都是被垄断地占有和使用,使用他人的土地必须向土地所有者支付地租。土地所有权是土地所有制在法律上的体现,指的是土地所有者依法对自己所有的土地享有占有、使用、收益和处分的权利,我国实行土地的社会主义公有制,即全民所有制和劳动群众集体所有制。

2. 报酬递减性

从边际效益的角度看,在土地资源的开发利用中会随着土地资产投入的增加,土地回报率下降,即单位投资产生的收益率随投资增加而下降。

3. 价值二重性

土地价值是由土地资源价值和土地资本价值两个部分构成的。土地资源价值就是地租的资本化,即土地所有者凭借其对土地所有权的垄断,要求在经济上得以实现收取地租,这是土地资源价值产生的基础。土地资本价值就是由土地资本产生的价值,它是由人类对土地的投入,包括投入到土地上的物化劳动和活劳动产生的价值。

4. 用途可变性

土地具有多宜性,随着土地利用条件的变化,土地用途是可以改变的。土地用途选择不仅要考虑资源环境条件,也要考虑经济社会条件。土地用途调整将改变土地效用和土地收益,是影响土地价格的重要因素。

(二)土地的分类

(1)根据土地的自然属性,可以把土地分为地下、地面、水及水连接的土地、地面以上 4 个部分。

(2)根据土地的用途,可以把土地为分农用地、建设用地和未利用地。

(3)根据土地的质量,可以把土地分为 8 个等级。

一级地:土地质量好,在土地利用方面基本没有限制,适用性广,可作农业、林业、牧业等多种利用。

二级地:土地质量较好,适宜性较广,在土地利用方面有限制因素但不大,或至少有一个主要限制因素,其强度对种植业有影响,对林、牧业则影响不大。

三级地:一般土地质量中等,在土地利用中限制较大,对农作物选择性较强,至少具有一个主要限制因素的强度较严重,影响到农业利用。

四级地:土地质量较差,适宜性不好,对农业有很大限制,至少有一个主要限制性因素严重影响农业利用。一般适于林业、牧业利用。

五级地:土地质量差,不适于农业,主要用于牧业和林业。

六级地:只能用于牧业和林业,适宜树种少,发展林、牧业也受到一定限制。

七级地:仅能短期生长野生牧草,勉强作牧业用,造林困难,限制因素同六级地,但程度严重,改良困难。

八级地：不适宜于生产性利用，限制因素多、强度大，在目前科学技术条件下，尚难于改造。如戈壁、沙漠、冰川等。

(4)根据人口的密度，可以把土地分为超载土地、临界土地和富余土地。

(三)土地的性质

土地是指地球表面能够为人们控制和利用的陆地，上至一定高度的空间、下至地壳一定深度的风化壳这一立体空间的有关自然要素与人类劳动所形成的综合体，所以土地具有以下几方面的性质。

1. 自然性

土地是一种自然资源，它的发生发展受到自然规律的制约与影响，它所表现的不动性、耐久性、有限性和不可代替性是迄今为止人类所不能改变的。

2. 经济性

经济性主要表现在地理位置的重要性、肥力的适应性、开发中的潜优性、供应的稀缺性和土地利用适应物价变动的缓慢性。

3. 社会性

社会性主要表现在土地作为基本生产资料与人类劳动结合后，在社会生产关系中的地位以及施用国家调控的权力属性。

4. 法律性

法律性主要表现在动产与不动产的法律区别上。土地作为一种不动产，在财产权利法律关系中，当民事权利义务主体之间就土地所有权和使用权进行转移时，通常要依法到主管部门进行登记，以取得法律效力，接受法律保护。

5.1.2 土地管理法

土地管理法是调整人们为保护、开发土地资源，合理利用一切土地，节约建设用地，保护耕地，维护完善和创新社会主义土地所有制，综合运用行政、经济、法律、科技等手段统管全国土地过程中所发生的各种社会关系的法律规范的总称。

广义的土地管理法是指调整土地的开发、利用、保护、整治、土地归属的确定以及土地管理过程中所发生的各种社会关系的法律规范的总称，这些法规所调整的主要对象并非土地，但其中涉及土地的利用和保护问题，如《矿产资源法》、《草原法》、《森林法》、《渔业法》、《水法》、《环境保护法》、《野生动植物保护法》等一系列法律及其实施细则与相应法规等。

狭义的土地管理法是指直接规定人们在行使土地权属、开发利用土地、保护土地和管理土地上的权利义务关系，除《宪法》、《刑法》、《民法通则》中规定的有关土地条款外，为了加强土地管理，维护土地的社会主义公有制，保护耕地，促进社会经济的发展，我国颁布了《中华人民共和国土地管理法》(Land Administration Law of the People's Republic of China，以下简称《土地管理法》)，于1988年12月29日第七届全国人民代表大会常务委员会第五次会议进行了第一次修正，于2004年8月28日第十届全国人民代表大会常务委员会第十一次会议进行了第二次修正。《土地管理法》的主要内容共8章，86条，第一章是总则，规定了土地管理法的立法目的和依据,我国的土地管理的基本原则和制度管理体制;第二章是土地的所有权和使用权,主要规定了各类土地所有权的归属、国有土地和农民集体所有的土地可以依法确定给他人使用的原则、依法登记的土地所有权和使用权受法律保护、土地承包经营权和经营期限、土地所有权和使用权争议的处理等内容;第三章是土地利用总体规划,内容包括土地利用总体规划的编制、审批、执行以及土地利用计划的编制、审批和执行;第四章是耕地保护,主要规定了占用耕地补偿制度,保证耕地数量、保持耕地总量动态平衡的制度,基本农田保护制度,国家鼓励土地整理的制度,土地复垦制度,非农业建设用地的原则、土地开发的原则,以及对荒芜、闲置土地的处理和国有荒山、荒地、荒滩、复垦土地的开发利用;第五章是建设用地,主要规定了农用地转用审批制度、土地征用制度、国有建设用地有偿使用制度等基本制度,以及国家对建设用地的具体管理措施;第六章是监督检查,主要规定了土地行政主管部门对土地违法案件的监督检查的职责及可以采取的措施,土地违法行为的单位和个人的权利和义务;第七章是法律责任,主要规定了买卖或者以其他形式非法转让土地、破坏土地、非法占用土地等九类违法行为和土地行政主管部门的工作人员玩忽职守、滥用职权、徇私舞弊的法律责任以及行政处罚决定的执行;第八章是附则,规定了土地管理法适用范围的补充性规定和本法的生效期。

不论是狭义的土地管理法,还是广义的土地管理法,其法律效力虽然因为制定的机关、规定的内容也许有所不同,但它对任何组织和个人来说,均是具有普遍约束力的,其主要目的旨在合理开发利用和保护、改善好每寸土地,加强国家对土地的监管。

(一)土地管理法的立法目的

1. 加强对土地的管理

随着社会经济的发展和市场经济体制的建立,我国的土地管理工作出现了很多新问题,主要表现为:①建设用地大量增加,造成耕地面积锐减;②违法用地情况严重,难以有效查处;③原来的分级限额审批制度,难以控制建设用地总量;④管理措施和制约手段不够完善;⑤对国有土地管理规定不够明确,致使大量国有土地流失。

因此看来,加强对土地的管理是大势所趋,国家必须大力加强对土地的管理。

2. 维护我国土地的社会主义公有制

我国的经济制度是社会主义公有制,土地作为重要的生产资料也必然实行公有制。而实行公有制的目的,是为了让社会和广大公众占有、支配、合理利用土地,使土地的经济性达到最优化。由于诸多原因,国有土地长期被部门和单位无偿、无期限地使用,不仅使土地的国家所有权在经济上无法实现,而且也不能合理利用土地。因此国家立法对土地的所有权和使用权分离,实行国有土地使用权出让转让制度,明确了土地所有者和使用者之间的租赁关系,使土地所有者的所有权在经济上的表现通过收取土地出让金、土地使用费得到实现,从而使国家对土地有了名副其实的所有权,土地的社会主义公有制得到了巩固。

3. 保护开发土地资源,合理利用土地,切实保护耕地

土地管理法中确立了土地有偿使用制度、占用耕地补偿制度、基本农田保护制度等一系列保护利用土地的制度,并采取许多措施,如通过编制土地利用总体规划控制城市建设用地规模,提高征用耕地补偿标准,鼓励综合整治土地,禁止破坏、闲置和荒芜耕地等,其目的就是为

了保护开发有限的土地资源，合理利用土地，并切实保护好耕地。

4. 促进社会经济的可持续发展

土地是宝贵的资源和资产，十分珍惜和合理利用每寸土地，切实保护耕地是我国的基本国策。在人均耕地数量少，总体质量水平较低，后备资源不富裕的情况下，只有严格保护耕地，不断提高耕地质量，开发耕地，才能扭转在人口不断增长，建设用地还要增加，耕地大量减少的失衡趋势。土地管理法正是通过加强对土地的宏观管理，严格建设用地审批管理，严格控制城市建设用地规模，加强农村集体土地管理，加强对国有土地资产管理，加强土地的执法监督检查，真正达到管好土地、用好土地的目的。只有这样，才能促进社会经济的可持续发展。

（二）土地立法的原则

根据我国的基本国情，土地立法应遵循以下原则。

1. 维护土地的社会主义公有制原则

土地公有制是我国土地制度的基础和核心，一切土地立法都必须遵循和维护这一制度，它是土地立法的重要原则。

2. 保护合法土地财产的原则

土地财产权是一项重要的民事财产权利，是我国民事基本法律原则在土地立法中的具体体现，保护土地财产权人的合法权益是土地立法的一个主要原则。

3. 保护耕地的原则

耕地是农业的最基本生产资料，我国是一个人口众多的农业大国，耕地后备资源不足，保护耕地，是农业和国民经济稳定发展的基础。因此，土地立法坚持保护耕地的原则是由我国基本国情决定的。

4. 合理利用土地的原则

土地作为一种宝贵的自然资源，是人类生存和生活的基本生产资料。随着人口的激增和经济的迅猛发展，使土地数量的有限性和人类需要利用土地的无限增长性之间的矛盾日益突出。有效地保护土地资源，合理利用土地也成为土地法调整的首要任务和立法原则。

5. 统一管理土地的原则

在土地立法中坚持这一原则，强化国家对土地的管理，是有效的组织和协调土地利用的需要；也是全面、长远、有序地调整土地关系的需要；也是进行国家土地管理体制改革的需要。

6. 有偿使用土地的原则

在计划经济条件下，土地实行无偿划拨使用，从而造成国有土地资产严重流失、土地资源浪费、土地使用效益低下。实行土地的有偿使用，这是经济体制改革和产权理论的要求，它理顺了土地所有者和使用者之间的经济关系，维护和强化了社会主义公有制性质，有利于合理利用土地，有利于强化国家对土地的管理，有利于促进土地资源的优化配置，也有利于对外开放、引进资金，扩大城市建设资金的来源。

（三）土地管理法的调整内容

土地管理法的调整内容指的是土地法律规范规定的范围。现行的土地法是以我国的基本制度、基本国策和基本国情为依据，按照我国社会主义土地公有制以及必须十分珍惜和合理利用每寸土地、切实保护耕地、加强土地执法监察等原则下，做出合乎土地关系的历史和现状的客观要求的规定，主要包括下列内容。

1. 土地管理制度规范

(1)维护我国社会主义土地公有制，确认全民所有和集体所有土地、草原、林地、水面、滩涂等所有权种类、主体，及其取得土地所有权的方式、途径，并依法保护所有权的行使范围及其合法权益。

(2)维护土地使用权制度，确认、变更、撤销使用全民和集体所有的土地、草原、林地、水面等使用权，并依法调整土地的使用关系，保护土地使用者的合法权益。要求土地使用者在开发、利用、整治土地中十分珍惜土地，切实节约用地，有效保护土地资源。

(3)调整法律规定的土地使用权有偿有期限使用关系，包括土地使用权出让、转让、租赁、抵押、承包经营等制度。

2. 土地管理组织规范

(1)国家和地方各级土地管理机构的建立、变更、组织编制、隶属关系等。

(2)国家各级土地管理机关的地位、作用、任务、权限、责任等。

3. 土地管理活动规范

(1)加强对全国土地的宏观管理，按照生态原则、经济原则、系统原则、地域原则，制定土地利用总体规划、土地利用年度计划。

(2)统一管理城乡地政，建立土地调查、土地登记、土地统计、土地分等定级制度，完善土地档案，使我国土地进入科学管理、法制管理和现代化管理的轨道。

(3)在查清包括数量、质量、分布状况等土地资源，做出综合评价的基础上，协调全国土地的开发、利用、整治和管理。调整土地的合理利用结构，提高土地的利用率，以充分发挥土地的经济效益、社会效益和生态效益。

(4)强化建设用地的微观管理，严格国家建设用地和乡、镇、村建设用地的审批制度。

(5)严格实行土地用途管制，对农用地管理及其转用、集体土地征用均作了明确规定。

(6)调整农、林、牧、渔各业的配置，改变对土地重用轻养而导致地力下降的情况，提高土地生产力和集约化经营水平。

(7)依照《森林法》、《草原法》、《渔业法》、《矿产资源法》、《水法》等有关规定，协调改善土地的利用状况，如发挥森林蓄水保土、防风固沙、挡洪护堤，保护水土等作用；维护草原生态环境，扩大草原的可利用面积，改善靠天养地局面；保护和合理利用水面，促进水产养殖等。

4. 土地关系的保障规范

(1)对土地管理机关行使管理权的监督，一般分内部监督与外部监督两个方面。内部监督又可分上级机关的监督、专门监督机关的监督；外部监督包括党的监督、权力机关即立法机关的监督、检察机关的监督、司法机关的监督、社会组织的监督和人民群众的监督等。

(2)对违反土地法的行为追究法律责任，民法、行政法、刑法、土地管理法及其配套法规对违反土地管理的问题分别做出了有关民事、行政处分、行政处罚、刑事处罚等规定，在依法治国的今天，充分体现了依法行政、依法管理土地的精神。

【案例】

某县浪峰村村民李某于2006年3月未经批准，擅自占用集体土地200平方米修建住宅楼。该村村民委员会认为刘某的行为侵犯了其土地所有权，经出面制止未果，于是向县土地管理局反映，要求依法拆除刘某非法所建房屋。县土地管理局调查后认为，刘未经批准占用集体土地属实，但已成事实不宜拆除，对刘某做出每平方米罚款15元的处罚决定，并给刘补办了用地手续。对此村民委员会表示不服，向县人民法院提起行政诉讼。

【评析】

本案村民委员会起诉，符合《行政诉讼法》第41条规定的起诉条件，故该村民委员会有权向人民法院起诉。村民委员会作为集体经济组织，同时也是集体土地的所有者。县土地管理局对村民刘某做出罚款补办手续的决定，违反了《土地管理法》的有关规定，从而影响了该村村民委员会土地所有权的行使，即县土地管理局实施处罚这一具体行政行为侵犯了村民委员会的合法权益。法院依法判决刘某所建房屋属于违法乱建，限期拆除，将土地退还给村集体所有；判决县土地管理局同刘某所办用地手续无效，并责令退还对刘某的罚款。

5.2　土地所有权

土地所有权属于财产所有权的范畴，具有所有权的一般属性，是全部土地问题的核心。按物权种类的划分，土地所有权属于不动产所有权。土地是一种重要的资源，其与劳动力、资本构成生产三要素。我国现行的《民法通则》、《宪法》及《土地管理法》规定，土地不允许私人所有，而其他不动产则无此种限制。

5.2.1　土地所有权的法律特征

(1)根据我国《宪法》和《土地管理法》的规定，土地所有权的主体只能是国家和集体。

(2)土地所有权是一项专有权利，其权利的主体是特定的，而义务主体是不特定的。

(3)土地所有权客体的特殊性，土地所有权的客体为土地，属于不动产的范畴。

(4)土地所有权交易的禁止性，土地不得买卖、出租、抵押或者以其他形式非法转让。

(5)土地所有权权属具有一定稳定性，土地所有权主体的限定性和土地所有权交易的禁止性决定了我国土地所有权权属的高度稳定性。

(6)对土地所有权的行使实行严格限制，无论国有土地，还是集体土地，包括对土地使用、处分、收益等，都受到相应的法律约束。

5.2.2　土地所有权的内容

土地所有权是一个较为笼统的权利，具体包括占有权、使用权、收益权和处分权4个方面内容。土地所有权的权能可以与所有权分离，成为独立的权利，这也使得权能的划分及对各项权能内容的界定成为必要。

1. 占有权

占有权是指权利主体依法对土地进行实际控制的权利。它是行使土地所有权和使用权的基础。作为所有权的一项权能，占有权既可以由所有权人行使，也可以通过一定方式转移给非所有人行使，这样就产生了土地所有权与占有权的分离。对于土地所有人来说，占有本身并不是最终目的，而将占有权分离出去是为了发挥土地财产的经济效益，因此使得权能的划分及对各项权能内容的界定成为必要。

2. 使用权

使用权是指按照土地的性能和用途加以利用，从而实现土地所有人权益的权利。拥有所有权的目的，在绝大多数情况下，正是为了对土地加以利用，这是土地所有人实现其对土地的利益的最主要方式。为了使用土地，首先要以占有为前提。农村劳动群众集体组织在其拥有的耕地上种植农作物，就是使用权行使的一种方式。当使用权从所有权中分离，也就是交由非所有人行使，成为非所有人的使用权时，它就成为一种相对独立的民事权利，但此时所有人并不因此而丧失对土地的所有权。

3. 收益权

收益权就是基于对土地的权利而取得经济收入或利息的权利。收益往往是因为对财产的使用而产生，因此与使用权联系紧密，但是收益权本身又是一项独立的权能，使用权并不能包括收益权。所有人有时不行使使用权，但仍可以享有对土地的收益权。如国家将土地使用权出让而收取出让金，集体经济组织将土地使用权发包给承包者而收取承包费等。

4. 处分权

处分权是土地所有者依法对土地进行处置的权利。它是所有权的核心权能，一般情况下，只能由所有人亲自行使，但所有权人也可以将自己的处分权部分或全部授权非所有权人行使。所有权的各项权能与所有权的分离，也是所有权人行使其处分权的一种方式。土地管理法对土地的处分权有严格的限制，如规定禁止买卖土地或以其他方式非法转让土地。

5.2.3 土地所有权的分类

我国现今实行的土地公有制，其权利形态为国家土地所有权和集体土地所有权两种类型。国家土地所有权的主体并不直接使用土地，而是将土地的使用权确定给法人和公民；集体土地所有权的主体通常直接对土地使用与收益，但有时也提供给其他法人或公民使用。

1. 国家土地所有权

国家土地所有权指国家代表全体人民对国有土地依法占有、使用、收益和处分的权利，国家土地所有权的范围包括了城市土地、农村和城市郊区土地、推定为国家享有所有权的土地，国家土地所有权的取得方式有继承、没收、征收和征用 4 种，国家土地所有权的特征有下列几点。

1）主体的唯一性和统一性

国家土地所有权唯一性是指我国社会主义全民所有的土地只能由代表全体人民共同意志

和根本利益的中华人民共和国享有,国家以外的任何单位和个人在任何情况下都不能成为国有土地的拥有者或与国家共同成为国家土地所有权的主人。统一性是指国家土地所有权只能由国家统一行使。

2)客体的广泛性

作为国家土地所有权客体的土地,除了包括城市土地、耕地、林地、草原、荒地、滩涂等,还包括通过征用集体所有的土地为国家所有的土地,以及在土地所有权发生争议时,凡不能依法证明争议土地属于农民集体所有者,即属于国家所有。对作为国家财产所有权重要客体,我国《民法》也同样对国有土地给予了特殊的保护措施。首先,当国有土地被他人非法占有时,不论是直接占有,还是经过他人非法转让占有,也无论非法占有人是善意占有,抑或是恶意占有,以及不论占有时间的长短,一经发现,国家随时有权请求返还;其次,国家、集体对土地所有权归属不明发生争议,且事实上又无法确认所有权归属时,即可推定争议的土地属于国家所有。

3)内容单向性

国家土地所有权的内容指的是国家对国家土地行使占有、使用、收益、处分的权能。国家对土地管理实行"统一领导、分级管理",土地所有权只能流进,也就是由非国有土地转为国有土地,而不能由国有土地转为非国有土地。我国地域辽阔,情况复杂,实行的是高度中央集权制,但仅靠中央政府的积极性是不够的,在确保中央财政收入的前提下,承认地方利益,妥善处理中央和地方的关系,因地制宜地充分调动地方政府的积极性,无论对中央和地方、对国家和百姓,都是较为可行的。《宪法》规定,"在中央的统一领导下,充分发挥地方的主动性、积极性",具体由全国人大和国务院在与地方充分讨论、协商的基础上,就授权地方人民政府行使国家土地所有权的有关问题,特别是土地收益的分成比例问题,做出了一系列明确规定。

2. 农民集体土地所有权

农民集体土地指的是农民集体所有的土地,农民集体全体成员依法对其所有的土地进行占有、使用、收益和处分的权利。农民集体土地所有权作为一种独立的民事权利,在法律上与国家土地所有权处于平等的地位,是在建国后农民通过土地改革取得的私人土地所有权的基础上,经过互助组、初级合作社、高级合作社、人民公社化运动演变而来,最后为宪法所确认的。《宪法》第10条明确规定:"农村和城市郊区的土地,除由法律规定属于国家所有的以外,属于集体所有;宅基地和自留地、自留山,也属于集体所有。"农民集体土地所有权在主体、客体、内容3个方面具有如下特征。

1)主体

主体为农民集体经济组织,农村经济组织根据生产发展的需要,形式、规模多种多样,主要有村民集体、乡(镇)农民集体、村内两个以上农村集体经济组织以及村民小组,多数情况下为村民委员会代行主体权利。

2)客体

客体包括由法律规定的集体所有的耕地、林地、山岭、草原、荒地、滩涂等。

3)内容

在内容方面,集体经济组织一般都直接对自己的土地行使占有、使用、收益和处分的权利,农村集体经济组织对自己的土地在经营管理方面享有充分的自主权,各主体之间在土地所有权上是平等的、相互独立的,没有隶属关系,都是可以单独承担义务和享受权利的民事主体,法律禁止强行改变集体土地所有权的性质,也禁止来自外部的任何组织或个人侵占集体土地的行为,构成集体经济组织的集体成员应为长期生活于该集体内的农业户口村民。

5.3 土地使用权

土地使用权指的是民事主体在法律规定的范围内依法或依约定对国家或集体所有土地占有、使用、收益的权利,民事主体可以是组织或个人。由于土地使用权可以从土地所有权中分离出来,形成另一个独立的土地产权,因而土地使用权便可以分为土地所有权人的土地使用权和非土地所有权人的土地使用权。从传统的民法理论看,使用权是所有权的权能之一,某人对某物享有所有权,就必然地隐含着他对该物享有使用权。但现代产权理论告诉我们,作为产权中的一个独立权利,使用权可以从所有权中分离出来,形成另一个产权。实践中,使用权从所有权中分离出来的事例也很常见,如国家机关、企事业单位可依法取得国家土地使用权,农村村民可依法承包集体土地,并对承包的土地享有经营权等。由于非所有人对所有人的财产的使用通常都要取得某种受益,所有权人的受益权就有可能遭受损害。同时,由于所有权人对所有物有潜在的使用权和相应的受益权,使用权人的使用权和相应的受益权也可能遭受损害。因此,我国法律对土地使用权的取得程序、内容和使用权保护作了严格规定。

根据不同的分类标准,可对土地使用权作不同的划分:①按照土地所有制的性质不同,可将土地使用权分为国有土地使用权和集体土地使用权;②根据土地使用权的取得方式不同,可将土地使用权分为划拨土地使用权,出让土地使用权和承租土地使用权;③根据土地用途不同、可将土地使用权分为建设地使用权和农用地使用权。

5.3.1 土地使用权的出让

土地使用权的出让是指国家以土地所有者的身份将土地使用权在一定年限内让与土地使用者,并由土地使用者向国家支付土地使用权出让金的行为。土地使用权的出让范围包括两个层次的内容:第一,土地使用权出让的土地仅限于国有土地,且是城镇国有土地;第二,土地使用权出让的土地一般是具有商业性利益的土地,即具有房地产交易性质的土地。土地使用权出让的批准是一种政府行为、行政行为,是政府对土地使用权出让活动进行管理的一种行政措施。

(一)法律特征

(1)土地使用权出让是一种民事法律行为。

(2)土地使用权出让是一种设权行为。

(3)土地使用权出让是一种有偿行为。

(4)土地使用权的出让附随一些特殊义务。

(二)国有土地使用权出让方式

土地使用权出让方式指的是国家通过民事法律行为将国有土地使用权出让给土地使用者,其中最重要的方式是合同。订立合同的具体方式很多,土地使用权出让合同在我国目前主要采取拍卖、招标和双方协议等方式订立。

1. 协议出让

协议出让是指出让方和受让方经过协商，就土地使用权出让条件以及双方的权利义务达成一致而出让土地使用权的民事法律行为。

(1)申请阶段:由有意受让人向土地管理部门提出申请，提交用地意向书。

(2)协商阶段:土地管理部门代表国家与有意受让人就有关事项进行谈判、切磋，达成一致意见。

(3)签约阶段:双方达成的一致意见用合同方式确定下来的阶段。通过协议最后形成的法律文书(合同)有两种类型:一种是完全形式，即对双方当事人的权利和义务、用地要求及其他协商一致的意见等，在合同的条款中全部反映出来;另一种是不完全形式，这类合同只将当事人双方协商的主要条款在合同上反映出来，如当事人地块位置、面积、使用年限、土地用途、土地使用金等，其他的有关问题作为附件发生法律效力。

2. 招标出让

招标出让土地使用权指的是通过招标、投标和定标的竞争程序出让土地使用权的民事法律行为。招标出让是指在规定的期限内，由符合规定条件的人以书面投标方式，向出让方竞投某块土地的使用权，出让方选择底价最优者与之签订土地使用权出让合同，并向其出让土地使用权的民事法律行为。

3. 拍卖出让

拍卖方式出让土地使用权指的是土地所有者的代表在指定时间和公开场合下，就出让土地使用权的土地公开叫价竞投，由符合条件的竞投者竞投，按"价高者得"的原则确定土地使用权受让人的一种出让方式。

拍卖与招标都具有竞争性，但拍卖具独有的特点，主要表现在以下方面。

1)公开竞争性

招标方式下，各投标人互相不能知道竞争对手所提出的条件和标价，且具有一次投标的机会;而拍卖则由各竞买人之间进行公开竞争，每个竞买人都可以根据他人的投价而提出自己更高的报价，最后由最高报价的报价人签约。

2)价高者得

拍卖由出价最高者签约，取得土地使用权，而投标，除了考虑标价外，还要结合其他因素决标，不一定是标价最高者取得土地使用权。

(三)土地使用权的出让年限

土地使用权出让年限指的是国家许可的受让人在获得国有土地上使用土地的期限，具体包括国家法律规定的土地使用权得以出让的最高年限、土地使用权出让合同具体约定的受让人得以使用土地的出让年限和土地使用权年限届满后的续展等3个方面的内容。土地使用权出让的年限要求根据有关规定，土地使用权出让是有期限的，使用期届满，政府可以无偿收回土地使用权及地上建筑物和其他附着物所有权。使用期满，使用者继续使用，可以向政府申请延期，征得同意后，重新签订合同，支付土地使用权出让金，办理土地登记手续。政府因公共利益需要,可依照法律程序提前收回土地使用权,并根据实际使用情况给予使用者一定的补偿费用。

土地使用权出让的最高年限:①居住用地70年;②工业用地、教育、科技、文化、卫生、体育用地、综合或者其他用地均为50年;③商业、旅游、娱乐用地40年。

(四)权利和义务

1. 土地使用权出让人的权利和义务

土地使用权出让人是代表国家土地产权的市、县人民政府,其主要权利和义务应该满足的要求:①科学地测定和收取土地使用权出让金;②监督土地使用权受让人合理地使用土地;③出让期满无偿收回土地使用权和地上附着物、建筑物;④按合同规定将一定年限的土地交给受让者使用。

2. 土地使用权受让人的权利和义务

土地使用权受让人是指中华人民共和国境内外的公司、企业、其他经济组织和个人,除法律另有规定外,均可作为土地使用权受让人,其主要权利和义务需要满足的要求:①取得一定期限的土地使用权;②向出让人(即国家)支付土地使用权出让金及其他费用;③按合同规定的要求、用途使用土地;④按照国家相关要求依法纳税;⑤使用期届满,无偿地将土地使用权及其地上建筑物及其他附着物交给国家。

5.3.2 土地使用权的划拨

土地使用权的划拨是指县级以上人民政府依法批准,在土地使用者缴纳补偿、安置等费用后将该幅土地交付其使用,或者将国有土地使用权无偿交付给土地使用者的行为。

(一)法律特征

(1)划拨土地使用权的标的限于国有土地。

(2)划拨土地使用权的取得具有行政性。

(3)划拨土地使用权的取得具有无偿性。

(4)划拨土地使用具有无期性。

(5)划拨土地的用途具有特定性。

(二)划拨土地使用的内容

由于划拨土地使用权的性质不同,公民享有的划拨土地使用权,因其仅仅是所有权的一项使用权能,故而使用人对划拨土地只享有占有和使用权,而无收益权和处分权;而私法人享有划拨土地使用权因属于一项独立的他物权,故而对划拨土地享有占有权、使用权、收益权和一定的处分权。

对于划拨土地使用权的性质,应当区分两种不同的情况。

(1)国家机关、军事机关等公法人享有的划拨土地使用权。

(2)公司、企业、事业单位等私法人、自然人或其他组织享有的划拨土地使用权。

(三)土地使用权划拨的批准权限和程序

土地使用权划拨批准权限指的是法律规定的有权机关得以批准土地使用权划拨的权限。

土地使用权划拨的批准权限与土地使用出让批准权限相同，土地使用权划拨的程序包括预审、申请、审查、批准、登记等内容。

（四）划拨土地使用权的终止

划拨土地使用权是为特定目的而设，除非该特定目的被取消否则不存在撤销划拨土地使用权问题。出现国家征收、使用人不再需要、特定项目终止、土地灭失等情况，划拨土地使用权终止。

（五）划拨土地使用权的商品化

土地使用划拨是行政划拨，行政划拨土地是计划经济的产物。在我国现有的法律框架下，划拨土地商品化的途径有以下几种。

1. 出让

所谓土地使用出让，是指由国家按照土地所有权与土地使用权相分离的原则，依法授权市、县人民政府作为本行政区域内国家土地所有者的代表，将城镇中指定地块的国有土地使用权以一定年限、用途和其他条件，让与土地使用者占有、使用、经营和管理，并一次性收取货币金额的法律行为。

2. 出租

出租是指国家将无偿划拨改为有偿出租，并以收取租金的形式实现土地所有权的经济价值。国有土地出租是国有土地有偿使用的方式之一。对于因发生土地转让、场地出租、企业改制和改变土地用途后依法应当有偿使用的国有土地，均可以出租。现实中划拨土地的出租主要的两种方式：其一，国家将划拨土地使用权收回，然后又签订国有土地租赁合同，将土地出租给原土地使用人，并收取租金；其二，原划拨土地使用权人将划拨土地上的房屋等建筑物或附着物出租，出租人应将租金中的土地收益上缴国家，从而实现了划拨土地的有偿化。

3. 法律直接规定

法律直接规定指的是依据法律的规定而直接将划拨土地使用权转化为出让土地使用权。

4. 作价出资或者入股

5.3.3　土地使用权的转让

土地使用权转让是指土地使用者将土地使用权再转移的行为，包括出售、交换和赠与，它是土地使用者的正当经营活动。土地使用权转让是原受让人与再受让人之间发生的民事法律关系，是一种民事行为，与土地使用权出让活动是国家行政机关与受让人之间发生的行政行为有着本质的区别。

（一）土地使用权转让的特点

1. 再转移性

土地使用权转让原则是使用者将土地使用权再转移的行为，其法律关系的主体双方是各自独立的法人或个人。

2. 可抵押性

因转让取得土地使用权在使用期限内可以抵押。

(二)土地使用权转让的法律关系

土地使用权转让的法律关系是基于土地使用权原受让人与再受让人签订土地使用权转让合同而产生的权利和义务的关系。

1. 主体

土地使用权转让法律关系的主体是原受让人和再受让人,再受让人的资格与原受让人的资格基本一样。所以是中华人民共和国境内的公司、企业、其他组织和个人,除法律规定的以外,均可依照《中华人民共和国城镇土地使用权转让和转让条例》成为再受让人。作为国家代表的土地管理部门在土地使用权出让法律关系中是出让主体,但不是土地使用权转让法律关系的主体,而是作为行使土地行政管理职能的管理者的身份出现,对转让实施管理。所以,土地使用权转让法律关系是一种完全平等的民事法律关系,其主体是民事主体。

2. 客体

土地使用权转让法律关系的客体是因出让取得的土地使用权。行政划拨的土地使用权不能成为其客体,即行政划拨的土地使用权不能转让。土地使用权转让时,按法律规定,其地上建筑物和其他附着物所有权随之转让。

3. 内容

随着土地使用权转让合同的生效,国家与原受让人确立的权利和义务关系一并转移给新的受让人,即再受让人。新的受让人使用土地必须按照国家与原受让人之间订立的合同运行,不得随意改变。

(三)土地使用权转让的原则

1. 权利义务同时移转原则

权利义务同时移转原则是指土地使用权转让时,转让人与原土地使用权出让人所签订的出让合同以及登记文件中所载明的权利、义务随之移转给受转让人,土地使用权发生多次移转亦是如此。

2. 产权一致原则

产权一致原则是指土地使用权与其他建筑物所有权的权利人一致,土地使用权转让时,其地上建筑物和其他附着物所有权亦随之移转。

3. 效益不可损原则

效益不可损原则是指土地使用权的转让或地上建筑物和其他附着物所有权的转让,不得损害土地及地上建筑物的经济效益,并须经过政府审批。

(四)土地使用权转让的类别

土地使用权转让的形式有出售、交换和赠与 3 种。

1. 出售

土地使用权出售,即土地使用权买卖,是指土地使用者将土地使用权转让到他方,他方支付土地使用权转让金的行为。它的主要特征是:第一,土地使用权出售方必须把土地使用权转让给购买方,而购买方则按照等价交换的原则,向出售方支付相应的土地使用权转让金;第二,买方负有支付土地使用权出让金的义务，卖方负有转移土地使用权的义务。买卖双方在享有一定的权利的同时，又承担相应的义务。

2. 交换

土地使用权交换也叫土地使用权互易，指双方当事人约定相互转移土地使用权或一方转移土地使用权，另一方转移金钱以外标的物而订立的合同。双方当事人的法律地位，均相当于买卖关系中的卖方；关于买卖的法律规定，一般运用于交换，但交换是双方当事人均以款项以外的物或权利进行支付。

3. 赠与

土地使用权赠与是指赠与人自愿把自己的土地使用权无偿转移给受赠人，受赠人表示接受而达成合同。土地使用权赠与和土地使用权出售、交换不同，土地使用权赠与为无偿单方合同行为。赠与人对受赠人负有无偿给予土地使用权的义务，受赠人无偿接受土地使用权而不提供任何代价，其基本特征是无偿。它与遗赠的区别是；赠与是赠与人生前与受赠人达成意思表示一致；而遗赠则是被继承人以遗嘱的方式表示，把自己拥有的土地使用权在其死后转移给继承人。

(五) 土地使用权转让的程序

土地使用权转让的基本程序为申请、批准、签约、公证和登记等内容。

(1) 申请：由原受让人向出让人提出，经批准转让土地使用权的请求。

(2) 批准：即由出让人批准或者同意原受让人转让土地使用权。

(3) 签约：原受让人与再受让人就转让土地使用权的有关条款达成一致意见后签订合同。

(4) 公证：有关合同生效的条件是土地使用权转让合同依法经过公证。

(5) 登记：土地使用权和地上建筑物及其他附着物所有权转让，理应按照规定办理登记。否则，转让合同无效。

5.3.4 土地使用权的出租

土地使用权出租是指因出让或转让土地使用权的土地使用权受让人，将土地使用权随同地上建筑物和其他附着物租售给承租人使用，由承租人向出租人支付租金的行为。

随着土地使用制度改革的不断深入，国家允许土地使用权合理流动。在国家各级土地使用权出让市场的基础上，允许土地使用权人将土地使用权进行再转让，建立二级土地市场。而土地使用权出让后，受让者进行投资建设，所建成的房屋，除了自用的以外，主要有两种经营方式：一是将土地使用权随同地上建筑物一起转让给他人，从转让金中收回投资；二是将土地使用权随同地上建筑物租售给他人使用，从承租人支付的租金中收回投资。土地及其地上建筑物是不动产，不如动产那样易于转让买卖，但较为实用，如果要满足在一定期限内使用房屋的人的要求，就可采用土地使用权随同地上建筑物一同出租的方式。因此，在土地使用权的经营活动中，土地使用权出租具有重要意义。土地使用权出租是土地使用者的一种合法经营活动。未按土地使用权出让合同规定的期限和条件投资开发而利用土地的，土地使用权不得出租。

我国国有土地的租赁关系有两种形态，一种是国有土地使用权人将其拥有使用权的土地出租于他人使用,即土地使用权的出租;另一种是国家将国有土地直接出租给土地使用权人使用,即国有土地租赁。

(一)国有土地使用权人出租土地

土地使用权人出租土地是指土地使用权人作为出租人,将土地使用权随同地上建筑物和其他附着物出租给承租人使用,承租人向出租人支付租金的双方民事法律行为。

1. 生效要件

土地使用权人出租土地的生效要件包括:①土地使用权人具备出租条件;②土地使用权的出租应当随同地上建筑物和其他附着物一起出租;③签订土地租赁合同;④出租人须依法办理登记。

2. 国有土地使用权人出租土地内容

(1)承租人取得租赁权,可以依照租赁合同对土地进行占有、利用和经营的权利。

(2)出租人仍继续履行土地使用权出让合同,土地使用权出让合同规定的权利义务并未随土地的出租而移转给承租人,仍由出租人承担。

(3)承租人取得的租赁权虽为债权性权利,但在租赁合同有效期间具有某些特权的效力。

(4)出租期限不得超过出租人享有权利年限,一次租赁期限也不得超过20年。

(二)国家出租土地

国家出租土地指的是国家将国有土地出租给使用者使用,由使用者与县级以上人民政府土地行政主管部门签订一定年限的土地租赁合同,并支付租金的行为。国家出租土地与土地使用权人出租土地的最大不同是出租人的不同。国家出租土地人是拥有土地所有权的国家,由县级以上人民政府土地行政主管部门代表国家行使出租人的权利,履行出租人的义务;而土地使用权人出租土地的出租人为土地使用权人,其只享有物权性质的土地使用权,而非所有权。

1. 国家出租土地的适用范围

(1)对因发生土地转让、场地出租、企业改制和改变土地用途后依法应当有偿使用的土地,可以实行租赁。

(2)对于新增建设用地,重点仍应是推行和完善国有土地出让,租赁只作为出让方式的补充。

2. 国家出租土地的方式

国有出租土地可以采用招标、拍卖或者双方协议的方式,有条件的必须采取招标、拍卖方式。

5.3.5 土地使用权的抵押

土地使用权抵押是指土地使用者将其依法取得的土地使用权作为清偿债务的担保的法律行为,是债权人对享有的土地使用权的债务人或第三人的土地不移转占有,继续由债务人或第三人使用并获得收益,而在债务不履行时,处分债务或第三人提供的土地使用权(担保物),并从处分的抵押物所得价款中优先受偿。

（一）抵押的特征

1. 从属性

抵押权是为担保债权而设立的，它与所担保的债权形成主从关系，对其具有从属性。抵押权的这种从属性表现在其效力决定于债权，随债权的成立而成立，随债权的转移而转移，随债权的消灭而消灭。

2. 特定性

抵押权的特定性表现在两个方面：一是抵押标的特定性；二是被担保债权的特定性，即抵押权只能为担保特定的债权而设立，因而抵押权所担保的债权必须是明确的、具体的。

3. 价值性

抵押权以取得抵押物的交换价值为目的，而不以取得抵押物的使用价值为目的。因而，使抵押权与以取得物的使用价值为目的的用益物权相区别，称抵押权为价值权。

4. 不可分性

抵押权的不可分性表现为：土地使用权分割转让时，抵押权人仍然可就全部债权，对全部土地使用权行使权利；土地部分灭失时，剩余部分仍然担保债权的全部；已设定担保的债权，如进行分割或转让其中一部分，其抵押权不受影响；清偿一部分债务，不发生抵押权部分灭失的效力。土地使用权抵押的标的物不仅包括土地使用权，还包括地上建筑物和其他附着物。抵押人抵押土地使用权时，其地上建筑物和其他附着物随之抵押。地上建筑物和其他附着物抵押时，其使用范围内的土地使用权也随之抵押。

5. 物上代位性

如果抵押物毁损或灭失，抵押权人有权代替抵押人直接向负有赔偿责任的第三人请求赔偿。

（二）抵押的条件

土地使用权抵押的设置，要受到一定条件的限制才能实现，主要包括以下内容。

（1）只有经过出让和转让方式取得的土地使用权，才能抵押。土地使用权抵押的期限不得超过土地使用权出让和转让的年限。

（2）土地使用权抵押时，其地上建筑物和其他附着物随之抵押。地上建筑物和其他附着物抵押时，其范围内的土地使用权随之抵押。

（3）土地使用权抵押不得违背国家法律、法规和土地使用权出让合同的规定。

（三）抵押的程序

（1）抵押双方当事人签订土地使用权抵押合同，抵押合同不得违背国家法律、法规和土地使用权出让合同的规定。

（2）由公证机关对双方签订的合同给予公证。

（3）土地使用权抵押双方凭抵押合同、公证、认证等文件向土地管理部门办理抵押登记。登记是抵押权所成立的必要条件，其内容应包括被担保金额、抵押人姓名或名称、债权等内容。

（4）抵押合同终止后，抵押权人应在规定的时间内向土地管理部门办理抵押登记的注销手续。

5.3.6 土地使用权的终止

《国有土地出让和转让条例》第 39 条明确规定，土地使用权的终止是指国有土地使用权出让合同规定的使用期限届满而国家收回土地使用权，或者在土地使用权期满前国家因社会公共利益需要提前收回土地使用权。除此之外，土地使用权也可以由于其他原因而被国家强制收回。

（一）土地使用权终止的内容

土地使用权终止的发生根源在于下述 3 个方面。

（1）土地使用权因土地使用权出让合同规定的使用期限届满而终止，是土地使用权终止的最主要原因，即当土地使用权出让合同规定的土地使用期限届满时，土地所有者或其代表将依土地使用权出让合同的规定收回土地使用权，土地使用权受让人从此不再拥有该土地的使用权。由于土地使用权的出让是在不改变土地所有者前提下的有期限的使用权出让，故使用期限届满之日起土地使用权受让人理应将土地返还给土地所有者。

（2）土地使用权期满前，国家因社会公共利益的需要而提前收回土地使用权。在一般情况下，土地所有者应严格按照土地使用权出让合同的规定由土地使用权受让人在出让合同规定的使用期限内充分行使使用权，直至合同规定的土地使用权期限届满。因此中央和地方的有关出让和转让的立法均规定土地使用权出让期未满的土地使用权不得收回，但也不能排除在特殊情况下，土地所有者为维护公共利益的需要而提前收回土地使用权。

（3）因土地灭失而导致使用人实际不再享有土地使用权。土地灭失不同于一般物品的灭失，其灭失并不失去原土地在地球表面上所占的位置。土地的灭失主要指由于非人力和自然力量原因造成原土地性质的彻底改变或原土地面貌的彻底改变，如因地震而使原土地变成湖泊或河流等。由于土地灭失已经完全改变了原土地的社会意义，丧失了原使用的性质，因而国家应据此而收回土地使用权，对原土地所占空间根据实际存在意义做出新的设计和安排。由于土地使用权受让人严重违反城市规划或土地使用权出让合同规定而被国家强制收回使用权的终止，不同于上述3 种情况的终止。因严重违反城市规划和土地使用权出让合同而终止的，是一种对土地使用者的惩罚措施。土地使用者承担的终止责任是带有行政性的责任，更侧重于行政责任。《国有土地出让和转让条例》第 17 条第 2 款规定："未按合同规定的期限和条件开发、利用土地的，市、县人民政府土地管理部门应当予以纠正，并根据情节可以给予警告、罚款直至无偿收回土地使用权的处罚。"各地有关出让、转让的规定也大多数明确了此项责任。

（二）土地使用权终止的法律后果

自土地使用权终止之日起，十地使用者即丧失该土地使用权。土地使用权的终止产生下列几个方面的法律后果。

（1）土地使用者不再享有该土地使用权，土地使用权受让人与土地所有者或其代表之间关于该土地上的权利和义务随之解除。

（2）地上建筑物和其他附着物随土地使用权终止而由国家无偿取得，土地使用权受让人不得以任何理由提出地上建筑物和其他附着物的所有权请求，亦不得擅自损坏。

(3)土地使用权出让合同规定必须拆除的设备等,土地使用权受让人必须在规定期限内拆除。除土地使用权出让合同另有规定者外,非通用建筑物等必须由土地受让人按规定的期限拆除和清理,或者由土地使用权受让人支付拆除费用和清理费用。

5.4 建设用地

建设用地指的是建造施工、工矿、交通水利设施、旅游、军事设施等用地的统称。依据我国《土地管理法》的规定,建设用地可以分为国有建设用地和农民集体所有建设用地。

5.4.1 建设用地使用权

建设用地使用权指的是为在他人所有的土地上建造并所有建筑物或其他附着物而使用他人土地的权利。在《中华人民共和国物权法(草案)》规定的各种物权中,建设用地使用权是一个非常重要的物权,

(一)建设用地使用权的内容

(1)占有权:指房屋所有人对房屋实际控制的权利。它可以与所有权分离,故非所有权人也可能享有房屋占有权。

(2)使用权:是指土地使用者在法律允许的范围内对依法交由其使用的国有土地或者集体土地的占有、使用以及部分收益、处分的权利。

(3)收益权。

(4)出租权。

(5)相邻权。

(6)物上请求权。

(二)建设用地使用权的标的和设立

建设用地使用权的标的也就是指的建设用地,是指特定建设用地使用权所指向的土地。建设用地使用权的设立是创设用益物权的法律行为,其设立方式呈现多样化,具体包括行政划拨设立、合同设立、集体内部分配设立、出资设立和依照法律规定直接设立等内容。

(三)建设用地使用权的转让

建设用地使用权的转让实质是建设用地使用权主体的变更。建设用地使用权可以通过让与、交换、赠与出资等方式转让,但集体所有土地上以无偿方式取得的农户住宅建设用地使用权除外。建设用地使用权转让后,当事人双方应到不动产登记机关进行变更登记。行政划拨设立的建设用地使用权转让时,应事先向原划拨设立建设用地使用权的县级以上人民政府申请批准。经批准转让的、土地所有权人与建设用地权受让人可另行约定建设用地使用权期限和租金。土地的使用权转让时,不得改变土地登记用途和约定用途。

(四)建设用地使用权的消灭

建设用地使用权的消灭指的是已存在的建设用地使用权因某种法律事实而在法律上消灭。建设用地使用权的消灭是土地使用的权利状态发生了变化,即建设用地使用权的内容重新复归于土地所有权。在我国,建设用地使用权消灭专指因期限届满、国家征收、土地灭失以

及撤销、抛弃、混同等原因而消灭。

5.4.2 建设用地征用和补偿

建设用地征用是指国家为了公共目的而强制地并且通常是有偿地取得其他主体的所有权或者其他财产的一种行为，其特点表现为公共目的性、强制性和补偿性。征用土地的审批必须经国务院批准后方可征用的土地和由省级人民政府批准方可征用的土地。国家建筑征用土地，对所征用的土地支付相应的补偿费用，包括土地补偿费、青苗补偿费和地上附着物补偿费。

1. 我国征用土地一般应具备下列条件

(1)征用土地的主体必须是国家。

(2)被征用的土地是农民集体所有的土地。

(3)征用土地必须依照法律规定的条件和程序获得批准。

2. 征用土地的报批程序

(1)预申请。

(2)申请。

(3)拟订方案并上报。

(4)审批。

(5)公告以及落实。

3. 征用土地补偿的原则

(1)征地支付费用属于补偿或者补助性质，不是土地价格，不能根据土地使用权出让价格核定征地补偿标准。

(2)征地补偿和安置补助的原则是保证被征用土地的农民的生活水平不因土地被征用而降低。

(3)按照被征用土地的原有用途予以补偿。

(4)按照法定进行补偿。

4. 征用土地的补偿标准

依《土地管理法》第47条规定，征用耕地的土地补偿费为该耕地被征用前3年平均产值的6~10倍。其他土地指的是耕地以外的其他土地，包括林地、草地、园地、牧场、水域、池塘、建设用地等土地。《土地管理法》对其他土地补偿费的标准没有做出具体规定，而是授权省、自治区、直辖市以及耕地的土地补偿标准对其做出具体规定。

5. 安置补偿费的标准

征用耕地的安置补助费，按照需要安置的农业人口计算，其他土地安置补助费的标准由《土地管理法》授权省、自治区、直辖市参照耕地的土地安置补助费的标准对其作出规定。

5.4.3 土地用途管理制度

土地用途管理制度是《土地管理》确定的一项重要制度，它包括：按土地用途进行的分类制度;明确土地权属性质的土地登记制度;通过土地利用总体规划划定土地利用区和确定区内土地使用的限制性条件,对土地用途变更实行的审批制度;土地利用监督管理制度和违反土地用途管制的处罚制度等等。

(一)土地用途管理制度和类型

土地用途管理制度指的是国家为保证土地资源的合理利用,促进经济、社会和环境的协调发展,根据土地供给能力以及各项建设对土地的需求,编制土地利用总体规划,确定土地用途和土地使用限制条件;土地的所有者、使用者严格按照国家确定的土地用途利用土地的制度。

(二)土地用途管理制度的内容

依照《土地管理法》,土地用途总体规划把土地确定为3种类型:农用地、建设用地和未利用地。如此划分的目的是为了因地制宜,充分发挥土地的潜力,使用土地利用活动的综合效益达到最佳值。

5.4.4 我国的土地登记制度

土地登记又称为土地权利登记,是国家土地行政主管部门依照有关法律法规对土地用途、面积、土地所有权、使用以及其他权利的取得、变更等进行记载登记,以确认土地所有权、使用权的一种法律制度。土地登记制度属于不动产权属变动的一种公示方式。

(一)土地登记的法律依据

土地登记作为国家一项重要的土地管理活动,必须依法进行。《土地管理法》第11~13条,《城市房地产管理法》第59至第62条对土地登记都有明确规定,《土地管理法实施条例》第3~7条对土地所有权的取得、变更和注销也都有具体规定。

(二)土地登记内容

土地登记的具体内容因国民经济发展的不同时期以及国家对土地权属管理的不同要求而不同,但其登记的主要内容都基本相同,包括土地登记的基本单位、土地总面积、权属类别、地类及位置等。这些土地登记资料可以公开查询。

(三)土地登记的类型

根据土地登记的发生阶段不同,将土地登记分为土地初始登记和土地变更登记两种。此外,土地登记类型中,还有一些既非初始登记又非变更登记的登记类型,如注册登记、土地抵押权登记、土地使用权出租登记等。

5.4.5 建设用地的费用

我国规定土地费用指的是在土地使用权取得和转让活动中发生的各种费用。

(一)有偿取得国有土地使用的土地费用

1. 土地有偿使用费

土地有偿使用费指的是国家在土地使用权出让中应取得的土地纯收益。土地有偿使用的交费人是一切以出让方式取得土地使用权的单位和个人。土地使用人在土地使用权出让年限内,应当按照出让地块的面积,每年向土地管理部门缴纳土地有偿使用费。征收土地有偿使用费,不是为了增加财政收入,而是为了实行严格的土地管理制度而采取的重要措施。

2. 征地补偿费

土地的补偿费一般包括:①土地补偿费;②安置补助费;③土地附着物和青苗的补偿费。

3. 土地开发费

(1)基础设施、公共配套费,是指国家为进行基础设施、人工配套设施所耗费的成本。包括为建设住宅小区内的道路、供水、供电、供气、排污、通信、照明、警卫以及绿化等项工程发生的支出。

(2)建造房屋以及配套设施时缴纳的前期工程费,包括:可行性研究、规划、设计、地质、勘查、水文、测绘以及"三通一平"等方面的支出。

(3)建筑安装工程费,指的是以出包方式支付给承包单位的建筑安装工程费和以自营方式发生的建筑安装工程费。

(4)开发间接费,是指直接组织管理开发项目发生的费用,包括工资、职工福利费、折旧费、修理费、办公费、水电费、劳动保护费、周转房摊销费等。

4. 新菜地开发建设基金

用地单位缴纳新菜地开发建设基金的法律依据主要是《土地管理法》和《国家建设征用菜地缴纳新菜地开发建设基金暂行管理办法》(以下简称《新菜地开发建设基金暂行管理办法》)以及有关地方法规。

(二)以划拨方式取得的土地费用

根据用地单位是否缴纳有关费用,可以分为以下两种情况。

(1)无偿取得土地使用权不需向国家支付土地有偿使用费,也无需支付安置补偿费。

(2)不需缴纳土地有偿使用费,但是需缴纳补偿费等。

(三)管理性费用

管理性费用是指房产、土地管理部门在履行其管理职能,规范土地活动时所收取的费用,包括土地登记费、调查勘测费、书证费、手续费等。

1. 登记费

登记费包括:①土地总登记费,按照实际土地面积收取;②土地变更登记费。

2. 调查勘测费

调查勘测费指的是因土地管理机关组织实施土地实地调查和测量工作,而向土地权利人收取的费用。

3. 书证费

对于《国有土地使用证》、《集体土地建设用地使用证》、《集体土地所有证》等土地证书按件收取的费用。

4. 手续费

手续费包括:①房地产买卖,按照交易成交价格向买卖双方收取7%的手续费;②办理房地产继承、赠与、交换等手续的,按房屋或土地的评估价向受让人收取评估价1%的手续费。

(四)服务性费用

服务性费用指的是由房产、土地管理部门或其下属单位对其向社会或个人提供的特定服务所收取的费用。

1. 拆迁工作费

拆迁工作费是由承办房屋及其附属物拆迁工作单位收取的费用。由于没有统一规范,因此拆迁工作费的收费标准各地不一,一般按照拆迁人向被征地单位及其成员支付的拆迁补偿总额的一定比例收取。

2. 估价费

估价费是房地产评估机构的费用,一般按照总价金额的一定比例收取。

(五)已购公房和经济适用房上市出售,土地使用权出让金的使用分配和管理。

因为在我国职工个人购买的经济适用住房和按成本价购买的公有住房的房屋价格中都不含有土地使用权出让金,这是国家对职工的经济优惠措施。但是,当房屋产权归职工个人所有后,职工个人出售其购买的经济适用住房或按成本价购买的公有住房时,该经济适用房或者公有住房的购买人就需按照规定缴纳土地出让金或相当于土地让金的价款。根据《城市房地产管理法》以及财政部、国土资源部和建设部联合发布《已购公有住房和经济适用住房上市出售土地出让金和收益分配管理的若干规定》(财综字[1999]113 号)已购公有住房和经济适用住房上市出售时,购买人需缴纳土地出让金或相当于土地出让金价款和所得收益。

(六)土地税费

土地税费指的是国家以取得财政收入,调节土地利用活动为目的,通过税务机关依法向土地纳税人无偿、强制地征收货币或实物的一种经济分配形式。

1. 城镇土地使用税

土地使用税包括狭义的城镇土地使用税,以及对那些与国有土地使用权有关的行为、收益等所征收的税收,如转让房地产时缴纳的营业税、城市维护建设税、教育费附加、对土地使用权出让合同及土地使用权转让合同征收的契税、印花税等。

2. 耕地占用税

耕地占用税指的是对占用耕地建房或者进行其他农业建设的单位和个人,依据其占用的耕地面积征收的一种税。

3. 土地增值税

土地增值税是国家为规范土地、房地产交易秩序,合理调节土地增值收益,维护国家权益而在 1993 年税制改革中新开征的税种。土地增值税是指对转让土地使用权、地上建筑及其他附着物取得的增值额一次性征收的税种,属于资源税的一种特殊形式。征收土地增值税的法律依据是 1993 年国务院发布的《土地增值税条例》和 1995 年 12 月 16 日由财政部发布的《土地增值税条例实施细则》。

4. 契税

契税指的是在中华人民共和国境内转移土地、房屋权属,承受的单位和个人为契税的纳税人,应当依照《中华人民共和国契税暂行条例》的规定缴纳契税。当发生国有土地使用权出让、土地使用权转让(如出售、赠与、交换等)以及房屋买卖、交换或者赠与行为,引起土地使用权或者房屋所有权属发生转移或变更时,向该土地或者房屋的产权受让单位或个人一次性征收的税种。一般说来,契税属于地方税,所以契税的征收对于增加地方财政收入具有重要意义。

5.5 土地法律责任

土地法律责任指的是行为人实施违反土地法律规范的行为,依法应受到的法律制裁,即土地违法责任。以行为人实施的违反土地法律规范的行为为前提,不同行为人实施的不同种类的土地违法行为,将引起不同的法律责任。根据土地违法行为的性质、情节轻重和社会危害性,土地法中的法律责任分为行政责任、民事责任和刑事责任等3种,作为维护、保障土地法律关系稳定与安全的有力工具。

5.5.1 行政责任

土地行政责任是指国家有关行政机关依据法律的规定,按照行政程序,给予轻微违法失职行为的单位或个人以行政制裁。

(一)违法行为

行政法律责任的违法行为主体有两类:一类是公民法人或其他组织实施了违反土地法律规范的行为而承担的行政责任;另一类是国家土地管理机关及其工作人员因违反政纪或行使职权时实施了违反土地法律规范的行为而承担的行政责任。

(二)承担方式

鉴于上述违法行为情况,土地行政责任的承担方式也相应分两种。

1.行政处分

行政处分又称纪律处分,指的是指依法成立的国家机关、企事业单位等社会组织,按其行政隶属关系,给予具有一般违法失职行为的内部工作人员的一种纪律处分。做出这种处分决定的,只能是所在单位或上级机关。行政处分的种类有警告、记过、记大过、降级、降低职务工资、撤职、开除等若干种。任何依法成立的国家机关、企事业单位、社会团体等社会组织都可以依照国家有关规定和企事业单位的内部规章对其所属职工或成员的违纪行为行使行政处分。对于违反土地法的行政处分,可以是土地管理机关对其工作人员行使职务过程中有故意或重大过失的违法行为者采取的内部行政制裁;也可以是非土地管理机关的国家机关或非国家机关对利用职权实施了违反土地法的行为采取的惩罚。

2.行政处罚

行政处罚指的是依法拥有行政处罚权力的特定国家行政机关对违反法律规范而应受惩罚的单位和个人实施的一种行政制裁,是行政强制执行的具体表现。做出行政处罚决定是根据法律规定有行政制裁权的国家行政机关,不论与被处罚者之间有否行政隶属关系都可以执行。接受处罚的不仅可以是个人,也可以是单位。根据法律规定,行政处罚的方式主要有警告、罚款、没收非法所得、责令消除侵害和赔偿损失、责令限期整改、停发奖金、扣发工资、停止贷款、收缴许可证、停止营业、停产整顿和行政拘留等若干种。土地管理法中规定的行政处罚有罚款、没收非法所得、责令退还非法占用的土地、限期拆除或者没收在非法占用的土地上新建的建筑物和其他设施,责令限期整改和赔偿损失等若干种。国家行政机关一旦做出行政处罚的决定,就应制作相应的行政处罚决定书,立即送交当事人,当事人不服的,可以在接到处罚决定通知之日起15日内向人民法院起诉,期满不起诉又不履行的,由做出决定的机关请求人民法院强制执行。

5.5.2 民事责任

土地法中的民事责任指的是个人或者组织不履行与土地有关的民事义务,应当承受的民事法律后果。土地法律规范的民事责任主体主要是公民、法人或者其他组织,他们之间不论是侵权的一方还是被侵权的一方,双方处于平等的法律地位。一般土地法中的民事责任,主要是因土地侵权行为或不履行民事经济合同的义务而引起的土地侵权赔偿责任和土地违约责任。二者都是以补偿因不履行土地义务所造成的损失为原则。根据我国法律规定:土地民事责任的承担方式主要有如下几种。

1. 排除妨害

排除妨害是指排除影响、妨碍、干扰土地所有者或使用者行使权利的任何因素,在土地权属纠纷中,追究违法者的民事责任主要是排除妨害。

2. 消除危害

消除危害指的是土地所有者或土地使用者请求有权力的部门消除给土地带来危害的行为,以保护土地所有者或使用者的合法权利。对有可能或已经造成土地破坏的,土地所有者或使用者有权请求人民法院运用国家强制力制止和消除危险的发生和发展。违法者则应承担消除危险的民事责任。

3. 返还土地

返还土地指的是在土地法中追究违法者返还土地的民事责任,主要适用于非法占用国家和集体所有的土地,以及非法占用单位和个人使用的土地。在土地侵权案中,违法者承担的民事责任就是将非法占用的土地返还给土地所有者或使用者。

4. 恢复原状

恢复原状指的是对土地造成破坏的,要依法恢复土地原有的自然形态和生长能力,恢复原状民事责任主要适用于违法占地建房、土地污染和破坏的违法行为。

5. 赔偿损失

赔偿损失指的是因侵权行为产生的民事法律后果如侵占国家、集体和个人的财产应当返还财产,不能返还的应当折价赔偿;损坏国家、集体或个人财产的应当恢复原状,或折价赔偿。损害赔偿在土地纠纷诉讼中,只有在排除妨害、消除危害、返还原物、恢复原状这几种民事责任,由于种种原因不能追究或单靠这几种民事责任的一种或数种不足以保护受害者利益的情况下,才加以施用。

5.5.3 刑事责任

土地违法的刑事责任指的是违反土地管理法律、法规,情节严重,依据《刑法》有关规定已构成犯罪,对行为人所采取的刑事制裁措施。目前我国刑法中尚无可直接援引的关于破坏土地资源罪的专项条款,但有许多关于土地资源保护的条款可借鉴,在土地法律规范中对于追究刑事责任的土地违法行为,因土地法律规范属于部门行政法,因此,只做出依照刑法的有关规定处理的一般性规定。依照我国《土地管理法》和《刑法》第228条、342条、410条的规定,以及《最高人民法院关于审理破坏土地资源刑事案件具体应用法律若干问题的解释》,可把有关土地的犯罪分为两类:一种是指与土地有关的特殊刑事犯罪,犯罪侵犯的客体是国家的土地管理秩序,包括非法转让、倒卖土地使用权罪,非法占用农用地罪;另一种是指与土地有关的普通刑事犯罪。犯罪侵犯的客体是国家机关工作人员,包括在土地管理领域发生的侵占、挪用、贪污有关款项,以及土地行政主管部门工作人员玩忽职守、滥用职权、徇私舞弊、受贿等犯罪行为。

我国《刑法》规定,以牟利为目的,违反土地管理法规,非法转让、倒卖土地使用权,情节严重的,处3年以下有期徒刑或者拘役,并处或单处非法转让、倒卖土地使用权价额20%以上,1倍以下罚金,情节特别严重的,处3年以上,7年以下的有期徒刑,并处非法转让、倒卖土地使用权价额20%以上,1倍以下罚金。违反土地管理法规,非法占用耕地改做他用,数量较大,造成耕地大量毁坏的处5年以下有期徒刑或者拘役,并处或者单处罚金。

国家机关工作人员徇私舞弊,违反土地管理法规,滥用职权,非法批准征用、占用土地或者非法低价出让国有土地使用权,情节严重的处3年以下有期徒刑或者拘役,致使国家或者集体遭受特别重大损失,处3年以上7年以下有期徒刑。

【案例】

村民蔡某某宅院外的空地,原是正式房宅,后因为房屋陈旧,生产队不用而拆掉,形成空地。2002年4月2日,蔡某某以其与畜牧站签订3年养猪合同为由向乡政府申请,要求占用该地养猪。乡政府于2002年4月6日批示同意蔡某某临时占地建圈,到2004年4月1日,尚存一个猪圈,圈养母猪一头。蔡某某曾于2004年3月1日向乡政府提出延期使用临时用地的申请,乡政府以该地另有他用为由而未批准,并通知蔡某某乡政府将于2004年4月2日收回其临时占用的土地。因蔡某某拒绝退还其临时占用的土地,乡政府于2004年4月15日做出处理决定:限期由蔡某某拆除其临时占地上的一切建筑,损失自负,并罚款1 000元。蔡某某不服,提出起诉,在诉讼过程中,乡政府发现处理决定有误,自行予以撤销。2004年5月,蔡某某将原猪圈翻新扩建并垒起了砖砌围墙。2004年6月3日,乡政府做出第二次处理决定,限蔡某某拆除其临时占地上的一切建筑,损失自负。蔡某某不服,再次提出上诉。在法院审理期间,乡政府又发现其决定有误,再次撤销决定。2004年7月,乡政府重做出第三次决定,限期由蔡某某拆除其临时建筑,损失自负。蔡某某不服,向县人民政府申请复议。县人民政府经复议,决定维持乡人民政府的决定,蔡某某仍不服,向人民法院提出诉讼。在审理过程中,乡政府表示,蔡某某如果想养猪可另行安排地址。蔡某某提出如要迁址,乡政府应该补偿因迁址而发生的损失。人民法院受理此案经过审理后，做出维持乡人民政府决定的判决。

【评析】

土地的所有权属国家，农村土地的管理权归乡镇人民政府。根据《中华人民共和国土地管理法》第6条规定，农村和城市郊区的土地，除法律规定属国家所有的以外，属于集体所有；宅基地和自留地、自留山，属于集体所有。因此可以认为土地归国家所有，土地的管理由各级县、乡、镇人民政府管理。该案中的乡人民政府对农村土地的使用权有权进行调整。乡人民政府批给蔡某某的养猪用地是临时性的，没有明确的期限规定，可以随时收回。蔡某某申请占地养猪的期限应为3年，已经期满，应予归还。蔡某某1998年向乡人民政府提出临时占地的申请，是基于其与乡畜牧站签订了3年养猪合同，因此，乡政府在准予蔡某某临时占地的批文中虽然未记明使用期限，但应视为3年使用期，至2001年已经到期，乡人民政府在3年使用期届满后一再催付，并做出处罚决定，已有不再延期批地的意思，蔡某某就不应再在圈地上另行搭建，其擅自行为的一切后果和损失，只能由自己承担，无权要求乡政府赔偿经济损失。然而作为政府机构的乡人民政府应吸取教训，在今后类似的情形中应规定明确的期限，让当事人对自己的使用期间的权利与义务有明确的认识，便于管理和工作，避免造成不必要的麻烦和纠纷。

思考题

1. 实行土地管理法规有什么意义？
2. 土地所有权的特点是什么？
3. 土地使用权出让原则是什么？
4. 土地使用权的出租、出让和划拨有什么区别？
5. 土地使用权终止的条件有哪些？
6. 土地使用权抵押的特点是什么？
7. 土地法律责任有哪些类别？分别作了什么规定？

6 工程招标与投标

6.1 招标投标概述

招标投标是市场交易的一种重要方式,建设工程项目、政府采购、大宗商品的买卖等通常采用招标投标的方式来进行。实行招标投标方式承包发包建设工程在国外已有80多年的历史,近些年以来我国也逐步广泛采用,这种方式是迄今为止最能让双方满意的成交手段,较之其他方式,招标投标最能体现“公平竞争、平等交易”的原则。

招标投标法是国家用来规范招标投标活动、调整在招标投标过程中产生的各种关系的法律规范的总称。按照法律效力的不同,招标投标法法律规范分为3个层次:第一层次由全国人大及其常委会颁布的招标投标法法律;第二层次是由国务院颁布的招标投标行政法规以及有立法权的地方人大颁布的地方性招标投标法法规;第三个层次是由国务院有关部门颁发的招标投标的部门规章以及有立法权的地方人民政府颁发的地方性招标投标法律体系。

1999年8月30日,九届全国人大常委会第十一次会议审议通过了《中华人民共和国招标投标法》(Law of the People's Republic of China on Bid Invitation and Bidding,以下简称《招标投标法》),2000年1月1日开始实施。此法的颁布实施是建立与发展充满活力的社会主义市场经济的有力体现,标志着我国的经济在与世界经济接轨上迈出了重要一步。

6.1.1 招标投标的概念

招标投标指的是采购人事先提出货物、工程或服务采购的条件和要求,邀请众多投标人参加投标并按照规定程序从中选择交易对象的一种市场交易行为。从采购交易过程来看,它必然包括招标和投标两个基本的环节,没有招标就不会有供应商或承包商的投标,没有投标采购人的招标就没有得到响应,也就没有开标、评标、定标和合同的签订等。因此,招标与投标是一对相互对应的范畴。

招标投标与拍卖都是竞争性的交易方式,其相似之处颇多,以至于在实践中往往将两者混为一谈。招标投标与拍卖的实质性区别如下。

1. 标的不同

拍卖的标的是物品或者财产权利,招标投标的标的则除物品外,主要是行为。

2. 目的不同

拍卖的目的是选择最高竞价者,将拍卖的物品或者财产权利转让给他,合同成立后所体现

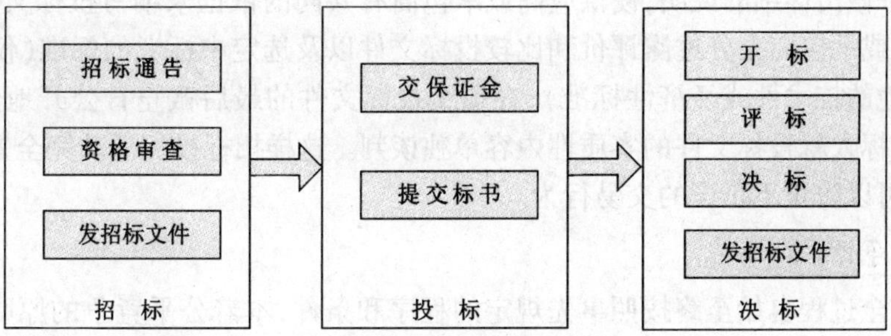

图6-1 招标投标程序一览

的是委托人向买受人转让财产关系。而招标投标中，如政府机构为采购物品而招标投标，是为寻找物品的卖主而不是买主，招标人是买主，在买卖方向上与拍卖正好相反；如果是完成工作，则是为了选择加工承揽合同、建筑安装承包合同等对方当事人，合同成立后中标人完成合同约定的工作。

3. 串标的行为与串通拍卖的行为所使用的法律不同

《招标投标法》第53条规定："投标人相互串通投标或者与招标人串通投标的，投标人以向招标人或者投标委员会成员行贿的手段牟取中标的，中标无效，处中标项目金额5‰以上10‰以下的罚款，对单位直接负责的主管人员和其他直接负责人员处单位罚款数额5%以上10%以下的罚款；有违法所得的，并处没收违法所得；情节严重的，取消其一年至二年内参加依法必须进行招标的项目的投标资格并予以公告，直至由工商行政管理机关吊销营业执照；构成犯罪的，依法追究刑事责任。给他人造成损失的，依法承担赔偿责任。"

《反不正当竞争法》第27条规定："中标无效外，可以根据情节处以1万元以上20万元以下的罚款。"

《拍卖法》第65条规定："违反本法第37条的规定，竞买人之间、竞买人与拍卖人之间恶意串通，给他人造成损害的，拍卖无效，应当依法承担赔偿责任。由工商行政管理部门对参与串通的竞买人处最高应价10%以上30%以下的罚款，对参与恶意串通的拍卖人处以10%以上50%以下的罚款。"

招标投标是最有竞争性的一种采购方式，能为采购者带来有质量保证的工程、货物或服务，主要表现有以下4个特点。

1. 程序规范性

按照目前各国做法及国际惯例，招标投标程序和条件由招标机构事先拟定，在招标投标双方之间具有法律效力的规则一般不能随意改变。当事人双方必须严格按既定程序和条件进行招标投标活动。招标投标程序由固定的招标机构组织实施。

2. 完全公开性

招标的目的是在尽可能大的范围内寻找合乎要求的中标者，一般情况下，邀请供应商或承包商的参与是无限制的。为此，招标人一般要在指定或选定的报刊或其他媒体上刊登招标通告，邀请所有潜在的投标人参加投标；提供给供应商或承包商的招标文件必须对拟采购的货物、工程或服务做出详细的说明,使供应商或承包商有共同的依据来编写投标文件;招标人事先要向供应商或承包商充分透露评价和比较投标文件以及选定中标者的标准(仅以价格来评定,或加上其他的技术性或经济性标准);在提交投标文件的最后截止日公开地开标;严格禁止招标人与投标人就投标文件的实质性内容单独谈判。这样招标投标活动完全置于公开的社会监督之下,可以防止不正当的交易行为。

3. 公平竞争性

招标投标全过程自始至终按照事先规定的程序和条件,本着公平竞争的原则进行。在招标公告或投标邀请书发出后,任何有能力或资格的投标者均可参加投标。招标方不得有任何歧视某一个投标者的行为。同样,评标委员会在组织评标时也必须公平客观地对待每一个投标者。

4. 交易一次性

一般交易往往在进行多次谈判之后才成交。招标采购则不同,禁止交易双方面对面的讨价还价。贸易主动权掌握在招标人手中,投标者只能应邀进行一次性报价,并以合理的价格定标。

基于以上特点,招标投标对于获取最大限度的竞争,使参与投标的供应商和承包商获得公平、公正的待遇,以及提高公共采购的透明度和客观性,促使采购资金的节约和采购效益的最大化,杜绝腐败和滥用职权,都具有至关重要的作用。

6.1.2 招标投标的使用范围

从招标投标的本质意义上来说,只要是招标人需要的、数额较大的产品和项目都可以通过招标方式进行。但是,由于涉及有关采购主体的权利和义务以及国家的管理和监督职权,法律上对招标的适用范围不是任意设定的;在国际条约、协定的规定方面,还涉及参加国的承诺和保留以及国内法与他的协调等一系列问题。因此,有必要研究招标投标的适用范围。

招标标的涉及范围广,从我国的情况来看,在货物方面,招标标的主要是机电设备和机械成套设备;在工程方面,主要是建筑安装;在服务方面,招标标的主要是科研课题,工程监理、代理招标、承包租赁等。就工程建设项目的招标投标来看,《招标投标法》第 3 条专门规定了强制招标的适用范围,即在中华人民共和国境内进行下列工程建设项目包括项目勘察、设计、施工、监理以及与工程建设有关的重要设备、材料等的采购,必须进行招标。

(1)大型基础设施、公共事业等关系社会公共利益、公共安全的项目。

(2)全部或者部分使用国有资金投资或者国家融资的项目。

(3)使用国际组织或者外国政府贷款援助资金的项目。

上述 3 类项目只是一个大的概括范围。项目的具体范围和规范标准,由国务院发展计划部门会同国务院有关部门制定,报国务院批准。法律或者国务院对必须进行招标的其他项目范围有规定的,依照其规定执行。使用国际组织或者外国政府贷款、援助资金的项目进行招标,贷款方、资金提供方对招标投标的具体条件和程序有不同规定的,可以适用其规定,但违背中华人民共和国的社会公共利益的除外。

2003 年 5 月 1 日起施行的《工程建设项目施工招投标办法》第 12 条规定:需要审批的工程建设项目,有下列情形之一的,经有关部门批准,可以不进行施工招标。

(1)涉及国家安全、国家秘密或者抢险救灾而不适宜招标的。

(2)属于利用扶贫资金实行以工代赈需要使用农民工的。

(3)施工的主要技术采用特定的专利或者专有技术的。

(4)施工企业自建自用的工程,且该施工企业资质等级符合工程要求的。

(5)在建工程追加的附属小型工程或者主体加层工程,原中标人仍具备承包能力的。

(6)法律、行政法规规定的其他情形。

2000 年 5 月 1 日国家发展改革计划委员会发布《工程建设项目招标范围和规模标准规定》,将强制招标的范围作了进一步界定。

(1)关系社会公共利益、公众安全的基础设施项目,包括能源、交通运输、邮政通信、水利、城市设施、生态环境保护等项目。

(2)关系社会公共利益、公众安全的公共事业项目,包括市政工程、科技、教育、文化、卫生、社会福利、商品住宅等项目。

(3)使用国有资金投资项目,包括使用各级财政预算资金,使用纳入财政管理的各种政府性专项建设资金,使用国有企事业单位自有资金并且国有资产投资者实际拥有控制权的项目等。

(4)国家融资项目,包括使用国家发行债券所筹资金,使用国家对外借款或者担保所筹资金,使用国家政策性贷款,国家授权投资主体融资,国家特许的融资等项目。

(5)使用国际组织或者外国政府资金的项目,包括使用世界银行、亚洲开发银行等国际组织贷款,使用外国政府及其机构贷款,使用国际组织或外国政府援助资金等项目。

上述规定范围内的各类工程建设项目,包括项目的勘察、设计、施工、监理以及与工程建设有关的重要设备、材料等的采购,达到下列标准之一的,必须进行招标。

(1)施工单项合同估算价在 200 万元人民币以上的。

(2)重要设备、材料等货物的采购,单项合同估算价在 100 万元人民币以上的。

(3)勘察、设计、施工、监理等服务的采购,单项合同估算价在 50 万元人民币以上的。

(4)单价合同估算价低于以上规定的标准,但项目总投资额在 3 000 万元人民币以上的。

6.1.3 招标投标的基本原则

招标投标行为是市场经济的产物,并随着市场的发展而发展,必须遵循市场经济活动的基本原则。各国立法及国际惯例普遍确定,招标投标活动必须遵循“公开、公平、公正”的原则。我国《招标投标法》第 5 条规定:“招标投标活动应当遵循公开、公平、公正和诚实信用的原则。”

“公开”是要求招标投标活动具有较高的透明度,实行招标信息和招标程序的公开,即发布招标通告,公开开标,公开中标结果,使每一个投标人获得同等的信息,知悉投标的一切条件和要求。“公平”是要求给予所有投标人平等的机会,使其享有同等的权利并履行相应的义务,不歧视任何一方。“公正”是要求评标时按事先公布的标准对待所有的投标人。鉴于上述原则在招标投标活动中的重要性,《招标投标法》始终以其为主线,在总则及分则的各个条款中予以具体体现。所谓"诚实信用",指的是民事活动的基本原则之一,《中华人民共和国民法通则》第 4 条规定:"民事活动应当遵循自愿、公平、等价有偿、诚实信用的原则。"这条原则的含义是招标投标当事人应以诚实、善意的态度行使权利,履行义务,以维持双方的利益平衡,以及自身利益与社会利益平衡。在当事人之间的利益关系中,诚信原则要求尊重他人利益,以对待自己事务的重视程度来对待他人的事务,保证彼此都能得到自己应得的利益。在当事人与社会的利益关系中,诚信原则要求当事人不得通过自己的活动损害第三人和社会的利益,必须在法律范围内以符合其社会经济目的的方式行使自己的权利。从这一原则出发,《招标投标法》规定了不得规避招标、串通招标、泄露标底、骗取中标、转包合同等诸多义务,要求当事人遵守,并规定了相应的罚则。

此外,招标投标活动应当遵循不得进行部门或地方保护,不得非法干涉的原则。依法必须进行招标的项目,其招标投标活动不受地区或者部门的限制。任何单位和个人,不得违法限制或者排斥本地区、本系统以外的法人或者其他组织参加投标,不得以任何方式非法干涉招标投标活动。

6.2 建筑工程招标

建筑工程招标,是指建筑工程发包方通过公告或者其他方式,发布拟建建筑工程的有关信息,表明其将招请合格的建筑工程承包商承包建筑工程项目的意向,由各建筑工程承包商按照建筑工程发包方的要求提出各自的建筑工程报价和其他承包条件,参加承揽建筑工程任务的竞争,最后由建筑工程发包方从中择优选定中标者作为该项建筑工程的承包方,与其签订建筑工程承包合同的发包方式。从法律范畴上讲,建筑工程招标属于要约邀请。

6.2.1 建筑工程招标的组织形式

建筑工程的招标单位可以自行招标,也可以委托建筑工程招标代理机构进行招标。

(一)自行招标

招标人自行办理建筑工程招标事宜,应当具有编制招标文件和组织评标的能力,关于此项能力认定的具体内容,各省市和各行业的要求有所不同。

依照 2001 年 6 月 1 日实行的《房屋建筑和市政基础设施工程施工招标投标管理办法》规定,招标人自行办理建筑工程施工招标事宜的,必须具备下列条件。

(1)有专门的施工招标组织机构。

(2)有与工程规模、复杂程度相适应并具有同类工程施工招标经验、熟悉有关工程施工招标法律法规的工程技术、概预算及工程管理的专业人员。

该办法还规定,招标人自行办理施工招标事宜的,应当在发布招标公告或者发出投标邀请书的 5 日前,向工程所在地县级以上地方人民政府建设行政主管部门备案,并报送下列材料。

(1)按照国家有关规定办理审批手续的各项批准文件。

(2)证明材料,包括专业技术人员的名单、职称证书或者执业资格证书及其工作经历的证明材料。

(3)法律、法规、规章规定的其他材料。

根据2000年7月1日实行的《工程建设项目自行招标试行办法》规定,对于经国家计委审批的工程建设项目,招标人自行办理建筑工程招标事宜的,必须具备下列具体条件。

(1)具有项目法人资格。

(2)具有与招标项目规模和复杂程度相适应的工程技术、概预算、财务和工程管理等方面的专业技术力量。

(3)有从事同类工程建设项目招标的经验。

(4)设有专门的招标机构或者拥有3名以上专职招标业务人员。

(5)熟悉和掌握招标投标法及有关法规规章。

(二)委托招标

建筑工程的招标人可以委托建筑工程招标代理机构进行招标事宜。在进行委托招标时,招标人有权自行选择建筑工程招标代理机构,委托其办理招标事宜。任何单位和个人不得以任何方式为招标人指定建筑工程招标代理机构。

建筑工程招标代理机构是依法设立、从事建筑工程招标代理业务并提供相关服务的社会中介组织。建筑工程招标代理机构应当具备下列条件。

(1)有从事建筑工程招标代理业务的营业场所和相应资金。

(2)有能够编制招标文件和组织评标的相应专业力量。

(3)有符合《招标投标法》规定条件、可以作为评标委员会成员人选的技术、经济等方面的专家库。

从事工程建设项目招标代理业务的招标代理机构,其资格由国务院或者省、自治区、直辖市人民政府的建设行政主管部门按照《工程建设项目招标代理机构资格认定办法》认定。招标代理机构与行政机关和其他国家机关不得存在隶属关系或者其他利益关系。

建筑工程招标代理机构应当在招标人委托的范围内办理招标事宜,并遵守《招标投标法》关于招标人的规定。

6.2.2 建筑工程招标的方式

建筑工程招标分为公开招标和邀请招标。

公开招标指的是招标人以招标公告的方式邀请不特定的法人或者其他组织投标。依法必须进行招标的项目,国务院发展改革计划部门确定的国家重点建设项目和各省、自治区、直辖市人民政府确定的地方重点建设项目,以及全部使用国有资金投资或者国有资金投资占控股或者主导地位的,应当公开招标。

邀请招标指的是招标人以投标邀请书的方式邀请特定的法人或者其他组织投标。为了真正实现竞争的原则,《招标投标法》规定招标人采用邀请招标方式的,应当向3个以上具备承担招标项目的能力、资信良好的特定的法人或者其他组织发出投标邀请书。有下列情形之一的,经批准可以进行邀请招标。

(1)项目技术复杂或有特殊要求,只有少量几家潜在投标人可供选择的。

(2)受自然地域环境限制的。

(3)涉及国家安全、国家秘密或者抢险救灾,适宜招标但不宜公开招标的。

(4)拟公开招标的费用与项目的价值相比,不值得的。

(5)法律、法规规定不宜公开招标的。

6.2.3 建筑工程招标的程序

招标工作大体上可以分为3个阶段,即招标准备阶段、招标投标阶段和决标成交阶段。在每一个阶段都要充分贯彻公开竞争的原则,确保公平交易。招标的具体程序各地区和各行业也有相应的具体规定,这里只是介绍一般性的共同规定,一般说来建筑工程项目招标有如下程序。

(一)组建招标工作机构,进行必要的前期准备工作

建筑工程招标人进行招标一般需抽调人员组建专门的招标工作机构。招标工作机构的人员,一般应包括工程技术人员、工程管理人员、工程法律人员、工程预结算编制人员与工程财务人员等。

批准建设的建设工程项目只有具备一定条件后,才能进行招标。鉴于此,建筑工程招标人必须在正式招标前采取措施成就相应建筑工程招标条件。如在房屋建筑和市政基础设施工程施工招标中,招标人必须在正式招标前,成就《房屋建筑和市政基础设施工程施工招标投标管理办法》中规定的下列施工招标条件。

(1)按照国家有关规定需要履行项目审批手续的,已经履行审批手续。

(2)工程资金或者资金来源已经落实。

(3)有满足施工招标需要的设计文件及其他技术资料。

(4)法律、法规、规章规定的其他条件。

在正式招标前,建筑工程招标人还须向建设行政主管部门办理申请招标手续。申请招标文件应当说明:招标工作范围、招标方式、计划工期、对投标人的资质要求、招标项目前期准备工作的完成情况、自行招标还是委托招标等内容。

(二)编制招标文件和标底

1. 编制招标文件

招标文件是招标单位编制或其委托招标代理机构编制的据以招标、评标和与中标单位签订建筑工程承包合同的纲领性文件。建筑工程招标人应当根据招标项目的特点和需要编制招标文件。招标文件应当包括招标项目的技术要求、对投标人资格审查的标准、投标报价要求和评标标准等所有实质性要求和条件以及拟签订合同的主要条款。国家对招标项目的技术、标准有规定的,招标人应当按照其规定在招标文件中提出相应要求。招标项目需要划分标段、确定工期的,招标人应当合理划分标段、确定工期,并在招标文件中载明。招标文件不得要求或者标明特定的生产供应者以及含有倾向或者排斥潜在投标人的其他内容。如果招标人对已发出的招标文件需要进行必要的澄清或者修改的,应当在招标文件要求提交投标文件截止时间至少15日前,以书面形式通知所有招标文件收受人。

2. 编制标底

标底是指招标人根据招标项目的具体情况编制的完成招标项目所需的全部费用，是根据国家规定的计价依据和计价办法计算出来的工程造价，是招标人对建设工程的期望价格。标底必须经建设系统招标投标管理机构审查，以确保其准确性与权威性。为了使招标能在公正的环境下进行，招标人的标底必须保密。

1）标底价格编制的原则

（1）根据国家公布的统一工程项目划分、统一计量单位、统一计算规则以及施工图纸、招标文件，并参照国家、行业或地方批准发布的定额和国家、行业、地方规定的技术标准规范，以及要素市场价格确定的工程量编制标底。

（2）按工程项目类别计价。

（3）标底作为建设单位的期望价格，应力求与市场的实际变化吻合，要有利于竞争和保证工程质量。

（4）标底应由直接工程费、间接费、利润、税金等组成，一般应控制在批准的总概算（或修正概算）及投资包干的限额内。

（5）标底应考虑人工、材料、设备、机械台班等价格变化因素，还应包括不可预见费（特殊情况）、预算包干费、措施费（赶工措施费、施工技术措施费）、现场因素费用、保险以及采用固定价格的工程风险金等。工程要求优良的还应增加相应的费用。

（6）一个工程只能编制一个标底。

（7）标底编制完成后，直至开标时，所有接触过标底价格的人员均负有保密责任，不得泄漏。

2）标底价格编制的方法

我国目前建筑工程施工招标标底的编制，主要采用定额计价或工程量清单计价来编制。

（1）以定额计价法编制标底。定额计价法又称为工料单价法，编制标底采用的是分部分项工程量的直接费单价，包括人工、材料、机械费用。直接费单价又可以分为单位估价法和实物量法两种：单位估价法编制招标工程的标底大多是在工程概预算定额基础上做出的，但他不完全等同于工程概预算，编制一个合理、可靠的标底还必须在此基础上综合考虑工期、质量、差价因素、自然地理条件和招标工程范围等因素；实物量法是用实物量法编制标底，主要先用计算出的各分项工程的实物工程量，分别套取预算定额中的人工、材料、机械消耗指标，并按类相加，求出单位工程所需的各种人工、材料、施工机械台班的总消耗量，然后分别乘以当时当地的人工、材料、施工机械台班市场单价，求出人工费、材料费、施工机械使用费，最后汇总求和。实物量编制法与单位估价法相似，最大的区别在于两者在计算人工费、材料费、施工机械费及汇总三者费用之和时方法不同。

（2）以工程量清单计价法编制标底。工程量清单计价的单价按所综合的内容不同，可以划分为工料单价、完全费用单价和综合单价3种形式。工程量清单计价的单价采用的主要是综合单价；综合单价编制标底价格要根据统一的项目划分，按照统一的工程量计算规则计算工程量以形成工程量清单，估算分项工程综合单价是根据具体项目分别估算的，确定综合单价后填入工程量清单中，与各部分分项工程量相乘得到合价，最后汇总即可得到标底价格。

（三）发布招标公告或发出投标邀请书

招标人采用公开招标方式的，应当发布招标公告。依法必须进行招标的建筑工程项目的招标公告，应当按照《招标公告发布暂行办法》通过国家指定的报刊、信息网络或者其他媒介发布。招标人采用邀请招标方式的，应当向3个以上具备承担招标项目的能力、资信良好的特定的法人或其他组织发出投标邀请书。招标公告及投标邀请书应当载明招标人的名称和地址、招标项目的性质、数量、实施地点和时间以及获取招标文件的办法等事项。

（四）投标单位资格预审

建筑工程招标人可以根据招标项目本身的特点和需要，在投标前要求潜在投标人提供满足其资格要求的文件，对其进行资格预审。采取资格预审的，招标人可以按照招标公告的有关规定发布资格预审公告，并在资格预审文件中载明资格预审的条件、标准和方法。资格预审主要审查潜在投标人是否符合条件：具有独立订立合同的权利；具有履行合同的能力，包括专业、技术资格和能力，资金、设备和其他物质设施状况，管理能力，经验、信誉和相应的从业人员；没有处于被责令停业，投标资格被取消，财产被接管、冻结，破产的状态；在最近3年内没有骗取中标和严重违约及重大工程质量问题；法律、行政法规规定的其他资格条件。资格预审时，招标人不得以不合理的条件限制、排斥潜在投标人，不得对潜在投标人实行歧视待遇。任何单位和个人不得以行政手段或者其他不合理方式限制投标人的数量。资格预审后，招标人应当向资格预审合格的潜在投标人发出资格预审合格通知书，告知获取招标文件的时间、地点和方法，并同时向资格预审不合格的潜在投标人告知资格预审结果。资格预审不合格的潜在投标人不得参加投标。进行资格预审的，一般不再进行资格后审，但招标文件另有规定的除外。

（五）组织踏勘项目现场

根据《招标投标法》第21条的规定："建筑工程招标人根据招标项目的具体情况，可以组织潜在投标人踏勘项目现场。"招标人组织投标人进行勘察现场的目的在于了解工程场地和周围环境情况，以获取投标人认为有必要的信息。为便于投标人提出问题并得到解答，勘察现场一般安排在投标预备会的前1~2天。投标人在勘察现场中如有疑问，应在投标预备会前以书面形式向招标人提出，但应给招标人留有解答时间。

（六）召开投标预备会

投标预备会可安排在发出招标文件7天后28天内举行。在投标预备会中，招标单位负责人除了介绍工程概况外，还可对招标文件中的某些内容加以修改或予以补充说明，并对投标人研究招标文件和现场考察后以书面形式提出的问题和会议上即席提出的问题给予解答。会议结束后，招标人应将会议记录用书面通知的形式发给每一位投标人。补充文件作为招标文件的组成部分，具有同等的法律效力。投标预备会目的在于澄清招标文件中的疑问，解答投标人对投标文件和勘查现场中所提出的疑问。投标预备会结束后，由招标人整理会议记录和解答内容，尽快以书面形式将问题及解答同时发送到所有获得招标文件的投标人。

（七）接受投标文件

招标文件中应明确规定投标者投送投标文件的地点和期限。投标人送达投标文件时，招标单位应检验文件密封和送达时间是否符合要求，合格者发给回执，否则拒收。

6.2.4 招标代理机构

招标代理机构是依法设立、从事招标代理业务并提供相关服务的社会中介组织。从事工程建设项目招标代理业务的招标代理机构,其资格由国务院或者省、自治区、直辖市人民政府的建设行政主管部门认定。从事其他招标代理业务的招标代理机构,其资格认定的主管部门由国务院规定。招标代理机构与行政机关和其他国家机关不得存在隶属关系或者其他利益关系。根据《招标投标法》第 13 条的规定,招标代理机构应当具备下列条件。

(1)有从事招标代理业务的营业场所和相应资金。

(2)有能够编制招标文件和组织评标的相应专业力量。

(3)有符合条件的可以作为评标委员会成员人选的技术、经济等方面的专家库。

6.3 建筑工程投标

建筑工程投标指的是建筑工程投标人响应建筑工程招标人的要求,按照招标文件的规定报送投标文件,参加承揽建筑工程任务的竞争的行为。从法律范畴上讲,建筑工程投标属于要约。建筑工程投标的投标人是指响应建筑工程招标、参加建筑工程投标竞争的法人或者其他组织。投标人应当具备承担招标项目的能力;国家有关规定对投标人资格条件或者招标文件对投标人资格条件有规定的,投标人应当具备规定的资格条件。

《招标投标法》明确规定了两个以上的法人或者其他组织可以组成一个联合体,以一个投标人的身份共同投标。联合体各方均应当具备承担招标项目的相应能力;国家有关规定或者招标文件对投标人资格条件有规定的,联合体各方均应当具备规定的相应资格条件。由同一专业的单位组成的联合体,按照资质等级较低的单位确定资质等级。联合体各方应当签订共同投标协议,明确约定各方拟承担的工作和责任,并将共同投标协议连同投标文件一并提交招标人。联合体中标的,联合体各方应当共同与招标人签订合同,就中标项目向招标人承担连带责任。招标人不得强制投标人组成联合体共同投标,不得限制投标人之间的竞争。对于一些大型或者复杂的项目,投标人不可能在规定的工期内独立完成的,投标人在中标后可将一些工作分包给其他承包商完成,但项目的主体和关键性工作必须自己完成,禁止分包给他人。

6.3.1 投标程序

(1)跟踪招标信息。通过各种渠道,注意收集各种招标信息,如果有合适的项目,应及早动手做相应的准备工作。

(2)索购资格预审文件。

(3)填报资格预审文件。

(4)确认投标意向。

(5)购买招标文件,投标人应到指定地点购买招标文件,并准备投标文件。

(6)研究招标文件。

(7)参加现场考察,主要指的是去工地现场进行勘察,它是投标人必须经过的投标程序。

现场勘察应侧重5个方面:①工程的性质以及该工程与其他工程之间的关系;②投标人投标的那一部分工程与其他承包商或分包商之间的关系;③工地地貌、地质、气候、交通、电力、水源等情况;④工地附近的住宿条件、料场开采条件、其他加工条件、设备维修条件;⑤工地附近治安情况等。

(8)提出质疑问题。

(9)参加标前会议。

(10)确定投标策略。确定投标策略指的是承包商在投标竞争中的系统工作部署及其参与投标竞争的方式和手段。投标策略主要内容包括以信取胜、以快取胜、以廉取胜、靠改进设计取胜、采用以退为进的策略、采用长远发展的策略等内容。

(11)编制投标文件。投标文件应完全按照招标文件的各项要求编制。一般不能带有任何附加条件,否则将导致投标作废。《招标投标法》和《施工招标投标管理办法》中的有关规定,"投标人应当根据招标文件的要求编制投标文件,对招标文件提出的实质性要求和条件做出响应"。投标人根据招标文件载明的项目实际情况,拟在中标后将中标项目的部分非主体、非关键工作进行分包的,应当在投标文件中载明。投标人应仔细研究和正确理解招标文件的全部内容,并按要求编制投标文件,对投标文件提出的实质性要求和条件做出响应。实质性要求和条件指的是招标文件中有关招标项目的工期、质量以及合同的主要条款等,同时做出具体的报价。

(12)递送投标文件,又称为递标,指的是投标人在招标文件要求提交投标文件的截止时间前,将准备妥的所有投标文件密封送达投标地点的行为。

(13)参加开标会议。招标人应当在招标文件确定的提交投标文件截止时间的同一时间,在招标文件中预先确定的地点主持开标会议,并邀请所有投标人参加。投标人的法定代表人或其授权代表应签名报到,以证明出席开标会议。投标人未派代表出席开标会议的视为自动弃权。

6.3.2 联合体投标

联合体投标指的是两个及两个以上法人或者其他组织组成一个联合体,以一个投标人的身份共同投标的行为。联合体承包的联合各方为法人或者法人之外的其他组织,其形式可以是两个及两个以上法人组成的联合体、两个以上非法人组织组成的联合体或者是法人与其他组织组成的联合体。联合体是一个临时性的组织,不具有法人资格,组成联合体的目的是增强投标竞争能力,减少联合体各方因支付巨额履约保证而产生的资金负担,分散联合体各方的投标风险,弥补有关各方技术力量的相对不足,提高共同承担的项目完工的可靠性。

联合体对外以一个投标人的身份共同投标,指的是联合体虽然不是一个法人组织,但是对外投标应以所有组成联合体各方的共同的名义进行,不能以其中一个主体或者多个主体的名义进行。这里需要说明的是,联合体内部之间权利、义务、责任的承担等问题则需要依据联合体各方订立的合同为依据。

联合体共同投标的联合体各方应具备一定的条件,并具备承担招标项目的相应能力,国家有关规定或者招标文件对投标人资格条件有规定的,联合体各方均应当具备规定的相应资格条件。根据《招标投标法》第31条规定："由同一专业的单位组成的联合体，按照资质等级较低的单位确定资质等级。"联合体共同投标一般适用于大型建设项目和结构复杂的建设项目，《建筑法》第27条规定："可以由两个以上的承包单位联合共同承包，共同承包的各方对承包合同的履行承担连带责任。"《招标投标法》第31条规定："联合体各方应当签订共同投标协议，明确约定各方拟承担的工作和责任，并将共同投标协议连同投标文件一并提交招标人，联合体中标的，联合体各方应当共同与招标人签订合同，就中标项目向招标人承担连带责任。"

6.3.3　投标担保

投标担保是指由担保人为投标人向招标人提供的、保证投标人按照招标文件的规定参加招标活动的担保。投标人在投标有效期内撤回投标文件，或中标后不签署工程建设合同的，由担保人按照约定履行担保责任。投标担保的担保金额一般不超过投标总价的2%，最高不得超过80万元人民币。投标担保方式一般可以有以下两种方式。

(1)投标保证金。

(2)银行或担保公司开具的投标保函。

保证金担保无论是作为投标担保还是作为履约担保，都是惯常使用的方式。《工程建设项目施工招标投标办法》规定，招标文件要求中标人提交履约保证金或者其他形式履约担保的，中标人应当提交；拒绝提交的，视为放弃中标项目。招标人要求中标人提供履约保证金或其他形式履约担保的，招标人应当同时向中标人提供工程款支付担保。招标人不得擅自提高履约保证金，不得强制要求中标人垫付中标项目建设资金。

6.4　建筑工程开标、评标和定标

6.4.1　开标

开标又称揭标，指的是指业主委托的顾问公司或招标机构将所有投标人的报价启封揭晓。开标有公开开标和秘密开标两种常见形式。公开开标是指在招标机构规定的日期、时间和地点，在通知所有投标人参加的情况下，本着"公平、公正、公开"的原则，开标由投标人或者其推选的代表检查投标文件的密封情况，也可以由招标人委托的公证机构检查并公证，经确认无误后，由工作人员当众拆封，宣读投标相关内容，公开开标形式体现了招标的合法化和正规化。秘密开标是在招标委员会内部进行，有时会邀请政府代表或有关人员参加，但不允许投标人参加，这种情况现在一般较为少见。

开标的整个过程需要记录并存档备查，开标记录由主持人和其他工作人员签字确认，一般应记载下列事项。

(1)案号。

(2)招标项目的名称及数量摘要。

(3)投标人的名称。

(4)投标报价。

(5)开标日期。

(6)其他必要的事项。

(一)开标的程序

开标要求招标委员会除主席外应至少有两名成员参加,否则开标在法律上无效。参加者通常还有项目主管、有关政府部门代表、业主和工程师代表等。宣布开标后,公证人先对投标箱的密封情况进行检查,认为封条、标等完整无损,即许可并监督招标委员会开箱取出函件,按照收到投标文件的顺序,当众启封并宣读各投标商的名称、投标项目和报价金额。唱标时应使用本国和国际上较通用的两种语言分别宣读。开标会上允许查阅标书、提问或作任何解释,但不允许记录或录音。开标会结束后,开标主持者应编写一份开标会纪要,纪要的内容包括开标会主持者、开标日期、时间和地点、出席开标会的投标商代表和各有关部门代表名单、截标前收到的投标书、收到日期和时间和报价一览表等。开标以后,任何投标人不得更改其投标内容,但允许对投标做一般性的说明或澄清疑问,前提是不能改变投标单位的实质。

(二)废标

开标中的废标在招标文件中一般都规定,招标机构有权宣布招标作废。按照 2003 年 5 月 1 日实行的《工程建设项目施工招标投标办法》规定,投标文件有下列情形之一的,由评标委员会初审后按照废标处理。

(1)无单位盖章并无法定代表人或法定代表人授权的代理人签字或盖章的。

(2)未按规定的格式填写,内容不全或关键字迹模糊、无法辨认的。

(3)投标人递交两份或多份内容不同的投标文件,或在一份投标文件中对同一招标项目报有两个或多个报价,且未声明哪一个有效,按招标文件规定提交备选投标方案的除外。

(4)投标人名称或组织结构与资格预审时不一致的。

(5)未按招标文件要求提交投标保证金的。

(6)联合体投标未附联合体各方共同投标协议的。

6.4.2 评标

评标是评标委员会按照招标文件确定的评标标准和方法,依据平等竞争、公正合理的原则对投标文件优劣进行评审和比较,以便最终确定中标人。评标是对投标进行审查、鉴别、评比优劣,是由招标人组成的评标小组秘密进行。评标工作应遵循“保密、准确、公平”3 个原则。有些招标文件规定,凡收买、贿赂评标人员通过其他途径威胁评标人员泄露情况者,要受法律制裁。

(一)评标委员会

依法必须进行招标的项目,其评标委员会由招标人的代表和有关技术、经济等方面的专家组成,成员人数为 5 人以上单数,其中技术、经济等方面的专家不得少于成员总数的 2/3。专家要求应当从事相关领域工作满 8 年并具有高级职称或者具有同等专业水平,由招标人从国务院有关部门或者省、自治区、直辖市人民政府有关部门提供的专家名册或者招标代理机构的专家库内的相关专业的专家名单中确定;一般招标项目可以采取随机抽取方式,特殊招标项目可以由招标人直接确定,与投标人有利害关系的人不得进入相关项目的评标委员会,已经进入的应当更换。评标委员会成员的名单在中标结果确定前应当保密。评标委员会主要职责是评标，向投标人提出要求，要求其对投标文件中不明确不清楚的内容予以澄清或者说明，但是澄清或者说明不得超出投标文件的范围或者改变投标文件的实质性内容。评标委员会应当按照招标文件确定的评标标准和方法，对投标文件进行评审和比较；对设有标底的，应当参考标底。为确保评标委员会成员能够客观、公正、实事求是地提出评审意见，防止评标环节发生腐败现象，《招标投标法》第 44 条为评标委员会成员设置了 3 条行为规则："应当客观、公正地履行职务，遵守职业道德，对所提出的评审意见承担个人责任；不得私下接触投标人，不得收受投标人的财物或者其他好处；不得透露对投标文件的评审和比较、中标候选人的推荐情况以及与评标有关的其他情况。"

（二）评标程序

小型工程由于承包工作内容较为简单、合同金额不大，可以采用"即开、即评、即定"的方式由评标委员会及时确定中标人。大中型工程项目的评标内容复杂、涉及面宽，通常可以按两段三审进行，两段指"初审和详细评审"，三审指"符合性评审、技术性评审和商务性评审"。

1. 投标文件的符合性评审

投标文件的符合性评审包括商务符合性和技术符合性鉴定，投标文件应实质上响应招标文件的所有条款、条件，无显著的差异或保留。

2. 投标文件的技术性评审

投标文件的技术性评审包括方案可行性评估和关键工序评估；劳务、材料、机械设备、质量控制措施评估以及对施工现场周围环境污染的保护措施评估。

3. 投标文件的商务性评审

投标文件的商务性评审包括投标报价校核，审查全部报价数据计算的正确性，分析报价构成的合理性，并与标底价格进行对比分析。

（三）评标报告

《招标投标法》第 40 条规定："评标委员会完成评标后，应当向招标人提出书面评标报告，并推荐合格的中标候选人。"评标报告，是评标委员会经过对各投标书评审后向招标人提出的结论性报告，作为定标的主要依据。评标报告应包括评标情况说明、对各个合格投标书的评价、推荐合格的中标候选人等内容。如果评标委员会经过评审，认为所有投标都不符合招标文件的要求，可以否决所有投标。依法必须进行招标的项目的所有投标被否决的，招标人应当重新进行招标。

评标报告是评标委员会评标结束后提交给招标人的一份重要文件。在评标报告中，评标委员会不仅要推荐中标候选人，而且要说明这种推荐的具体理由。评标报告作为招标人定标的重要依据，一般应包括以下内容。

（1）对投标人的技术方案评价，技术、经济风险分析。

（2）对投标人技术力量、设施条件评价。

（3）对满足评标标准的投标人的投标进行排序。

（4）需进一步协商的问题及协商应达到的要求。

招标人根据评标委员会的评标报告,在推荐的1~3个中标候选人中最后确定中标人;在某些情况下,招标人也可以直接授权评标委员会直接确定中标人。

6.4.3 定标

定标又称决标,指的是发包方从投标者中最终选定中标者作为工程的承包方的活动。定标必须遵循平等竞争、择优选定的原则,按照规定的程序,从评标委员会推荐的中标候选人中择优选定中标人,并与其签订建筑工程承包合同。在确定中标人前,招标人不得与投标人就投标价格、投标方案等实质性内容进行谈判。依法必须进行招标的项目,招标人应当自确定中标人之日起15日内,向有关行政监督部门提交招标投标情况的书面报告。招标人应当从评标委员会推荐的中标候选人中确定中标人,中选的投标者应当符合下列条件之一。

(1)满足招标文件各项要求,并考虑各种优惠及税收等因素,在合理条件下所报投标价格最低的。

(2)最大满足招标文件中规定的综合评价标准的。

确定中标单位后,招标单位应当于7天内发出中标通知书,同时抄送各未中标单位。中标通知书对招标人和中标人具有法律效力。中标通知书发出后,招标人改变中标结果的,或者中标人放弃中标项目的,应当依法承担法律责任。依照《招标投标法》的规定,招标人和中标人应当自中标通知书发出之日起30日内,按照招标文件和中标人的投标文件订立书面合同。招标人和中标人不得再行订立背离合同实质性内容的其他协议。招标文件要求中标人提交履约保证金的,中标人应当提交。

6.5 建筑工程招投标法律责任

法律责任的主体既可能是依法必须进行招标项目的招标人,也可能是招标单位的工作人员,包括主要负责的主管人员和其他直接责任人员。构成法律责任,有些是行为人在主观上一般具有违法的故意,有些在某些情况下也可能是过失,有些无需招标人的违法行为造成实际的损害后果,只要行为人在客观上实施了违法行为并具有主观过错的,就应当承担法律责任。目前我国规范招标投标的法律文件主要有:《招标投标法》、《政府采购法》、《反不正当竞争法》、《刑法》、《关于禁止串通招标投标行为的暂行规定》等。

6.5.1 招标人违法行为的法律责任

(一)规避招标法律责任

承担规避招标的法律责任的主体是招标人及项目单位中负有直接责任的主管人员或其他直接责任人员。自然人承担上述法律责任时,必须具有责任能力。所谓责任能力,是指行为人依法承担法律责任的能力或资格,责任能力与自然人的年龄、智力状态、身体健康状况等密切相关,并因民事责任、行政责任和刑事责任的不同而有所不同。

根据《招标投标法》第49条的规定,规避招标的行为主要有以下情况。

1. 必须进行招标的项目而不招标情况

《招标投标法》规定了在我国境内进行下列工程建设项目必须进行招标，包括项目的勘察、设计、施工以及与工程建设有关的重要设备、材料的采购等项目，大型基础设施、公用事业等关系社会公共利益、公共安全的项目，全部或者部分使用国有资金投资或国家融资的项目，使用国际组织或者外国政府贷款、援助资金的项目，法律或者国务院规定必须进行招标的其他项目。

2. 将必须进行招标的项目化整为零以规避招标的情况

在现实生活中往往会发生这样的现象：某些项目单位为了达到规避招标的目的，采取拆分、肢解等方式将单项合同项目化整为零，使被拆分、肢解后的单项合同项目低于招标限额，从而规避招标。

3. 采取其他方法规避招标的情况

其他规避招标的行为，如隐瞒事实真相，故意混淆资金和建设项目性质，或者利用各种手段，提供假信息，以项目技术复杂，供应商和承包商有限为借口等以达到规避公开招标的目的。

构成上述法律责任，行为人主观上必须有过错，包括故意和过失，但主要的是故意。所谓故意，是指行为人明知自己的行为会造成损害后果而希望或放任这种危害结果发生的一种主观心理状态。所谓过失，是指行为人应当预见自己的行为会造成损害后果而没有预见，或虽已预见但轻信能够避免的一种主观心理状态。承担上述法律责任，无需行为人的违法行为造成了实际的损害后果。只要行为人在客观上实施了前述违法行为并在主观上具有过错的，即使该行为没有造成实际的损害，行为人也应当承担法律责任。行为人规避招标的，应该承担如下责任。

(1)责令限期改正。

(2)罚款。

(3)对全部或者部分使用国有资金的项目，可以暂停项目执行或者暂停资金拨付。

(4)处分。

(二)招标人限制和排斥投标竞争法律责任

招标人以不合理的条件限制或者排斥潜在投标人等行为应当承担法律责任的规定。《招标投标法》第51条规定："招标人以不合理的条件限制或者排斥潜在投标人的，对潜在投标人实行歧视待遇的，强制要求投标人组成联合体共同投标的，或者限制投标人之间竞争的，责令改正，可以处1万元以上5万元以下的罚款。"招标人以不合理的条件限制或者排斥潜在投标人应当承担的法律责任，依照本法第18条规定："招标人不得以不合理的条件限制或者排斥潜在投标人，不得对潜在投标人实行歧视待遇。"在投标人实践活动中，对于不合理的条件限制或者排斥有多种情况，如要求招标人必须是在本地区注册的企业，或者招标人故意提出不合理的条件，使投标人难以满足其要求而不愿意投标或者即使投标也没有中标的可能性，从而使招标成为走过场、搞形式等。对潜在投标人实行歧视待遇是指招标人不以公正的态度对待潜在投标人，并实行区别对待，故意规定或者设置促使其偏向的潜在投标人中标的有利条件。对招标人的上述行为，应责令其改正，即由行政执法机关责令招标人改变其提出的不合理的条件,重新修正其招标文件,公正地对待所有的潜在投标人,行政执法机关可以根据招标人违法情节的轻重、影响大小等因素,可以对其处以1万元以上5万元以下的罚款。

招标人强制要求投标人组成联合体共同投标或者限制投标人之间的竞争应当承担的法律责任,依照《招标投标法》第31条的规定:“招标人不得强制投标人组成联合体共同投标,不得限制投标人之间的竞争。”联合体共同投标是指由两个以上的法人或者其他组织共同组成非法人的联合体,以该联合体的名义即一个投标人的身份共同投标的投标组织方式。投标人之间的联合投标应当出于自愿,只有这样在共同投标过程中和以后执行合同方面才能很好地协作、配合。招标人有时为了使自己所属的单位获得项目,便强制投标人共同联合投标,这是不允许的。招标人限制投标人之间的竞争是违反《招标投标法》规定的招标投标活动的基本原则的行为,对其他投标人是不公平的,对招标人的此类行为应当予以禁止。对招标人的上述行为,行政执法机关责令招标人分开强制组成的投标联合体,符合条件的各成员单位各以一个投标人的身份进行投标,招标人要改正其限制投标人竞争的行为,取消限制竞争的条件,严格按照本法的规定对项目进行招标,行政执法机关还可以对其处以1万元以上5万元以下的罚款,以从经济上给予招标人一定的制裁。

(三)招标人泄露应当保密的法律责任

招标过程中有关情况的保密性是招标人必须遵循的行为准则,招标人泄露应当保密的情况的行为有以下几种。

1. 向他人透露已获取招标文件的潜在投标人的名称、数量或者可能影响公平竞争的有关招标投标的其他情况

根据《招标投标法》第22条规定:“已经获取招标文件的潜在投标人的名称、数量等属于应予保密的内容,招标人不得向他人透露。”除此之外,其他任何可能影响公平竞争的情况,如评标委员会成员的组成等,也不得向他人透露。招标人如果违反本法规定实施了上述行为,即构成违法。

2. 泄露标底

《招标投标法》第22条规定:“招标人设有标底的,标底必须保密。”设立标底的做法是针对我国目前建筑市场发育状况和国情采取的措施,是具有中国特色的招标投标制的一个具体表现。泄露标底的行为当然属于违法行为,开标前标底是保密的,任何人不得透露标底。标底有一定的浮动范围,在实务操作过程中,招标人一般将标底作为衡量投标报价的基准,过分高于或者低于标底的报价将被拒绝。

招标人有上述违法行为的,应当承担以下法律责任。

1. 警告

警告是指行政主体对违法者实施的一种书面形式的谴责和告诫,具有教育和制裁双重性质,目的是向违法者发出警戒,声明行为人的行为已经违法,避免其再犯。警告一般适用于情节轻微或未构成实际危害后果的违法行为,既可以单处也可以并处。就法律责任而言,警告是指有关的行政监督部门对具有上述违法行为的招标人或者招标单位主要负责的主管人员和其他直接责任人员实施的一种书面的谴责和告诫。

2. 罚款

行为人具有前述违法行为的，有关的行政监督部门可以对其并处罚款，罚款数额为1万元以上10万元以下。

3. 处分

处分包括行政处分和纪律处分。行政处分的对象是项目单位直接负责的主管人员和其他直接责任人员。行政处分的种类包括警告、记过、记大过、降级、降职、开除等。有关行政监督部门可以根据违法行为的情节轻重做出不同的行政处分决定。纪律处分是指有关社会组织对违反其内部规章、制度的成员给予的惩罚性措施。如责任人是党员，给予相应的党的纪律处分（警告、开除党籍等）；责任人是有关行业协会的会员，协会可以根据实际情况对其给予降低资质等级的处分等。

4. 追究刑事责任

行为人的违法行为触犯了刑律，具有相当程度的社会危害性和应受刑罚惩罚性的，对单位处以罚金，对有关主管人员和其他直接责任人员处以相应的刑罚，即实行双罚制。

6.5.2 投标人违法行为的法律责任

投标人不得与招标人相互串通投标，不得排挤其他投标人的公平竞争，以损害国家利益、社会公共利益或者他人的合法权益。投标人串通投标的具体行为包括投标者之间相互约定，一致抬高或者压低投标报价；投标者之间相互约定，在招标项目中轮流以高价位或者低价位中标；投标者之间先进行内部竞价，内定中标人，然后再参加投标等等。投标人与招标人的串通投标行为具体包括：招标者在公开开标前，开启标书，并将投标情况告知其他投标者，或者协助投标者撤换标书，更改报价；招标者向投标者泄露标底；投标者与招标者商定，在招标投标时压低或者抬高标价，中标后再给投标者或者招标者额外补偿；招标者预先内定中标者，在确定中标者时以此决定取舍等等。禁止投标人以向招标人或者评标委员会成员行贿的手段谋取中标。投标人不得以低于成本的报价竞标，也不得以他人名义投标或者以其他方式弄虚作假，骗取中标。

串通投标行为是指投标人相互串通投标报价，故意抬高标价或压低标价，损害招标人和其他投标人的利益；或者投标人与招标人串通，排挤其他投标人的公平竞争，损害国家利益、社会公共利益和他人合法利益的行为。串通投标行为主要表现为投标人之间相互串通投标和招标人与投标人之间相互串通投标两种主要的形式，国家工商总局于1998年1月发布的《关于禁止串通招标投标的暂行规定》和2003年3月发布的《工程建设项目施工招标投标办法》将串通招标投标行为列举如下几种主要表现。

（1）投标人之间相互串通投标行为的主要形式：①投标人之间相互约定，一致抬高或压低投标报价；②投标人之间相互约定，在招标项目中轮流以高价位或低价位中标；③投标人之间先进行内部竞价，内定中标人，然后再参加投标，约定给没有中标或弃标的其他投标人以“补偿费”。

（2）招标人与投标人之间相互串通投标行为的主要形式有：①招标人在公开开标前，开启标书,并将投标情况告知其他投标人,或者协助投标人撤换标书,更改报价;②招标人向投标人泄露标底;③投标人与招标人商定,在招标投标时压低或者抬高标价,中标后再给投标人或者招标人额外补偿;④招标人预先内定中标者,在确定中标者时以此决定取舍;⑤招标人在投标人作标书澄清事实说明时,故意做引导性提问,以促使其中标;⑥招标实行差别对待;⑦招标人故意让不合格的投标人中标;⑧投标人贿赂招标人以获取招投标的信息。

投标报价是指投标人为了争取中标并通过提供商品、工程实施或服务取得经济效益,按照招标人在招标文件中的要求进行估价,并根据投标策略确定的价格。标底是招标人的期望价格,是招标人预定的招标的底价。《招标投标法》第40条规定:"招标设有标底的,应当参考标底。"其实,不论串通投标行为人中标报价高于标底还是低于标底,只要具有串通行为,都构成串通投标,都为法律所禁止。因为这种行为实际上破坏了"公平、公正和公开"原则,损害了招标人的利益或其他投标人的公平竞争利益,破坏了市场竞争的秩序。因此串通投标行为的认定,与投标报价和标底之间的高低无关。投标人有上述违法行为的,应当承担以下法律责任。

(1)对于参与串通行为的投标人,其中标无效,并对行为人处中标项目金额5‰以上10‰以下的罚款,对单位直接负责的主管人员和其他直接责任人员处以单位罚款数额5%以上10%以下的罚款;有违法所得的,并处没收违法所得;情节严重的,取消其1~2年内参加依法必须进行招标的项目的投标资格并予以公告,直至由工商行政管理机关吊销营业执照。

(2)对于参与串通行为的招标人,根据不同的行为处以不同程度的罚款。如招标对投标人实行歧视待遇或限制投标人之间竞争的,责令改正,可以处1万元以上5万元以下的罚款;招标人向他人透露已报送标书内容或泄露标底的,给予警告,可以并处1万元以上10万元以下的罚款;招标人与中标人订立背离合同实质性内容的协议的,责令改正,可以处中标项目金额5‰以上10‰以下的罚款。

(3)对于参与串通行为的招标代理机构,处5万元以上25万元以下的罚款,对单位直接负责的主管人员和其他直接责任人员处以单位罚款数额5%以上10%以下的罚款;有违法所得的,并处没收违法所得;情节严重的,暂停直至取消招标代理资格。

(4)对于参与串通行为的评标委员会成员,给予警告,没收收受的财物,可以并处3千元以上5万元以下的罚款,取消担任评标委员会成员的资格,不得再参加任何依法必须进行招标的项目的评标。

6.5.3 中标人违法行为的法律责任

中标人的违法行为大致可以分为以下几类。

(1)不履行。所谓不履行的行为可分为拒绝履行和履行不能。前者是指中标人能够实际履行而故意不履行,又没有正当理由的情况;后者是指合同到了履行期而中标人不能实际履行的情况。对于因中标人主观过错原因而导致的履行不能,中标人仍应负法律责任。

(2)不完全履行。不完全履行也叫不适当履行或不正确履行,指的是中标人没有完全按照合同的约定履行义务。不完全履行分两种情况,一是给付有缺陷,就工程项目而言,就是指中标人完成的工程项目存在质量问题;二是加害给付,就招标项目而言,是指中标人完成的招标项目不仅不符合质量要求,而且还因为该质量问题造成了他人人身、财产损害。

(3)迟延履行合同义务,如中标人不能按期完成招标项目。

(4)毁约行为,即中标人无任何正当理由和法律根据而单方撕毁合同。

中标人不履行与招标人订立的合同,应当承担以下法律责任。

1. 不予退还履约保证金

为了督促中标人履行合同,《招标投标法》第46条规定:“招标文件要求中标人提交履约保证金的,中标人应当提交。”交纳履约保证金的中标人不履行合同的,所交纳的履约保证金不予退还,不管中标人的违约行为是否给招标人造成了损害。不以返还履约保证金的前提是中标人提交了履约保证金,因为履约保证金不是在任何情况下都应当提交的。根据本法的规定,只有在招标人要求中标人提交履约保证金时,中标人才应当提交。反之,则无须提交。

2. 赔偿损失

中标人的违约行为造成招标人损失的,中标人应当负损害赔偿的责任。根据合同法的规定,中标人赔偿的范围包括招标人所受的直接损失和间接损失,但不应超过当事人订立合同时预见到或应当预见到因违反合同可能造成的损失。交纳的履约保证金应当抵作损害赔偿金的一部分。履约保证金的数额超过因违约造成的损失的,中标人对于该损失就不再赔偿。相反,在履约保证金的数额低于因违约而造成损失的情况下,中标人还应当赔偿不足部分。另外,中标人的赔偿责任应当限于财产损害,而不包括精神损害。

3. 取消投标资格

中标人不按照与招标人订立的合同履行义务,情节严重的,有关行政监督部门应当取消其2~5年内参加依法必须招标的项目的投标资格并予以公告。所谓情节严重,是指中标人的违约行为造成的损失重大等情况。

4. 吊销营业执照

如果取消中标人2~5年内参加必须招标项目的投标资格尚不足以达到制裁目的的,工商行政管理机关应当吊销中标人的营业执照。被吊销营业执照的中标人不得再从事相关的业务。

以上法律责任的主体是已经与招标人签订合同的中标人。根据《合同法》的规定:“构成本条规定的法律责任,行为人主观上无需具有过错,只要行为人实施了违约行为,就应对该违约行为负责。”根据《招标投标法》第60条规定:“中标人因不可抗力不能履行合同的,可以免除责任。”所谓不可抗力是指不能预见、不能避免并不可克服的情况,包括自然灾害和某些社会现象,前者如火山爆发、地震、台风、冰雹和洪水侵袭等,后者如战争等。由于法律责任制度的目的在于保护公民、法人的合法权益,补救其所受到的非法损害,教育和约束人们的行为,防止违法行为发生。如果让人们对自己主观上无法预见又不能避免、不能克服的事件造成的损害承担责任,这不仅达不到法律责任的目的,而且对于承担责任的人也是不公平的。对此《合同法》也有明确的规定:“因不可抗力不能履行合同的,根据不可抗力的影响,部分或者全部免除责任,但法律另有规定的除外。”但如果不可抗力发生在债务履行迟延期间,债务人则不能以不可抗力为理由拒绝承担违反债务的民事责任。另外,《合同法》第118条还规定:“中标人因不可抗力不能履行合同的,应当及时通知招标人,以减轻可能给招标人造成的损失,并应当在合理期限内提供发生了不可抗力的证明。”

思考题

1. 招标方式分为哪几种？分别有什么特点？
2. 建设工程招标和投标包括什么步骤？
3. 招标必须具备的条件是什么？
4. 评标有些什么程序？具体的方法有哪些？
5. 评标委员会组成成员需要满足哪些条件？
6. 《招标投标法》对联合投标做出了什么规定？
7. 建设工程招投标法律责任有哪些？分别做出了什么相应的规定？

7 房地产法律制度

房地产业处于当今我国的经济发展前沿,是拉动国民经济增长的支柱产业之一,关系国计民生,在社会经济生活中的地位越来越突出,尤其在人类社会生活向城市形式集约化发展的今天,房地产已不仅仅只具有作为人们生产、居住、服务等活动场所的意义,而是逐步成为现代社会经济大系统的有机组成部分。房地产作为最重要的生产和生活资料,同国家经济建设、生产经营和日常生活有着千丝万缕的关系,房地产法律制度调整范围宽泛,涉及法律、法规繁多,调整手段多样,是我国重要的法律制度之一。

房地产业应该分为两类:第一类是指广义的房地产业,包括了从事城乡土地、房屋的开发、利用、经营、服务、管理、保护的各种业务活动;第二类是指狭义的房地产业,主要是专门从事房地产开发与经营的行业。它的业务主要有两大类:一类是从事城市房地产开发和交易的,所谓房地产开发是指在依法取得国有土地使用权的土地上进行基础设施、房屋建设,所谓房地产交易,包括房地产转让、房地产抵押和房屋租赁;另一类是从事开发经营成片土地的,简称成片开发,它是指在依法取得国有土地使用权后,依照规划对土地进行综合性的开发建设,形成工业用地和其他建设用地条件,然后转让土地使用权或者转让、出租地面建筑物。国家鼓励吸收外商投资进行土地成片开发。

7.1 房地产与房地产法

房地产业是从事房地产开发、经营、管理和服务的产业。城乡建设环境保护部于 1987 年 11 月 20 日发布《关于发展城市房地产业的报告》,对房地产业的内涵作了相应表述:“房地产业包括:土地的开发,房屋的建设、维修、管理,土地使用权的有偿划拨、转让,房屋所有权的买卖、租赁,房地产的抵押贷款,以及由此而形成的房地产市场。”可以把房地产业视为涉及租赁、信托、物业管理和以房地产为依托所进行的多种经营管理等项目工作。房地产业的性质,根据 1985 年 5 月《国务院办公厅转发国家统计局关于建立第三产业统计的报告》,是属于第三产业的第二层次。房地产业与建筑业之间既有区别,又有联系。两者的区别在于:建筑业完全是物质生产部门,属于第二产业;房地产业则兼有生产(开发)、经营、管理和服务等多种性质,属于第三产业。在联合国制定的《国际标准行业分类》中,把经济行业分为 10 大类,其中建筑业为第 1 类,房地产业和经营服务为第 8 类。1985 年,国家计委、经委、统计局、标准局联合颁发的《国民经济行业分类和代码》中,把中国经济行业分为 13 个门类,其中建筑业被列为第四类,房地产业为第七类。总之,国际、国内都把建筑业和房地产业作为两个独立的产业部门来对待。但是,这两个产业部门之间有着非常密切的联系,它们的作用对象都是不动产,它们的经济活动也是一种唇齿相依的合作关系。

7.1.1　城市房屋

按用途分，城市用房一般可分为以下6大类。

1. 住宅

住宅是最重要的生活资料，是人们从事一切社会、经济、文化活动的最基本的物质前提。住宅不仅是现代社会最必要的生活资料，也是人们的享受资料和发展资料。在现代城市中，住宅一般要占城市房屋总量的一半左右。

2. 生产用房

生产用房是指物质生产部门作为基本生产要素使用的房屋，也是物质生产部门固定资产的重要组成部分，主要包括工业、交通运输业和建筑业等生产活动中使用的厂房、仓库、实验室、办公室和生活服务用房等。

3. 营业用房

营业用房是指商店、银行、邮电、旅馆、饭店以及其他经营性服务等第三产业所使用的房屋。它既包括直接用于营业活动的房屋，也包括办公室、仓库堆栈等辅助用房。

4. 行政用房

行政用房主要指党、政、军等机关和工、青、妇等团体以及民主党派等办公用房及其辅助用房。

5. 文教用房

文教用房包括各类文化机构、体育组织、各种学校、医疗卫生机构以及科技机构用房，即从事文化、教育、医疗、科研、体育以及娱乐活动的各种房屋及附属房屋。

6. 其他专用房

其他专用房是指各种特殊用房，如军事及国防机关用房，宗教团体用房，外国领事馆、寺庙、监狱等用房。

7.1.2　城市土地

我国城市土地均为国家所有，城市用地按用途类型大致可划分为以下10类。

1. 生活居住用地

生活居住用地包括住宅建筑用地、街坊道路、庭院绿化用地以及各项附属设施用地。

2. 工业用地

工业用地主要指工业生产用地，包括工厂、动力设施及工业区内的仓库、交通线、防护地带等用地。

3. 交通运输用地

交通运输用地是指城市交通运输设施用地，包括铁路、公路用地以及火车站、汽车站、地铁站、港口码头、飞机场等用地。

4. 市政公用设施用地

市政公用设施用地通常指设置公用设施和工程构筑物的用地，包括水源地、自来水厂、污水处理厂、变电所、煤气站、消防站、各种管线工程及其构筑物、防洪堤坝、火葬场及墓地等用地。

5. 风景游览区用地

风景游览区用地包括城市风景区、游览区、园林绿地以及各种名胜古迹用地。

6. 公共绿地

公共绿地是指为全体城市居民服务的公园、动物园、植物园、陵园、街心花园以及城市林荫道绿地等。

7. 文教卫生等公共用地

文教卫生等公共用地主要指大专院校、中小学校、科学研究机构、体育机构、医疗卫生以及为整个城市服务的商业用地等。

8. 道路广场及仓库用地

道路广场及仓库用地主要指城市主干道、广场、停车场以及专门用来存放生活资料和生产资料的仓库用地。

9. 特殊用地

特殊用地通常指各种军用设施、监狱、看守所以及自然保护区等作特殊用途的用地。

10. 其他用地

其他用地指不属于以上所列项目的其他城市用地，包括市区边缘的菜田、苗圃、果园、牧场等地以及城市内不易划出的零星用地。

城市的功能性质和建设规模不同，城市用地的构成也各不相同。分析城市土地时应区别对待。

7.1.3 房地产

房地产是房产与地产的合称，是房屋与土地在经济方面的商品体现。房屋和土地反映物质的属性和形态，而房产与地产则体现商品形式的价格。因此，在生活资料方面，房产与地产属于财产范畴；在生产经营资料方面，房产与地产属于资产范畴。一般情况下，我们常说的房地产一般均指房屋建筑和建筑地块所组成的有机整体，不把房地产与房屋、土地作严格的区分。房地产作为一项财产，在法律上反映为房地产权。当土地单独作为地产时，指的是土地所有权、土地使用权；当房屋单独作为房产或者出租时，指的是房屋所有权和房屋使用权；当土地与房屋连为一体时，指的是房屋所有权和其占用范围内的土地所有权，或房屋所有权和其占用范围内的土地使用权。

(一)房地产市场

我国现时所称房地产市场指的是国有土地使用权出让、转让、出租、抵押和城市房地产转让、房地产抵押、房屋租赁等交易活动的总称。房地产市场与商品市场、金融市场、劳务市场、技术市场、信息市场、企业产权转让市场、期货市场一起，将形成全国统一、开放的市场体系。

（二）房地产关系

房地产关系是指人们取得、经营和管理土地、房屋而形成的社会关系，按其法律特征，可以分为下列2种法律关系。

（1）民事商品性质的房地产关系，指的是平等主体之间基于土地、房屋而发生的所有、使用、转让、抵押、租赁等经济关系。如市民之间的房屋租赁行为。

（2）行政管理性质的房地产关系，指的是不平等主体之间基于土地、房屋的征用、拆迁、土地用途管制、建设立项审批、房地产税征收以及行政调处有关纠纷等经济关系。

（三）房地产法的基本原则

我国房地产法的基本原则归纳如下。

1. 土地公有原则

我国始终坚持社会主义道路，采用的是社会主义经济公有制为主体的经济体制，土地所有制为社会主义公有制，不存在土地私有制；土地作为一种资源，同时也是一种资产，凡是我国境内的土地，除由法律规定属于国家所有的外，均属于劳动群众集体所有，国家可以依法征用集体土地，一经征用即转化为全民所有。

2. 土地有偿使用原则

国家依法实行国有土地有偿有限期使用制度，农村集体经济组织经过批准，可以采用土地使用权入股、联营等形式与其他单位、个人共同举办企业；农民集体土地的使用权不得出让、转让或者出租用于非农业建设；但符合土地利用总体规划并依法取得建设用地的企业，因破产、兼并等情形致使土地使用权依法发生转移的除外。

3. 十分珍惜、合理利用土地和切实保护耕地的原则

十分珍惜、合理利用土地和切实保护耕地一直以来都是我国的基本国策；各级人民政府应当采取措施，全面规划，严格管理，保护、开发土地资源，制止非法占用土地的行为，坚持实行土地用途管制制度；对耕地实行特殊保护，包括基本农田保护制度、占用耕地补偿制度。

4. 房地产综合开发原则

房地产开发经营应当按照经济效益、社会效益、环境效益相统一的原则，实行全面规划、合理布局、综合开发、配套建设，尤其要采用上述"三位一体"、互相促进的发展方式。

5. 城镇住房商品化原则

国家根据社会、经济发展水平，扶持发展居民住宅建设，逐步改善居民的居住条件。逐步推行城镇居民住房商品化，不断满足人民群众日益增长的住房需求。

6. 宏观调控与市场调节相结合的原则

鉴于房地产在国民经济中有着举足轻重的作用，房地产市场交易的高利润和高风险性，为了防止出现"泡沫经济"现象的产生，应对房地产活动采取科学的管理方法，以宏观调控为主导，适当放开，由市场来调节；在房地产权益关系和管理关系中，国家作为国有财产所有权人和

作为社会经济管理者的双重身份应当分开。

(四)房地产业在国民经济中的地位和作用

1.房地产业在国民经济中的地位

1)房地产业是我国国民经济的支柱产业

在经济发达的国家和地区,房地产经营收入一般可占政府财政收入的10%~40%,香港则高达50%左右,成为这些国家和地区的支柱性产业之一。在我国大陆,房地产业正在迅速崛起,并日益显示了它在国民经济发展中的重要作用,它对经济具有敏感性和超前性。1998年以来新一轮经济发展的新的经济增长点正式确认,房地产业将成为我国的支柱性产业之一。

2)房地产业是国民经济的基础性和先导性产业

房产和地产是各种经济实体和家庭的基础性物质要素。人们的日常生活和经济发展都离不开土地和房屋。房地产业的发展,可以为城镇经济的发展和城镇居民生活居住条件的改善提供基本物质基础和前提。实践已经证明,每当经济建设的高潮来临时,最先投资的热点总是在房地产业,而房地产业的兴旺又会带动和促进金融、建材、装饰、家具等相关行业的繁荣。因此,房地产业是与社会生产和社会生活密切相关的基础产业。

3)房地产是国家的一笔巨大财富

改革开放以来,房地产的迅速发展已经形成了强大的物质基础,据统计目前我国城镇房地产总价值超过4万亿元,这是一笔巨大的固定资产,随着城镇经济的进一步发展,房地产的价值将不断增值。

2.房地产业在国民经济中的作用

(1)房地产业是国民经济和社会系统中基本单位的承载体,起着连接生产与生活、生产与流通、生产与消费等方面的作用。

(2)房地产业可以提供大量的财政积累,是高附加值的产业。一些发达国家和地区,房地产业提供的财政积累可达财政收入总额的三成左右。

(3)发展房地产业可以合理充分地利用土地资源。土地资源是稀缺和不可再生的,房地产业的健康发展可以合理分配和重组土地资源,充分提高土地利用效益。

(4)发展房地产业可以促进和带动其他产业的发展。它在开发中可以带动建材、建筑设备、建筑机械以及冶金、仪表、钢材、木材、水泥等产业的发展。房屋在投入使用后又可促进家电、家具、园林、保险、装饰、服务业等产业的发展。房地产业是导向性产业,它的发展将为其他产业和物业管理服务业开辟渠道和提供基础。

(5)发展房地产业有利于优化产业结构和消费结构。

(6)发展房地产业可使更多人获得就业机会

(7)发展房地产业有利于营造优美的居住环境,改善居住条件,建设社区文明。

(8)发展房地产业有利于完善投资环境,吸引外商投资,促进改革开放向纵深发展。

7.1.4 房地产法

房地产法作为我国社会主义法律体系的一个组成部分,它既具有民事性质的规范,又具有行政性质的规范。前者如土地、房屋所有权、使用权及买卖、租赁、抵押等市场行为的规定，后者如登记、审批等行政行为的规定，按法学原理分析，前者属于私法领域，后者属于公法领域。纵观房地产法的全部规范，兼具民法、经济法的某些特征，即兼有私法、公法的因素，是一个综合性的法律体系。

为了加强对城市房地产的管理，维护房地产市场秩序，保障房地产权利人的合法权益，促进房地产业的健康发展，我国于 1995 年 1 月 1 日起施行了《中华人民共和国城市房地产管理法》(Law of the People's Republic of China on the Administration of the Urban Real Estate)，在中华人民共和国城市规划区国有土地(以下简称国有土地)范围内取得房地产开发用地的土地使用权，从事房地产开发、房地产交易，实施房地产管理，应当遵守本法相关规定。

我国的房地产法律体系按其内容分布划分，应由 3 部分立法组成：一是综合的法，如《宪法》、《民法通则》等法律中的有关规定；二是专门的法，如《城市规划法》、《土地管理法》、《城市房地产管理法》、《建筑法》、《住宅法》以及它们的实施条例、细则、办法之类；三是相关的法，如《森林法》、《草原法》、《渔业法》、《环境保护法》、《合同法》、《担保法》、《商业银行法》、《婚姻法》、《继承法》等法律中的有关规定。

(一)房地产法调整的房地产关系

房地产法调整的房地产关系的具体内容包括如下几项。

(1)土地、房屋财产关系。

(2)土地利用和管理关系。

(3)城市房地产开发经营关系。

(4)城市房地产管理关系。

(5)城市物业管理关系。

(二)房地产法律责任的形式

1. 民事责任

狭义的民事责任，是指违法或违约之后，依法应当承担的民事法律后果，可分为侵权责任、违约责任和不履行其他义务的责任。在房地产关系中承担民事责任的方式主要有停止侵害、排除妨碍、消除危险、返还财产、恢复原状、更换或退回赔偿损失、违约金和消除影响、恢复名誉、赔礼道歉等各种形式。民事责任的承担方式可以单独适用，也可以合并适用，需注意的是前 7 种为财产责任或物质赔偿，后 2 种为精神赔偿。

2. 行政责任

行政责任是指违反行政管理秩序，依法应当承担的行政法律后果。违反房地产行政管理秩序的责任，主要包括：房地产行政管理相对人的责任；房地产行政主管部门的责任以及其他行政机关及工作人员、其他公民或组织的责任。在房地产关系中，承担行政责任的方式主要是行政处罚。行政处罚是指行政机关依法对公民、法人和其他组织违反行政管理秩序的行为追究行政责任的一种法律制裁制度。适用于房地产关系的行政处罚的种类有：警告；罚款；没收违法所得、没收非法财物；责令停产停业；暂扣或者吊销许可证、暂扣或者吊销执照。以上行政处罚措施可以单独适用，也可合并适用。但对当事人的同一个违法行为，不能施行两次以上罚款。作为行政处罚措施重要辅助手段之一的是行政机关实施行政处罚时，应当责令当事人改正或者限期改正违法行为。

3. 刑事责任

刑事责任，是指危害社会的行为构成犯罪，依照刑法规定应当承担的刑事法律后果。房地产关系中的刑事责任，是根据犯罪主体、犯罪主观方面、犯罪客体、犯罪客观方面四个要件来确定的。房地产关系中犯罪的主体，不仅有个人，也可能有单位。企业、公司、事业单位、机关、团体实施的危害社会的行为，法律规定为单位犯罪的，应当负刑事责任。对个人犯罪，判处的主刑有管制、拘役、有期徒刑、无期徒刑、死刑；附加刑有罚金、剥夺政治权利、没收财 产。单位犯罪的，对单位判处罚金，并对其直接负责的主管人员和其他直接责任人员判处刑罚。在房地产关系中发生的犯罪包括：非法转让、倒卖土地使用权罪；非法占用耕地罪；非法批准征用、占有土地罪和非法低价出让国有土地使用权罪；擅自出卖、转让军队房地产罪。根据房地产法规定，房地产主管部门工作人员玩忽职守、滥用职权、徇私舞弊构成犯罪的，可分别依照刑法规定，追究玩忽职守罪、滥用职权罪、受贿罪的刑事责任。

7.2 房地产法律关系

凡是法律关系都是法律调整社会关系而形成的主体间的权利义务关系，房地产法律关系是房地产法律规范在调整房地产开发、交易及管理关系过程中发生在房地产主体之间的权利义务关系。房地产法律关系可以依照法律性质和调整对象来分类。

7.2.1 房地产法律关系的类别

（一）根据法律性质不同进行划分

1. 房地产民事法律关系

房地产民事法律关系是指平等主体之间依法形成的权利义务关系，其基本特点是主体的平等性。土地使用权出让法律关系、房地产租赁法律关系、房地产转让法律关系、物业管理法律关系等，都是房地产民事法律关系。

2. 房地产行政法律关系

房地产行政法律关系是指政府及其职能部门之间及其与房地产开发公司等房地产主体之间，因行政管理依法形成的权利义务关系，如土地征用法律关系，房地产开发项目的审批法律关系等。

3. 房地产经济法律关系

房地产经济法律关系是指政府及其职能部门与房地产开发公司、公民及其他法人和社会组织之间因宏观调控依法形成的权利义务关系，如房地产开发的规划和计划法律关系、房地产价格管理法律关系等。

（二）根据调整对象的不同进行划分

房地产法的调整对象是房地产开发关系、房地产交易关系、物业管理关系、房地产管理关系等内容，作为因果联系而言，法律关系便可分为房地产开发法律关系、房地产交易法律关系、物业管理法律关系和房地产管理法律关系。

(1)房地产开发法律关系是指房地产主体在房地产开发过程中依法形成的权利义务关系，如土地征用法律关系、土地使用权出让法律关系等。

(2)房地产交易法律关系是指房地产主体在房地产交易过程中依法形成的权利义务关系，如房地产转让法律关系、房地产互易法律关系、房地产租赁法律关系。

(3)物业管理法律关系是指物业管理公司与业主之间在物业管理过程中依法形成的权利义务关系，如房地产修缮法律关系等。

(4)房地产管理法律关系是指房地产管理机关与其他房地产主体之间在房地产管理过程中依法形成的权利义务关系，如房地产权属管理法律关系。

7.2.2 房地产法律关系的特征

房地产法律关系具有一些典型的特征，主要表现有以下几点。

1. 广泛性

广泛性是针对房地产法律关系主体而言的，主要表现在开发、交易、中介服务、管理等主体的多样性。

2. 特殊性

房地产法律关系的客体是房地产，其特殊性在于房地产是不动产，在其生产、交易和物业管理中不发生位置上的改变，房地产交易只是权利主体发生变动，而客体并不变动。另外一个特殊性在于房地产具有消费和投资的二重性，除了消费用途外，有闲散资金的业主会选择投资购房从而保值增值，体现了房地产具有投资与消费的二重性。

3. 多重性

房地产法关系中既有平等主体之间在房地产交易中的民事法律关系，也有房地产管理机关与房地产开发公司之间的行政法律关系，还有国家对房地产市场的干预而发生的经济法律关系。

4. 程序性

房地产的开发、交易都按法律规定的程序和具体的行为规则进行，如房地产开发要依法办理开发用地，房地产交易要依法进行成交价格申报和产权登记等内容，都体现必须按照一定的逻辑顺序进行。

7.2.3 房地产法律关系的构成

房地产法律关系同其他法律关系一样，也是由主体、客体、内容等3个基本要素所构成。

(一)房地产法律关系的主体

房地产法律关系的主体是指在房地产法律关系中依法享有权利(或行使职权)和承担义务(或负有职责)的国家房地产管理机关、房地产开发经营公司、公民及其他法人或社会组织，范围较为广泛，具体可以分为以下几种。

(1)房地产管理主体:包括国家各级房地产主管机关(房产管理部门、土地管理部门)、计划委员会、城市建设规划部门、物价管理部门等。

(2)房地产开发主体:主要指房地产开发公司。

(3)房地产交易主体:包括从事房地产交易的公民、法人及其他社会组织等。

(4)房地产服务主体:包括房地产交易所、房地产评估事务所、房地产经纪人、物业管理公司等。

(二)房地产法律关系的客体

房地产法律关系的客体是房地产法律关系主体之间权利义务共同指向的对象。房地产法律关系客体主要有经济行为和房地产两类。通常情况下,房地产经济行为是指房地产法律关系主体为了获得经济利益而进行的房地产活动,如房地产开发活动、房地产交易活动等。

(三)房地产法律关系的内容

房地产法律关系的内容是指房地产法律关系中主体享有的权利和承担的义务。权利因主体的不同可以分为房地产管理职权和房地产民事权利。房地产管理职权、职责是房地产管理主体依照法律规定或国家授权所享有的管理职责权限。房地产民事权利是房地产法律关系的平等主体间依法享有的权利。房地产法律义务是房地产法律关系主体依照法律规定和合同约定在房地产活动中必须为一定行为或不为一定行为,以满足权利主体的要求。

7.2.4 房地产法律事实

房地产法律事实是指能够引起房地产法律关系产生、变更或消灭的各种法定客观情况。与其他法律事实相同,房地产法律事实应有两大特性:一是客观性,即法律事实一定是客观事实;二是法定性,即必须是符合房地产法律规定的客观情况,才能被视为房地产法律事实。法律事实根据其发生是否与人的意志有关可分为行为和事件两种。

(一)行为

行为是指与人的意志有关的活动,房地产法律事实中的行为包括房地产法律行为、房地产管理行为、房地产违法行为。房地产法律行为是指房地产法律关系主体为了设定、变更和消灭一定的房地产法律关系而实施的合法行为,具体包括房地产开发的申请行为和各种房地产合同行为。房地产管理行为是房地产管理主体对房地产开发和交易活动进行计划、审批、检查监督、登记发证等行为,这些行为是房地产管理主体职责要求必须实施的行为,房地产管理主体实施该行为是并不预期产生、变更或消灭一定的法律关系,也不以意思表示为特征,与房地产法律行为有所区别。房地产违法行为是房地产法律关系主体不履行法定义务或侵犯其他房地产主体权利,扰乱房地产市场秩序的行为,它往往会导致房地产法律关系无效,或引起损害赔偿及行为处罚关系的产生。

(二)事件

事件是人的意志以外的客观现象,房地产法律事件是指由房地产法律规定的不以当事人的意志为转移的能够引起房地产法律关系产生、变更或消灭的客观情况,主要是指国家房地产法律、法规的颁布实施或修订、废止以及不可抗力事件等内容。

7.3 房地产开发

7.3.1 房地产开发概述

房地产开发指的是在依法取得国有土地使用权的土地上进行基础设施、房屋建设的行为。

(一)房地产开发的特征

开发房地产具有以下特征。

1. 涉及面广

房地产开发是一项复杂的经济活动,它涉及规划、土地、勘测、设计、施工、市政、供电、通信、商业、园林、环境等众多部门,相关的与协作的单位众多。

2. 工程项目多

以住宅区为例,住宅区内的工程项目,小的几十项,大的几百项,包括住宅及各种配套项目、附属工程等。

3. 投资量大

开发一个小区,少则花费几千万,多则几个亿甚至几十亿。

4. 建设周期长

对房地产开发要经过多个程序。一个开发项目,从最初立项到交付使用,小型项目需要1~2年,中型项目需要3~4年,大型项目需要5~7年,特大型项目则需要更长的时间。

(二)房地产开发的类别

房地产开发可以从不同角度进行不同分类。

1. 单项开发、小区开发和成片开发

按房地产开发的规模不同,房地产开发可分为单项开发、小区开发和成片开发。单项开发规模较小、占地少、项目功能单一、配套设施简单。小区开发有两层含义,其一是指新城区开发中的一个小区的综合开发,要求在开发区范围内做到基础设施和配套项目齐全,功能完善;其二是指在旧城区更新改造中的局部改建,即某个相对独立的街坊的更新改造。成片开发,一般指范围广阔、项目众多、投入资金巨大、建设周期长的大型综合开发。

2. 经营性开发和自用性开发

按房地产开发的目的不同,房地产开发可分为经营性开发和自用性开发。经营性开发指的是房地产开发公司投资生产房地产商品,并通过房地产市场的转让,追求经营利润的开发活动;自用性开发是指房地产开发者为了满足生产、经营或者消费的需要所进行的房地产开发活动。

3. 新城区开发和旧城区拆迁改造

按房地产开发的范围不同,房地产开发可以分为新城区开发和旧城区拆迁改造。新城区开发主要指城市的新建和扩张,目的是为城市的各项事业提供基础条件;旧城区的拆迁改造是要对旧城区的基础设施、建筑物重新布局、改造或建设，目的是为了发挥城市的整体功能，以适应现代化城市生产和生活的需要。

(三)房地产开发应注意的事项

房地产开发应注意以下事项。

1. 力求总体效益开发

房地产开发必须严格执行城市规划，坚持经济效益、社会效益、环境效益相统一，实行"全面规划、合理布局、综合开发、配套建设"的方针，遵守"总体效益一致"的原则。

2. 严格按用途和期限开发

坚持这一原则的目的在于规范房地产开发利用土地的行为，维护土地使用权出让合同的权威性和效益目标。按照相关规定，必须按照土地使用权出让合同约定的土地用途、动工开发期限开发土地。超过出让合同约定的动工开发日期满 1 年未动工开发的，可以征收相当于土地使用权出让金 20% 以下的土地闲置费；满 2 年未动工开发的，可以无偿收回土地使用权。

3. 符合设计和施工规范

开发项目的设计和施工必须符合国家的有关标准和规范，严格竣工验收制度，未经验收或验收不合格的均不得投入使用。

4. 重视居民住宅优惠开发政策

国家对建造普通标准住宅出售，增值额未超过扣除项目金额 20% 的，可免征土地增值税。

7.3.2 房地产经营

(一)房地产经营运行机制

房地产经营的概念有狭义和广义之分。狭义的房地产经营主要指建筑地块和房屋的流通过程及售后管理；广义的房地产经营包括房地产生产过程经营和流通过程经营，是指房地产企业根据经营目标，对房地产开发经营的全过程做出科学的决策，并组织有效的实施。房地产业的运行机制一般由生产、流通、消费 3 个环节组成。

1. 生产环节

生产环节即通过对自然状态的土地投入人类劳动，进行房屋城市基础设施建设，获得房地产劳动产品的过程。房地产业的劳动产品是房屋和与之紧密联结为一体的经过开发的土地。按我国现行的体制，城市土地属于国家所有，农村土地属于村民集体所有。国家，具体到一个城市就是城市政府，可以依法征用集体所有的土地，将其变为国家所有，或者依法收回已投入使用的城市土地的使用权，然后将征用或收回的土地的使用权，以有期有偿使用的方式，出让给土地开发经营单位或建设用地。由房地产开发公司组织进行房地产的开发和再开发活动，是房地产生产环节的主要生产活动。

2. 流通环节

流通环节即房地产的劳动产品进入市场，进行交易活动，实现其使用价值的过程。当然，未经开发的"生地"也能投入市场流通。房地产市场活动主要有房地产买卖、租赁、抵押等 3

种流通方式。

1)房地产买卖

房地产买卖指的是土地使用权和房屋所有权的买卖,房地产作为不动产,其生产与消费在地点上是相同的,而只是通过交易转换了所有权或使用权。

2)房地产租赁

房地产租赁是房地产出售的另一种形式,房地产产权人通过租金的形式逐步收回成本和获取利润,其实质仍然是流通领域的买卖关系。

3)房地产抵押

房地产抵押是指单位或个人以一定量的房地产作为如期偿还借款的保证物,向银行或其他信贷机构作抵押,从而取得贷款。贷款到期,借款者除了归还本息外,还要缴纳抵押品的保管费用。如果到期无力归还贷款,银行或其他贷款机构有权处理用作抵押的房地产商品,处理所得的资金必须首先用于归还贷款。抵押贷款还可用于解决房地产开发公司或购房者资金不足的困难,即开发公司或购房者把即将投入开发建设的房地产或购得的房屋作为抵押品来获得贷款。目前流行的银行"按揭",即是个人购房抵押贷款,其房屋的所有权属于抵押银行,但购房者仍享有居住权,如到期无力归还贷款,房屋则由抵押银行收回。

3.消费环节

房地产产品,经过流通环节的市场交易活动,转移给使用者,从而进入了消费环节。房地产产品的使用周期很长,作为不动产,它具有固定性、耐久性和增值性。在长期的消费中,产权产籍管理、维护修缮管理等每时每刻都不能缺少。在房地产市场日益活跃的今天,房屋的售后管理和维修服务工作也显得越来越迫切和重要了。

(二)房地产经营管理

房地产经营管理包括房地产经营和对房地产经营进行管理两部分。房地产经营包括房地产生产过程的经营和流通过程的经营,是指房地产企业根据经营目标,在分析自身条件和市场需求的前提下,对房地产开发、设计、施工以及策略和售后服务等全过程做出科学的决策,并组织有效的实施。房地产经营与其他商品经营相比,具有自己的特点,管理工作也相对复杂一些。因此,只有加强管理,才能既使房地产企业取得良好的经济效益,又能使经济效益、社会效益和环境效益有机地统一起来,真正使房地产业快速、健康地蓬勃发展。对房地产经营进行管理包括房地产开发经营企业的内部管理和国家宏观管理两个方面。

1.组建房地产开发经营企业的条件

组建房地产开发经营企业必须具备以下条件。

(1)有符合公司法人登记的名称和组织机构。

(2)有适应房地产开发经营需要的固定的办公用房。

(3)有符合规定额度的注册资本和流动资金。

(4)有一定数量的持有专业证书的房地产、建筑工程专业的专职技术人员和专职财会人员。

(5)具备法律、法规规定的其他条件。

2. 房地产开发经营企业的设立程序

设立房地产开发经营企业需要经过以下程序。

(1)向上级机关提出建立房地产开发企业的申请报告。

(2)拟订房地产开发企业的章程。

(3)向当地政府或房地产主管部门提出成立房地产开发经营企业的申请报告。

(4)申报企业的资质等级。

(5)办理银行开户,并存入规定额度的资金。

(6)办理资金信用证明。

(7)办理经营场所的使用证明。

(8)向工商行政管理部门申请注册登记。

(三)房地产开发经营企业的资质管理

房地产开发经营企业资质是企业性质、专业经济技术素质、企业经历与经营业绩的综合反映。城市房地产开发经营企业的资质等级分为一至四级。1993 年建设部第 28 号令《房地产开发企业资质管理规定》对各等级的资质标准做了详细具体的规定,同时规定一至四级企业必须按照《资质证书》确定的业务范围从事房地产开发经营业务,不得越级承担任务,其可承担任务的范围,由各省、市、自治区建设行政主管部门确定。例如,海南省规定:一级房地产公司可承担 20 公顷以下的土地开发任务;三级、四级房地产公司则只能分别承担建筑面积为 12 万和 4 万平方米以下的开发任务。

房地产开发经营企业资质等级实行分级审批。一级资质的企业由省、自治区、直辖市建设行政主管部门初审,报国家建设部审批;二级以下资质企业由省、自治区、直辖市建设行政主管部门审批。开发企业的资质每年核定一次,对不符合原定资质标准的企业,由原资质审批部门予以降低或吊销《资质证书》。

兼营房地产开发业务的企业不定资质等级,以开发项目为对象从事房地产开发经营的项目公司(包括外商独资、中外合资、合作企业)不定资质等级,根据其项目规模审定其资金、人员条件,核发一次性《资质证书》。

7.4 房地产交易

房地产交易就是指当事人之间进行的房地产转让、房地产抵押和房屋租赁的活动。房地产交易的特征包括下列内容。

(1)房地产交易对象的特殊性。

(2)房地产交易形式的确定性。房地产交易的形式仅包括房地产转让、房地产抵押和房屋租赁,不包括房地产开发。

(3)房地产交易是数种典型合同的称谓。房地产交易不是单一的典型合同的称谓,而是数种典型合同的总称。

(4)房地产交易为要式法律行为。房地产交易主要表现为“债”的关系,并通过各种交易合同形式实现,由此引发的房地产权属的变动必须办理登记手续,方能完成房地产权属的转移。

7.4.1 房地产转让

房地产转让是指房地产权利人通过买卖、赠与或者其他合法方式将其房地产转让给他人的行为。房地产项目转让的条件因土地使用权取得方式的不同可以分为以下两种情况。

1. 以出让方式取得的土地使用权

按照《城市房地产管理法》第38条规定，房地产项目转让时，应当符合下列条件。

(1)转让人按照出让合同约定，已经支付全部土地使用权出让金，并取得土地使用权证书。这是出让合同成立的必要条件，也只有出让合同成立，才允许转让。

(2)转让人按照出让合同约定进行投资开发，并完成一定开发规模后转让。这里又可分为两种情况：一是属于房屋建设的，实际投入房屋建设工程的资金额应占全部开发投资总额的25%以上；二是属于成片开发土地的，应形成工业或其他建设用地条件方可转让，只有上述两项条件必须同时具备，才能转让房地产项目。这样规定目的在于严格限制炒买炒卖地皮和牟取暴利，以保证开发建设的顺利实施。

2. 以划拨方式取得的土地使用权

按照《城市房地产管理法》第39条的规定，转让房地产开发项目时应具备下列条件。

首先，转让的前提是必须经有批准权的人民政府审批。

其次，对准予转让的，又有两种处理方式：第一种是由受让方先补办土地使用权出让手续，并依照国家有关规定缴纳土地使用权出让金后，才能进行转让；第二种是可以不办理土地使用权出让手续而转让房地产，但转让方应将转让房地产所获收益中的土地收益上缴国家或作其他处理。

对以划拨方式取得土地使用权的，转让房地产时，属于《城市房地产管理法》第23条规定情况之一的，经有批准权的人民政府批准，可以不办理土地使用权出让手续，例如：用于国家机关用地和军事用地；城市基础设施用地和公益事业用地；国家重点扶持的能源、交通、水利等项目用地；法律、行政法规规定的其他用地。

3. 土地使用权转让的程序

根据1998年7月20日施行的《城市房地产开发经营管理条例》第21条规定，转让房地产开发项目，转让人和受让人应当自土地使用权变更登记手续办理完毕之日起30日内，持房地产开发项目转让合同到房地产开发主管部门备案。项目转让之后能否保证被拆迁人的利益不受损害，是政府部门审查房地产项目是否允许转让的重要指标。这样规定的目的是保障被拆迁人的合法权益，防止在项目转让过程中或者转让后，转让方、受让方互相推诿扯皮，使被拆迁人的权益受到损害。根据《城市房地产开发经营管理条例》第37条规定，下列房地产不得转让。

(1)以出让方式取得土地使用权的。

(2)司法机关和行政机关依法裁定、决定查封或者以其他形式限制房地产权利的。

(3)依法收回土地使用权的。

(4)共有房地产,未经其他共有人书面同意的。

(5)权属有争议的。

(6)未依法登记领取权属证书的。

(7)法律、行政法规规定禁止转让的其他情形。

4. 房屋预售与现售

房屋预售又称为商品房预售,指的是房地产开发企业在建设房屋的工程尚未竣工之前,将正在施工的房屋预先出售给购买者的行为。

1)商品房预售的条件

对符合条件的房地产开发企业,发给商品房预(销)售许可证。房屋预售应当符合下列条件:①已交付全部土地使用权出让金,取得土地使用权证书;②持有建设工程规划许可证;③按提供预售的商品房计算,投入开发建设的资金达到工程建设总投资额的25%以上,并已经确定施工进度和竣工交付日期;④房屋预售实行许可制度,开发企业应在向县级以上人民政府房产管理部门办理预售登记,取得《商品房预售许可证》后,方可进行房屋预售。

商品房现售指的是房地产开发企业将竣工验收合格的商品房出售给买受方并支付房价款的行为。现房是指已经过工程质量监督部门验收,并取得质量合格证明文件,可以立即交付使用的商品房。

2)商品房现售的条件

现售商品房应具备的条件:①现售商品房的房地产开发企业应当具有企业法人营业执照和房地产开发资质证书;②取得土地使用权证书或使用土地的批准文件;③持有建设工程规划许可证和施工可证;④已通过竣工验收;⑤拆迁安置已经落实;⑥供水、供电、供热、燃气、通信等配套基础设施具备交付使用条件,其他配套基础设施和公共设施具备交付使用条件或者已确定施工进度和交付日期;⑦物业管理方案已经落实。

7.4.2 房地产抵押

房地产抵押是指抵押人以其合法的房地产以不转移占有的方式向抵押权人提供债务履行担保的行为且债务人不履行债务时,抵押权人有权依法以抵押的房地产折价或者拍卖、变卖该房地产所得的价款优先受偿。房地产抵押时,房屋的所有权及土地使用权同时抵押。由于抵押权的实现方式主要是抵押人通过拍卖抵押物取得价款来受偿的,所以实际上涉及房地产的买卖问题。如果在房地产抵押时只抵押房屋所有权,或者只抵押土地使用权,那最后拍卖的也只是房屋所有权或者土地使用权,这样对于通过拍卖活动取得房地产的权利人来说,也只是取得房屋所有权或者土地使用权,或者在取得土地使用权的同时,取得该土地使用权范围的土地上的房屋所有权,这对于通过拍卖活动取得房地产的权利人来说,是没有什么实际意义的。《城市房地产管理法》规定,房地产抵押时,房屋的所有权和该房屋占用范围内的土地使用权必须同时抵押。因此由于房与地的特殊关系,要使用房屋,就必然要使用该房屋占用范围内的土地;而要使用房屋占用范围内的土地,也必然要使用该房屋。

1. 房地产抵押的特征

从权利的角度讲,房地产抵押就是房地产抵押权,它具有如下特征。

1)抵押权是一种从属权利

抵押权是为担保债权实现而成立的一种权利,它不是债权本身,而是债权人在债权之外于抵押人提供的财产上享有的一种物权。

2)抵押权是一种价值支配权

抵押权作为一种物权,它同所有权一样,都是一种对物的支配权,以物的交换价值为内容

3)抵押权是一种优先受偿权

抵押权的实质在于抵押权人得以通过实现抵押物的价值,优先受偿。

2. 房地产抵押的要求

按照相关规定,下列房地产不得设定抵押。

(1)权属有争议的房地产。房地产权属有争议的,表明该房地产的权利主体不确定。房地产在权利主体不明确的情况下而设定抵押,难免会造成对其他权利的侵害。

(2)用于教育、医疗、市政等公共福利事业的房地产。

(3)列入文物保护的建筑物和有重要纪念意义的其他建筑物。

(4)已依法公告列入拆迁范围的房地产。

(5)被依法查封、扣押、监管或者以其他形式限制的房地产。

(6)依法不得抵押的其他房地产。

3. 房地产抵押人和房地产抵押权人各自权利和义务

1)房地产抵押人

房地产抵押人的权利主要有:①对抵押房地产的占有、使用和获取收益权,②就同一房地产剩余的价值部分再设定抵押的权利。

房地产抵押人的义务主要有:①保持抵押房地产的价值;②保证抵押权人充分实现抵押权。

2)房地产抵押权人

房地产抵押权人是指接受房地产抵押作为债务人履行债务担保的公民、法人或者其他组织。

房地产抵押权人的权利主要有:①要求保全抵押房地产担保价值;②物上代位权,抵押权人可以基于抵押人让与的赔偿请求权或补偿请求权,代替抵押人直接向侵权人或保险公司请求损害赔偿或保险金;③处分抵押权;④优先受偿权,在债务人于债务履行期届满而不履行义务或抵押合同期间债务人解散、被宣告破产等情况下,抵押权人有权从变卖抵押房地产的价款中优先于一般债权人得到清偿。

房地产抵押权人的义务主要有:①不得妨碍抵押人依法行使对抵押房地产的占有、使用、收益权,不得单方扩大抵押人担保范围,增加其负担;②在抵押权实现后,如果变卖抵押房地产的价款清偿主债务后有剩余,则应当及时将剩余部分返还给抵押人。

4. 房地产抵押合同的主要内容

房地产抵押合同是房地产抵押人和抵押权人明确相互权利义务关系的协议。房地产抵押合同应包括下列主要条款。

(1)当事人的基本情况,即当事人(抵押人和抵押权人)名称(姓名)、国籍、住所、法定代表人。

(2)主债务基本情况。

(3)抵押物的基本情况。

(4)抵押物估价、抵押率。

(5)抵押物的权证保管,抵押物的占管人、占管方式及意外毁损、灭失的风险责任。

(6)抵押物投保的险种、险别、赔偿方式和受益人。

(7)抵押物权证归还责任,抵押物处分方式,清偿顺序。

(8)违约责任及争议解决方式。

(9)合同生效及其他事项。

7.4.3 房屋的租赁

房屋租赁是指房屋所有人作为出租人将其房屋出租给承租人使用,由承租人向出租人支付租金的行为。出租人可以是个人或单位,可以是房屋的所有人或国家授权行使房屋所有权的单位,承租人可以是个人或者单位。

1. 房屋租赁的条件

《城市房屋租赁管理办法》采用禁止性方式,规定下列房屋不得出租。

(1)未依法取得房屋所有权证的。

(2)司法机关和行政机关依法裁定、决定查封或者以其他形式限制房地产权利的。

(3)共有房屋未取得共有人同意的。

(4)权属有争议的。

(5)属于违法建筑的。

(6)不符合安全标准的。

(7)已抵押,未经抵押权人同意的。

(8)不符合公安、环保、卫生等主管部门有关规定的。

(9)有关法律、法规规定禁止出租的其他情形。

2. 房屋租赁合同

房屋租赁合同应包括以下主要事项。

(1)当事人姓名或者名称及住所。

(2)房屋的坐落、面积、装修及设施状况。

(3)租赁用途。

(4)租赁期限。

(5)租金及交付方式。

(6)房屋修缮责任。

(7)变更和解除合同的条件。

(8)违约责任。

(9)当事人约定的其他条款。

3. 房屋租赁合同的变更、解除和终止

房屋租赁合同一经签订,租赁双方即须严格遵守,但有下列情形之一的,房屋租赁当事人可以变更或者解除租赁合同。

(1)符合法律规定或者合同约定可以变更或解除合同条款的。

(2)因不可抗力而致使合同不能继续履行的。

(3)当事人协商一致的。

房屋租赁合同可以因租赁届满而终止,也可以因承租人违约或违法行为而被出租人收回租赁房屋而终止。承租人违约或违法而导致出租人收回房屋而终止合同的情形如下。

(1)将承租的房屋擅自转租的。

(2)将承租的房屋擅自转让、转借他人或擅自调换使用的。

(3)将承租的房屋擅自拆改结构或改变用途的。

(4)拖欠租金累计6个月以上的。

(5)公有住宅用房无正当理由闲置6个月以上的。

(6)利用承租房屋进行违法活动的。

(7)故意损坏承租房屋的。

(8)法律、法规规定其他可以收回的。

7.4.4 房屋的出典

房屋的出典指的是承典人支付典价,占有出典人房屋,并进行使用、收益的行为。房屋出典关系的双方当事人是承典人(或典权人)和出典人。出典人是以自己所有的房屋出典,收取典价的人;承典人是支付典价,并对出典人房屋行使占有、使用、收益权的人。

1. 房屋出典的法律特征

房屋出典具有以下法律特征。

(1)房屋典权是设立于他人所有的房屋之上,以使用和收益为目的的用益物权。房屋出典关系成立后,出典人必须将房屋转移给承典人占有、使用和受益。同时,承典人还享有在典期内出租、转典的权利。

(2)房屋出典是一种双务、有偿的民事法律关系。房屋承典人必须支付典价才能取得房屋典权;出典人必须向承典人转移房屋的占有、使用、收益权,才能收取典价。

(3)房屋出典是一种要式法律行为。房屋出典关系必须以书面形式确立,并且要在房屋所在地房产管理部门办理他项权利登记。

(4)出典人对出典房屋,必须经过一定期间才能回赎。此期间称为“典期”。典期一般由双方当事人约定。约定典期的,出典人在典期届满时有权以原价回赎出典的房屋。未约定典期的,出典人可以随时要求回赎。

(5)在出典人和承典人约定的房屋出典关系存续期间,承典人不支付承典房屋的租金,出典人也不支付所收典金的利息。

2. 房屋出典与房屋抵押的区别

房屋出典是指承典人支付典价，占有出典人房屋从而进行使用、收益的行为。房屋出典与房屋抵押相比，主要有如下区别。

1）设立的目的不同

房屋出典对出典人而言是为了取得典价，对承典人而言是为了取得用益物权；设立房屋抵押则是为了担保债务人履行债务和债权人实现债权，债权人取得的是担保物权。

2）房屋是否转移占有不同

房屋出典中出典人须将房屋转移给承典人占有、使用；房屋抵押则无须转移占有。

3）法律后果不同

房屋出典人于典期届满时仍然有权回赎房屋，仅在其不回赎时房屋所有权才转向承典人；房屋抵押中仅在债务人不依约履行债务时，抵押权人才能处分抵押房屋，从变卖所得价款中优先受偿。

3. 房屋出典与房屋出租的区别

房屋出典与房屋出租有以下区别。

1）设立的目的不同

房屋出典对出典人来讲是为了取得典价；房屋出租对出租人来讲是为了收取租金。

2）法律后果不同

房屋出典在典期届满时，如果出典人不回赎，房屋所有权就会转移给承典人；房屋出租中在租期届满时，出租人可以收回出租房屋，即使出租人没有主动要求收回出租房屋亦不会转移给承租人。

3）取得房屋占有权、使用权的代价不同

出典人出典房屋，在出典期间收取典价，不能收取租金；出租人出租房屋在租赁期间收取租金，不能收取典价。

7.4.5 房屋的赠与

房屋赠与是房屋所有人将自己的房屋无偿转移交给他人的行为。房屋赠与人主要是公民，在特殊情况下，国家或集体组织也可作为赠与人。

（1）公民作为房屋赠与人，必须是房屋的所有人，同时必须是完全民事行为能力人。

（2）房屋赠与是无偿的，没有任何代价。

（3）双方当事人的意思表示应一致。赠与合同是双方法律行为，这一点必须明确。

（4）赠与合同是实践合同。除了当事人意思表示一致外，还要交付标的物合同才能成立。同时，由于涉及不动产所有权的转移，必须到房管部门办理所有权过户登记手续才有效。

7.4.6 房地产中介

房地产中介服务机构的种类主要包括房地产咨询机构、房地产价格评估机构和房地产经纪机构。

(一)房地产中介服务机构的设立条件

设立房地产中介服务机构须具备以下条件。

(1)有自己的名称、组织机构。

(2)有固定的服务场所。

(3)有必要的财产和经费。

(4)有足够的专业人员。

(5)法律、行政法规规定的其他条件。

(二)中介服务合同的内容

房地产中介服务合同包括以下主要内容:

(1)当事人姓名或名称、住所。

(2)中介服务项目的名称、内容、要求和标准。

(3)合同履行期限。

(4)收费金额和支付方式、时间。

(5)违约责任和解决纠纷方式。

(6)当事人约定的其他内容。

房地产中介服务机构如要将受委托的中介业务转让给其他具有相应资格的中介服务机构代理,必须经委托人同意,并不得增加佣金。房地产中介服务费用由房地产中介服务机构统一收取,并开具发票,依法纳税。

(三)中介业务活动中的禁止行为

在中介业务活动中必须禁止下列行为。

(1)索取、收受委托合同以外的酬金或其他财物,或者利用工作之便,牟取其他不正当的利益。

(2)允许他人以自己的名义从事房地产中介业务。

(3)同时在两个或两个以上中介服务机构执行业务。

(4)与一方当事人串通损害另一方当事人利益。

(5)法律、法规禁止的其他行为。

房地产中介服务实行回避制度,房地产中介服务人员与委托人有利害关系的,应当回避。房地产中介服务实行赔偿制度,因房地产中介服务人员的过失而给当事人造成经济损失的,由所在中介服务机构承担赔偿责任。

7.5 房地产权属管理

房地产产权产籍管理工作是政府的一项重要职能,具有极强的政策性和法律性。1990 年 12 月 31 日建设部实行了《城市房屋产权产籍管理暂行办法》,使得产权产籍管理有章可循,有法可依。

7.5.1 产权与产权管理

产权指的是城市房屋的所有权,即房屋所有者在法律的范围内对其享有的占有、使用、收益和处分的权利。我国的房地产产权包括房屋所有权和土地使用权两部分。因为房屋和土地具有天然的不可分割性,房屋产权转移时,该房屋占用土地的使用权应当同时转移,因此城市房屋的产权与该房屋占用土地的使用权实行权利人一致的原则。房屋产权按照所有制的不同,可分为国有房产、集体所有房产、私有房产、宗教房产、外产和中外合资房产等6种类型。

产权管理指的是对房屋所有权的管理,是房管部门按照法律规定的原则,对物业所有权及其合法变动情况的确认,保障产权人合法行使权利而进行的一系列管理工作。产权管理是房地产行政管理的一项基本工作,也是城市房地产各项管理工作的基础。产权管理的任务主要包括:确认城镇房屋产权,办理各种产权登记,核发产权证书;审核房屋购买、转让、调拨、交换、出售、抵押等是否符合国家政策,对非法行为及时处理,掌握城镇土地的占有和变动情况,提供城市规划、建设、房地产经营管理以及处理产权纠纷、保护产权人合法权益的物业统计资料等内容。

产权管理工作主要包括下列内容。

1. 产权登记

产权登记是政府为健全法制、依法确定物业所有权的法定手续,对城市、县镇、工矿区范围的所有物业,不管产权属于谁,都必须进行产权登记。

2. 审查确认的产权

房屋产权的来源是否清楚,产权转移和变更是否合法,都需要审查确认。通过审查确认后,即可得到房地产管理部门核发的产权证书,同时产权证书受到法律上的承认和保护。

3. 核发产权证书

产权审查确认后,即由房地产主管部门核发产权证书,产权证书是房屋产权的唯一证明,是产权的有效法律证件。

4. 产权转移、变更登记

产权人发生变化,要及时办理产权转移登记,以确定新的产权人,并修正原有的产籍资料;当房屋发生了扩建、翻改以及部分拆除等增减变化时,应及时进行产权变更登记。

5. 产权档案

物业产权档案是记载房屋产权状况和土地使用情况的各种文件、表格、图纸、证件的档案,是进行房地产经营管理和城市建设、管理、房地产纠纷仲裁等活动的基础资料,是产权管理的有机组成部分。产权档案为产权管理提供产权来源和历史演变以及房屋、土地变化的情况,是审查、确认产权和处理产权纠纷的依据。

7.5.2 产籍与产籍管理

产籍也就是城市房屋的产权档案资料,是在产权登记过程中所产生的各种图表、登记材料,经过整理、加工、分类而形成的图、档、卡、册、证件等资料的总称。产籍资料主要包括物业的产权档案、地籍图纸以及账册表卡等其他反映产权现状和历史情况的资料。产籍管理是指通过经常性的测绘和房屋所有权、土地使用权的登记,不断完善和修正产籍资料,保持产籍资料的完整、准确,有效地为产权管理服务,为城市规划建设提供准确可靠的数据而对产籍资料进行的综合管理。产籍资料是记载房屋产权及其占有土地的使用权的情况记录,既有产权演变的历史沿革资料,又有反映现状的最新资料,其基本内容主要包括物业地籍平面图、物业档案、物业卡片、物业登记簿册等。同一时期的图、档、卡、册等资料应该是一致的,如有变化,应同时变更登记。产籍管理与产权管理是一种互相依存、相互配合的关系,产权管理是产籍管理的基础,产籍管理为产权管理提供依据和手段。

7.5.3 房地产权属登记

房地产权属登记是指房地产行政主管部门代表政府对房地产所有权和使用权以及由上述权利产生的抵押权、典权等房地产他项权利进行登记,依法确认房地产权归属关系的行为。房地产权属登记作为现代房地产法律制度的基础,具有3个方面的功能,即产权确认功能、公示功能和管理功能。房产权属登记的种类包括总登记、转移登记、变更登记和其他登记等。

(一)房产权属登记的程序

房产产权登记的全过程主要包括登记收件、勘测绘图、产权审查、绘制权证和税费发证等五道程序。

1. 登记收件

登记收件主要工作是检验证件和填写申请书、墙界表等。检验证件是整个产权登记的基础。检验证件包括检验身份证件和产权证件,身份证件和产权证件必须吻合。申请人填写好申请书和墙界表,连同产权证件、证明等,经过工作人员审阅无误后即办理收件手续,收取证件、逐一点交、装袋,填写收件收据交申请人收执。

2. 勘测绘图

勘测绘图是对已申请房屋产权登记的房屋,进行实地勘查,查清房屋现状,丈量计算面积,核实墙体归属,绘制分户平面图,补测或修改房屋的平面图,为产权审查和制图发证提供依据。勘测绘图的主要任务包括核实、修正房屋情况、核实墙界和绘制分户单位平面图等。将与实际一致的房屋平面图连同申请书、墙界表、未登记房屋调查表以及分户单位平面图等移交给原来的登记人员,并归入相应的登记档案袋,以转入下一程序。

3. 产权审查

产权审查是以产权、产籍档案的历史资料和实地调查勘查的现实资料为基础,以国家现行的政策、法律和有关的行政法规为依据,对照申请人提出的申请书、墙界表以及其他产权证明,认真审查其申请登记的房屋产权来源是否清楚,产权转移和房屋变动是否合法的整个工作过程。它是整个产权登记工作的核心,因此,产权审查要做到层层把关、三审定案(初审、复审和审批)和各负其责。

4. 绘制权证

绘制权证包括缮证、配图、核对、盖印四个流程。缮证,即填写房屋产权证、房屋共有权保持证和房屋他项权证。配图,是将测绘人员经过实地复核后测制的房屋平面图或分户单位平面图、示意图粘贴在房屋产权证规定的位置上。以申请书为根据,对照检查房屋产权证、房屋共有权保持证存根的项目有无错漏,与申请书是否一致;以房屋产权证(或房屋共有权保持证)存根为依据,对照检查骑缝处的字号与权证扉页的字号是否相符;以房屋产权证(或房屋共有权保持证)为根据,对照检查房屋平面图的各项有无错漏,是否一致。盖印,即在登记复核后,依次在房屋产权证存根与房屋产权证的骑缝处和图证接合处,另盖骑缝专用章和房管机关的钢印,并加盖填发机关公章。

5. 税费发证

税费发证是房屋产权登记发证工作的最后一道程序,包括征税、收费和发证。产权人所缴纳的税费,原则上应包括缴贴印花税和缴纳登记费、勘测绘图费、权证工本费等。房屋的买卖、赠与、典当以及不等价交换等,都要由承受人缴纳契税和缴贴印花税。发证,即产权人完成缴纳税费后,由发证机关发出领证通知书,产权人在指定的时间、地点,携收件收据、缴纳税费收据、身份证件、图章等到发证机关领证。

(二)地产权属登记的程序

地产权属登记是房地产行政主管部门代表政府对国有土地使用权、集体土地所有权、集体土地建设用地使用权及他项权利均进行注册登记和发证的一种制度。地产权属登记的种类可区分为初始登记和变更登记。

(1)申报。土地所有者、土地使用者、他项权利拥有者在规定的期限内以书面形式,向指定的土地登记处提出土地登记的请求。土地登记申请者必须提交土地登记申请书、土地登记申请者的法人代表证明、个人身份证明或户籍证明、土地权属来源证明和地上附着物权属证明。

(2)地籍调查各级土地管理部门按地籍调查规程组织区内的地籍调查。

(3)权属审核。土地管理部门应根据地籍调查结果,对土地权属、面积、用途等逐项进行全面审核,填写审批表。

(4)注册登记。经申请、审查、批准的土地使用权、土地所有权和他项权利,由土地管理部门进行注册登记,填写土地登记簿、土地证书、土地登记归户册。

(5)颁发土地证书。土地证书由市、县人民政府颁发,是土地使用权或者土地所有权的法律凭证。根据土地使用权、土地所有权性质,分别颁发《国有土地使用证》、《集体土地所有证》、《集体土地建设用地使用证》。

7.5.4　城市公房管理的内容

1. 所有权登记

城市公有房屋实行所有权登记制度。公有房屋产权人应当在规定期限内,到房屋所在地政府房产管理部门办理所有权登记手续,经审查合格后领取《房屋所有权证》;其中,共有房屋由房屋共有人共同申请所有权登记，领取《房屋共有权证》。公有房屋所有权转移、房屋状况变动和房屋灭失的，公有房屋产权人应当在规定期限内到房屋所在地政府房产管理部门办理所有权转移、房屋状况变动和房屋灭失登记。办理公有房屋所有权登记、所有权转移登记和房屋状况变动登记手续时，应当按照下列要求提交证明文件。

(1)新建、改建和扩建的房屋，应当提交立项、规划、用地和建设等部门的批准文件和证件。

(2)购买的房屋，应当提交原《房屋所有权证》、买卖合同和批准买卖的文件。

(3)划拨的房屋，应当提交原《房屋所有权证》和划拨的有关文件。

(4)赠与的房屋，应当提交原《房屋所有权证》、有关批准文件、赠与合同和公证书。

(5)交换的房屋，应当提交双方的《房屋所有权证》和双方签订的交换合同。

对公有房屋设定抵押等他项权，应当到政府房产管理部门办理他项权登记，领取《房屋他项权证》。

2. 使用管理

公有房屋的产权人和使用人应当按照房屋的用途合理使用房屋，不得擅自改变。确需改变用途的，应当依照有关规定办理审批手续。共有房屋可以通过调整、交换等方式，促进合理使用。交换公有房屋使用权，应当遵循有利生产、方便生活的原则，由交换双方签订书面协议。房屋使用人应当合理用房，不得无故闲置不用。对无正当理由闲置6个月以上不用的住宅，房屋产权人可以收回其使用权。对具有重要历史意义、文化艺术和科学价值的公有房屋，产权人和使用人应当予以保护，不得擅自改变原状。

3. 租赁管理

公有住房的租赁必须执行国家和房屋所在地城市人民政府规定的租赁政策和租金标准。出租人和承租人应当签订书面租赁协议，明确双方的权利和义务，并到政府房产管理部门办理审核手续。承租人有下列行为之一的，出租人有权终止租赁合同，收回房屋，并可以索赔损失。

(1)将承租的房屋擅自转租的。

(2)擅自转让、转借他人或擅自调换使用的。

(3)擅自转变房屋用途的。

(4)无正当理由拖欠房租累计6个月以上的。

(5)住宅用房无正当理由闲置6个月以上的。

(6)利用租赁房屋进行非法活动的。

(7)故意损坏公有房屋的。

(8)擅自买卖公有房屋使用权的。

租赁期满后，承租人应当返还房屋。如需继续使用，应当在租赁期满前重新签订租赁协议。出租人在租赁期满前必须收回房屋时，应事先征得承租人同意，并赔偿承租人的损失；收回住宅用房的，同时要做好承租人的住房安置。承租住宅用房的，承租人在租赁期限内死亡，其共同居住2年以上的家庭成员愿意继续履行原契约的，可以办理更名手续。在租赁期限内，房屋产权人转让房屋所有权，原租赁协议继续履行。

4. 买卖管理

公有房屋的买卖,买卖双方必须持有房屋所在地城市人民政府规定的证明文件。任何单位或个人均不得擅自买卖公有房屋。公有房屋买卖应当根据国家规定进行房地产价格评估,经过交易审核后,方可办理所有权登记。出售公有房屋所得价款应当按照国家有关规定使用。

5. 修缮管理

公有房屋的产权人或房屋共有人有义务维修养护公有房屋及其附属设施。产权人与使用人分离的,应当在协议中明确修缮义务。修缮责任人应当对房屋及其附属设施进行定期检查、修缮,保证其正常使用和安全。修缮责任人没有履行修缮责任的,房地产行政主管部门应当责令修缮责任人进行修缮。房屋修缮应当执行国家和地方的法规、政策和标准。公有危险房屋的鉴定、修复和拆除应当按照有关规定执行。公有房屋修缮所需资金,应当按照现行财务制度和有关规定分别列支,严禁挪用。

总之,城市公房管理是一项非常重要的工作。政府房产管理部门和有关单位要积极加强对公房的经营和管理,加强对各单位房管业务的指导和监督;注意做好公房的维修工作,改善修缮工程的经营管理,注意现有房屋的合理调整;积极改进对固定资产、租金和财务工作的管理,密切配合城市房改工作的进行。

7.6 房屋拆迁

房屋拆迁是指根据城镇建设规划和国家专项工程的迁建计划及当地政府的用地文件,拆除和迁移建设用地范围内的房屋及其他设施的行为。为了加强对城市房屋拆迁的管理,维护拆迁当事人的合法权益,保障建设项目顺利进行,国务院于 2001 年 11 月 1 日施行了《城市房屋拆迁管理条例》,对在城市规划区内国有土地上实施房屋拆迁作了具体规定。

7.6.1 房屋拆迁的种类

房屋拆迁的种类可依据不同的标准进行划分。

1. 市政动迁和社会动迁

市政动迁和社会动迁是以建设投资不同的资金来源为标准所作的分类。市政动迁是城市人民政府基于基础设施建设需要而发生的房屋拆迁行为。基础设施包括城市供水、排水、供热、道路交通和环境卫生等。这类拆迁是为全社会服务的。动迁资金的主要渠道来自地方财政;被拆迁房屋安置通常由投资者安排;补偿经费由市政建设经费统一支出。社会动迁是机关、团体、企业、事业单位基于基本建设用地需要而发生的房屋拆迁行为。这类拆迁主要是为了满足建设单位自身发展的需要;动迁资金的主要来源是企业、事业单位的自有资金及有关的专项基金,少部分来源于政府的基本建设投资基金;被拆迁方的安置与补偿也均由建设单位统一负责。

2. 征地拆迁和非征地拆迁

征地拆迁和非征地拆迁是以土地权属的不同为标准所作的分类。征地拆迁是建设单位在征用集体所有的土地时而发生的房屋拆迁行为。这类拆迁主要发生在城市的新城区(尤其是成片新住宅的建设),不仅改变了原土地所有权的归属,而且也确定了征地单位的土地使用权。非征地拆迁是建设单位在国有土地上发生的房屋拆迁行为。这类拆迁以城市居民为主,无须变更土地所有权,土地使用权则可以通过行政划拨或有偿出让和转让方式取得。

3. 统一拆迁、自行拆迁和委托拆迁

统一拆迁由当地人民政府组织。有条件的城市和城市中实行综合开发的地区,应当实施统一拆迁。自行拆迁由建设用地单位统一组织。动迁计划的编报、执行及变更均由建设用地单位负责。委托拆迁由建设用地单位委托取得房屋拆迁资格证书的单位进行。但是,房屋拆迁主管部门不得接受拆迁委托。

7.6.2 房屋拆迁基本原则

拆迁房屋应遵循以下原则。

1. 服从国家利益

服从国家利益包括两层含义:第一,建设单位在具体实施房屋拆迁中,必须维护国家利益,服从国家统一安排,不得任意拆迁,即在建设项目立项时,必须经过国家计划部门批准,列入固定资产投资规模;第二,被拆迁方在具体房屋拆迁活动中,必须服从国家建设需要并按时搬迁,保证国家建设活动的顺利进行。

2. 符合城市规划

在房屋拆迁过程中的具体选址定点时,必须经过城市规划部门的同意批准,符合城市规划的要求。《城市规划法》第 23 条明确规定:“各项建设工程的选址、定点,不得妨碍城市的发展,危害城市的安全,污染和破坏城市环境,影响城市各项功能的协调。”

3. 保护合法权益

要用法律形式确定房屋拆迁当事人双方的权利义务关系。其中,房屋拆迁中的权利主要有建设单位的拆迁权,被拆迁人的安置和补偿权,行政主管部门的管理权和申请强制执行权等。

4. 按照“谁拆迁、谁负责”原则安置补偿

建设单位在建设活动中拆迁他人房屋后,应对被拆迁方的安置与补偿依照法律和协议负起全面责任,而不能把责任推卸给国家或行政主管部门。

7.6.3 房屋拆迁的程序

房屋拆迁应遵循以下程序。

1. 调查核实

拆迁人收到征地批文后,首先要到派出所、房管站抄录征地范围内的常住人口,以及全部房产情况,按表格逐一登记,并上门大量核实。

2. 逐户走访

拆迁人应成立拆迁小组，对所有的被拆迁人逐户走访，全面进行宣传接触，了解被拆迁人的拆迁安置愿望。

3. 编制拆迁计划

根据调查核实的情况以及国家、地方有关拆迁的法律规定，及时编制拆迁计划和拆迁方案，确定拆迁时间、拆迁步骤和拆迁形式。

4. 申请拆迁

拆迁人持有关的国家批文、拆迁计划和拆迁方案，向当地拆迁主管部门提出申请。经审查批准并领到拆迁许可证后，方可进行拆迁。

5. 发出拆迁公告

拆迁许可证一经批准发放，拆迁主管机关应将拆迁人、拆迁范围、拆迁期限等以公告或其他形式予以公布，同时应作好房屋拆迁的宣传、解释工作。

6. 签订协议

在公告规定的时限内，拆迁人与被拆迁人应按国家和本地区关于安置、补偿的有关规定在自愿、有偿的基础上签订协议书。协议应明确补偿办法和数额、安置面积和地点、搬迁过渡方式和时限以及违约责任等。协议经双方同意，可送拆迁主管机关备案和公证机关公证。

7. 实施拆迁

被拆迁人搬迁后，拆迁人应及时在批准的拆迁范围和期限内实施拆迁。

7.6.4 房屋拆迁补偿

房屋拆迁补偿是拆迁人依法对被拆除房屋及其附属物的所有人因拆迁所遭受的损失给予合理的弥补。拆迁补偿的对象是被拆除房屋及其附属物的所有人。所有人在此不仅指产权人，还包括两种代管人：一是私有房屋的代管人，即私房的产权人不在本地或者由于其他特殊原因而委托的全权代理人；二是国家授权的国家所有的房屋及其附属物的管理人，即房地产管理局(委)。拆迁补偿的范围是被拆除的房屋及其附属物。但拆除违章建筑、超过期限的临时建筑不予补偿，拆除未超过批准期限的临时建筑物给予适当补偿。适当补偿可理解为对临时建筑在使用期限内的残存价值进行补偿。国家保护房屋所有人的合法权益，这一原则在我国宪法、民法通则、私有房屋管理条例等法规中都有明确规定。因此，所有人要求拆迁人对拆迁房屋造成的损失给予补偿是他们的法定权利，拆迁人对所有人进行补偿是他们的法定义务。而且，拆迁补偿是一种民事法律关系，双方当事人地位平等，应该遵循公平和等价有偿的民法原则。

1. 拆迁补偿的方式

拆迁补偿的方式有3种，即产权调换、作价补偿和产权调换与作价补偿相结合。

(1)产权调换是指拆迁人用异地或者原土地上再建设的房屋与被拆迁人的房屋进行交换，被拆迁人原来的房屋被拆迁后仍然保留相应的房屋产权。产权调换对于拆迁人来说有影响余房率的负面作用,但是有利于保护被拆迁人的房屋产权和其他合法权益,也是与住房制度改革的大趋势相符合的,所以《拆迁条例》赋予被拆迁人要求以产权调换的形式给予补偿的权利,并且规定:“拆除出租住宅房屋,应当实行产权调换。”然而,产权调换也不是绝对的,对于还建有特殊困难,又没有其他房屋可供调换的建设项目,被拆迁人产权调换的要求就不能给予支持。除此之外,拆除地上附属建筑物也不实行产权调换,但要付给被拆迁人拆迁补助费。

(2)作价补偿是指拆迁人以支付货币的方式,赔偿被拆迁人因拆除房屋所造成的经济损失。作价补偿是拆迁人乐于采用的一种形式,它不仅可以一次性解决房屋拆迁安置中的种种问题,而且还可以有效提高房地产经营效益。不足之处是使拆迁人从事房地产开发初始投资过大。

(3)产权调换与作价补偿相结合是指在拆迁补偿中,对被拆除的房屋一部分实行产权调换,一部分实行作价补偿。这是一种折中的形式,有利于协调拆迁双方在补偿形式问题上的分歧。

2. 拆迁安置费

拆迁安置费包括搬家补助费、临时安置补助费和经济损失补偿费。

(1)搬家补助费是被拆迁人因原居住房屋被拆除,须迁移他处居住,在搬家过程中发生的费用,该项费用由拆迁人负担。

(2)临时安置补助费是对被拆迁人因迁离原居住地而在生活上所增加的一些额外支出费用的补偿,临时安置补助费的补助对象主要是自行安排住处的被拆迁房屋使用人,对于在规定的过渡期限内由拆迁人提供周转房的,不付给临时安置补助费。由于拆迁人的责任使被拆除房屋使用人延长过渡期限的,对自行安排住处的被拆除房屋使用人,从逾期之日起应当适当增加临时安置补助费。由于拆迁人的责任使被拆除房屋使用人延长过渡期限的,对由拆迁人提供周转房的被拆除房屋使用人,从逾期之日起应当适当付给临时安置补助费。搬家补助费和临时安置补助费的标准,由省、自治区、直辖市人民政府规定。

(3)经济损失补偿费指的是因拆除非住宅房屋而造成的停产、停业引起的经济损失,可由拆迁人付给被拆迁人和使用人适当的补偿费用。

7.6.5 房屋拆迁法律责任

1. 违法拆迁的责任

对下列行为之一,由房屋拆迁主管部门予以警告、责令停止拆迁,并可处以罚款。

(1)未取得房屋拆迁许可证或者未按房屋拆迁许可证的规定擅自拆迁的。

(2)委托未取得房屋拆迁资格证书的单位拆迁的。

(3)擅自提高或者降低补偿、安置标准,扩大或者缩小补偿、安置范围的。

2. 拆迁人超期拆迁的责任

拆迁人无正当理由超过规定拆迁期限或者擅自延长过渡期限的,由房屋拆迁主管部门对拆迁人予以警告,并可处以罚款。

3. 被拆迁人拒绝腾退周转房的责任

被拆迁人违反协议，拒绝腾退周转房的，由房屋拆迁主管部门对被拆迁人予以警告、责令限期退还周转房，并可处以罚款。

7.7 物业管理法律制度

物业管理（Estate management）在19世纪60年代产生于英国，迄今为止有近百年历史，国外物业管理已积累许多相关经验。由于工业革命的发展，大量农村人口涌入工业城市，引起了对城市房屋需求的增加，但对其缺乏管理导致了诸如房屋破损严重、居住环境日趋恶化等社会问题。英国人希尔（Octavia Hill）为其名下出租的物业制定了一套规范租户行为的管理办法，出乎意料地收到了良好效果，招致当地人士纷纷效仿，这可以说是世界上最早的"物业管理"。如今，英国的物业管理作为一个固定行业，处于世界一流水平，除了传统意义上的楼宇维修、养护、清洁、保安外，物业管理的内容已延展到工程咨询和监理、物业功能布局和划分、市场行情调查和预测、目标客户群认定、物业租售推广代理、通信及旅行安排、智能系统化服务、专门性社会保障服务等全方位服务。

我国物业管理是随着国家改革开放政策的实行和房地产市场的发展而发展起来的，尤其是进入20世纪80年代，随着我国改革开放不断深入，在沿海经济特区及开放城市房地产迅猛发展，城市居民住宅区对物业管理需求逐渐增加，深圳、广州、珠海等地开始借鉴香港、澳门等地物业管理经验，逐渐探索出一条具有中国特色的物业管理路子。1981年3月，深圳市物业管理公司成立标志着我国房地产管理发生了划时代的变化。物业管理作为房地产市场的消费环节，实际上是房地产开发的延伸和完善，同时也是在房地产开发经营中为完善市场机制而逐步建立起来的一种综合性经营服务方法。

我国于2003年9月1日起施行《物业管理条例》（以下简称《条例》），它标志着我国物业管理进入了法制化、规范化发展的阶段，同时该条例也是我国第一部全国性物业管理行政法规，作为物业管理从业人员执业最直接依赖的法律依据。《条例》确定了一系列重要的物业管理制度，对业主及业主大会、前期物业管理、物业管理服务、物业的使用与维护等方面作了明确规定，并明确了相应的法律责任。《条例》的颁布施行，为维护物业管理市场秩序、规范物业管理活动、保障业主和物业管理企业合法权益提供了法律保障；对于促进物业管理健康发展，进一步改善人民群众的生活和工作环境具有十分重要的意义。《条例》的主要内容可归纳为：建立了7项基本制度；明令8个方面的告知规定；明令业主的4项权益；明令物业管理企业的7项权责；明令6项禁止行为；规范2项书面合同；授权4项规定。

7.7.1 物业及物业管理

（一）物业

物业是单元性的房地产，物业既可指单元性的地产，也可指单元性的建筑物。物业同时有大小之分，它可以根据区域空间作相对分割，整个住宅小区中的某住宅单位可作为一个物业，办公楼宇、商业大厦、酒店、厂房仓库也可被称为物业。通常情况下,物业包括已建成并具有使用功能的各类供居住和非居住的楼宇,与楼宇相配套的设备和市政、公用设施,与楼宇建筑相邻的场地、庭院、停车场、小区内非主干交通道路。物业的属性包括了自然属性、经济属性和法律属性3个方面内容。

1. 自然属性

物业的自然属性又称物业的物理性质,是指与物业的物质实体或物理形态相联系的性质,它是物业社会经济性质的物质内容和物质基础。物业的自然属性主要包括下列内容。

1)物业的二元性

物业的物质实体往往表现为具有特定用途和明确属主的建筑物。不管哪种类型的建筑物,均是建立在土地之上,是土地的附属物,土地的功能则借助于建筑物得以充分发挥。因此,在经济发达的社会,物业多为土地与建筑物的统一体,兼有土地与建筑物两方面的物质内容。当然,对于不同的物业,其二元组成的比重有所不同。例如,从总体而言,物业的建筑面积与土地面积的比值在城市就高于乡村,在经济、文化和商业中心就高于重工业基地。物业的二元性,是其他任何商品都不具备的,它决定了物业必然兼有土地与建筑物二者特有的各种性质。

2)物业的有限性

物业的有限性,从根本上讲,是由土地的有限性决定的。天然的土地有限,用作兴建建筑物的优良建筑地段更有限。人类只能在有限的土地上开发建设。由于现代建筑物技术要求高、耗资大,因此物业的数量还受制于社会经济力量和技术水平。

3)物业的差异性和多样性

物业的差异性主要是就土地而言的。由于土地数量有限,随着人口的增加和经济的发展,人类就必须开发利用劣质土地。土地的优劣,在农村主要取决于土地的天然尺度和其他自然条件,在城市主要取决于地段的区位及其技术条件。物业的多样性主要是就建筑物而言的。由于建筑物的功能、位置、自然环境、技术经济条件的不同,形成了物业形式的多样性。每一建筑物都是单件产品,它们在类别、品种、规格、结构、式样、外观,以及年代等方面,都存在着某种不同之处。

4)物业的永久性

物业的永久性是就土地而言的,土地是永存的,具有不可毁灭性,而建筑物则可能灭失或逐渐损耗,直到丧失物理寿命。建筑物一经建筑完成,在正常情况下,其物理寿命期限可达到数十年甚至几百年,可供人们长期使用。

5)物业的配套性

物业的配套性,是指物业以其各种配套设施,满足人们各种需要的特性。没有配套设施的物业不能满足人们的各种需要;人们的各种需求从客观上决定了物业的配套性。物业配套越齐全,其功能发挥就越充分。

2. 经济属性

物业的经济属性首先表现为它的单一商品属性。物业的商品性是由物业的使用价值和商品经济决定的。物业的价值和使用价值是通过市场交易活动得以实现的,物业的买卖、租赁、抵押，土地使用权的出让与转让，都是体现物业商品性的具体方式；物业的开发建筑、经营管理都是商品经济活动，必须遵从价值规律这一最基本的经济运行规律；参与物业开发建设、经营管理与消费的人与人之间的关系，本质上是一种商品经济的关系，从生产到消费都不是无偿的。其次，物业的经济属性还表现为它的供应上的短缺性。物业在供应上的短缺，一方面表现为土地资源供应的绝对短缺，另一方面表现为建筑资源供应的相对短缺。再次，物业的经济属性表现为它的保值性和增值性，这也已经为更多人所认识。应该看到，物业的增值是一种长期的趋势，而不是直线式的运动。从某一时期来看，物业的价格可能有升有降、上下波动；但从长期来看，它无疑呈现出在波动中上扬、呈螺旋式上升的趋势。最后，物业的经济属性表现为宏观政策上的调控性。由于物业的稀缺性，也因为物业是关系到国计民生、社会稳定的重大问题，更因为我国的物业是从福利性分配享有、行政性管理转换过来的，政府在宏观政策上的调控就显得尤为重要。具体表现在：一是为了维护土地的社会主义公有性，合理保护、开发土地资源，实现城市经济、社会发展目标，科学、合理地规划、建设城市，并与城市的远景发展需要结合起来，政府通过各种政策、法令、法规，从宏观上来调控物业建设的数量、容积、布局、高度、类别等；二是物业建设是一项系统工程，涉及许多相关的法律、法规、政策，也涉及市容环境保护、绿化、治安管理等有关法规条例；三是作为物业本身，其管理也有一个法律和政策的约束、规范的过程。《城市房地产管理法》对物业管理公司资质验证、物业管理、产权产籍管理等都有明文规定。

3. 法律属性

物业的法律属性集中反映在物权的关系上。房地产物权，在我国是指物权人在法律规定的范围内享有的房屋的所有权，及其占有土地的使用权。与购置其他商品不同的是，购入物业就意味着购入一宗不动产之所有权，有时候也称为物权。与此同时，物业的所有权不仅是一项单项的权利，而是一个拥有如买卖、租售、抵押等多项权能所形成的一个完整的、抽象的权利体系。在这一权利体系中，各种权利可以以不同形式组合，也可以相互分离，单独行使及享有。因此房地产的物权比其他商品财产权的结构更为复杂。

物业的经济属性和法律属性可以视为物业的社会属性，因为作为一种商品，物业首先具有经济属性，而从生产关系和财产关系的调整及归属来看，物业还同时具有法律属性，即物业权属问题。

(二) 物业管理

物业管理作为房地产市场的消费环节，实际上是房地产开发的延续和完善，是在房地产开发经营中为完善市场机制而逐步建立起来的一种综合性经营服务方式。物业管理既是房地产经营管理的重要组成部分，又是现代化城市管理不可缺少的一环。物业管理指的是物业服务企业接受业主委托，依据所签署的合同约定，运用现代管理科学和先进维修养护技术，以经济手段对房屋及其配套设备、设施、相关场地提供专业化维修、养护、维护相关区域内环境卫生和公共秩序的服务活动。我们也可以从宏观和微观两个角度认识物业管理：从宏观上讲，物业管理是泛指一切有关房地产开发、租赁、销售及售后的服务；从微观上讲，物业管理的主要任务是楼宇的维修养护，以及管理好各层的机电设备和公共设施，还包括治安保卫、环境绿化、分送信报、传呼电话、清洁卫生等项目。

1. 物业管理的特点

物业管理是一种有别于以往房产管理的一种新型的管理模式，其管理具有社会化、专业化、企业化、经营型的特点。

1）社会化

物业管理的社会化是指物业管理将分散的社会分工汇集起来统一管理，诸如房屋、水电、清洁、保安、绿化等。每位业主只需面对物业管理企业一家就能将所有关于房屋和居住（工作）环境的日常事宜办妥，而不必分别面对各个不同部门，犹如为各业主找到了一个“总管家”，而对政府各职能部门来说，则犹如找到了一个“总代理”。业主只需根据物业管理部门批准的收费标准按时缴纳管理费和服务费，就可以获得周到的服务，既方便业主，也便于统一管理，有利于提高整个城市管理的社会化程度，以充分发挥各类物业的综合效益和整体功能，实现社会效益、经济效益、环境效益、心理效益的统一和综合改善。

2）专业化

物业管理是由专业的管理企业——物业管理公司实施对物业的统一管理。这种管理是将有关物业的各专业管理都纳入物业管理企业的范畴之内，物业管理企业可以通过设置分专业的管理职能部门来从事相应的管理业务。随着社会的发展，社会分工渐趋于专业化，物业管理企业也可以将一些专业管理以经济合同的方式交予相应的专业经营服务公司。例如，机电设备维修承包给专业设备维修企业，物业保安可以向保安公司雇用或聘用保安人员，园林绿化可以承包给专业绿化公司，环境卫生也可以承包给专业清洁公司。这些专门组织的成立，表明这一行业已从分散型转向了专业型。这种转向有利于提高城市管理的专业化和社会化程度，并能进一步促进城市管理向现代化的管理方式转换。

3）企业化

物业管理单位是企业单位，不是事业单位，也不具备政府行为职能。物业管理企业作为一个独立的法人，应按照《中华人民共和国公司法》的规定运行，不受任何干扰，实现政企分离。因此，物业管理企业必须依照物业管理市场的运行规则参与市场竞争，依靠自己的经营能力和优质的服务在物业管理市场上争取自己的位置和拓展业务，用管理的业绩去赢得商业信誉。当然，物业管理企业在运作过程中还要处理好与有关部门，如街道、居委会、公安、市政、公用、邮电、交通等行政或事业性单位的关系，以“物业”为中心，相互协调。这样就能使物业管理企业在提高管理、加强经营和完善服务，为业主创造一个方便、安全、清静、整洁的居住和工作环境。

4）经营型

物业管理企业的服务性质是有偿的，即推行有偿服务，合理收费。物业管理的经营目标是保本微利，量入为出，不以高额利润为目的。物业管理企业可以通过多种经营，使物业的管理定于“以业养业、自我发展”的道路，从而使物业管理有了造血功能，既减少了政府和各主管部门的压力和负担，又使得房屋维修、养护、环卫、治安、管道维修、设备更新的资金有了来源，还能使业主得到全方位、多层次、多项目的服务。

物业管理是一种和房地产综合开发的现代化生产方式相配套的综合管理；是与随着住房制度改革的推进而形成的产权多元化格局相衔接的统一管理；是与建设社会主义市场经济体

制相适应的社会化、专业化、企业化、经营型的管理。这种集中高度统一的管理、全方位多层次的服务、市场化经营为一体的充满生机和活力的物业管理一出现，就越来越显示出其强大的生命力。

2. 物业管理的职能

物业管理的职能可以分为决策与计划、组织、指挥、控制、协调5种职能，这些职能是一个有机的统一整体。通过决策和计划职能，可以明确物业管理的目标与方向；通过组织职能，可以建立实现目标的手段，使整个物业管理成为协调的整体；通过指挥职能，可以建立正常的物业管理秩序；通过控制职能，可以检查计划的实施情况；通过协调职能，可以修正偏差，使计划更符合物业管理的实际，并及时解决物业管理内外部的矛盾，保证物业管理计划决策的实现。

1）决策与计划职能

决策是指对物业管理目前和长远的目标以及实现此目标有关的一些重大问题所做出的选择和决定，如物业辖区总体管理的方向、业主管理委员会的组建、物业管理企业的选择、物业管理企业的发展方向等。这些问题解决不好，就会给物业管理工作带来很大的盲目性。因而，物业管理首先必须做出正确的决策。有了正确的决策，还必须有科学的计划，即把决策的目标具体化，变成一定时期内物业管理的行动纲领。物业管理的计划职能应由业主管理委员会和物业管理企业共同执行，物业管理企业尤其要发挥主动性。决策正确与否、计划是否科学对物业管理的效果具有决定性的作用。从这个意义上讲，决策与计划是物业管理的首要职能，忽视这一职能，必然会使物业管理陷于混乱。

2）组织职能

组织就是根据已确定的计划和提高管理效率的原则，把物业管理的各个要素、各个环节和各个方面，从管理的分工协作上，从上下左右的关系上，从时间和空间的联系上都合理地组织起来，形成一个有机结合的整体，使整个物业管理活动变成一部"大机器"。在这部"大机器"中，包括人、财、物、环境等要素，应做到尽可能好的结合，从而最大限度地发挥它们的作用。物业管理的组织职能主要由物业管理企业执行。物业管理企业必须正确实施管理的组织职能，合理地确定企业内部的管理体制，包括管理机构的设置、职权的划分和岗位责任制的建立，以发挥各个管理环节、各级职能部门的主动性。从一定意义上讲，组织水平的高低，直接决定物业管理活动效益的大小。

3）指挥职能

指挥是根据计划，对整个物业管理活动进行领导和督促。由于物业管理活动十分复杂，涉及面广，如果没有科学的指挥，即使物业管理这部"大机器"组织起来了，也不可能正常运转，物业管理活动也不可能达到预期的效果，既定的计划目标也难以保证实现，所以指挥职能是保证物业管理活动顺利进行必不可少的条件。要实现科学的指挥，物业管理的指挥系统必须经常进行调查研究，分析物业管理活动的全过程，掌握物业的状况和业主的需求，以取得指挥的主动权。

4）控制职能

控制也叫监督，就是物业管理在执行计划过程中，必须经常控制监督计划的执行情况，把实际情况与原定的目标、计划、规章制度进行对比，找出差异，分析原因，采取必要的对策，以推动物业管理活动不断发展、完善。控制职能要求建立、健全各项规章制度，包括业主公约、物业辖区管理章程、业主管理委员会章程、住户手册、物业管理公司岗位责任制、物业辖区综合管理规章等；也要求建立周密高效的管理信息系统；还要求及时核实管理活动的成效，做好各方面的考核，从而使控制与监督有充分的依据。

5）协调职能

协调也叫调节，就是协调物业辖区内外各方面的活动，使它们能建立起良好的协作配合关系，不至于发生矛盾，以有效地实现物业管理的决策计划目标。协调包括纵向协调与横向协调、内部协调与外部协调。纵向协调就是协调物业管理指挥系统与各职能部门之间的活动关系；横向协调就是协调同级中各部门之间的活动和关系；内部协调是协调物业管理辖区内部上下左右各方面的活动、关系；外部协调则是协调物业管理与社会各有关方面的活动和关系，包括街道、公安、交通、环保、卫生、市政、园林、教育、公用事业、商业及文化娱乐等部门。对物业管理来说，纵向协调、横向协调、内部协调的关键在于全体业主和物业管理企业全体员工能清楚地了解物业管理的目标、方针、决策计划和规章制度；而外部协调则需要社会各方面的通力配合及法律法规的健全。

3. 物业管理的业务范围

物业管理是一项范围相当广泛的多功能全方位的管理工作，就其涉及的业务范围而言，可划分为4类：①物业管理的基本业务；②物业管理的专项业务；③物业管理的特色业务；④物业管理的多种经营业务。

7.7.2 物业管理法

物业管理法指的是由国家权力机关或其授权的行政机关制定的，旨在调整国家及其有关机构、企事业单位、社会团体、公民之间在物业管理活动中发生的各种社会关系的一系列特定的物业管理法律规范的整体。包括物业管理法律、物业管理行政法规和部门规章，以及地方性物业管理法规和规章。在狭义上讲，我国还没有专门的物业管理法律，即没有全国人大制定颁布的专门性物业管理法律，上述的《条例》就是国家级物业管理行政法规，其他行政法规主要以部门规章以及地方性物业管理法规和规章为主；从广义来讲，凡是宪法、经济法、民法等各部门法律中有关物业管理活动及物业管理关系的法律规范，都属于物业管理法的范畴。

（一）物业管理法律法规的调整对象

物业管理法律法规的调整对象是物业管理活动中的行政管理关系和物业管理活动中的民事关系。物业管理活动中的行政管理关系指的是国家及其建设行政主管部门和房地产行政主管部门同物业管理企业、业主及有关单位之间发生的相应的管理与被管理关系。物业管理法律关系是指人们在物业管理服务活动的过程中所形成的特定主体间的权利和义务关系，是物业管理法律规范在现实社会经济生活中发生调整作用的体现。

（二）物业管理法律关系的构成要素

构成物业管理法律关系的要素如下。

1. 物业管理法律关系的主体

物业管理法律关系主体是指依法可以参加到物业管理法律关系中，并在物业管理法律关系中享有权利和承担义务的人。按照我国物业管理法的有关规定，我国物业管理法律关系的主体主要有业主、使用人等代表的自然人、物业管理企业、专业企业等代表的法人。

2. 物业管理法律关系的客体

物业管理法律关系的客体是指物业管理法律关系主体的权利与义务共同指向的对象。包括房屋及其附属的设备、设施和相关的场地代表的物，创意、独特的规范、标准、制度、品牌、信誉等代表的非物质财富，物业服务代表的行为及安全的楼宇、运行良好的设备、环境等代表的行为结果。

3. 物业管理法律关系的内容

物业管理法律关系的内容是指物业管理法律关系主体所享有的权利和负有的义务。物业管理法律关系中的权利和义务是具有一致性的，一般情况下，物业管理法律关系主体是既享有权利，又承担相应的义务，但具体的权利、义务在不同的物业管理法律关系中则有所不同。例如，依照物业服务合同所建立的合同法律关系中，物业管理者有依照约定收取物业服务费用的权利，但同时又必须履行提供相应的物业管理服务的义务；而业主则依照约定有享受物业管理服务的权利，但同时又负有交付相应的物业服务费用的义务。

物业管理法律关系内容中的权利是指物业管理法律关系主体依法在一定的条件下，按照自己的意志，做出或者不做出某种行为，以及要求他人做出或者不做出某种行为的资格。例如，物业所有权人、使用权人依法可以合法使用物业及其公共配套设施，而且可以要求他人不得侵犯自己的合法所有权或使用权，不得妨碍自己正常行使权利，也可以依法律规定或者物业服务合同的约定要求物业管理者提供规定或约定的服务。

物业管理法律关系内容中的义务是指物业管理法律关系主体依法律规定或合同约定所承担的某种必须履行的责任，即物业管理法律关系主体按照法定或约定的要求，必须做出或不做出一定行为的负担，例如，依照物业服务合同的约定，物业管理公司承担做出相应的物业管理服务行为并达到约定效果的义务，业主则承担交付相应物业管理费用的义务。

(三)物业管理法律关系

物业管理法律关系可分为平等民事主体之间性质的法律关系和不平等主体之间行政管理性质的法律关系。

1. 民事性质的法律关系

物业管理法律关系中主要一类是民事性质的法律关系，像业主与物业管理企业之间基于物业服务合同所建立起来的服务与被服务的关系就是典型的民事法律关系，主要有3个特点：①主体法律地位平等；②多由当事人自愿设立；③当事人的权利义务一般是对等对价的，即双方互享权利、互负义务，经济上对等。

2. 行政管理性质的法律关系

行政管理性质法律关系的主体之间有隶属关系，一方可以依法管理另一方，另一方必须接受。在我国的物业管理立法中均明确了物业管理的行政主管部门，这些部门对应的拥有指导、监督、管理物业管理企业、业主、业主大会的职权，物业管理企业、业主、业主大会等要服从其指导、监督与管理。

(四)物业管理法律关系的产生、变更和消灭

1. 概念

物业管理法律关系的产生,是指在物业管理法律关系主体之间新形成某种法律上的权利和义务关系。例如,因签订物业服务合同而形成的业主与物业管理公司之间的权利和义务关系。

物业管理法律关系的变更,是指物业管理法律关系的主体、客体或内容发生部分变化。它包括:权利主体的改变;权利客体的改变;法律关系内容的改变。

物业管理法律关系的消灭,是指法律关系主体之间的权利和义务的终止。例如,当物业管理公司与某一业主的物业服务合同到期后,他们的物业服务合同法律关系即告终止。

2. 物业管理法律关系产生、变更和消灭的前提和条件

法律关系的产生、变更和消灭必须以相应法律规范的存在为前提,没有相应的法律规范来设定相应的法律关系,法律关系就无法产生,更不用说变更和消灭了。因而,物业管理法律规范是物业管理法律关系产生、变更和消灭的前提。例如,国务院《物业管理条例》第五条规定:"县级以上地方人民政府房地产行政主管部门负责本行政区域内物业管理活动的监督管理工作。"房地产行政主管部门依法行使对小区的行政管理权时,就产生了房地产行政主管部门与物业管理公司、业主等方面一系列行政管理法律关系。

(五)物业管理法律规范及其表现形式

法律规范是由国家制定或认可,反映执政集团对社会秩序的利益要求,具有普遍的约束力,以国家强制力保证实施的行为规则。法律规范的逻辑结构指的是法律规范是由哪些部分组成的,构成法律规范的内部要素及其相互关系。法律规范的逻辑结构,应由适用条件、行为标准、法律后果3部分组成。每一个包含这样3部分内容的行为规则,在法学上称为一个完整的法律规范。物业管理法律规范也是由这3要素组成。

1. 适用条件

适用条件是指物业管理法律规范中所规定的有关适用该法律规范的条件和情况的部分,指明一定的主体在什么条件下该规范才发生效力。《条例》第24条有规定:"住宅物业的建设单位,应当通过招投标的方式选聘具有相应资质的物业管理企业。"这条法律规范的适用条件就是建设单位负责住宅物业的前期管理,在这种条件下,这条法律规范就会起作用。

2. 行为标准

行为标准是指规定公民或社会组织的权利义务的部分,指明人们行为的方式和尺度。法律对人们行为的调整,首先是从行为标准中体现出来的,是国家立法的直接目的,是指引人们行为的主要方式,因此可以认为行为标准部分是法律规范中最基本的组成部分。

3. 法律后果

法律后果是指法律规范中规定的人们在做出符合或违反法律规范的行为时可能引起的法律后果部分。法律后果分为两类:一是肯定式后果,是对合法行为的允许、确认、保护和奖励;二是否定式后果,是对违法行为宣布无效、撤销以及给予法律制裁。《条例》第57条规定,住

宅物业的建设单位未通过招投标的方式选聘物业管理企业或者未经批准，擅自采用协议方式选聘物业管理企业的，由县级以上地方人民政府房地产行政主管部门责令限期改正，给予警告，可以并处10万元以下的罚款。

法律规范逻辑结构的3部分是密切联系、缺一不可的，否则就不是完整的法律规范。

7.7.3 物业管理企业资质等级管理

物业管理运作主体是业主委员会、物业管理企业（包括物业管理公司和专业服务公司）、政府主管部门和相关部门。物业管理的健康运作的前提是主体各尽其职和相互间的良好协作。业主委员会维护业主权益和发挥决策、监督功能，物业管理企业承担各项具体管理服务工作，政府主管部门从法制、政策上实施管理和指导，相关部门则在各自业务范围内行使职权。本章对物业管理的运作主体和相关部门的机构设置、职责范围分别加以介绍。

1. 资质等级管理的目的

物业管理企业的资质管理是行业归口管理，是对企业经营规模、能力和规模的管理。为了加强对不同规模、不同经营能力、不同性质、不同隶属关系、不同所有制形式的物业管理企业的管理，促进物业管理有序发展，提高物业管理的整体水平，必须对物业管理企业进行资质等级管理。物业管理企业必须接受并按照资质管理的规定从事物业管理服务。市、区、县房地产行政管理部门是物业管理的行政主管部门，按照有关职责分工，审批各类物业管理企业资质，接受资质备案和核发资质等级证书，并进行对物业管理企业资质等级管理的日常工作。

2. 资质等级

物业管理企业划分为一级、二级和三级。

1）一级资质

一级物业管理企业必须具备以下条件。

(1)注册资本人民币500万元以上。

(2)物业管理专业人员以及工程、管理、经济等相关专业类的专职管理和技术人员不少于30人。其中，具有中级以上职称的人员不少于20人，工程、财务等业务负责人具有相应专业中级以上职称。

(3)物业管理专业人员按照国家有关规定取得职业资格证书。

(4)管理两种类型以上物业，并且管理各类物业的房屋建筑面积分别占下列相应计算基数的百分比之和不低于100%：①多层住宅200万m^2；②高层住宅100万m^2；③独立式住宅（别墅）15万m^2；④办公楼、工业厂房及其他物业50万m^2。

(5)建立并严格执行服务质量、服务收费等企业管理制度和标准，建立企业信用档案系统，有优良的经营管理业绩。一级资质物业管理企业可以承接各种物业管理项目。

2）二级资质

二级物业管理企业必须具备的条件如下。

(1)注册资本人民币300万元以上。

(2)物业管理专业人员以及工程、管理、经济等相关专业类的专职管理和技术人员不少于

20 人。其中具有中级以上职称的人员不少于 10 人,工程、财务等业务负责人具有相应专业中级以上职称。

(3)物业管理专业人员按照国家有关规定取得职业资格证书。

(4)管理两种类型以上物业,并且管理各类物业的房屋建筑面积分别占下列相应计算基数的百分比之和不低于 100%:①多层住宅 100 万 m^2;②高层住宅 50 万 m^2;③独立式住宅(别墅)8 万 m^2;④办公楼、工业厂房及其他物业 20 万 m^2。

(5)建立并严格执行服务质量、服务收费等企业管理制度和标准,建立企业信用档案系统,有良好的经营管理业绩。二级资质物业管理企业可以承接 30 万 m^2 以下的住宅项目和 8 万 m^2 以下的非住宅项目的物业管理业务。

3)三级资质

三级物业管理企业必须具备以下条件。

(1)注册资本人民币 50 万元以上。

(2)物业管理专业人员以及工程、管理、经济等相关专业类的专职管理和技术人员不少于 10 人。其中,具有中级以上职称的人员不少于 5 人,工程、财务等业务负责人具有相应专业中级以上职称。

(3)物业管理专业人员按照国家有关规定取得职业资格证书。

(4)有委托的物业管理项目。

(5)建立并严格执行服务质量、服务收费等企业管理制度和标准,建立企业信用档案系统。

7.7.4 物业管理企业的权利和义务

物业管理企业在实施管理时,必须制定小区或大厦等管理办法,这些办法不能与法律法规和行政规章相悖,而要在法律范畴之内制定。

1. 权利

建设部第 33 号令《城市新建住宅小区管理办法》指出,物业管理公司的权利包括以下内容。

(1)物业管理企业应当根据有关法规,结合实际情况,制定小区管理办法。

(2)依照物业管理合同和管理办法对住宅小区实施管理。

(3)依照物业管理合同和有关规定收取管理费用。

(4)有权制止违反规章制度的行为。

(5)有权要求管委会协助管理。

(6)有权选聘专营公司(如清洁公司、保安公司等)承担专项管理业务。

(7)可以实行多种经营,以其收益补充小区管理经费。

这些权利的得到首先必须贯彻合法的原则依法取得,权利主体、权利内容要符合法律和行政法规的规定。只有符合法律和行政法规的规定,物业管理企业的权利才能受到法律的保护。如果不符合法律和行政法规的规定,物业管理企业不仅不能达到预想的管理效果,反而可能造成其管理行为产生的后果无效。

除此之外，物业管理企业的权利来之于合同，体现于下列3个方面。

(1)物业管理服务合同。合同签订双方业主委员会和物业管理企业是平等的民事主体，是委托和被委托的关系。合同明确了物业管理服务的事项、权限、标准费用、期限和违约责任等，在管理服务的权限之内就是物业管理企业的服务范围。即委托后，才进行管理；不委托，不能超越权限。如果超越管理权限，事后要得到业主委员会的追认。物业管理公司行使委托之外的职权，业主委员会如不予认可，则由物业管理公司自己承担责任。例如，如果没有委托代办产权证、代办装煤气和电话等合同，物业管理公司自行其是，业主们可以予以否决，不支付费用。

(2)对物业使用中的各种禁止行为，物业管理企业要与业主有书面约定，或用“公约”、“合约”、“办法”等这些约定、协议来得到业主的认可，并在协议中双方约定违约的责任。这样物业管理公司才能有效进行制止违章行为，使得行使制止违章的行为有效，并具有追究对方违章的权限。

(3)关于聘请专业公司如保安公司、绿化公司，情况也是这样，一定要通过签订转委托合同，把业主委托的权限转委托给这些专业公司，并且事先要得到业主委员会的同意。

2. 义务

物业管理企业的义务有如下几点。

(1)履行物业管理合同，依法经营。

(2)接受管委会和住宅小区内居民的监督。

(3)重大的管理措施应当交管委会审议，并经管委会认可。

(4)接受房地产行政主管部门、有关行政主管部门及住宅小区所在地人民政府的监督指导。

物业管理企业的义务，首先是履行合同，对合同规定的事项要全面履行。

(1)管理服务合同一经签订，受国家法律保护，合同义务受国家法律监督。如果物业管理企业不全面履行合同，要承担相应的违约责任。

(2)不得擅自变更和解除管理服务合同，双方必须信守合同。如果发生新的情况，要经双方协议重新达成新的合同。任何一方当事人都不得擅自变更或解除合同，也不允许单方拒绝履行或者变更已经订立的管理服务合同。

(3)依法解决管理服务合同中的纠纷。一种是通过协议解决纠纷，一种是通过有关主管部门的调解解决，也可以向人民法院起诉。

其次是服从政府房地产等有关行政主管部门的监督，接受物业管理相关部门的指导和监督，这又是物业管理企业的另一条重要义务。

(1)首先要接受工商管理。工商行政机关依法确定各类企业和个体工商业的合法地位，监督管理或参与管理市场上的各种经济活动，检查处理经济违法违章行为，保护合法经营，取缔非法经营，维护正常的市场秩序，保证社会主义市场经济的健康发展。物业管理公司要依法登记成立，经营范围要明确，以营业执照为准。与业主委员会订立管理服务合同要对照经济合同订立的条件：双方当事人是否具有主体资格；合同内容是否合法；是否损害国家利益、社会公共利益或第三者利益；是否超越企业经营范围；双方当事人意思是否表示真实；订立合同是否符合法定程序。根据规定,物业管理服务合同应到房地产主管部门备案。另外,物业管理公司在经营活动中使用商标、广告等,也要服从行政部门的管理。

(2)接受行业行政主管部门和政府有关行政主管部门的行政管理。这主要是接受资质核准登记管理,对物业管理行为的管理,对违反物业管理有关规定进行行政处罚,社区管理规定等。

(3)接受物业管理的价格管理。物业管理关系到千家万户的安居乐业,其收费既要考虑公平合理,还必须实行公开,还要考虑与物业所有权人、使用人经济承受能力相适应。物业管理企业要在物业管理价格政策范围之内经营。

7.7.5 业主大会和业主委员会

(一)业主大会

业主大会是由物业管理区域内全体业主组成,代表和维护物业管理区域内全体业主在物业管理活动中的合法权益的权力组织,是众多的区分所有权人行使对物业共有、共用部分自治管理权的一种民主形式,其对物业区域内的各项物业管理事务有决策权。当业主人数较多时,应按比例推选业主代表,组成物业管理区域内的业主代表大会。

按照建设部《业主大会规程》第八条的规定,业主大会筹备组应当自组成之日起30日内在物业所在地的区、县人民政府房地产行政主管部门的指导下,组织业主召开首次业主大会会议,并选举产生业主委员会。

《物业管理条例》第11条规定,业主大会履行以下职责。

(1)制定、修改业主公约和业主大会议事规则。

(2)选举、更换业主委员会委员,监督业主委员会的工作。

(3)选聘、解聘物业管理企业。

(4)决定专项维修资金使用、续筹方案,并监督实施。

(5)制定、修改物业管理区域内物业共用部位和共用设施设备的使用、公共秩序和环境卫生的维护等方面的规章制度。

(6)法律、法规或者业主大会议事规则规定的其他有关物业管理的职责。

此外业主大会规程还规定业主大会应当依法履行职责,不得做出与物业管理无关的决定,不得从事与物业管理无关的活动。业主大会应当配合公安机关,与居民委员会相互协作,共同做好维护物业管理区域内的社会治安等相关工作。在物业管理区域内,业主大会应当积极配合相关居民委员会依法履行自治管理职责,支持居民委员会开展工作,并接受其指导和监督。

(二)业主委员会

业主委员会是在物业管理区域内,经业主大会或业主代表大会选举产生,由业主代表组成的业主大会执行机构。一个物业管理区域只能成立一个业主委员会,业主委员会委员必须由业主担任,以保证能完全体现业主的意愿和主张,充分维护业主的权益。物业建设单位在其开发的物业未完全售出以前或保留经营时,依然具有业主的身份,也有当选为业主委员会成员的基本权利,物业管理公司不能代表业主参加业主委员会。物业管理区域的一般物业管理事项不可能事事都由业主大会决定、执行,业主委员会作为业主大会的执行机构,在获得业主大会授权的情况下,代表业主的利益,维护业主的合法权益,监督物业管理企业的工作,监督业主遵守业主公约的规定,才使业主在物业管理方面的自治管理权有了真正的载体和依附。

业主委员会的组成人数应视物业管理各方面情况而定,为了保证业主委员会成员的代表性和业主委员会决策的民主性,业主委员会成员一般不得少于5人。为便于工作,业主委员会内部应有分工,一般应在业主委员会中推选主任一名,副主任一至两名,并可委派一名委员兼管财务工作。通常业主委员会还可聘任执行秘书一名,由其负责处理委员会的日常事务。至于业主委员会主任、委员、执行秘书是兼职还是专职,业主委员会的运作经费管理、使用等事项,均应由业主大会决定,在业主议事规则中列明。

思考题

1. 实行土地管理法规有什么意义?
2. 什么是房地产抵押?有何特点?
3. 什么是房屋产权与产权管理?两者之间有什么区别和联系?
4. 房地产法律责任有哪些具体形式?
5. 拆迁有什么基本原则?
6. 什么是物业管理企业?物业管理企业具有什么样的权利和义务?
7. 业主大会的作用是什么?

8 建设工程其他法律制度

8.1 建设工程标准法律制度

标准是对一定范围内的重复性事务和概念所做的统一规定，以科学、技术和实践经验的综合成果为基础，以获得最佳秩序、促进最佳社会效益为目的，经有关方面协商一致，由主管机构批准，以特定形式发布，作为共同遵守的准则和依据。建设工程标准指的是对建筑工程的设计、施工方法和安全要求以及有关工程建设的技术术语、符号、代号和制图方法等所作的统一技术要求。为了发展社会主义商品经济，促进技术进步，改进产品质量，提高社会经济效益，维护国家和人民的利益，使标准化工作适应社会主义现代化建设和发展对外经济关系的需要，我国于1989年4月1日起施行《中华人民共和国标准化法》。根据建设部1992年发布的《工程建设国家标准管理办法》第2条，对需要在全国范围内统一的下列技术要求，应当制定国家标准：工程建设勘察、规划、设计、施工（包括安装）及验收等通用的质量要求；工程建设通用的有关安全、卫生和环境保护的技术要求；工程建设通用的术语、符号、代号、量与单位、建筑模数和制图方法；工程建设通用的试验、检验和评定等方法；工程建设通用的信息技术要求；国家需要控制的其他工程建设通用的技术要求。法律另有规定的，依照法律的规定执行。

8.1.1 建设工程标准的制定

（一）建设工程标准的计划

国家标准的计划分为“五年”计划和年度计划。“五年”计划是编制年度计划的依据；年度计划是确定工作任务和组织编制标准的依据。编制国家标准的计划，应当遵循下列原则：第一，在国民经济发展的总目标和总方针的指导下进行，体现国家的技术、经济政策；第二，适应工程建设和科学技术发展的需要；第三，在充分做好调查研究和认真总结经验的基础上，根据工程建设标准体系表的要求，综合考虑相关标准之间的构成和协调配套；第四，从实际出发，保证重点，统筹兼顾，根据需要和可能，分别轻重缓急，做好计划的综合平衡。

1. 五年计划

五年计划由计划编制纲要和计划项目两部分组成。其内容应当符合下列要求：计划编制纲要包括计划编制的依据、指导思想、预期目标、工作重点和实施计划的主要措施等；计划项目的内容包括标准名称、制定或修订、适用范围及其主要技术内容、主编部门、主编单位和起始年限等。列入五年计划的国家标准制定项目应当落实主编单位。主编单位应当具备下列条件：承担过与该国家标准项目相应的工程建设勘察、规划、设计、施工或科研任务的企业、事业单位;具有较丰富的工程建设经验、较高的技术水平和组织管理水平,能组织解决国家标准编制中的重大技术问题。列入五年计划的国家标准修订项目,其主编单位一般由原国家标准的管理单位承担。五年计划的编制工作应当按下列程序进行:国务院工程建设行政主管部门根据国家编制国民经济和社会发展五年计划的原则和要求,统一部署编制国家标准五年计划的任务;国务院有关行政主管部门和省、自治区、直辖市工程建设行政主管部门,根据国务院工程建设行政主管部门统一部署的要求,提出五年计划建议草案,报国务院工程建设行政主管部门;国务院工程建设行政主管部门对五年计划建议草案进行汇总,在与各有关方面充分协商的基础上进行综合平衡,并提出五年计划草案,报国务院计划行政主管部门批准下达。

2. 年度计划

年度计划由计划编制的简要说明和计划项目两部分组成。计划项目的内容包括标准名称、制定或修订、适用范围及其主要技术内容、主编部门和主编单位、参加单位、起止年限、进度要求等。年度计划应当在“五年”计划的基础上进行编制。国家标准项目在列入年度计划之前由主编单位做好年度计划的前期工作,并提出前期工作报告。前期工作报告应当包括:国家标准项目名称、目的和作用、技术条件和成熟程度、与各类现行标准的关系、预期的经济效益和社会效益、建议参编单位和起止年限。列入年度计划的国家标准项目,应当具备下列条件:有年度计划的前期工作报告;有生产和建设的实践经验;相应的科研成果经过鉴定和验证,具备推广应用的条件;不与相关的国家标准重复或矛盾;参编单位已落实。年度计划的编制工作应当按下列程序进行。

(1)国务院有关行政主管部门和省、自治区、直辖市工程建设行政主管部门,应当根据“五年”计划的要求,分期分批地安排各国标准项目的主编单位进行年度计划的前期工作。由主编单位提出的前期工作报告和年度计划项目表,报主管部门审查。

(2)国务院有关行政主管部门和省、自治区、直辖市工程建设行政主管部门,根据国务院工程建设行政主管部门当年的统一部署,做好所承担年度计划项目的落实工作并在规定期限前报国务院工程建设行政主管部门。

(3)国务院工程建设行政主管部门根据各主管部门提出的计划项目,经综合平衡后,编制工程建设国家标准的年度计划草案,在规定期限前报国务院计划行政主管部门批准下达。

(二)建设工程标准的制定程序

制定国家标准必须贯彻执行国家的有关法律、法规和方针、政策,密切结合自然条件,合理利用资源,充分考虑使用和维修的要求,做到安全适用、技术先进、经济合理,整个工作程序按准备、征求意见、送审和报批4个阶段进行。

1. 准备阶段的工作

准备阶段的工作应当符合下列要求。

(1)主编单位根据年度计划的要求,进行编制国家标准的筹备工作。落实国家标准编制组成员,草拟制定国家标准的工作大纲。

(2)主编单位筹备工作完成后,由主编部门或由主编部门委托主编单位主持召开编制组第一次工作会议。

2. 征求意见阶段的工作

征求意见阶段的工作应当符合下列要求。

(1)编制组根据制定国家标准的工作大纲开展调查研究工作。调查对象应当具有代表性和典型性。调查研究工作结束后,应当及时提出调查研究报告。

(2)测试验证工作在编制组统一计划下进行,落实负责单位,制定测试验证工作大纲。确定统一的测试验证方法等。测试验证结果应当由项目的负责单位组织有关专家进行鉴定。

(3)编制组对国家标准中的重大问题或有分歧的问题,应当根据需要召开专题会议。专题会议邀请有代表性和有经验的专家参加,并应当形成会议纪要。

(4)编制组在做好上述各项工作的基础上,编写标准征求意见稿及其条文说明,主编单位对标准征求意见稿及其条文说明的内容全面负责。

(5)主编部门对主编单位提出的征求意见稿及其条文说明根据制定标准的原则进行审核。

(6)征求意见稿及其条文说明应由主编单位印发国务院有关行政主管部门和各有关省、自治区、直辖市工程建设行政主管部门以及各有关单位征求意见。征求意见的期限一般为2个月。

3. 送审阶段的工作

送审阶段的工作应当符合下列要求。

(1)编制组将征求意见阶段收集到的意见,在分析研究的基础上形成国家标准送审稿及其条文说明,对其中有争议的重大问题可以视具体情况进行补充调查研究、测试验证或召开专题会议。

(2)当国家标准需要进行全面的综合技术经济比较时,编制组要按国家标准送审稿组织试设计或施工试用。

(3)国家标准送审的文件一般应当包括:国家标准送审稿及其条文说明,送审报告、主要问题的专题报告、试设计或施工试用报告等。

(4)国家标准送审文件应当在开会之前一个半月发至各主管部门和有关单位。

(5)国家标准送审稿的审查,一般采取召开审查会议的形式,经国务院工程建设行政主管部门同意后,也可以采取函审和小型审定会议的形式。

(6)审查会议应由主编部门主持召开,参加会议的代表应包括国务院有关行政主管部门的代表、有经验的专家代表、相关的国家标准编制组或管理组的代表。

4. 报批阶段的工作

报批阶段的工作应当符合下列要求。

(1)编制组根据审查会议或函审和小型审定会议的审查意见,修改标准送审稿及其条文说明,形成标准报批稿及其条文说明,标准的报批文件经主编单位审查后报主编部门。

(2)主编部门应当对标准报批文件进行全面审查,并会同国务院工程建设行政主管部门共同对标准报批稿进行审核。

(三)国家标准的复审与修订

国家标准实施后,应当根据科学技术的发展和工程建设的需要,由该国家标准的管理部门适时组织有关单位进行复审,复审一般在国家标准实施5年后进行一次。国家标准复审的具体工作由国家标准管理单位负责。复审可以采取函审或会议审查,一般由参加过该标准编制或审查的单位或个人参加。国家标准复审后,标准管理单位应当提出其继续有效或者予以修订、废止的意见,经该国家标准的主管部门确认后报国务院工程建设行政主管部门批准。对需要全面修订的国家标准,由其管理单位做好前期工作。国家标准修订的准备阶段工作应在管理阶段进行,其他有关的要求应当符合制定国家标准的有关规定。凡属下列情况之一的国家标准应当进行局部修订:国家标准的部分规定已制约了科学技术新成果的推广应用;国家标准的部分规定经修订后可取得明显的经济效益,社会效益,环境效益;国家标准的部分规定有明显缺陷或与相关的国家标准相抵触;需要对现行的国家标准做局部补充规定。

8.1.2　建设工程标准的类型

(一)根据标准的约束性划分

标准按照约束性分为强制性标准与推荐性标准,强制性国家标准的代号为“GB”,如《钢结构设计标准》(GB500017—2003);推荐性国家标准的代号为“GB/T”,如《节水灌溉工程技术规范》(GB/T50363—2006)。

1.强制性标准

强制性标准是指国家要求必须强制执行的标准,任何人违反强制性标准,都要承担相应的法律责任,其范围是保障人体健康、人身与财产安全的标准和法律、行政法规规定强制执行的标准。包括工程建设勘察、规划、设计、施工(包括安装)及验收等通用的综合标准和重要的通用的质量标准,工程建设通用的有关安全、卫生和环境保护的标准,工程建设重要的通用术语、符号、代号、量与单位、建筑模数和制图方法标准,工程建设重要的通用试验、检验和评定方法等标准,工程建设重要的通用信息技术标准,国家需要控制的其他工程建设通用标准等内容。

1)建设工程强制性标准的监管

工程建设标准发布后,工程建设标准管理单位应为建立健全工程建设标准管理机构,并设专职或兼职若干人,其人员组成需经国家标准管理单位报该国家标准管理部门审定后报国务院工程建设行政主管部门备案。国家标准管理人员在该国家标准管理部门和管理单位的领导下工作,管理单位应当加强对其领导,进行经常性的督促检查,定期研究和解决国家标准日常管理工作中的问题。根据国务院《建设工程质量管理条例》,建设部会同有关部门共同编制了包括城乡规划、城市建设、房屋建筑、工业建筑、水利工程、电力工程、信息工程、水运工程、公路工程、铁道工程、石油和化工建设工程、矿山工程、人防工程、广播电影电视工程和民航机场工程等部分的《工程建设标准强制性条文》(以下简称《强制性条文》)。《强制性条文》是现行工程建设国家标准和行业标准中直接涉及人民生命财产安全、人身健康、环境保护和其他公众利益的内容,同时考虑了提高经济效益和社会效益等方面的要求。列入《强制性条文》的所有条文都必须严格执行。《强制性条文》是参与建设活动各方执行工程建设强制性标准和政府对执行情况实施监督的依据。为加强对工程建设强制性标准实施的监督,保证建设工程质量,保障人民的生命、财产安全,维护社会公共利益,根据《标准化法》、《标准化法实施条例》和《建设工程质量管理条例》,建设部于 2000 年 8 月 25 日通过了《实施工程建设强制性标准监督规定》,其主要内容如下。

(1)在我国境内从事新建、扩建、改建等工程建设活动,必须执行工程建设强制性标准。工程建设强制性标准是指直接涉及工程质量、安全、卫生及环境保护等方面的工程建设标准强制性条文。国务院建设行政主管部门负责全国实施工程建设强制性标准的监督管理工作。国务院有关行政主管部门按照国务院的职能分工负责实施工程建设强制性标准的监督管理工作。县级以上地方人民政府建设行政主管部门负责本行政区域内实施工程建设强制性标准的监督管理工作。

(2)工程建设中拟采用的新技术、新工艺、新材料,不符合现行强制性标准规定的,应当由拟采用单位提请建设单位组织专题技术论证,报批准标准的建设行政主管部门或者国务院有关主管部门审定。工程建设中采用国际标准或者国外标准,现行强制性标准未作规定的,建设单位应当向国务院建设行政主管部门或者国务院有关行政主管部门备案。建设项目规划审查机构应当对工程建设规划阶段执行强制性标准的情况实施监督。施工图设计文件审查单位应当对工程建设勘察、设计阶段执行强制性标准的情况实施监督。建筑安全监督管理机构应当对工程建设施工阶段执行施工安全强制性标准的情况实施监督。工程质量监督机构应当对工程建设施工、监理、验收等阶段执行强制性标准的情况实施监督。工程建设标准批准部门应当定期对建设项目规划审查机关、施工图设计文件审查单位、建筑安全监督管理机构、工程质量监督机构实施强制性标准的监督进行检查。工程建设标准批准部门应当对工程项目执行强制性标准情况进行监督检查。

(3)强制性标准监督检查的内容包括:有关工程技术人员是否熟悉、掌握强制性标准;工程项目的规划、勘察、设计、施工、验收等是否符合强制性标准的规定;工程项目采用的材料、设备是否符合强制性标准的规定;工程项目的安全、质量是否符合强制性标准的规定;工程中采用的导则、指南、手册、计算机软件的内容是否符合强制性标准的规定。

(4)违反强制性标准的,依法承担相应的法律责任。

2)违反建设工程强制性标准的法律责任

(1)建设单位违反建设工程强制性标准,如明示或暗示施工单位使用不合格的建筑材料、建筑构配件和设备,明示或暗示设计单位或施工单位违反建设工程强制性标准降低工程质量等,责令进行整改,并处以 20 万元以上 50 万元以下罚款。

(2)勘察设计单位违反建设工程强制性标准进行勘察设计的,责令整改,并处以 10 万元以上 30 万元以下罚款;造成工程质量事故的,责令停业整顿,降低资质等级;情节严重的,吊销资质证书;造成损失的,依法承担赔偿责任。

(3)施工单位违反建设强制性标准的,责令改正,处工程合同价款 2% 以上 4% 以下的罚款;造成建设工程质量不符合规定质量标准的,负责返工、修理,并赔偿因此造成的损失;情节严重的,责令停业整顿,降低资质等级或者吊销资质证书。

(4)工程监理单位违反强制性标准规定,将不合格的建设工程以及建筑材料、建筑构配件和设备按照合格签字的,责令整改,处以 50 万元以上 100 万元以下罚款,降低资质等级或者吊销资格证书;有违法所得的,予以没收;造成损失的,承担连带赔偿责任,违反工程建设强制性标准造成工程质量、安全隐患或者工程事故的,按照《建设工程质量管理条例》有关规定,对事故责任单位和责任人进行处罚。

2. 推荐性标准

推荐性标准是指国家鼓励自愿采用的具有指导作用而又不宜强制执行的标准,所规定的技术内容和要求具有普遍的指导作用,允许使用单位结合自己的实际情况,灵活选用,体现为自愿采用原则,不要求强制执行。

(二)按标准的性质划分

按照标准的专业性质,可以将标准划分为技术标准、管理标准和工作标准3大类。

1. 技术标准(Technical Standard)

对标准化领域中需要统一的技术事项所制定的标准称技术标准,包括基础技术标准、产品标准、工艺标准、检验和试验方法标准、设备标准、原材料标准、安全标准、环境保护标准、卫生标准等,还可以对上述标准进行细分,如技术基础标准还可再分为:术语标准、图形符号标准、数据标准、公差标准、环境条件标准、技术通则性标准等。如《涂装工序作业指导书》、《叉车的技术要求》和《水泥防尘技术要求》等内容就属于技术标准。

2. 管理标准(Management Standard)

对标准化领域中需要协调统一的管理事项所制定的标准称为管理标准,管理标准主要是对管理目标、管理项目、管理业务、管理程序、管理方法和管理组织所作的规定,如《人力资源管理办法》、《班组管理办法》和《公司管理基础标准》等内容就属于管理标准。

3. 工作标准(Working Standard)

为实现工作活动过程的协调,提高工作质量和工作效率,对每个职能和岗位的工作制定的标准称为工作标准。我国建立了企业标准体系的企业一般都制定工作标准,按岗位制定的工作标准通常包括岗位目标、工作程序、工作方法、业务分工、业务联系方式、职责权限、质量要求与定额、对岗位人员的基本技术要求、检查考核办法等内容。如《政府财政非税收入管理工作标准实施手册》和《某施工现场电工工作标准》等内容就属于工作标准。

(三)按标准的内容分类

1. 设计标准(Design Standard)

设计标准是指从事工程设计所依据的技术文件,可以分为建筑设计标准、结构设计标准和防火设计标准3部分内容。

(1)建筑设计标准。建筑设计标准包括建筑设计、建筑物理、建筑暖通与空调等方面的技术标准与规程。

(2)结构设计标准。结构设计标准包括建筑结构、工程抗震、勘察及地基与基础等方面的技术标准和规程。

(3)防火设计标准。防火设计标准包括建筑物的耐火性能、建筑物防火防爆措施、消防、给水与排水、通风与采暖、疏散通道等技术标准和规程。

2. 施工验收标准(Construction Acceptance Standard)

施工标准是施工操作程序及其技术要求的标准。施工标准一般分为建筑工程施工标准和安装工程施工标准两大类。验收标准是指检验、接收竣工工程项目的规程、办法与标准，主要包括下列内容。

(1)地基与基础工程:井点降低地下水位、岩土、重锤夯实、预压、强夯、振冲和旋喷地基、桩基础、地下连续墙、沉井等。

(2)钢筋混凝土工程:包括模板工程、钢筋工程、混凝土工程、装配式结构和预应力混凝土等。

(3)砖石工程:包括砂浆、砌砖和冬季施工等。

同时对上述等施工规范的主要项目，规定了质量指标，并考虑到工程特点，有的质量指标规定了正负允许偏差，如轴线、标高、宽度、厚度、间距和截面尺寸等;有的仅规定了正负允许偏差，如地脚螺栓孔深度等;也有的仅规定了负偏差，如混凝土柱和牛腿上的表面标高;还有的规定了允许偏差，不规定正负，如位置、垂直度、平整度等。

3. 建设定额(Construction Quota)

建设定额是指国家规定的消耗在单位建筑产品上活劳动和物化劳动的数量标准，以及用货币表现的某些必要费用的额度。

(四)按标准的级别分类

标准可以分为国家标准、行业标准、地方标准和企业标准 4 个方面内容。

1. 国家标准(National Standard)

国家标准是指对全国经济技术发展有重大意义，对需要在全国范围内统一的技术要求制定的标准，一般为通用性、基础性较强的与经济技术发展和人民生活密切相关的标准。需要在全国范围统一的下列技术要求，应制定国家标准(含标准样品的制作):通用的技术术语、符号、代号、制图方法、互换配合要求;保障人体健康和人身、财产安全的技术要求;基本原料、材料、燃料的技术要求;通用基础件的技术要求;通用的试验、检验方法;工程建设勘察、规划、设计、施工及验收的重要技术要求;工程建设、交通运输、资源等通用的管理技术要求;国家需要控制的其他重要产品和工程建设的通用技术要求等。国家标准由国务院标准化行政主管部门编制计划，协调项目分工，组织制定、修订、统一编审、编号、发布。工程建设国家标准由建设行政主管部门审批，国务院标准化行政主管部门统一编号，由工程建设行政主管部门和标准化行政主管部门联合发布。

2. 行业标准(Professional Standard)

行业标准是对没有国家标准而又需要在全国某个行业范围内统一的技术要求制定的标准。行业标准不得与国家标准相抵触，有关行业标准之间应保持协调和统一，不得重复。行业标准在相应的国家标准公布后，即行废止。需要在行业内统一的下列技术要求，可以制定行业标准:技术术语、符号、代号(含代码)、制图方法等;工程建设勘察、规划、设计、施工及验收的技术要求及方法;交通运输、资源等的技术要求及其管理技术要求等。行业标准也分为强制性标准和推荐性标准。行业标准是由国务院该行业行政主管部门组织制定的，并由该部门统一审批、编号、发布,送国务院标准化行政主管部门备案。如《混凝土异形柱结构技术规程》(JGJ149—2006)、《喷涂和浇注聚氨酯硬泡体复合外墙外保温系统施工技术规程》(JCG/T60000—2006)和《环境保护产品技术要求》(HJ/T 284—2006)等内容就属于行业标准。

3. 地方标准(Local Standard)

地方标准是对没有国家标准和行业标准而又需要在该地区范围内统一的技术要求所制定的标准。地方标准不得违反有关法律、法规和国家、行业的强制性标准。地方标准由省、自治区、直辖市标准化行政主管部门统一编制计划、组织审定、编号和发布。地方标准发布后,应由省、自治区、直辖市标准化行政主管部门向国务院标准化行政主管部门和有关行政主管部门备案。

4. 企业标准(Enterprise Standard)

企业标准是对企业范围内需要协调、统一的技术要求、管理事项和工作事项所制定的标准。企业标准是企业组织生产、经营活动的依据。企业标准不得违反有关法律、法规和国家、行业的强制性标准。在同一企业内,企业标准之间应协调一致。企业标准由企业制定,由法人代表或法人代表授权的主管领导批准、发布。企业标准一般应由企业按企业的隶属关系报当地政府标准化行政主管部门备案。国家标准、行业标准和地方标准的强制性标准,企业必须严格执行。推荐性标准,企业一经采用也具有强制的性质,也应严格执行。对于企业已经备案的企业标准同样应严格执行。如《某钢铁集团企业标准体系》、《某建筑材料公司企业标准》和《某混凝土搅拌站企业标准》等内容就属于企业标准。

8.2 市政建设法律制度

常见的市政建设主要包括以下方面。

(1)道路交通工程:道路、立交、广场、交通设施、铁路及地铁等轨道交通设施。

(2)河湖水系工程:如河道、桥梁、引(排)水渠、排灌泵站、闸桥等水工构筑物。

(3)地下管线工程:为常见的供水、排水(包括排雨、污水)供电、通信、供煤气、供热的管线部分及特殊用途的地下管线和人防通道等。

(4)架空杆线工程:不同电压等级的供电杆线、通信杆线、无轨杆线及架空管线。

(5)街道绿化工程:行道树、灌木、草坪、绿化小品(如街道绿化中的假山石、游廊、画架、水池、喷泉等)。

8.2.1 城市道路建设法律制度

城市道路指的是城市供车辆、行人通行的,具备一定技术条件的道路、桥梁及其附属设施。城市道路是城市的骨架和现代化城市的重要构成部分,作为城市社会经济活动所产生的人流、物流的运输载体,是城市赖以生存和发展的基础。为加强城市道路管理,保障城市道路完好,充分发挥城市道路功能,促进城市经济和社会发展,我国于1996年10月1日起施行《城市道路管理条例》(以下简称《道路条例》)。城市道路包括以下主要内容。

(1)机动车道、非机动车道、人行道、广场、公共停车场、隔离带、路肩、路坡、路堤、边沟。

(2)立体交叉桥、高架路、隧道、涵洞、人行地下通道。

(3)路灯、路标、路牌以及城市道路其他附属设施。

(4)已征用的道路建设用地。

(一)城市道路建设的原则

建设城市道路应遵循以下原则。

(1)城市人民政府、城市建设行政主管部门应当会同有关部门根据城市总体规划,制定城市道路建设、改造规划和年度建设、改造计划,报城市人民政府批准实施。

(2)城市供水、排水、燃气、热力、供电、通信、消防、交通标志、交通信号、道路绿化等依附于城市道路建设的各种管线、标线和其他设施的建设、改造规划和年度建设、改造计划要与城市道路的建设、改造规划和年度改造、建设计划相协调,并坚持先地下、后地上的施工原则,与城市道路同步建设,其他在城市道路范围内的设施,必须符合城市道路技术要求。

(二)城市道路建设的设计和施工

城市道路建设的设计和施工注意事项如下。

(1)承担城市道路设计和施工的单位,必须具备与所承担工程规模相应的资质等级,必须取得有关行政主管部门颁发的资质证书。并按规定的资质等级承担设计和施工任务。

(2)城市道路的设计和施工,必须严格执行国家和地方规定的城市道路设计和施工技术标准、规范和规程,城市道路的工程质量必须接受城市人民政府有关部门委托的工程质量监督机构的监督检查。

(3)城市道路竣工必须组织工程验收,未经验收或者验收不合格的不得交付使用,城市道路的建设作为系统工程,它必须考虑城市规划具体安排和各种地下管网的布局,道路与地下管网相互衔接,按照国家和地方规定的标准进行建设,形成有机的整体,才能保证建成后的正常运转。城市道路设计、施工难度大,情况复杂,只有由取得相应资质的设计、施工单位才能承担其相应的任务。

(三)城市道路的养护与维修

城市道路的养护与维修原则、施工管理和职责划分如下。

1. 城市道路养护与维修原则

城市建设行政主管应当按照管理与养护并重、预防和维修相结合的原则,加强城市道路的养护和维修工作,保证城市道路经常处于完好状态。城市道路失养失修情况严重,各级城市道路养护维修部门应当制定有效的养护维修制度。按照大、中、小修的养护维修周期,安排好计划,定期进行维修,确保城市道路的完好。

2. 养护维修施工管理

养护维修施工管理应注意以下事项。

(1)养护维修施工应当规定修复期限,施工作业现场必须设置明显标志和安全防围设施,保障行人和交通车辆安全。影响交通的,养护维修单位必须与公安机关协商,共同进行维护,尤其注意临时不能通行的,应当事先发布通告。

(2)城市道路养护维修工程质量必须符合《城市道路养护技术规范》和有关的技术标准规范。

(3)从事城市道路检查、维修的专用车辆,应当使用统一标志。执行任务或者进行特殊施工作业时,在保证交通安全畅通的原则下,不受行驶路线、行驶方向的限制。

3. 城市道路养护维修职责划分

城市道路养护维修单位负责城市道路的养护维修工作。城市建设行政主管部门建设的广场、停车场,由城市道路养护维修单位负责管理和养护维修,其他部门建设的广场、停车场由建设单位负责管理和维修;经城市人民政府批准作封闭集贸市场的城市道路,由市场管理部门按照城市道路的养护标准负责养护维修,也可委托城市道路养护维修单位负责养护维修。

(四)城市道路的路政管理

城市道路是城市基本的交通设施,在使用过程中受到交通荷载及自然条件的影响,会产生磨耗或损坏,一些人为的因素也会对城市道路的正常运行产生不利影响,如占用、挖掘城市道路和故意损坏城市道路设施等。城市道路路政管理的任务是制定城市道路管理规章,负责城市道路的日常管理,制止一切破坏城市道路和妨碍城市道路正常使用的行为。城市市政工程行政主管部门负责城市道路的路政管理工作,并应当结合当地城建监察队伍设置情况,配备从事城市道路的监察执法人员,执行路政管理的各项具体工作,制止各种违反路政管理的行为。违反路政管理的行为主要包括:①擅自占用或挖掘城市道路;②履带车、铁轮车及超重、超高、超长车辆擅自在城市道路上行驶;③机动车在桥梁或非指定城市道路上试刹车、停放;④擅自在城市道路上建设建筑物、构筑物;⑤在桥梁上架设压力在 294 kPa/cm^3 以上的煤气管道、10 kV 以上高压电力线和其他易燃易爆管线;⑥擅自在桥梁和路灯设施上设置广告牌和其他悬挂物。

1. 城市道路占用管理

如今我国城市道路被占用情况较为严重,所谓的马路市场、摊点和停车场占道较为突出。在进行有中国特色社会主义市场经济的建设中,各地集贸市场、私人摊点发展迅速,但因经营场地不足,管理又不严,大量占用了城市道路。随着城市车辆的急剧增加,停车场严重短缺,于是造成大量车辆占用城市道路停放。为了切实加强城市道路管理,《道路条例》中规定了城市道路占用的管理办法,对于任何单位和个人未经城市市政工程行政主管部门和公安交通管理部门批准,不得占用城市道路,因特殊情况需要临时占用城市道路的单位和个人,必须办理申请和审批手续,交纳城市道路占用费。临时占用城市道路期满,占用单位或者个人应当恢复城市道路原状,损坏城市道路的应予以修复或赔偿。根据城市建设的需要,城市市政工程行政主管部门有权对临时占用城市道路的单位和个人决定缩小使用面积和减少占用时间,或停止其使用。城市人民政府应当严格控制占用城市道路作为集贸市场。对于所需占用城市道路作为集贸市场的,应当由县级以上城市人民政府批准。

2. 城市道路挖掘管理

由于目前我国城市道路和供水、排水、电力、热力、燃气、通信等各种需要占用道路设施的建设资金的来源不同,往往不能同步进行建设,而这些设施的施工经常要破路进行,这就造成了城市道路建了挖、挖了填的现象，城市道路的反复挖掘，不但造成了浪费、造成了城市道路的严重损坏、交通不畅，而且造成下水系统堵塞，路基不均下沉等事故。《道路条例》对城市道路挖掘管理作了相应的规定，要求任何单位和个人未经城市市政工程行政主管部门和公安交通管理部门批准，不得挖掘城市道路。因工程建设需要挖掘城市道路的单位和个人应持规划部门签发的批准文件和有关的设计文件到城市市政工程行政主管部门办理城市道路挖掘申请审批手续，交纳城市道路挖掘修复费。凡是新建、扩建、改建的城市道路5年内不准挖掘，大修后的城市道路竣工后3年内不准挖掘，如因特殊情况需要挖掘的，须经县以上城市人民政府批准。经批准挖掘城市道路的单位和个人，应当在施工现场设置标志和安全设施，按期完工后应当清理场地，并通知城市建设行政主管部门检查验收。

3. 城市道路照明设施

城市道路照明设施指的是用于城市道路、不售票的公园和绿地等处的路灯配电室、电器、配电箱、灯杆、地上、地下管线、灯具以及照明附属设备等。建设部于1992年11月发布《城市道路照明设施管理规定》，并于2001年9月4日做了部分修改，要求城市道路照明设施规划、建设和改造计划应当纳入城市道路建设、改造和年度建设计划，并与其同步实施。住宅小区和旧城改造中的城市道路照明设施建设应当纳入城市建设综合开发计划。城市道路照明设施中的灯杆，可以分为专用杆和合用杆，对道路两侧符合城市道路照明设施条件的电力杆和无轨电车杆在不影响其功能和交通的前提下应当予以利用。城市建设行政主管部门必须对城市道路照明设施管理机构建立严格的检查和考核制度，及时督促更换和修复破损的照明设施，使亮灯率不低于95%。各地根据城市道路的行人、车辆流量等因素实行分时照明；采用先进的停电、送电控制方式；推广和采用高光效光源，逐步取代低光效光源；采用节能型的镇流器和控制电器；采用高效率的照明灯具，并定期对照明灯具进行清扫，提高照明效果等节能措施。

8.2.2 城市公用事业法律制度

城市公用事业包括城市供水、供气、供热、公共交通、供电、通信等内容，都是城市生产和人民生活不可缺少的物质条件，也是现代化城市的基础。建设和管理好城市供水、供气、供热、供电、通信等城市基础设施，对于提高社会、经济和环境效益，改善人们的物质生活水平，促进国民经济的发展，具有十分重要的意义。管理好城市公用事业，有利于改善投资环境和人民群众工作生活条件，进一步促进城市经济发展和扩大对外开放。

(一)城市供水管理

城市供水系统主要包括取水工程、抽水工程、输水工程和配水工程等四个部分。取水工程是从地表的河、湖、水库或地下的井、泉等水源，经取水设施，取得城市所需的原水，主要有取水构筑物、一级泵站等；输水工程是将输水设施取得的原水输送给净水厂或配水厂，由输水管道和渠道所组成；净水工程是对原水进行净化处理，使其达到生活饮用水或工业生产水的水质标准，主要由混合、反应、沉淀、过滤、消毒等设施；配水工程是将净化后的水，分配到各用水地点并保证其需要的水压和水质，主要有二级泵站、配水干管、水塔、水池等。

禁止擅自将自建设施供水管网系统与城市公共供水管网系统连接，有特殊需要的必须经城市自来水供水企业同意，报城市供水行政主管部门和卫生行政主管部门批准，并在管道连接处采取必要的防护措施。禁止产生或使用有毒有害物质的单位将其生产用水管网系统与城市公共供水管网系统直接连接。

为加强城市节约用水管理,保护合理利用水源,促进国民经济和社会发展,我国于1998年12月20日发布了《城市节约用水管理规定》,凡是在城市规划区内使用公共供水和自建设施供水的单位和个人必须遵守该规定。国务院城市建设行政主管部门主管全国的城市节约用水工作,业务上受国务院水行政主管部门指导。国务院其他有关部门按照国务院规定的职责分工,负责本行业的节约用水管理工作,省、自治区人民政府和县级以上的城市人民政府城市建设行政主管部门和其他有关行业行政主管部门,按照同级人民政府规定的职责分工,负责城市节约用水管理工作。城市人民政府应当在制定的城市供水发展规划的同时,制定节约用水发展规划,并根据节约用水发展规划制定节约用水年度计划。

(二)城市供热管理

城市集中供热由建设部归口管理,各地人民政府同时需要加强集中供热工作的领导,并协调各方面工作。凡用热量需求较大的城市,可以设立热力公司,负责城市热网、集中锅炉房的建设与管理工作。各单位建造的各类供热锅炉,应当由计划部组织规划、环保、劳动、煤炭供应等部门审查批准。从事城市集中供热生产经营的单位必须向供热主管部门申请资质审查,经审查合格领取城市集中供热资质证书及有关证、照后,方可从事城市集中供热生产经营活动,供热主管行政部门对资质单位实行年检制度。供热单位使用的供热锅炉应当达到国家、省和市规定的大气污染物排放标准。

供热单位应当按照供热主管部门确定的供热范围向热用户供热。未经供热主管部门同意,不得全部或部分停止或终止城市集中供热的生产经营。需要扩大供热范围的,应当到供热主管部门办理审批手续。供热单位应当与用户签订供热合同,并报供热主管部门备案。供热单位供热运行中的供热参数、用户室温合格率和运行事故率应当符合国家规定的标准。供热单位应当实行规范化服务,将服务的内容、标准、时间向社会公开,接受监督,依照供热合同要求,按时、连续、保质供热。

任何单位和个人不得以任何理由擅自改装、拆除、迁移城市集中供用热设施。因特殊情况确实需要改装、拆除或迁移的,须经供热主管部门同意后方可施工,因此发生的有关费用由责任方承担。规划行政主管部门在审批涉及城市集中供热设施安全的项目时,应当事先征求供热主管部门的意见。因工程施工影响城市集中供热设施安全的,建设单位应采取安全保护措施,经供热单位查验同意后方可施工。

在城市热网及其附属设施外缘安全的范围内,禁止:①修建任何形式的建筑物;②挖坑、掘土、打桩、埋设线杆;③爆破作业;④排放污水。

锅炉的设计、制造、安装、运行、检修、改造、检验等必须符合《蒸汽锅炉安全技术监察规程》和《热水锅炉安全技术监察规程》的规定。锅炉操作人员必须经过专门培训,并经考试合格,持证上岗。值班操作人员应尽职尽责,遵守有关锅炉安全运行的各项制度。锅炉房应根据人员岗位情况制定《岗位安全责任制》,每个操作人员应达到“三懂三会”要求,即懂得本岗位的火灾危险性,懂得预防火灾的措施和懂得扑救火灾方法;会使用灭火器材,会处理险情和会报警。

(三)城市燃气管理

城市燃气的发展应当实行统一规划、配套建设、因地制宜、合理利用能源、建设和管理并重的原则。国务院建设行政主管部门负责全国城市燃气管理工作。县级以上地方人民政府城市建设行政主管部门负责本行政区域内的城市燃气管理工作。国家鼓励和支持城巾燃气科学技术研究,推广技术,提高城市燃气的科学技术水平。

县级以上地方人民政府应当组织规划、城建等部门根据城市总体规划编制本地区燃气发展规划。城市燃气新建、改建、扩建项目以及经营网点的布局要符合城市燃气发展规划,并经城市建设行政主管部门批准后,方可实施。城市燃气建设资金可以按照国家有关规定,采取政府投资、集资、国内外贷款、发行债券等多种渠道筹集。

燃气供应企业必须建立安全检查、维修、维护、事故抢修等制度,及时报告、排除、处理燃气设施故障和事故,确保正常供气。向社会公布抢修电话,设置专职抢修队伍,配备防护用品、车辆器材、通信设备等。实行24小时值班制度,发现燃气事故或者接到燃气事故报告时,应当立即组织抢修、抢险。制定有关安全使用规则,宣传安全使用常识,对用户进行安全使用燃气的指导。在重要的燃气设施所在地设置统一、明显的安全标志,并配备专职人员进行巡回检查。

我国颁布的《城市燃气安全管理规定》和《城市燃气管理办法》对城市供气管理的主要法规,明确规定了对违反燃气管理规定的处罚措施。对于破坏、盗窃、哄抢燃气设施,尚不够刑事处罚的,由公安机关依照《中华人民共和国治安管理处罚法》给予处罚,构成犯罪的,由司法机关依法追究其刑事责任。

(四)城市供电管理

为了加强电力供应与使用的管理,保障供电、用电双方的合法权益,维护供电、用电秩序,安全、经济、合理地供电和用电,我国颁布了《中华人民共和国电力法》和《电力供应与使用条例》。

县级以上各级人民政府应当将城乡电网的建设与改造规划,纳入建设的总体规划。各级电力管理部门应当会同有关行政主管部门和电网经营企业做好电网建设和改造的规划。供电企业应当按照规划做好供电设施建设和运行管理工作。地方各级人民政府应按照城市建设和乡村建设的总体规划统筹安排城乡供电线路走向通道、区域变电所、区域配电所和营业网点的用地。

用户不得有下列危害供电、用电安全以及扰乱正常供电、用电秩序的行为:①擅自改变用电类别;②擅自超过合同约定的容量用电;③擅自超过计划分配的用电指标;④擅自使用已在供电企业办理暂停使用手续的电力设备,或者擅自启用已经被供电企业查封的电力设备;⑤未经供电企业许可擅自引入、供出电源或者将自备电源擅自并网;⑥任何窃电行为。

供电企业应按照规定对本供电营业区内的用户进行用电检查,用户应当接受检查并为供电企业的用电检查提供方便。现场检查确认有危害供用电安全或扰乱供用电秩序行为的,用电检查人员应在现场予以制止。拒绝接受供电企业按规定处理的,可按国家规定的程序停止供电,并请求电力管理部门依法处理,或向司法机关起诉,以追究其法律责任。

8.2.3 城市市容和环境卫生法律制度

为了加强城市市容和环境卫生管理,创造清洁、优美的城市工作、生活环境,促进城市社会主义物质文明和精神文明建设,国家于1992年8月1日实施了《城市市容和环境卫生管理条例》,要求城市市容和环境卫生工作,实行统一领导、分区负责、专业人员管理与群众管理相结合的原则。城市人民政府应当把城市市容和环境卫生事业纳入国民经济和社会发展计划,并组织实施。国务院城市建设行政主管部门主管全国城市市容和环境卫生工作,省、自治区人民政府城市建设行政主管部门负责本行政区域的城市市容和环境卫生管理工作,城市人民政府市容环境卫生行政主管部门负责本行政区域的城市市容和环境卫生管理工作。城市人民政府应当加强城市市容环境卫生科学知识的宣传,提高公民的环境卫生意识,养成良好的卫生习惯。一切单位和个人,都应当尊重市容和环境卫生工作人员的劳动,不得妨碍、阻挠市容和环境卫生工作人员履行职务。

8.2.4 城市绿化法律制度

为了促进城市绿化事业的发展,改善生态环境,美化生活环境,增进人民身心健康,我国于1992年8月1日施行了《城市绿化条例》,要求城市中的单位和有劳动能力的公民,应当依照国家有关规定履行植树或者其他绿化义务,对在城市绿化工作中成绩显著的单位和个人,由人民政府给予表彰和奖励。除此之外,《宪法》、《森林法》、《环境保护法》等法律中不少条款对城市绿化作了相应规定。

(一)城市绿化管理体系

《城市绿化条例》第7条明确了城市绿化管理体系,其内容包括以下方面。

(1)国务院设立全国绿化委员会,统一组织领导全国城乡绿化工作,其办公室设在国务院林业行政主管部门。

(2)国务院城市建设行政主管部门和国务院林业行政主管部门等,按照国务院规定的职权划分,负责全国城市绿化工作。

(3)地方绿化管理体制,由省、自治区、直辖市人民政府根据本地实际情况规定。

(4)城市人民政府城市绿化行政主管部门主管本行政区域内城市规划区的城市绿化工作。

(5)在城市规划区内,有关法律、法规规定由林业行政主管部门等管理的绿化工作,依照有关法律、法规执行。

(二)城市绿化的规划和建设

1.城市绿化的规划

城市人民政府应当组织城市规划行政主管部门和城市绿化行政主管部门共同编制城市绿化规划,并纳入城市总体规划。城市绿化规划应当从实际出发,根据城市发展需要,合理安排同城市人口和城市面积相适应的城市绿化用地面积;城市人均公共绿地面积和绿化覆盖率等规划指标,由国务院城市建设行政主管部门根据不同城市的性质、规模和自然条件等实际情况规定。城市绿化规划,应当根据当地的特点,利用原有的地形、地貌、水体、植被和历史文化遗址等自然、人文条件,以方便群众为原则,合理设置公共绿地、居住区绿地、防护绿地、生产绿地和风景林地等。

2.城市绿化的建设

城市人民政府应当组织城市规划行政主管部门和城市绿化行政主管部门等共同编制城市绿化规划,并纳入城市总体规划。城市绿化规划应当从实际出发,根据城市发展需要,合理安排同城市人口和城市面积相适应的城市绿化用地面积。城市的公共绿地、居住区绿地、风景林地和干道绿化带等绿化工程的设计方案,必须按照规定报城市人民政府城市绿化行政主管部门或者其上级行政主管部门审批。城市绿化工程的设计,应当借鉴国内外先进经验,体现民族风格和地方特色。城市公共绿地和居住区绿地的建设,应当以植物造景为主,选用适合当地自然条件的树木花草,并适当配置泉、石、雕塑等景物。

城市绿化的建设主要体现于城市绿化的公益性、全民性和法定性等内容。

(1)公益性。城市绿化建设是生态环境建设,作为社会生存发展的公共需要,向社会提供效益的社会公益事业。城市绿化与工业、农业、交通运输业的发展,人民生活的改善和自然环境的改造,有着极其重要的关系。1981 年 12 月 13 日第五届全国人民代表大会第四次会议通过了《关于开展全民义务植树运动的决议》,指出:"植树造林,绿化祖国,是建设社会主义,造福子孙后代的伟大事业,是治理山河,维护和改善生态环境的一项重大战略措施。"因此,城市绿化具有全社会、全民族的公共性和公益性。

(2)全民性。城市绿化建设是由国家领导和组织,实行社会化大分工,由全民共建的全民性事业。这种社会化大分工的基本组织形式是属于全民或集体的事业、企业单位,构成了城市绿化行业的主体,承担以城市公共绿地、生产绿地、防护及风景林地为主的生产建设服务;由国家和政府规定各地区、各行业绿化建设的任务、指标、质量和规模要求,分工承担各自的专用绿地建设和分担社会公益性绿化建设;由国家和城市政府采取宣传、组织等方法,开展群众绿化运动,发动群众参加植树、栽花、种草等社会公益义务劳动。国家和城市政府在组织社会化大分工的同时,还必须组织好城区与郊区之间、行业之间及专业与群众之间等的社会主义协作关系,统一规划、分级管理、分工负责、定期检查评比、互相交流和共同提高。

(3)法定性。城市绿化建设是由国家最高权力机关和各级行政机关,用法律实施保障的一项社会主义建设事业。全国人大通过的《宪法》、《森林法》、《环境保护法》、《城市规划法》等法律及国务院发布的一些行政法规中,对于政府的职责和公民的权利义务等都做出了相应的规定。

(三)违反城市绿化规定的法律责任

任何单位和个人都不得擅自改变城市绿化规划用地性质或者破坏绿化规划用地的地形、地貌、水质和植被。任何单位和个人不得擅自占用城市绿化用地;占用的城市绿地,应当限期归还。对于未经同意擅自占用城市绿化用地的,由城市绿化行政主管部门责令限期归还,恢复原状,可以并处罚款;造成损失的,应负赔偿责任。

任何单位和个人都不得损坏城市树木花草和绿化设施。砍伐城市树木,必须经城市人民政府城市绿化行政主管部门批准,并按照有关规定补植树木或者采取其他补救措施。对城市百年以上树龄的树木及稀有珍贵树木,具有历史价值或者重要社会纪念意义的树木实行统一管理,分别养护。城市人民政府城市绿化行政主管部门,应当建立古树名木的档案和标志,划定保护范围,加强养护管理。根据《城市绿化条例》第27条规定,对损坏城市树木花草的,擅自修剪或者砍伐城市树木的,砍伐、擅自迁移古树名木,或者因养护不善致使古树名木受到损伤或者死亡的,损坏城市绿化设施的,由城市人民政府城市绿化行政主管部门或者其授权的单位责令其停止侵害,可以并处罚款;造成损失的,应当负赔偿责任;应当给予治安管理处罚的,依照2006年3月1日施行的《中华人民共和国治安管理处罚法》有关规定进行处罚;构成犯罪的,依法追究刑事责任。

未经同意擅自在城市公共绿地内开设商业、服务摊点的,由城市人民政府城市绿化行政主管部门或者其授权单位责令其限期拆除,可以并处罚款;情节严重的,由城市人民政府绿化主管部门取消其设点申请批准文件,并提请工商行政主管部门吊销营业执照。

8.2.5 城市园林法律制度

城市园林指的是在城市区域内运用工程技术和艺术手段,通过改造地形、种植树木花草、营造建筑和布置园路等途径创造而成的美的自然环境和游憩境域。园林包括庭园、宅园、小游园、花园、公园、植物园、动物园等。为了促进社会、经济、环境协调发展,改善生态环境,美化城市,增进人民身心健康,根据《中华人民共和国城市规划法》和国务院《城市绿化条例》等法律、法规,结合各地实际情况,全国许多城市都制定了城市园林相关条例,如《广州市城市绿化管理条例》、《重庆市城市园林绿化条例》、《郑州市城市园林绿化建设管理条例》等相关法规。城市园林绿化应坚持统一领导,分级负责,统一规划,配套建设,城市生态与城市景观建设相结合的原则来展开具体工作。

(一)园林的类别

城市园林绿地包括以下6类。

(1)公共绿地。公共绿地指供群众游憩观赏的各种公园、动物园、植物园、陵园以及小游园、街道广场的绿地。

(2)专用绿地。专用绿地指工厂、机关、学校、医院、部队等单位和居住区内的绿地。

(3)生产绿地。生产绿地指为城市园林绿化提供苗木、花草、种子的苗圃、花圃、草圃等。

(4)防护绿地。防护绿地指城市中用于隔离卫生、安全等防护目的的林带和绿地。

(5)风景林地。风景林地指具有一定景观价值,对城市整体风貌和环境起作用,但尚未完善游览、休息娱乐等设施的绿地。

(6)居住绿地。居住区绿地是指居民区内除公园以外的其他绿地。

(二)园林的规划和建设

1.城市园林的规划

城市园林的规划要求如下。

(1)城市园林绿化规划是城市总体规划的组成部分,由城市规划部门会同园林部门共同编制,园林部门组织实施。凡是规划确定的绿地,不得改作他用。如确需变动时,应报经原审批部门批准。

(2)城市园林绿化规划要根据当地特点和条件,合理布局,远、近期结合,点、线、面结合,构成完整的绿地系统。每个城市都要有与人口相应的绿地面积，不断提高绿化覆盖率。

(3)城市新建区的绿化用地，应不低于总用地面积的30%；旧城改建区的绿化用地，应不低于总用地面积的25%。

2. 城市园林的建设

城市园林的建设要求如下。

(1)城市园林绿化建设，必须按规划有计划地进行。各类绿地在施工前要做出设计，并按基本建设程序经过审查批准。绿化建设所需投资应纳入基本建设计划。各单位新建、扩建项目和统建居住小区的投资，应包括绿化费用。城市给水规划和建设计划中，应包括绿化用水的管网和计入绿化用水量。

(2)园林建设要继承和发扬我国优秀园林艺术传统，注意吸收国外先进经验，努力创造适应现代生活的新型园林风格。要从实际出发，按照园林的性质、要求和当地条件，精心设计，精心施工。要提倡主要以植物材料造园，园林建筑和其他设施应安排适度，不宜过多。园林建设既要讲求艺术，又要经济合理，做到投资少、效果好。

(3)动物园的建设要严格控制。新建或扩建动物园必须具备饲养、医疗、防疫等物资设备和技术条件，不可盲目发展，不要片面追求动物品种数量。笼舍建设要朴素自然，尽量适应动物的生活习惯，不要华而不实。

(4)有条件的城市应建设和发展植物园，作为园林植物科学研究和科普教育基地，也可开放供观赏游览。要大力收集植物品种，搞好引种驯化，培育适宜本地生长的优良品种，丰富园林绿化的植物种类。

(5)苗木是园林绿化建设的物质基础，要重视城市园林苗圃建设，逐步做到苗木自给。园林苗圃用地面积应为城市建成区面积的2%～3%。园林部门在搞好专业苗圃建设的同时，还应支持和帮助有条件的工厂、机关、部队、学校等单位开展群众育苗。

(6)绿化工程要加强技术管理，严格按技术规程施工，保证栽植质量，提高树木花草成活率和保存率。

(三)违反城市园林规划的法律责任

根据有关规定，对城市园林保护的规定如下。

(1)城市园林绿地，不准任何单位及个人占用，已被占用的绿地，要限期退还。

(2)城市公共绿地是广大群众观赏游憩的场所，必须保护树木花草繁茂，园容整洁，并不断充实植物品种，提高园艺水平。为保证公共绿地有良好的秩序，确保游人及园林设施的安全，园林部门要建立健全各项管理办法和游览制度，并严格执行。

(3)公共绿地内的饮食、照相、小卖部等服务业，由园林部门经营管理，业务上接受商业服务部门的指导。

(4)园林绿地内的文物古迹，要认真保护，要保持历史特点，维持其原有面貌，不得随意改建、拆迁。文物古迹及古典园林的周围，不准建设高度、体量、色彩、风格不协调的建筑物及其他设施。

(5)园林绿地内的植物应妥善保护。任何个人和单位都不许在园林绿地内毁损花木、倾倒污物、堆置物品、挖沙采石、割草取土、放牧捕猎、开荒垦殖。为保证园林植物生长繁茂，要切实搞好养护管理,适时松土、灌溉、施肥、修剪和防治病虫害。

(6)古树名木是国家的宝贵财富。要建立档案和标志,进行重点保护,严禁砍伐破坏。城市中的古树名木,由园林部门负责管理。散生于各单位范围内的,由各单位负责养护,园林部门负责监督和技术指导。

(7)城市植树的主要目的是维护生态平衡、改善环境、美化城市,所有树木都要加以保护。无论公有或私有树木的砍伐,均需报园林部门审查批准;未经园林部门许可,任何单位和个人都不得砍伐。

(8)行道树及干道上的绿化带,由园林部门负责管理。行道树与架空线路、地下管线发生矛盾需要修剪时,由线路管理单位与园林部门协商进行修剪。

(9)建设单位经申请批准砍伐非本单位所有的树木时,应按园林部门规定的标准补偿绿化费。申请伐树单位,须按规定补植树木。

(10)引进种苗必须进行检疫,不符合检疫标准的种苗不准引进。珍稀和濒于灭绝的苗木及其种质资源的交换、引进,须按国家有关规定办理

8.3 劳动法律制度

劳动法是规范劳动关系及其附随的一切关系的法律制度的总称。劳动法有广义和狭义之分,狭义的劳动法指的是1995年1月1日起施行的《中华人民共和国劳动法》(以下简称《劳动法》),此法主要是为了保护劳动者的合法权益,调整劳动关系,建立和维护适应社会主义市场经济的劳动制度,促进经济发展和社会进步而制定并施行;广义的劳动法包括劳动法律、劳动行政法规、劳动行政规章、地方性劳动行政法规和规章,以及具有法律效力的其他规范性文件、劳动司法解释等。劳动指的是人们的有意识并有一定目的的体力或脑力的劳作,劳动法中指的劳动必须是基于劳动合同关系履行法律上一定义务的有偿劳动。

劳动关系是指以劳动给付为目的的劳动者与用人单位之间的关系,劳动关系包括有一定的经济因素,同时还包含有相当的社会因素,因而不同于民法中的单纯的债的关系,劳动关系所附随的一切关系是指劳动法不仅规范当事人之间的契约关系,还调整关系到劳动者职业上之地位而发生的一切关系,如劳动保护及社会保险、职业介绍、集体合同等内容均属劳动法规制的范畴。

劳动法规定,国家发展社会保障制度,建立社会保险制度,设立社会保险基金,使劳动者在年老、患病、工伤、失业、生育等情况下获得帮助和补偿。根据国家相关规定国家实行最低工资保障制度,工资分配应当遵循按劳分配原则,实行同工同酬。劳动者每日工作时间不超过8小时、平均每周工作时间不超过44小时的工时制度,对实行计件工作的劳动者,用人单位应当根据工时制度合理确定其劳动定额和计件报酬标准。

8.3.1 劳动法的调整对象和适用主体

1. 调整对象

劳动法主要用于调整劳动合同关系,即凡是通过订立劳动合同而形成的劳动关系,由劳动

法调整；不是通过订立劳动合同而是通过其他形式而形成的劳动关系，由其他法律来调整。从我国目前的实际情况出发，劳动法并不能调整所有的劳动关系，原因在于国家公务员的劳动关系劳动法不能调整，公务员的劳动关系是国家与公务员双方形成的劳动关系，由国家直接调整；一些特有的事业组织和社会团体的人员的劳动关系，在经济体制改革过程中呈现复杂的情况，也不能由劳动法完全调整。

2. 适用主体

劳动法的适用主体是部分劳动者与用人单位。《劳动法》规定对劳动者有两部分排除，一是没有和用人单位形成劳动关系的农民、个体与家庭劳动者；二是没有和用人单位建立劳动合同关系的劳动者。适用《劳动法》的劳动者目前大约有三亿人，其中企业、个体经济组织和与之形成劳动关系的劳动者从整体上讲都要实行劳动合同制度，企业、个体经济组织和这部分劳动者是劳动法的适用主体。国家机关和国家机关工作人员的劳动关系将由公务员法调整，除个别合同工、临时工外，当然不属于劳动法适用主体。事业组织和社会团体情况比较复杂，应当具体分析。因此事业组织、社会团体和与之建立劳动合同关系的劳动者才是《劳动法》适用的主体。

8.3.2 劳动合同

劳动合同又称劳动契约或劳动协议，指的是劳动者同企业、事业、机关单位等用人单位为确立劳动关系，明确双方责任、权利和义务的协议。根据协议劳动者加入某一用人单位，承担某一工作和任务，遵守单位内部的劳动规则和其他规章制度，企业、事业、机关、团体等用人单位有义务按照劳动者的劳动数量和质量支付劳动报酬，并根据劳动法律、法规和双方的协议，提供各种劳动条件，保证劳动者享受本单位成员的各种权利和福利待遇。

(一)劳动合同的法律特征

劳动合同作为合同的一种类型，具有合同的一般特征。

(1)合同是法律行为，是设立、变更或消灭某种具体法律关系的行为，其目的在于表达设定、消灭或变更法律关系的愿望和意图。上述愿望和意图是当事人意思的表示，通过这种意思表示当事人双方或多方产生一定的权利义务关系，但这种意思表示必须是合法的，否则合同没有约束力，当然不受国家法律的保护。

(2)合同以在当事人之间产生权利义务为目的。合同当事人的协商，总是为了建立某种具体的权利义务关系，而一旦合同依法成立，这种对当事人有约束力的权利义务关系就建立起来了。任何一方当事人都必须履行自己所应履行的义务，如果不履行合同规定的义务，就是违反合同，就要承担相应的法律责任。

(3)合同是当事人双方或多方相互的意思表示一致，作为当事人之间的协议。主要表现为合同的成立，必须有两方或两方以上的当事人，当事人双方或多方必须互相意思表示，并且当事人的意思表示必须一致。

劳动合同除具有合同的一般特征外，还具有本身的法律特征。

(1)劳动合同是建立劳动关系的一种法律形式，以合同形式确立了劳动者与用人单位的权利义务。

(2)劳动合同双方当事人中,一方必须是具有劳动权利能力和劳动行为能力的公民本人,另一方必须是企业等用人单位的行政部门,不能是企业的党团组织或工会组织。

(3)劳动合同的当事人之间存在着职业上的从属关系,即作为劳动合同一方当事人的劳动者,在订立劳动合同后,成为另一方当事人企业等用人单位的一员,用人单位有权指派劳动者完成劳动合同规定的属于劳动者劳动职能范围内的任何任务。这种职业上的从属关系,是劳动合同区别于其他合同的重要特点之一。

(4)劳动合同双方当事人的权利和义务是统一的,即双方当事人既是劳动权利主体,又是劳动义务主体,根据签订的劳动合同,劳动者有义务完成工作任务,遵守本单位内部的劳动规则,用人单位有义务按照劳动者劳动数量和质量支付劳动报酬。劳动者有权享受法律、法规及劳动合同规定的劳动保险和生活福利待遇,用人单位有义务提供劳动法律、法规及劳动合同规定的劳动保护条件。

(5)劳动合同的订立、变更、终止和解除,按照国家劳动法律、法规的规定。劳动合同的订立是指作为劳动合同主体双方的劳动者和用人单位就各自的权利义务进行协商谈判,使双方的意志协调一致从而签订对双方具有约束力的劳动合同的法律行为。在将劳动合同纳入劳动法律调整范围内后,劳动合同的订立不再是双方当事人自己的事情,而是要在不同程度上服从国家的强制干预,受到法律的规范和调整,劳动者和用人单位都必须按照有关的法律规定,保证劳动关系依法确立。

(二)劳动合同的订立

1. 订立的原则

《劳动法》规定:"订立和变更劳动合同,应当遵循平等自愿、协商一致的原则,不得违反法律、行政法规的规定。""平等自愿、协商一致"原则指的是劳动者和用人单位都有权利自由选择合同的对方当事人,并在平等的地位上进行协商,从而达成一致的协议,凡是一方强迫、胁迫或乘人之危而与对方达成的协议,是违法无效的。"不得违反法律、行政法规"原则也就是订立劳动合同的合法原则,是指劳动合同的订立不得与法律、法规相抵触,是劳动合同有效并受国家法律保护的前提条件。这个原则所体现的基本内涵是订立劳动合同的主体、目的、内容、程序和行为必须合法。

2. 订立的程序

劳动合同订立程序与其他合同的主要区别在于,劳动合同的被要约方在开始时是不确定的,需要首先确定被要约方,即确定与用人单位签订劳动合同的劳动者才能完成要约与承诺的全过程。劳动合同书应由用人单位的法定代表人或其书面委托代理人与劳动者签字(盖章),并注明日期,经双方当事人签字(盖章)的劳动合同书一式两份,用人单位和劳动者各持一份。劳动合同的订立程序是签订劳动合同必须履行的法律手续,由要约和承诺两个阶段组成。

1)要约

要约是由用人单位提出要约,寻找并确定被要约方劳动者,包括以下4个步骤。

(1)公布招工简章或就业规则。用人单位招用劳动者,应当向社会公开发布招用信息,招用信息内容包括:用人单位的情况介绍;岗位用人要求;工作时间;劳动报酬;劳动条件;集体合同与订立劳动合同有关的情况等。招用信息应当真实、准确。劳动者有权了解用人单位与订立劳动合同有关的情况，从法律角度看，招工简章或就业规则具有要约的法律效力。

(2)自愿报名。劳动者求职，应当如实向用人单位提供自己的居民身份证、学历证明、工作经历、职业技能证明等与订立劳动合同有关的情况，符合招收条件的劳动者自愿报名应招，是对公布内容的认可，表明愿意与用人单位协商订立劳动合同。

(3)全面考核。用人单位可以根据生产或工作的需要确定招收对象的考核标准，如文化、技能与身体素质的考核。

(4)择优录用。用人单位对应招人员进行全面考核后，应按照公正、公平原则进行评判，公开张榜考核结果，公布择优录用人员，接受群众监督。

经过以上4个步骤，用人单位确定了被要约人，即完成了要约阶段。

2)承诺

被要约人确定后，由用人单位提出劳动合同草案，劳动者如果完全同意，即视为承诺，劳动合同成立。如果劳动者对劳动合同草案提出修改或补充意见，应视为对要约拒绝。双方经过新的要约——再要约，反复协商，直至最终达成一致协议。

(三)劳动合同的解除

劳动合同的解除指的是劳动合同有效成立后，当具备法律规定的劳动合同解除条件时，因当事人一方或双方的意思表示而使合同关系归于消灭的行为。

1.劳动者有下列情形之一的，用人单位可以解除劳动合同

(1)在试用期间被证明不符合录用条件的。

(2)严重违反劳动纪律或者用人单位规章制度的。

(3)严重失职，营私舞弊，对用人单位利益造成重大损害的。

(4)被依法追究刑事责任的。

2.劳动者有下列情形之一的，用人单位可以解除劳动合同，但是应当提前30日以书面形式通知劳动者本人

(1)劳动者患病或者非因工负伤，医疗期满后，不能从事原工作也不能从事由用人单位另行安排的工作的。

(2)劳动者不能胜任工作，经过培训或者调整工作岗位，仍不能胜任工作的。

(3)劳动合同订立时所依据的客观情况发生重大变化，致使原劳动合同无法履行，经当事人协商不能就变更劳动合同达成协议的。

3.有下列情形之一的，劳动者可以随时通知用人单位解除劳动合同

(1)在试用期内的。

(2)用人单位以暴力、威胁或者非法限制人身自由的手段强迫劳动的。

(3)用人单位未按照劳动合同约定支付劳动报酬或者提供劳动条件的。

4.劳动者有下列情形之一的，用人单位不得解除劳动合同

(1)患职业病或者因工负伤并被确认丧失或者部分丧失劳动能力的。

(2)患病或者负伤，在规定的医疗期内的。

(3)女职工在孕期、产期、哺乳期内的。

(4)法律、行政法规规定的其他情形。

(四)劳动合同的法律效力

《劳动法》规定:"劳动合同依法订立即具有法律约束力,当事人必须履行劳动合同规定的义务",法律效力集中体现为劳动合同对双方当事人都具有法律约束力,双方的权利都受到法律保护,双方都必须履行劳动合同中规定的义务,任何一方不得违反合同,否则就要承担相应的法律责任。

1. 有效劳动合同

有效劳动合同包括以下内容。

1)合同主体合格

用人单位应当依法成立,能够依法支付工资、缴纳社会保险费、提供劳动保护条件,并能够承担相应的民事责任,劳动者必须达到法定就业年龄,具有履行劳动合同义务相适应的民事行为能力。

2)意思表示真实

双方当事人在订立劳动合同时必须表达各自真实的情况和意图,不得隐瞒。如劳动者必须说明真实的健康状况、技术水平等;用人单位必须真实说明劳动条件、对劳动者录用后的具体工作要求等。

3)平等协商地签订劳动合同

双方当事人必须在互相尊重对方的基础上就劳动合同内容进行充分的平等协商。

4)合同的内容和形式符合法律的规定

合同内容必须符合我国法律、法规和政策的规定,否则丧失法律效力,劳动合同形式,我国劳动法规定,必须采用书面形式。

2. 无效劳动合同

无效劳动合同指的是当事人违反法律、法规或违背平等、自愿原则签订的不具有法律约束力的劳动合同。劳动合同的无效,经仲裁未引起诉讼的,由劳动争议仲裁委员会认定;经仲裁引起诉讼的,由人民法院认定。《劳动法》规定,无效劳动合同主要有以下几种情形。

1)主体不合格

一方或双方当事人主体不合格主要是指劳动者一方达不到法定就业年龄或不具有劳动权利能力和劳动行为能力;用人单位一方不具备法人资格并不能独立承担民事责任,或者用人单位一方是未经核准登记领取营业执照的个体工商户;未取得就业许可的外国人与中国企业订立的在中国境内履行的劳动合同等情形。

2)内容不合法

内容不合法主要指劳动合同内容中存在违反法律、行政法规的部分。其中"法律、行政法规"既包括现行法律、行政法规,也包括以后颁布实行的法律、行政法规;既包括劳动法律法规,也包括民事、经济方面的法律、法规。

3)程序不合法

程序不合法指的是采取欺诈、威胁等手段订立的劳动合同。欺诈指的是一方当事人故意告知对方当事人虚假的情况,或者故意隐瞒真实的情况,诱使对方当事人做出错误意思表示的行为;威胁指的是以给公民及其亲友的生命、健康、荣誉、名誉、财产等造成损害为要挟,迫使对方做出违背真实意思表示的行为。

8.3.3 劳动保护

劳动保护指的是保护劳动者在生产过程中的安全与健康,也可以理解为消除劳动过程中危及人身安全和健康的不良条件和行为,防止伤亡事故和职业病,保障劳动者在劳动过程中的安全和健康,而依靠技术进步和科学管理,采取的技术和组织措施。劳动保护主要包括3个方面的内容:①工作时间的限制和休息时间、休假制度的规定,这从时间上来保护劳动者;②各项劳动安全与卫生的措施,这是从劳动场所来保护劳动者;③对女职工和未成年工的劳动保护,这是从生理上的特殊需要来保护劳动者。

企业职工的劳动保护权利是对违章指挥有权拒绝操作;险情特别严重时,有权停止作业,采取紧急防范措施,并撤离危险岗位;对漠视职工安全健康的领导者,有权批评、检举、控告;企业职工的劳动保护义务是必须严格执行劳动保护法规,遵守劳动纪律和安全生产操作规程,爱护并正确使用防护措施、用品、用具。

劳动保护包括劳动安全和劳动卫生两个方面,劳动安全是指在生产劳动过程中,防止中毒、车祸、触电、塌陷、爆炸、火灾、坠落、机械外伤等危及劳动者人身安全的事故发生;劳动卫生是指对劳动过程中的不良劳动条件和各种有毒有害物质的防范,或者是防范职业病的发生。《劳动法》规定了用人单位必须建立、健全劳动安全卫生制度,对劳动者进行劳动安全卫生教育,防止事故,减少职业危害;为劳动者提供符合国家规定的劳动安全卫生条件和必要的劳动防护用品,对从事有职业危害作业的劳动者进行定期的健康检查;对从事特种作业的劳动者进行专门培训。

《安全生产法》第3章"从业人员的权利和义务"就从业人员必须遵守有关国家安全生产法的法律、法规和企业规章制度作了详尽的规定。生产经营单位与从业人员订立的劳动合同,应当载明有关保障从业人员劳动安全、防止职业危害的事项,以及依法为从业人员办理工伤社会保险的事项。生产经营单位不得以任何形式与从业人员订立协议,免除或者减轻其对从业人员因生产安全事故伤亡依法应承担的责任。生产经营单位的从业人员有权了解其作业场所和工作岗位存在的危险因素、防范措施及事故应急措施,有权对本单位的安全生产工作提出建议。从业人员有权对本单位安全生产工作中存在的问题提出批评、检举、控告;有权拒绝违章指挥和强令冒险作业,生产经营单位不得因从业人员对本单位安全生产工作提出批评、检举、控告或者拒绝违章指挥、强令冒险作业而降低其工资、福利等待遇或者解除与其订立的劳动合同。从业人员发现直接危及人身安全的紧急情况时,有权停止作业或者在采取可能的应急措施后撤离作业场所。生产经营单位不得因从业人员在前款紧急情况下停止作业或者采取紧急撤离措施而降低其工资、福利等待遇或者解除与其订立的劳动合同。

因生产安全事故受到损害的从业人员,除依法享有工伤社会保险外,依照有关民事法律尚有获得赔偿的权利的,有权向本单位提出赔偿要求。《安全生产法》第3章"从业人员的权利和义务"从第49~51条规定了从业人员在安全生产方面的义务。从业人员在作业过程中,应当严格遵守本单位的安全生产规章制度和操作规程，服从管理，正确佩戴和使用劳动防护用品。从业人员应当接受安全生产教育和培训，掌握本职工作所需的安全生产知识，提高安全生产技能，增强事故预防和应急处理能力。

【案例】

高某2003年4月5日与某施工单位签订了为期3年的劳动合同，合同自2003年4月8日起至2006年4月8日止。合同约定任何一方提前解除合同，应支付违约金，违约金按每年500元累计计算。2005年10月13日，高某以与同乡蒋某联合创业为由向该厂提出书面辞职，提出按合同约定赔偿施工单位违约金500元。高某于2005年10月21日再次要求该施工单位办理解除合同手续，遭到施工单位拒绝，高某于2005年10月22日离开施工单位，与同乡蒋某联合创业。10天以后，高某回到施工单位办理解除合同手续时，该施工单位以高某提出辞职未经批准擅自离岗旷工为由，对其做出除名决定。高某不服，向当地劳动争议仲裁委员会提出申诉。

【评析】

劳动争议仲裁委员会受理后，根据《企业职工奖惩条例》第18条规定，裁定该施工单位对高某的除名决定不合法。因为对职工予以除名有两个重要条件，一是职工经常无正当理由旷工，二是经批评教育无效，而此案职工高某没有这方面的原因。

仲裁委员会撤销该施工单位对高某做出的除名决定，裁定该施工单位为高某办理解除劳动合同手续，高某在办理解除劳动合同手续时向该施工单位缴付违约金500元。高某提出与该施工单位解除劳动合同符合法律规定，我国《劳动法》第31条规定，劳动者解除劳动合同，应当提前30日以书面形式通知用人单位。劳动部《关于贯彻执行劳动法若干问题的意见》第32条对这一规定作了明确的解释，“劳动者解除劳动合同，应当提前30日以书面形式通知用人单位。超过30日，劳动者可以向用人单位提出办理解除劳动合同手续，用人单位应予以办理。如果劳动者违法解除劳动合同给原用人单位造成经济损失，应当承担赔偿责任。”可见，劳动者解除劳动合同应提前30日以书面形式通知用人单位，既是解除劳动合同的程序，也是解除劳动合同的条件，无需征得用人单位的同意。本案高某提出解除劳动合同并已提前30日用书面形式通知施工单位，也表明了按照合同约定赔偿违约金的态度，符合法律规定的程序和条件。高某依照法定程序和条件办事，离开施工单位不属旷工行为，该施工单位不能对其按旷工予以除名。

8.4 税法

税收是国家凭借其政治权力，按照法律预先规定的范围和标准，强制地、无偿地向纳税人征收一定货币或实物的活动。税法则是调整国家与纳税人之间因征纳税款而发生的税收征纳关系的法律规范的总称，其调整对象是税收征纳关系。

8.4.1 税法的构成

税法的构成是指税法的相同结构形式，国家制定的每一种税法，其具体内容是不同的，但每一种税法都有其相同的结构形式。这种相同的结构形式即税法的构成要素。

(1)纳税人:纳税主体,是指税法规定的直接负有纳税义务的单位和个人。

(2)征税对象:征税客体,是指对什么征税。

(3)税目:指的是征税对象的具体内容,是指税法规定的各种具体的征税项目。

(4)计税依据:指的是具体计算应纳税额的依据,也是计算税款的基数。

(5)税率:指的是税法规定的征税对象与应纳税额的比例,反映征税的深度,我国现行的税率分为比例税率、累进税率和定额税率3种。

(6)纳税环节:一般是指在商品流转过程中,税法确定应缴纳税款的环节。如消费税是由生产者销售应税消费品时纳税。

(7)纳税期限:指的是纳税人向国家交纳税款的法定时间和期限。

(8)减税免税:指的是税法对某些纳税人或者征税对象减少或者免除应纳税款的一种规定。

(9)违章处理:指的是税法规定对纳税人违反税法规定的行为所采取的处罚措施。

8.4.2 现行的主要税种

1. 流转税

流转税是以商品流转额和劳务收入为征税对象的一种税。商品流转额是指商品销售者销售商品所取得的商品销售收入额。劳务收入是指服务性行业取得的服务收入。流转税的特点在于以商品的流通和提供劳务为前提、在商品销售或提供劳务后征税,以及计税依据是商品价格和劳务收费标准。流转税是我国税收的主要来源之一,包括增值税、营业税、消费税、关税等。

2. 所得税

所得税即收益税,是以纳税人的所得额为征税对象的一种税。所得额是指纳税人在一定期间内通过各种合法途径得到的收入额,扣除取得这些收入的耗费以后的余额。所得税的特点是应纳税额与所得额的大小成正比关系,对纳税人的收入水平起直接调节作用,体现税收合理负担原则,实现社会公平的职能。我国现行所得税税种主要有企业所得税、外商投资企业和外国企业所得税、个人所得税等。

3. 土地资源税

土地资源税是以土地和资源为征税对象的各税的总称,目前我国土地、资源税的税种主要有资源税、土地增值税、城镇土地使用税、耕地占用税。

4. 财产、特定行为税

财产、特定行为税指对纳税人所有的财产或某种特定行为为征税对象的一种税。财产税如房产税、契税等,特定行为税,如车船使用税、固定资产投资方向调节税、城乡维护财产、特定行为税。

思考题

1. 建设工程标准是如何制定的?
2. 建设工程标准有些什么类型?分别是如何规定的?
3. 市政建设法律制度包括哪些内容?
4. 劳动法律制度调整的对象是什么?
5. 什么是劳动保护?有何规定?
6. 税法的构成包括什么内容?

9　建设工程合同法律制度

改革开放以来,我国于1981年、1985年和1987年先后制定了3部合同法,即《经济合同法》、《涉外经济合同法》和《技术合同法》。这3部合同法对于保护合同当事人的合法权益,维护社会经济秩序,保证社会主义建设事业的顺利进行,发挥了重要的作用,但随着改革开放的不断深入和社会经济的不断发展,这三部合同法暴露出越来越多的问题和弊端,已远远不能适应客观实际的需要。比如调整范围过窄,缺乏规范合同关系的最基本的制度与规则,且三足鼎立的合同立法使交易规则不统一,人为地割裂了全国统一的大市场,与发展社会主义市场经济的要求不相适应。因此制定一部统一的、内容完备的合同法十分迫切和必要。1999年3月15日,第九届全国人民代表大会审议通过了《中华人民共和国合同法》(以下简称《合同法》)。《合同法》共23章,428条,分为总则、分则和附则3个部分。总则包括合同法的基本原则、合同的订立、合同的效力、合同的履行以及合同的变更转让和违约责任等;分则对15种合同即买卖合同、供用电(水、气、热力)合同、赠与合同、借款合同、租赁合同、融资租赁合同、承揽合同、建设工程合同、运输合同、技术合同、保管合同、仓储合同、委托合同、行纪合同和居间合同做出了具体规定;附则是关于合同法在时间上的适用,即该合同法自1999年10月1日起施行,原来的3部关于合同的法律同时废止。

9.1　合同

合同是一种法律行为,是当事人各方在平等、自愿的基础上产生的民事法律行为,《民法通则》第85条规定:"合同是当事人之间设立、变更、终止民事关系的协议。"《合同法》第2条规定:"合同是平等主体的自然人、法人、其他组织之间设立、变更、终止民事权利义务关系的协议。"

9.1.1　合同的订立

合同订立的程序,从法律角度可以分为要约和承诺两个阶段。

1. 要约

要约是一方当事人向他人做出的以一定条件订立合同的意思表示。前者称为要约人,后者称为受要约人。如果要约有效,应该满足条件:①要约必须是特定人的意思表示;②要约必须是向特定人发出的意思表示;③要约必须是能够反映所要订立合同主要内容的意思表示。其内容包括了合同的标的、质量、数量、价款或酬金、履行期限、履行地点等。

2. 承诺

承诺是指受要约人同意要约内容缔结合同的意思表示。承诺须具备的要件:①承诺必须由受要约人做出,受要约人以外的任何第三人即便知道要约的内容并对此做出同意的意思表示,也不能被认为是承诺;②承诺必须在有效期内做出;③承诺必须与要约的内容相一致;④承诺需向要约人做出。

9.1.2 合同的成立

合同的成立是指双方当事人完成了签订合同的全过程,并达到了签订合同的预期目的,即要约最终得到了承诺,在双方当事人之间产生了合同法律关系。

1. 合同成立的时间

《合同法》第25条规定:"承诺生效时合同成立。"而承诺生效的时间又以承诺通知到达要约人或根据交易习惯及要约的要求做出承诺的行为为准。因此确立合同成立的时间主要有两个标准:一是有效承诺的通知到达要约人的时间,此时,承诺生效,合同即告成立;二是根据交易习惯或者要约要求通过行为做出承诺的,受要约人做出该承诺行为时,承诺生效,合同即告成立。

2. 合同成立的地点

《合同法》第34条规定:"承诺生效的地点为合同成立的地点。采用数据电文形式订立合同的,收件人的主营业地为合同成立的地点;没有主营业地的,其经常居住地为合同成立的地点。"第35条规定:"当事人采用合同书形式订立合同的,双方当事人签字或者盖章的地点为合同成立的地点。"

9.1.3 合同的形式

合同的形式指的是合同内容的外在体现或合同内容的载体。《合同法》第10条规定:"当事人订立合同,有书面形式、口头形式和其他形式",这3种形式都是合同的法定形式,具有相同的法律效力,当事人在订立合同时可根据需要自主选择,在法律做出强制性规定和当事人做出约定的情况下,应依法律的规定和当事人的约定。法律、行政法规规定采用书面形式或当事人约定采用书面形式的,应当采用书面形式。书面形式是指合同书、信件和数据电文(包括电报、传真、电子数据交换和电子邮件)等可以有形地表现所载内容的形式。

9.1.4 合同的内容

一般来说,当事人可以参照各类合同的示范文本订立合同。根据《合同法》第12条的规定,合同的内容由当事人约定,一般包括以下条款。

(1)当事人的名称或者姓名和住所。

(2)标的。

(3)数量。

(4)质量。

(5)价款或者报酬。

(6)履行期限、地点和方式。

(7)违约责任。

(8)解决争议的办法等。

9.1.5 合同的效力

合同的效力又称为合同的法律效力,指的是法律赋予依法成立的合同具有对当事人各方的约束力。合同成立后,符合法律规定的生效要件是一个有效合同;不符合法律规定的生效要件是一个无效合同、可撤销合同或效力待定合同。

(一)生效要件

生效要件是指使已经成立的合同发生法律效力所应具备的法律条件,一般应具备的要件:①合同当事人具有相应的民事行为能力;②意思表示真实;③合同内容不违反法律和社会公共利益;④具备法律法规所要求的形式。

(二)无效合同

无效合同指的是严重欠缺合同的生效要件,不为法律所承认和保护,不具有法律效力的合同。《合同法》第52条规定,有下列情形之一的,合同无效。

(1)一方以欺诈、胁迫手段订立合同,损害国家利益的。

(2)恶意串通,损害国家、集体或者第三人利益的。

(3)以合法形式掩盖非法目的的。

(4)损害社会公共利益的。

(5)违反法律、行政法规强制性规定的。

《合同法》第53条规定,合同中如有以造成对方人身伤害、因故意或者重大过失造成对方财产损失作为免责条款的,该部分内容无效。无效合同同样能引起法律后果,行为人应承担法律责任。合同被确认无效后,当事人根据该合同所取得的财产,应返还对方;不能返还或者没有必要返还的,应当折价补偿。有过错的一方应赔偿对方所受的损失,双方都有过错的,应当各自承担相应的责任。当事人恶意串通,损害国家、集体或者第三人利益的,因此取得的财产收归国家所有或者返还集体、第三人。

(三)可撤销合同

可撤销合同也就是可以撤销的合同,这里提及的"撤销"指的是因意思表示不真实,通过撤销权人行使撤销权,使已经生效的合同归于无效的行为。从另一角度来说,可撤销合同又称为相对无效合同。

《合同法》第54条规定,有下列情形之一的,当事人一方有权请求人民法院或者仲裁机构变更或撤销合同:①重大误解订立的合同;②订立合同时有失公平的;③一方以欺诈、胁迫的手段或者乘人之危,使对方在违背真实意思的情况下订立的合同。

可撤销合同一旦被撤销,合同自始就不具有法律效力,它与无效合同有着大致相同的法律后果。可撤销合同与无效合同的主要区别是,可撤销合同在未被撤销以前仍然是有效的,而且根据我国合同法的规定,对于可撤销合同,如果当事人请求变更的,人民法院或仲裁机构不得撤销;而无效合同自成立之时就是无效的,当事人不得在变更与要求确认无效之间随意做出选择。

(四)效力待定合同

效力待定合同指的是合同虽已成立,但因不完全符合有关生效要件的规定,其效力能否发生尚待确定的合同。需要强调的是,这种合同应该由作为权利人的第三人做出追认或者拒绝的意思表示后,才能确定自身的效力。第三人对此追认,合同有效;对此拒绝,合同无效,在第三人追认或者拒绝前,该合同效力处于待定状态。

效力待定合同包括以下几种。

(1)限制民事行为能力人订立的合同。如果限制民事行为能力人未经其法定代理人许可,与相对人订立了与自己年龄、智力或者精神健康状况不相适应的合同,其法定代理人追认的,该合同自始有效;未追认的,该合同自始无效。

(2)无权代理人订立的合同。无权代理人与相对人订立的合同,若被代理人追认,该合同自始有效;代理人拒绝追认,该合同自始无效,由无权代理人与相对人承担无效合同的法律后果。无权代理包括根本没有代理权、超越代理权限和代理权终止以后的代理。

(3)法人或者其他组织的法定代表人、负责人越权订立的合同。《合同法》第50条规定:"法人或者其他组织的法定代表人、负责人超越权限订立的合同,除相对人知道或者应当知道其超越权限的以外,该代表行为有效。"

(4)无处分权人订立的处分权利人财产的合同。当事人通过合同处分财产,应当对该财产享有处分权。法律不允许将不具有处分权的财产作为合同的标的,这样的合同通常为无效合同。但在合同订立后,得到权利人追认的或者取得处分权的,属于有效合同。

9.1.6 合同的履行

1.合同履行的原则

合同履行的原则指的是合同当事人在履行合同义务时必须遵守的基本准则。《合同法》第60条规定:"当事人应当按照约定全面履行自己的义务;当事人应当遵守诚实信用原则,根据合同的性质、目的和交易习惯履行通知、协助、保密等义务。"

1)全面履行原则

全面履行原则是指合同当事人按照合同规定的标的、质量、数量、价款或报酬、履行期限、履行地点及履行方式等,全面完成合同义务的原则。全面履行原则的意义在于约束和督促当事人及时地、保质保量地完成合同约定的义务,防止违约的发生。

2)诚实信用原则

合同履行要遵循诚实信用原则,主要表现为合同当事人在履行合同时,要诚实守信、以善意的方式履行义务,不得滥用权力、规避法律和曲解合同条款等。以诚实信用作为合同履行的原则之一,其核心思想在于将合同完全建立在当事人双方相互信赖的基础之上,维护和平衡当事人之间的利益,使当事人更好地行使合同权利,履行合同义务,从而实现合同的目的。

2.合同履行中的抗辩权

抗辩权是指对抗请求权或否认对方权利的权利,合同法设立抗辩权的目的在于保证合同的履行对双方当事人的法律效力,防止或者避免单方不履行合同的情况发生。我国《合同法》规定了同时履行抗辩权、后履行抗辩权和不安抗辩权。

1)同时履行抗辩权

同时履行抗辩权是指在双务合同中应当同时履行的一方当事人在对方不履行或不适当履行时,其享有不履行或者部分履行的权利。《合同法》第66条规定:"当事人互负债务,没有先后履行顺序的,应当同时履行。一方在对方履行之前有权拒绝其履行要求。一方在对方履行债务不符合约定时,有权拒绝其相应的履行要求。"

2)后履行抗辩权

后履行抗辩权是指在双务合同中应当先履行的一方当事人未履行或者不适当履行,到履行期时对方当事人享有不履行或者部分履行的权利。《合同法》第67条规定:"当事人互负债务,有先后履行顺序,先履行一方未履行的,后履行一方有权拒绝其相应的履行要求。先履行一方履行债务不符合约定的,后履行一方有权拒绝其相应的履行要求。"

3)不安抗辩权

不安抗辩权是指应当先履行的一方当事人有证据证明对方在合同订立后丧失或者有可能丧失履行能力时,则自己可以终止履行的权利。所谓终止履行,也就是暂时停止合同的履行。《合同法》68条规定:应当先履行债务的当事人,有确切证据证明对方有下列情形之一的,可以中止履行:经营状况严重恶化;转移财产、抽逃资金以逃避债务;丧失商业信誉;有丧失或者可能丧失履行债务能力的其他情形。

3. 合同履行中的保全措施

合同履行中的保全措施指的是为防止债务人财产的减少而给债权人的债权带来危害,允许债权人为保全其债权的实现而采取的法律措施。我国《合同法》规定的保全措施有代位权和撤销权两种。

1)代位权

《合同法》第73条规定:"因债务人怠于行使其到期债权,对债权人造成损害的,债权人可以向人民法院请求以自己的名义代位行使债务人的债权,但该债权专属于债务人自身的除外。代位权的行使范围以债权人的债权为限。债权人行使代位权的必要费用,由债务人负担。"

2)撤销权

《合同法》第74条规定,因债务人放弃其到期债权或者无偿转让财产,对债权人造成损害的,债权人可以请求人民法院撤销债务人的行为。债务人以明显不合理的低价转让财产,对债权人造成损害,并且受让人知道该情形的,债权人也可以请求人民法院撤销债务人的行为。撤销权的行使范围以债权人的债权为限。

《合同法》第77条规定:"当事人协商一致,可以变更合同"。这里的变更是指在合同成立后,尚未履行或尚未完全履行以前,当事人对合同内容所作的某些修改或补充,它表现为标的物数量的增减、履行期限以及履行地点和方式的改变等。合同的变更是在保持原合同效力的基础上进行的,因此变更后的合同内容应包括原合同的实质内容,否则就不属于合同的变更,而是合同消灭后订立的一个新合同。

9.1.7　合同的转让

合同的转让指的是合同当事人一方依法将其合同的权利和义务全部或部分地转让给第三人的行为,即合同主体的变更。合同转让有合同债权的转让、合同债务的转让及合同债权和债务一并转让三种形态。

1. 债权转让

《合同法》第79条规定,债权人可以将合同的权利全部或者部分转让给第三人,但有下列情形之一的除外。

(1)根据合同性质不得转让。

(2)按照当事人约定不得转让。

(3)依照法律规定不得转让。

债权人转让权利,应当通知债务人;未经通知,该转让对债务人不发生效力。债务人接到债权转让通知后,债务人对让与人的抗辩,可以向受让人主张。

2. 债务转让

债务转让是指合同债务人将合同的义务全部或部分转让给第三人的行为,债务人转让债务应经债权人同意。《合同法》第84条规定:"债务人将合同的义务全部或者部分转移给第三人的,应当经债权人同意。"合同债务转让后,新债务人可以主张原债务人对债权人的抗辩;新债务人承担与主债务有关的从债务,但该从债务专属于原债务人自身的除外。

3. 债权债务一并转让

《合同法》第88条规定,"当事人一方经对方同意,可以将自己在合同中的权利和义务一并转让给第三人",这属于合同承受的情形。所谓合同承受是指一方当事人与他人订立合同后,依照其与第三人的约定,由第三人取代自己在合同关系中的法律地位,承受合同中规定的权利和义务。债权债务一并转让还有另外一种情形,即当事人的合并分立。当事人合并后,因合并而消灭的企业或组织对于第三人的一切债权债务,依法由合并后的企业或组织承受。对于当事人分立的,除当事人另有约定的以外,由分立的企业或组织对合同的权利和义务享有连带债权,承担连带债务。

9.1.8　合同的终止

合同的终止指的是合同关系在客观上不复存在,合同的权利和义务归于消灭的状态。根据《合同法》第91条的规定,有下列情形之一的,合同的权利义务终止。

1. 债务已经按照约定履行

债务依合同的约定履行完毕,合同的目的实现,合同终止。

2. 合同解除

当事人协商一致,可以解除合同。当事人可以约定一方解除合同的条件。解除合同的条件成立时,解除权人可以解除合同。《合同法》第94条规定,有下列情形之一的,当事人可以解除合同。

(1)因不可抗力致使不能实现合同目的。

(2)在履行期限届满之前,当事人一方明确表示或者以自己的行为表明不履行主要债务。

(3)当事人一方迟延履行主要债务,经催告后在合理期限内仍未履行。

(4)当事人一方迟延履行债务或者有其他违约行为致使不能实现合同目的。

(5)法律规定的其他情形。

3. 债务相互抵消

二人互负债务,彼此债务在对等数额内相互清偿,致使双方债权同时消灭,从而使合同终止。《合同法》第99条规定:"当事人互负到期债务,该债务的标的物种类、品质相同的,任何一方可以将自己的债务与对方的债务抵消,但依照法律规定或者按照合同性质不得抵消的除外。"第100条规定:"当事人互负债务,标的物种类、品质不相同的,经双方协商一致,也可以抵消。"

4. 债务人依法将标的物提存

提存是指由于债权人的原因而无法向其交付合同标的物时,债务人将该标的物提交给提存机关而消灭债务的行为。债务人提存后其债务归于消灭,合同即告终止。《合同法》第101条规定,有下列情形之一,难以履行债务的,债务人可以将标的物提存。

(1)债权人无正当理由拒绝受领。

(2)债权人下落不明。

(3)债权人死亡未确定继承人或者丧失民事行为能力未确定监护人。

(4)法律规定的其他情形。

5. 债权人免除债务

免除是指债权人向债务人做出免除其债务的意思表示,从而发生债务消灭效力的行为。《合同法》第105条规定:"债权人免除债务人部分或者全部债务的,合同的权利义务部分或者全部终止。"

6. 债权债务归于同一人

债权债务归于同一人时,此人既是债权人又是债务人,而自己不能向自己行使债权履行债务,因此它也使合同关系消灭。《合同法》第106条规定:"债权和债务同归于一人的,合同的权利义务终止,但涉及第三人利益的除外。"合同依法成立后即具有法律约束力,当事人必须按照合同的约定履行自己的义务,否则就要承担违约责任。所谓违约责任,是指合同当事人因违反合同约定的义务而应承担的法律后果,也就是合同当事人对其违约行为所应承担的责任。

9.1.9 违约责任

1. 违约责任的承担方式

《合同法》第107条规定:"当事人一方不履行合同义务或者履行合同义务不符合约定的,应当承担继续履行、采取补救措施或者赔偿损失等违约责任。"违约责任的承担方式主要有以下几种。

1)继续履行

继续履行在英美法中被称为强制履行,它是法律规定的对违约方的一种强制措施,即不论违约方是否愿意,都必须对合同未履行部分按照要求继续履行,直至达到守约方的订约目的。但有下列情形之一的除外:法律上或者事实上不能履行的,如标的物已灭失;债务的标的不适于强制履行或者履行费用过高的;债权人在合理期限内未要求履行的。

2)采取补救措施

采取补救措施指的是在违约发生后,违约方依法律规定或当事人约定采取的修理、更换、重作、退货、减少价款或者报酬等措施的责任方式,一般在标的质量不符合合同约定的情况下运用采取补救措施这种责任方式。

3)赔偿损失

合同当事人一方不履行合同义务或者履行合同义务不符合约定,给对方造成损失的应当赔偿损失。赔偿损失也称损害赔偿,其基本功能是以赔偿的方式补救受害方的损失,使其得到如同合同义务在正常履行情况下一样的利益。作为承担违约责任的方式之一,赔偿损失具有补偿性,不具有惩罚性,它只是弥补非违约方所遭受的损失。因此合同法规定,损失赔偿额应相当于因违约所造成的损失,包括合同履行后可以获得的利益,但不得超过违反合同一方订立合同时预见到或者应当预见到的因违反合同可能造成的损失。

4)支付违约金

违约金是指合同当事人一方违约时依据约定或法律规定应向对方支付一定数额的货币。支付违约金是较为常见的一种承担违约责任的方式。我国合同法规定的违约金具有补偿性和惩罚性双重属性,也即当约定的违约金低于造成的损失的,当事人可以请求人民法院或者仲裁机构予以增加,以达到弥补受害人损失的目的,这体现了违约金的补偿性;当事人一方违约时即使没有给对方造成损失也必须按照合同的约定支付违约金,同时如果约定的违约金不是过分高于实际造成的损失,则违约方不能请求人民法院或者仲裁机构予以减少,这就体现了一定的惩罚性。

5)执行定金罚则

定金是指合同一方当事人根据合同的约定预先付给另一方当事人一定数额的货币,以保证合同的履行。支付定金的一方不履行约定债务的,无权请求返还定金;收受定金的一方不履行约定的债务的,应双倍返还定金。

2. 违约责任的免除

合同有效成立后,当事人必须按照合同的约定履行自己的义务,否则就要承担违约责任。但这并不意味着当事人在任何情况下对不履行合同的行为都要承担违约责任。当法定的和合同约定的免责条件出现时,当事人可不承担或部分承担违约责任。《合同法》第 107 条规定,因不可抗力不能履行合同的,根据不可抗力的影响,可以部分或者全部免除责任,但法律另有规定的除外。因此法定的违约责任的免除条件是不可抗力。不可抗力指的是不能预见、不能避免并且不能克服的客观情况。当事人一方因不可抗力不能履行合同的,应当及时通知对方,以减轻可能给对方造成的损失,并在合理的期限内提供证明。当事人若迟延履行合同后发生不可抗力的,不能免除责任。

9.2 建设工程合同

建设工程合同是指建设单位和勘察、设计、施工、监理、物资供应等单位依法签订,以完成某项建筑工程或者是改建工程的一部分或某个方面内容,明确双方权利和义务的书面协议。合同中前者一般称为发包方(或者委托方,俗称甲方),后者一般称为承包方(或者受托方,俗称乙方)。建设工程合同主要包括了建设工程勘察设计合同、建筑安装工程承包合同、为完成建设工程任务而签订的物资供应、贷款、交通运输等合同,特定的建设工程是指新建、改建、扩建列为固定资产投资,达到国家规定的数量标准的建设项目,企业、事业单位进行的小型维修,以及购置设备、工具或仪器的活动均属于基本建设工程。由于建筑工程合同内容多,履行复杂,建设周期长,变更因素多,双方当事人在订立合同时容易发生合同不规范、条款不完备、表达不清楚等问题,给合同的履行带来隐患,导致合同争议屡屡发生。因此,对于建筑工程合同我国推行合同示范文本制度,即建筑工程合同采用格式合同。建筑工程合同示范文本是由建设部和国家工商行政管理局联合定期发布的,如 1999 年 12 月印发了《建筑工程施工合同(示范文本)》,2000 年 2 月印发了《建设工程委托监理合同(示范文本)》,2000 年 3 月修订了《建筑工程施工合同(示范文本)》和《建设工程设计合同(示范文本)》等。这些格式合同文本对建筑工程中勘察、设计、施工、监理等行为起到了一定的规范和约束作用,是订立和管理建筑工程合同的依据之一。

(一)建设工程合同特点

建筑工程合同是合同的一种类型,除了具备合同的一般特征外,还具有自身的一些特点,主要体现在以下方面。

1. 特定性

合同的主体即发包方和承包方,双方都应具备法人资格;同时作为承包方的勘察、设计、施工、监理等单位,还须依法取得资质,并在其资质等级许可的范围内从事建筑活动。除此之外,还应到工商行政管理部门依法登记注册,在取得营业执照后,才具备权利能力和行为能力,才有签订建筑工程合同的资格。

2. 特殊性

建筑工程合同的客体是各类建筑产品及其相关的服务,属于或涉及不动产。施工合同直接为了建造建筑产品,勘察、设计、监理合同提供的是智力劳务,其最终目的也是为了建造建筑产品。建筑产品一般为不动产,具有规模大、投资多、建设周期长、质量要求特定等特点,与一般的产品有很大的差别。

3. 干预性

合同一般是双方当事人在平等、自愿、公平、诚信的基础上签订的设立、变更、终止其权利义务关系的协议,合同表达的是双方的自由意志,一般不受其他组织、个人的干预。由于建筑工程自身的特殊性,建筑工程合同总会直接或间接地受到国家基本建设政策、宏观调控计划等的影响和制约,并受到建设行政主管部门的监督和管理,受某些特殊条件的限制等。

4. 复杂性

由于建筑工程的特殊性和复杂性,决定了建筑工程合同除须具备《合同法》规定的一般条款外,还应具备《建筑法》、《建设工程勘察、设计合同管理条例》、《建筑、安装工程承包合同条例》等法律法规规定的相关条款。因此建设工程合同的条款必然数量多,内容繁杂。

5. 格式性

格式合同指的是由一方当事人或特定的管理机关预先制定的,具有一定的普遍性。格式合同的特点在于合同的主要条款和框架预先制定,无需双方当事人再逐项地协商,这样既能保证合同条款的完整和全面,避免遗漏,又能提高效率,节省人力物力。

(二)建设工程合同类型

建设工程合同的分类方法如下。

1. 按建筑活动不同阶段分类

根据建筑活动的不同阶段,建筑工程合同类型可分为建设工程勘察合同、设计合同、建筑工程施工合同、建筑工程监理合同、建设工程涉及的其他合同等内容。

2. 按工程承包的范围和数量分类

根据工程承包的范围和数量不同,可分为工程总承包合同、工程分项总承包合同和分包合同等内容。

1)工程总承包合同

当发包方将工程的勘察、设计、施工、设备采购等一并发包给一个总承包单位时,双方签订的合同为工程总承包合同。

2)工程分项总承包合同

当发包方将工程的勘察、设计、施工、设备采购等的一项或多项发包给一个工程总承包单位时,双方签订的合同为分项总承包合同。

3)分包合同

工程总承包单位经发包方同意或者在合同中事先约定,可以将承包工程中的部分工程包给分包单位,此时总承包单位与分包单位签订的合同称为分包合同。

9.3 勘察设计合同

勘察设计合同指的是发包方与承包方为完成一定的勘察设计任务而明确双方相互权利义务的协议,双方为平等的民事主体,具有平等的法律地位,双方当事人应当受民事法律规范的调整,主要是民法以及合同法的调整。勘察设计工作是建设工程中的一个重要环节,建设单位在完成设计任务书和初步设计时,要委托勘察设计单位进行一系列勘察设计工作。签订勘察设计合同必须按照国家规定的基本建设程序进行,建设工程勘察设计合同的双方必须具有法人资格,委托单位是建设单位或有关单位,承包方必须是持有勘察设计证书的勘察设计单位,勘察设计合同双方当事人对主要条款经过协商取得一致意见并签字盖公章后方生效。除了

《中华人民共和国合同法》作为规范建设工程勘察、设计合同的基本法律之外,《工程勘察、设计合同条例》、《中华人民共和国建筑法》、《中华人民共和国注册建筑师条例》、《建设工程勘察设计单位资质管理规定》、《建设工程勘察设计市场管理规定》等法律、法规及规章也是规范建设工程勘察、设计合同的法律规范。

建设工程勘察设计合同的内容中,主体是建设单位和勘察设计单位,客体是将要进行创作的设计文件,内容就是双方的权利和义务。根据《建设工程勘察设计合同条例》规定,勘察设计合同的主要条款有:建设工程名称、规模、投资额、建设地点;发包方提供资料的内容、技术要求及期限(承包方勘察的范围、进度和质量;设计的阶段、进度、质量、设计文件份数);勘察、设计取费标准、依据、拨款方法;违约责任。

9.3.1 建筑工程勘察设计合同的特点

建筑勘察设计合同虽然受《合同法》的调整,但其自身具有一定的特殊性,与普通的合同相比,主要有以下特点。

1. 国家对于建筑勘察设计合同的行政干预较强

工程建设是关系到国计民生的大事,国家对于建设工程实行基本建设规划,并通过各种行政立法从各个侧面对其加以管理。建筑勘察设计合同的制定、履行全过程受到《合同法》、《标准化法》、《环境保护法》以及各种条例、规程的制约。建筑勘察设计合同在履行过程中,从资金投放到最终成果的验收,都受到国家严格的管理和监督。从保证建筑工程质量的角度看,国家对建筑勘察设计合同的严格管理是必需的。

2. 建筑勘察设计合同具有严格的次序性,其订立依赖于国家计划

在市场经济条件下,建设工程合同虽然不必像计划经济时代那样完全依赖于国家计划而订立,但是国家仍然要对建筑工程项目实行计划控制,城市建设要有规划,大的工程项目建设要同国民经济发展计划相适应,这是实现国民经济高速、稳定发展的必要条件。所以说,建筑勘察设计合同的订立是有计划性的。由于建筑工程的建设周期长、质量要求高、涉及面广,勘察、设计、施工3个阶段要按严格的顺序进行,次序无法颠倒。未经立项,没有计划任务书,就无法进行勘察工作,未经勘察,就无法进行工程设计,没有完成勘察设计工作,就无法开始施工。所以说,建筑工程勘察设计合同的订立具有次序性。

3. 建筑工程勘察设计合同的承包方必须具有特殊的资格

建设工程的投资大、周期长、质量要求高,所以对承包方的资金、技术要求很高,法律必须对承包方的主体资格加以限制,勘察设计合同的承包方须经国家有关部门批准,具有从事相关业务的资格。

4. 建筑勘察设计合同一般情况下为要式合同

依照《合同法》第270条的规定,建筑工程承包合同应当采用书面形式。《建筑法》第15条也规定,建筑工程的发包单位与承包单位应当依法订立书面合同,明确双方的权利义务。但根据《合同法》第36条规定,即使建筑工程承包合同未采用书面形式,只要一方当事人已经履行主要义务,对方接受的,则该建筑工程承包合同成立。

9.3.2 勘察设计合同的主要条款

建筑工程勘察设计合同主要应具备的条款:建设工程的名称、地点、规模和总投资额;发包方提供的资料内容;发包方的技术要求和合同履行期限;承包方勘察的范围、进度和质量;设计的阶段、进度、质量和设计文件的份数;勘察设计工作的收费标准;违约责任。

9.3.3 勘察设计合同中发包方与承包方的义务

(一)勘察合同中发包方与承包方的义务

1. 发包方的义务

在勘察工作开始之前,发包方应向承包方提交勘察范围的地形图和建筑平面布置图各一份,提交由建设单位委托、设计单位填写的勘察技术要求及附图。发包方应负责勘察现场的水电气供应、平整道路、现场清理工作,以保证勘察工作的开展。勘察人员进入现场作业时,发包方负责提供必要的工作和生活条件。

2. 承包方的义务

承包方应依据合同的要求,通过自己的实际履行行为完成自己的工作,最终满足发包方的要求。承包方人应按规定的标准、规范、规程和技术条例,进行工程测量和工程地质、水文地质等勘察工作,并按合同规定的进度、质量要求提交勘察成果。对于勘察工作中的漏项应及时予以补察,对于多支出的费用应自行负担并承担由此造成的损失。

(二)设计合同中发包方与承包方的义务

1. 发包方的义务

如果委托初步设计,发包方应按规定的时间向承包方提供经过批准的设计任务书或可行性研究报告、选址报告以及原始资料(或经过批准的资源报告)、燃料、水电、运输等方面的协议文件和能满足初步设计要求的勘察资料、技术资料。如果委托施工图设计,应在规定日期内向承包方提供经过批准的设计文件和能满足施工图设计要求的勘察资料、施工条件以及有关设备的技术资料。应及时向有关部门办理各个设计阶段的设计文件的审批工作,应明确设计范围和设计深度。应按照双方的约定支付费用,对于超过设计范围的补充设计和增加设计深度,应对增加部分付出的劳动给予补偿,对于减少已定的设计量,应与对方协商解决。设计人员进入现场开始工作时,应提供必要的工作和生活条件。不得擅自修改承包方的设计方案,也不得将其转让给第三方重复使用。合同中含有保密条款的,应承担保密义务。

2. 承包方的义务

承包方的主要义务是依照合同的约定按时并保质保量地完成设计任务。承包方要根据批准的设计任务书或可行性研究报告等上一阶段的批准文件,以及有关设计的技术经济文件、设计标准、技术规范、规程、定额等提出勘察技术要求和进行设计,并按合同规定的进度和质量要求,提交设计文件。初步设计经上级主管部门审查后,在原订任务书范围内的必要的修改,应由承包方承担。承包方对所承担设计任务的建设项目应配合施工进行施工前技术指导,解决施工中的有关技术问题,负责设计变更和修改预算,参加隐蔽工程验收和竣工验收。

9.3.4 勘察设计合同管理

建设工程勘察、设计合同的管理是合同管理的比较重要的方面。建设工程勘察、设计合同管理水平的高低,直接影响建设工程勘察设计合同发包方与承包方的权利与经济效益能否实现。

(一)发包方对勘察设计合同的管理

设计阶段工程师的工作职责范围设计阶段的监理,一般指由建设项目已经取得立项批准文件以及必需的有关批文后,从编制设计任务书开始,直到完成施工图设计的全过程监理。上述阶段应由监理委托合同确定,设计阶段监理的内容一般包括以下各项。

(1)根据设计任务书等有关批示和资料编制"设计要求文件"或"方案竞赛文件",采用招标方式的工程师应编制"招标文件"。

(2)组织设计方案竞赛、招投标、并参与评选设计方案或评标。

(3)协助选择勘察、设计单位或提出评标意见及中标单位候选名单。

(4)起草勘察、设计合同条款及协议书。

(5)监督勘察、设计合同的履行情况。

(6)审查勘察、设计阶段的方案和设计结果。

(7)向建设单位提出支付合同价款的意见。

(8)审查项目概算和预算。

(二)发包方对勘察设计合同管理的重要依据

发包方管理勘察设计合同的主要依据如下。

(1)建设项目设计阶段监理委托合同。

(2)经批准的可行性研究报告及设计任务书。

(3)建设工程勘察、设计合同。

(4)经批准的选址报告及规划部门批文。

(5)工程地质、水文地质资料及地形图。

(6)其他资料。

(三)国家有关机构对建设工程勘察设计合同的监督

建设工程勘察、设计合同的管理除承包方、发包方自身管理外,国家有关机构,如工商行政管理部门、金融机构、公证机构、主管部门等依据职权划分,也可对勘察、设计合同行使监督权;建设行政主管部门应对勘察设计合同履行情况进行监督,签订勘察设计合同的双方,应当将合同文本送交工程项目所在地的县级以上人民政府建设行政主管部门或者委托机构备案。

(四)承包勘察人、设计人对合同的管理

建设工程勘察方、设计方应当设立专门的合同管理机构,对合同实施的各个步骤进行监督、控制,不断完善建设工程勘察、设计合同自身管理机制。承包方对合同的实施管理做到以下几点。

1. 合同订立时的管理

承包方应设立专门的合同管理机构对建设工程勘察、设计合同的订立全面负责,实施监管、控制。特别是在合同订立前要深入了解委托方的资信、经营作风及订立合同应当具备的相应条件。规范合同双方当事人权利义务的条款要全面、明确。

2. 同时履行的管理

合同双方当事人的权利义务开始享有与承担。为保证勘察、设计合同能够正确、全面地履行,专门的合同管理机构要经常检查合同履行情况,发现问题及时协调解决,避免不必要的损失。

3. 建立健全合同管理档案

合同订立的基础资料,以及合同履行中形成的所有资料,承包方应有专人负责,随时注意收集和保存,及时归档。健全的合同档案是解决合同争议和提出索赔的依据。

4. 做好合同人员素质培训

参与合同的所有人员,必须具有良好的合同意识,承包方应配合有关部门搞好合同培训等工作,提高合同人员素质,保证实现合同订立要达到的目的。

(五)无效建设工程勘察设计合同

导致建设工程勘察设计合同无效的原因很多,这是由于此类合同的特殊性所决定的。国家对于建设工程勘察设计合同的管理较为严格,从合同主体、合同的订立方式、合同的内容直至合同的形式均做出了强制性的法律规定。无效建设工程勘察设计合同的常见类型有以下几种。

1. 超越资质等级订立的建设工程勘察设计合同

承包方订立建设工程勘察设计合同,不仅应当具备承包方的资格,而且应当与其资质等级相对应。高一级的勘察设计单位可以订立其可以承包的资质等级以及该资质等级以下的勘察设计任务,低一级的勘察设计单位不能订立超越其资质等级的高一级的工程,否则将导致订立的勘察设计合同无效。我国《建筑法》第 26 条规定:承包建筑工程的单位应当持有依法取得的资质证书,并在其资质等级许可的业务范围内承揽工程。禁止建筑施工企业超越本企业资质等级许可的业务范围或者以任何形式用其他建筑施工企业的名义承揽工程。禁止建筑施工企业以任何形式允许其他单位或者个人使用本企业的资质证书、营业执照,以本企业的名义承揽工程。第 27 条规定:两个以上不同资质等级的单位实行联合共同承包的,应当按照资质等级低的单位的业务许可范围承揽工程。我国《合同法》第 272 条规定:禁止承包方将工程分包给不具备相应资质条件的单位。以上几条规定基本上禁止了勘察设计单位以任何形式无资质或超资质订立勘察设计合同。

2. 违法招标投标订立的建设工程勘察设计合同

建筑工程勘察设计合同除法律规定不宜进行招标投标的外,应当依法以招标投标的方式订立。建设工程勘察设计合同招标投标应当本着公开、公平、公正的原则进行,违反这一原则的招标投标行为是无效的。常见的无效招标投标行为有:应当招标的工程而未招标的;招标人隐瞒工程实际情况欺骗投标人的;招标人泄露标底的;投标人没有如实填写投标申请书,虚报企业资质等级的;投标人串通作弊、哄抬标价的;招标人与个别投标人恶意串通的;招标人收取投标人贿赂的以及其他违反公平、公开、公正原则的行为。

3. 未采用书面形式订立的勘察设计合同

我国《建筑法》第15条规定，建筑工程的发包单位与承包单位应当依法订立书面合同，明确双方的权利义务。《合同法》第270条规定，建设工程合同应当采用书面形式订立。书面形式包括合同书、信件和数据电文(如电报、电传、传真、电子数据交换和电子邮件)。建设工程勘察设计合同未采用书面形式订立的，一般情况下无效。但根据《合同法》第36条规定，建设工程勘察设计合同当事人虽然未采用书面形式订立合同，但一方已经履行了主要义务，另一方接受的，该勘察设计合同仍然成立。

4. 违反国家计划的建设工程勘察设计合同

尽管在市场经济体制下，国家计划的力度逐渐减弱，国家计划对经济的干预渐渐降低，但是建筑工程项目仍具有较大的计划性，大多数必须经过国家、部门或者地方的批准，因为建筑工程项目投资大、周期长，而且与土地利用密不可分，尤其是国家重点项目，与国计民生密切相关。所以，建筑工程项目一旦违反国家计划，就不可能实施，与工程相关的一系列合同也就不可能发生效力，这其中当然包括建筑工程勘察设计合同。《合同法》第273条规定："国家重大建设工程合同，应当按照国家规定的程序和国家批准的投资计划、可行性研究报告等文件订立。"根据本规定，国家投资兴建的重大建设工程，如果勘察设计合同违反国家计划属于无效合同。

5. 违反分包、转包规定的建筑工程勘察设计合同

在下列违法分包与转包情况下签订的建设工程勘察设计合同无效：发包方将应当由一个承包方完成的建设工程勘察设计任务肢解成若干部分发包给几个承包方；总承包方或者勘察、设计承包方未经发包方同意，将自己承包的部分勘察设计工作交由第三人完成；承包方将其承包的全部建设工程勘察设计任务转包给第三人或者将其承包的全部建设工程勘察设计任务肢解以后以分包的名义分别转包给第三人；承包方将建设工程勘察设计任务分包给不具备相应资质条件的单位；分包单位将其承包的建设工程勘察设计任务再分包等。

建设工程勘察设计合同被确认无效后，合同没有履行的，不得继续履行，已经履行完毕，发包方没有支付报酬的，就勘察人、设计人在勘察、设计中支付的费用，按下列原则处理：合同无效系勘察人、设计人过错的，由勘察人、设计人自行承担；双方都有过错的，由双方共同分担。发包方已经支付报酬的，勘察方、设计方应当返还给发包方，就勘察方、设计方为履行无效合同而花费的支出，按前面的原则处理。由发包方承担全部责任或部分责任的，可以在返还的报酬中扣除其应承担的部分，不足的仍由发包方支付。

(六)设计的修改与终止条款

在设计合同的履行过程中，由于约定事由或意外事件的发生，对原设计文件可能需要增加、删减或提前终止合同。设计文件批准后，不得任意修改和变更，如必须修改，需经有关部门批准，批准权限按照修改的内容所涉及的范围而定。如果修改部分是属于初步设计或设计任务书的内容，则须经过原批准单位批准；如果修改的部分属于可行性研究报告的内容，则必须经可行性研究报告的原批准单位批准；施工图设计的修改，须经设计单位同意。发包方因故要

求修改工程设计,经承包方同意后,除设计文件的提交时间另定外,发包方应增付设计费。发包方因故要求终止设计时,应及时书面通知承包方,不能要求退还已付的设计费用。

9.3.5 勘察设计合同中的违约责任

我国《合同法》第280条规定:勘察设计的质量不符合要求或者未按照期限提交勘察设计文件,拖延工期,造成发包方损失的,勘察人、设计人应当继续完善勘察设计,减收或免收勘察设计费并赔偿损失。《合同法》第285条规定:因发包方变更计划,提供的资料不准确,或者未按照期限提供必需的勘察、设计工作条件而造成的勘察、设计的返工、停工或者修改设计,发包方应当按照勘察人、设计人实际消耗的工作量增付费用。由以上规定可以看出,《合同法》对勘察设计合同的违约责任主要采取过错责任原则,如因当事人一方的过错,造成合同不能履行或不能完全履行,应由有过错的一方承担违约责任,如属双方过错,应根据实际情况,由双方分别承担各自应负的违约责任。承担违约责任的主要形式是违约金和赔偿金。违约金是合同的必要条款,不论一方的违约行为是否给另一方造成实际损失,都要承担违约金。而赔偿金不是合同的必要条款,当违约金不足以弥补违约行为造成的损失时,才以赔偿金来弥补其间的差额。

1.发包方的违约责任

(1)由于提供的资料不准确,需要变更计划,未按期提供勘察、设计需要的资料或工作条件而致使勘察、设计的返工、停工、窝工、修改设计,发包方要承担承包方的实际消耗工作量增付费用。

(2)发包方逾期付费时,要偿付逾期违约金。

2.承包方的违约责任

(1)因勘察设计质量而引起返工,或未按期提交勘察设计文件拖延工期造成的损失,勘察设计单位应继续予以完善勘察设计任务,按照造成损失的大小适度减收、免收勘察设计费用。

(2)因勘察设计错误而造成工程重大质量事故的,勘察设计单位除免收损失部分的勘察设计费用外,还应承担与损失部分勘察设计费用相等的赔偿金。

9.4 建筑施工合同

工程施工合同是建设单位与施工单位为完成商定的土木工程、设备安装、管道线路敷设、房屋修缮等工程项目,明确双方权利和义务的协议。建筑工程施工合同一般分为建筑施工合同和安装工程合同。施工合同是建设工程合同的一种,它与其他建设工程合同一样是一种双务合同,在订立时应遵守自愿、公平、诚实信用等原则。

建筑施工合同的当事人是指发包方与承包方,双方是平等的民事主体。在建设行业中,人们习惯于将施工合同的当事人称为发包方或承包方。发包方可以是具备法人资格的国家机关、事业单位、国有企业、集体企业、私营企业、经济联合体和社会团体,也可以是依法登记的个人合伙、个体经营户或个人,即一切以协议、法院判决或其他合法完备手续取得甲方的资格,承认全部合同条件，能够而且愿意履行合同规定义务的合同当事人，在合同中约定具有工程发包主体资格和支付工程价款能力的当事人以及取得该当事人资格的合法继承人，必须具备组织协调能力和应提供必要的施工条件并支付工程价款；承包方是具备与工程相应资质和法人资格并被发包方接受的合同当事人及其合法继承人，在合同中约定被发包方接受的具有工程施工承包主体资格的当事人以及取得该当事人资格的合法继承人，必须具备有关部门核定的资质等级和履行施工合同的能力，即应完成一定的建筑、安装工程任务。

建筑工程施工合同，是建设工程的主要合同是工程建设质量控制、进度控制、投资控制的主要依据，在市场经济条件下，建设市场主体之间相互的权利义务关系主要是通过合同确立的，因此在建设领域加强对施工合同的管理具有十分重要的意义。国家立法机关、国务院、国家建设行政管理部门都十分重视施工合同的规范工作，《中华人民共和国合同法》对建设工程合同做了专章规定，《中华人民共和国建筑法》和《中华人民共和国招标投标法》也有许多涉及建筑工程施工合同的规定。这些法律是我国建筑工程施工合同管理的依据。

9.4.1 建筑施工合同的特点

1. 特殊性

建筑施工合同的标的是各类建筑产品，建筑产品是不动产，其基础部分与大地相连，不能移动。这就决定了每个施工合同的标的都是特殊的，相互间具有不可替代性。这还决定了施工生产的流动性。建筑物所在地就是施工生产场地，施工队伍、施工机械必须围绕建筑产品不断移动。另外，建筑产品的类别庞杂，其外观、结构、使用目的、使用人都各不相同，这就要求每一个建筑产品都需单独设计和施工（即使可重复利用的标准设计或重复使用的图纸，也应采取必要的修改设计才能施工），即建筑产品是单体性生产，这也决定了施工合同标的所具有的特殊性。

2. 长期性

建筑物的施工由于结构复杂、体积大、建筑材料类型多、工作量大，使得工期都较长，而合同履行期限肯定要长于施工工期，因为工程建设的施工应当在合同签订后才开始，且需加上合同签订后到正式开工前的一个较长的施工准备时间和工程全部竣工验收后，办理竣工结算及保修期的时间，在工程的施工过程中，还可能因为不可抗力、工程变更、材料供应不及时等原因而导致工期顺延。所有这些情况，决定了施工合同的履行期限具有长期性。

3. 合同内容的多样性和复杂性

虽然施工合同的当事人只有两方，但其涉及的主体却有许多种。与大多数合同相比较，施工合同的履行期限长、标的额大，涉及的法律关系则包括了劳动关系、保险关系、运输关系等，具有多样性和复杂性。这就要求施工合同的内容尽量详尽。施工合同除了应当具备合同的一般内容外，还应对安全施工、专利技术使用、发现地下障碍和文物、工程分包、不可抗力、工程设计变更、材料设备的供应、运输、验收等内容做出规定。在施工合同的履行过程中，除施工企业与发包方的合同关系外，还涉及与劳务人员的劳动关系、与保险公司的保险关系、与材料设备供应商的买卖关系、与运输企业的运输关系等。所有这些，都决定了施工合同的内容具有多样性和复杂性的特点。

4.合同监督的严格性

由于施工合同的履行对国家的经济发展、公民的工作和生活都有重大的影响,因此,国家对施工合同的监督是十分严格的,具体包括以下几个方面内容。

1)对合同主体监督的严格性

建筑工程施工合同主体一般只能是法人。发包方一般只能是经过批准进行工程项目建设的法人,必须有国家批准的建设项目,落实投资计划,并且应当具备相应的协调能力;承包方则必须具备法人资格,而且应当具备相应的从事施工的资质。无营业执照或无承包资质的单位不能作为建筑工程施工合同的主体、资质等级低的单位不能越级承包建设工程。

2)对合同订立监督的严格性

订立建筑工程施工合同必须以国家批准的投资计划为前提,即使是国家投资以外的、以其他方式筹集的投资也要受到当年的贷款规模和批准限额的限制,纳入当年投资规模的平衡,并经过严格的审批程序。建筑工程施工合同的订立、还必须符合国家关于建设程序的规定。我国《合同法》对合同形式确立了以不要式为主的原则,即在一般情况下对合同形式采用书面形式还是口头形式没有限制。但是,考虑到建设工程的重要性和复杂性,在施工过程中经常会发生影响合同履行的纠纷,因此,《合同法》要求,建筑工程施工合同应当采用书面形式。

3)对合同履行监督的严格性

在施工合同的履行过程中,除了合同当事人应当对合同进行严格的管理外,合同的主管机关,如工商行政管理机构、金融机构、建设行政主管机关等都要对施工合同的履行进行严格的监督。

9.4.2 建筑施工合同的形式和内容

(一)建筑施工合同的形式

建筑施工合同应当以书面形式订立,《合同法》第270条规定:“建设工程合同应当采取书面形式。”《建筑法》第15条规定:“建筑工程的发包单位与承包单位应当依法订立书面合同,明确双方的权利和义务。”之所以这样规定是因为建筑工程,尤其是大型建筑工程建设周期长、资金投入量大、质量要求高,而且随时都可能有纠纷产生,采用书面形式有助于明晰合同各方的权利义务,同时发生纠纷时能及时分清是非,避免举证困难。按照《合同法》第11条,书面形式是指合同书、信件和数据电文(包括电报、电传、传真、电子数据交换和电子邮件)等可以有形地表现所载内容的形式。但根据《合同法》第36条规定,即使建筑施工合同未采用书面形式,只要一方当事人已经履行主要义务,对方接受的,则该建筑施工合同也成立。

(二)建筑施工合同的内容

《合同法》第12条规定:“合同的内容由当事人约定,一般包括的条款有:当事人的名称或者姓名和住所;标的;数量;质量;价款或者报酬;履行期限、地点和方式;违约责任;解决争议的方法。当事人可以参照各类合同的示范文本订立合同。”《合同法》第275条规定:“施工合同的内容包括工程范围、建设工期、中间交工工程的开工和竣工时间、工程质量、工程造价、技术资料交付时间、材料和设备供应责任、拨款和结算、竣工验收、质量保修范围和质量保证期、双方相互协作等条款。”根据有关工程建设施工的法律、法规，结合我国工程建设施工的实际情况，并借鉴了国际上广泛使用的土木工程施工合同条件—FIDIC 土木工程施工合同条件，国务院建设部、国家工商行政管理总局于1999 年 12 月 24 日印发了《建筑工程施工合同示范文本》(以下简称《施工合同文本》)。

《施工合同文本》是对国务院建设部、国家工商行政管理局 1991 年 3 月 31 日发布的《建筑工程施工合同示范文本》的修订，是各类公用建筑、民用住宅、工业厂房、交通设施及线路、管道的施工和设备安装的合同文本。为了使建筑工程施工合同双方当事人所签订的合同更为周全、细密，对建筑工程施工中可能出现的问题的解决尽量在事先达成协议或共识，以减少建筑工程施工过程中的扯皮现象，保障建设工程顺利施工，提高建筑工程施工合同的履约率，同时也为了节省建筑工程施工合同双方当事人的谈判时间与费用，避免建筑工程施工合同内容与国家法律、法规相抵触，避免建筑工程施工合同条款的遗漏，杜绝无效建筑工程施工合同和效力有瑕疵的建筑工程施工合同，国务院建设部与国家工商行政管理局曾于 1991 年联合发布推行《建筑工程施工合同(示范文本)》(GF—91—0201)。1999 年国务院建设部与国家工商行政管理局联合发布推行修订后的《建筑工程施工合同(示范文本)》(GF—1999—0201)。修订后的《建筑工程施工合同(示范文本)》(GF—91—0201)由《协议书》、《通用条款》、《专用条款》3 部分组成，另有 3 个附件：附件一《承包方承揽工程项目一览表》、附件二《发包方供应材料设备一览表》、附件三《房屋建筑工程质量保修书》。该示范文本依照《合同法》、《建筑法》等法律法规，借鉴国际上通用的由国际咨询工程师联合会拟订的《土木工程施工合同条件》，结合我国的具体国情和原示范文本推行的经验进行修订，充分考虑合同当事人的需求，逻辑严密，条理清晰，更好地体现了示范文本应具有的规范性、科学性、完备性、实用性的特点，基本适用于各类公用建筑、民用住宅、工业厂房、交通设施及线路管道的施工和设备安装。

(1)《协议书》是《施工合同文本》中总纲性的文件，虽然其文字量并不大，但它规定了合同当事人双方最主要的权利义务，规定了组成合同的文件及合同当事人对履行合同义务的承诺，并且合同当事人在这份文件上签字盖章，因此具有很高的法律效力。《协议书》的内容包括工程概况、工程承包范围、合同工期、质量标准、合同价款、组成合同的文件及双方的承诺等。

(2)《通用条款》是根据《合同法》、《建筑法》等法律对承发包双方的权利义务做出的规定，除双方协商一致对其中的某些条款作了修改、补充或取消外，双方都必须履行。它是将建筑工程施工合同中共性的一些内容抽象出来编写的一份完整的合同文件。《通用条款》具有很强的通用性，基本适用于各类建设工程，《通用条款》共有 11 部分组成：①词语定义及合同文件；②双方一般权利和义务；③施工组织设计和工期；④质量与检验；⑤安全施工；⑥合同价款与支付；⑦材料设备供应；⑧工程变更；⑨竣工验收与结算；⑩违约、索赔和争议；⑪其他。

(3)《专用条款》的条款号与《通用条款》相一致，但主要是空格，由当事人根据工程的具体情况予以明确或者对《通用条款》进行修改、补充。由于建设工程的内容各不相同，工期、造价也随之变动，承包方、发包方各自的能力、施工现场的环境和条件也各不相同，《通用条款》不能完全适用于各个具体工程，因此配之以《专用条款》对其作必要的修改和补充，使《通用条款》和《专用条款》成为双方统一意愿的体现。

(4)《施工合同文本》的附件是对施工合同当事人的权利义务的进一步明确，并且使得施工合同当事人的有关工作一目了然，便于执行和管理。

(三)施工合同文件的组成及解释顺序

组成建筑工程施工合同的文件包括：施工合同协议书；中标通知书；投标书及其附件；施工合同专用条款；施工合同通用条款；标准、规范及有关技术文件；图纸；工程量清单；工程报价单或预算书。双方有关工程的洽商、变更等书面协议或文件视为协议书的组成部分。按照《合同法》第125条规定："当事人对合同条款的理解有争议的，应当按照合同所使用的词句、合同的有关条款、合同的目的、交易习惯以及诚实信用原则，确定该条款的真实意思。合同文本采用两种以上文字订立并约定具有同等效力的，对各文本使用的词句推定具有相同含义。各文本使用的词句不一致的，应当根据合同的目的予以解释。"《建筑工程施工合同(示范文本)》规定："合同文件应能相互解释，互为说明。除合同另有约定外，组成本合同的文件及优先解释顺序如下：本合同协议书；中标通知书；投标书及其附件；本合同专用条款；本合同通用条款；标准、规范及有关技术文件；图纸；工程量清单；工程报价单或预算书。"

建筑工程施工合同的解释应参照以下方法进行。

1. 文义解释方法

文义解释方法是指探求合同条款中语句含义的一种解释方法。这主要是从语法、逻辑、语词的普通用法的角度出发，按照一个正常的人处于相似缔约环境中对合同用语的理解为准，来探求合同词句的含义。但是如果当事人双方已经都明确同意合同条款所表达的是某一种意思，尤其在当事人赋予该词句与一般日常用语不同的特殊含义时，应当按照当事人双方共同接受的含义来进行解释。此外；在当事人使用专业术语的时候，应以该词语的专业含义来解释。《建筑工程施工合同(示范文本)》特别在通用条款部分对施工合同经常使用的词语的含义进行界定，如界定追加合同价款指的是在合同履行中发生需要增加合同价款的情况，经发包方确认后按计算合同价款的方法增加的合同价款，而费用指的是不包含在合同价款之内的应当由发包方或承包方承担的经济支出等内容。

2. 整体解释方法

由于孤立地考察单个词句的含义难免断章取义，因此应将全部合同的各项条款以及各个构成部分作为一个完整的整体，从合同的内部和谐统一角度出发，考虑各个条款以及各个部分的关联性及其在合同中所处的地位等各因素，来确定合同的含义。依照前述《建筑工程施工合同(示范文本)》的规定，除非施工合同有不同规定，否则应以其列明的顺序进行解释，这就避免了双方各执一词，相持不下。

3. 目的解释方法

目的解释的方法指的是以合同所力图实现的目的为指导，阐明合同条款含义的一种解释方法。合同不过是当事人实现其目的的手段，偏离合同的目的而进行解释无异于舍本求末。如果合同中所使用词的一般含义与当事人所明确表达的目的相违背，那就不应拘泥于文字，而应当依据该合同的目的进行解释。当合同内容暧昧不明或自相矛盾时，应当以合同的目的为标准，尽可能通过解释的方式予以统一和协调；当合同文义有不同意思时，应采用符合合同目的的含义的解释，摒弃不符合合同目的的解释。当然合同的目的应当是合法的，并为双方所知道或应当知道。倘若目的违法或当事人一方根本不知道也不可能知道合同目的时,则不能作为解释的依据。

4. 习惯解释方法

习惯解释方法指的是在合同文字或条款的含义发生歧义时,按照交易习惯来确定合同的含义。习惯包括当事人之间的交易习惯和行业的交易习惯。这是由于交易习惯是人们长期交往的产物,除非有特殊约定,都为当事人所采纳。当然,作为解释依据的习惯应当是合法的,当事人之间的习惯优于行业的特殊习惯,行业的特殊习惯优于行业的一般习惯。

5. 历史解释方法

历史解释方法指的是解释合同时不能局限于合同文本,而应该结合合同文本产生前后双方的磋商协议过程和交易时的各种相关因素进行解释。因为合同文本不是凭空产生的,最后的正式文本是当事人谈判结果的体现,考虑当事人的交涉过程以及来往洽谈文件将有助于澄清合同的含义。为了避免纠纷,《建筑工程施工合同(示范文本)》规定合同履行中,发包方承包方有关工程的洽商、变更等书面协议或文件视为本合同的组成部分。

6. 诚实信用解释方法

诚实信用原则是《合同法》的一个基本原则,《合同法》第6条规定:“当事人行使权利、履行义务应当遵循诚实信用原则。”《建筑工程施工合同(示范文本)》(GF—1999—0201)载明合同应遵循平等、自愿、公平和诚实信用的原则。具体而言,就是在解释合同时,本着诚实守信的标准,充分考虑双方权利义务的均衡,避免损害对方或他人、社会的利益。当然依据诚信原则进行解释,主观性较强,为了防止当事人以此为借口不履行合同,应当首先运用其他解释方法,只有在这些方法不能探求当事人的真意时才能适用本方法。

为了避免纠纷,《建筑工程施工合同(示范文本)》还规定了合同文件使用汉语语言文字书写、解释和说明。如合同约定使用两种以上(含两种)语言文字时,汉语应为解释和说明本合同的标准语言文字,在少数民族地区,双方可以约定使用少数民族语言文字书写和解释、说明本合同。《合同法》第61条还规定:“合同生效后,当事人就质量、价款或者报酬、履行地点等内容没有约定或者约定不明确的,可以协议补充;不能达成补充协议的,按照合同有关条款或者交易习惯定。”第62条还规定,当事人就有关合同内容约定不明确,依照本法第61条的规定仍不能确定的,适用下列规定。

(1)质量要求不明确的,按照国家标准、行业标准履行;没有国家标准、行业标准的,按照通常标准或者符合合同目的的特定标准履行。

(2)价款或者报酬不明确的,按照订立合同时履行地的市场价格履行;依法应当执行政府定价或者政府指导价的,按照规定履行。

(3)履行地点不明确,给付货币的,在接受货币一方所在地履行;交付不动产的,在不动产所在地履行;其他标的,在履行义务一方所在地履行。

(4)履行期限不明确的,债务人可以随时履行,债权人也可以随时要求履行,但应当给对方必要的准备时间。

(5)履行方式不明确的,按照有利于实现合同目的的方式履行。

(6)履行费用的负担不明确的,由履行义务一方负担。

参照该条规定,《建筑工程施工合同(示范文本)》规定:双方在合同内约定适用国家标准、规范的名称;没有国家标准、规范但有行业标准、规范的,约定适用行业标准、规范的名称;没有国家和行业标准、规范的,约定适用工程所在地地方标准、规范的名称。发包方应按合同约定的时间向承包方提供一式两份约定的标准、规范。国内没有相应标准、规范的,由发包方按合同约定的时间向承包方提出施工技术要求,承包方按约定的时间和要求提出施工工艺,经发包方认可后执行。发包方要求使用国外标准、规范的,应负责提供中文译本。所发生的购买、翻译标准、规范或制定施工工艺的费用,由发包方承担。

9.4.3 建筑施工合同的订立

(一)订立施工合同应具备的条件

订立施工合同应具备以下条件。

(1)初步设计已经批准。

(2)工程项目已经列入年度建设计划。

(3)有能够满足施工需要的设计文件和有关技术资料。

(4)建设资金和主要建筑材料设备来源已经落实。

(5)招投标工程,中标通知书已经下达。

(二)订立施工合同应当遵守的原则

订立施工合同应当遵守以下原则。

1.遵守国家法律、行政法规和国家计划原则

订立施工合同必须遵守国家法律、行政法规,也应遵守国家的建设计划和其他计划。建筑工程施工对经济发展、社会生活有多方面的影响,国家有许多强制性的管理规定,施工合同当事人都必须遵守。

2.平等、自愿、公平的原则

签订施工合同当事人双方,都具有平等的法律地位,任何一方都不得强迫对方接受不平等的合同条件。当事人有权决定是否订立施工合同和施工合同的内容,合同内容应当是双方当事人真实意思的体现。合同的内容应当是公平的,不能损害一方的利益,对于显失公平的施工合同,当事人一方有权申请人民法院或者仲裁机构予以变更或者撤销。

3.诚实信用原则

诚实信用原则要求在订立施工合同时要诚实,不得有欺诈行为,合同当事人应当如实将自身和工程的情况介绍给对方。履行合同时,施工合同当事人要守信用,严格履行合同。

(三)订立施工合同的程序

施工合同作为合同的一种,其订立也应经过要约和承诺两个阶段。其订立方式有两种:直接发包和招标发包。对于必须进行招标的建设项目工程建设的施工都应通过招标投标确定施工企业。中标通知书发出后,中标的施工企业应当与建设单位及时签订合同。依据《招标投标法》的规定,中标通知书发出30天内,中标单位应与建设单位依据招标文件、投标书等签订

工程承发包合同。签订合同的承包方必须是中标的施工企业,投标书中已确定的合同条款在签订时不得更改,合同价应与中标价相一致。如果中标施工企业拒绝与建设单位签订合同,则建设单位将不再返还其投标保证金(如果是由银行等金融机构出具投标保函的,则投标保函出具者应当承担相应的保证责任),建设行政主管部门或其授权机构还可给予一定的行政处罚。

9.4.4 建筑施工合同当事人的主要权利和义务

建筑施工合同当事人的主要权利和义务主要参照《建筑工程施工合同(示范文本)》(GF—1999—0201)。

(一)委派工程师与项目经理

实行工程监理的,工程师是指监理单位委派的总监理工程师或发包方派驻施工场地履行合同的代表;不实行工程监理的,工程师专指发包方派驻施工场地履行合同的代表。项目经理是指承包方在专用条款中指定的派驻施工场地负责施工管理和合同履行的代表。

(1)实行工程监理的,发包方应在实施监理前将委托的监理单位名称、监理内容及监理权限以书面形式通知承包方。监理单位委派的总监理工程师的姓名、职务、职权由发包方、承包方在专用条款内写明。发包方派驻施工场地履行合同的代表的姓名、职务、职权由发包方在专用条款内写明,但职权不得与监理单位委派的总监理工程师职权相互交叉。双方职权发生交叉或不明确时,由发包方予以明确,并以书面形式通知承包方。如需更换工程师,依据《建筑工程施工合同(示范文本)》(GF—1999—0201),发包方应至少提前7天以书面形式通知承包方,后任继续行使合同文件约定的前任的职权,履行前任的义务。

工程师可委派工程师代表,行使合同约定的自己的职权,并可在认为必要时撤回委派。委派和撤回均应提前7天以书面形式通知承包方,负责监理的工程师还应将委派和撤回通知发包方。委派书和撤回通知作为本合同附件。工程师代表在工程师授权范围内向承包方发出的任何书面形式的函件,与工程师发出的函件具有同等效力。承包方对工程师代表向其发出的任何书面形式的函件有疑问时,可将此函件提交工程师,工程师应进行确认。工程师代表发出指令有失误时,工程师应进行纠正。

(2)除工程师或工程师代表外,发包方派驻工地的其他人员均无权向承包方发出任何指令。工程师的指令、通知(或工程师代表发出的指令、通知)由其本人签字后,以书面形式交给项目经理,项目经理在回执上签署姓名和收到时间后生效。确有必要时,工程师可发出口头指令,并在48小时内给予书面确认,承包方对工程师的指令应予执行。工程师不能及时给予书面确认的,承包方应于工程师发出口头指令后7天内提出书面确认要求。工程师在承包方提出确认要求后48小时内不予答复的,视为口头指令已被确认。

依照《合同法》第257条,“承揽人发现定作人提供的图纸或者技术要求不合理的,应当及时通知定作人。定作人因怠于答复等原因造成承揽人损失的,应当赔偿损失。”承包方认为工程师指令不合理,应在收到指令后24小时内向工程师提出修改指令的书面报告,工程师在收到承包方报告后24小时内做出修改指令或继续执行原指令的决定,并以书面形式通知承包方。紧急情况下,工程师要求承包方立即执行的指令或承包方虽有异议,但工程师决定仍继续执行的指令，承包方应予执行。因指令错误发生的追加合同价款和给承包方造成的损失应由发包方承担，延误的工期相应顺延。工程师应按合同约定，及时向承包方提供所需指令、批准并履行约定的其他义务。由于工程师未能按合同约定履行义务造成工期延误，发包方应承担延误造成的追加合同价款，并赔偿承包方有关损失，顺延延误的工期。

合同履行中，发生影响发包方、承包方双方权利或义务的事件时，负责监理的工程师应依据合同在其职权范围内客观公正地进行处理。如果对工程师的处理有异议时，可按通用条款第37条关于争议的约定处理。除合同内有明确约定或经发包方同意外，负责监理的工程师无权解除本合同约定的承包方的任何权利与义务。

(3)承包方依据合同发出的通知，以书面形式由项目经理签字后送交工程师，工程师在回执上签署姓名和收到时间后生效。

项目经理按发包方认可的施工组织设计（施工方案）和工程师依据合同发出的指令组织施工。在情况紧急且无法与工程师联系时，项目经理应当采取保证人员生命和工程、财产安全的紧急措施，并在采取措施后48小时内向工程师提交报告。责任在发包方或第三人的，由发包方承担由此发生的追加合同价款，相应顺延工期；责任在承包方，由承包方承担费用，不顺延工期。承包方如需要更换项目经理，应至少提前7天以书面形式通知发包方，并征得发包方同意。后任继续行使合同文件约定的前任的职权，履行前任的义务。发包方可以与承包方协商，建议更换其认为不称职的项目经理。

(二)发包方与承包方的工作义务

一般而言，发包方应按专用条款约定的内容和时间完成以下工作。

(1)办理土地征用、拆迁补偿、平整施工场地等工作，使施工场地具备施工条件，在开工后继续负责解决以上事项遗留问题。

(2)将施工所需水、电、电信线路从施工场地外部接至专用条款约定地点，保证施工期间的需要。

(3)开通施工场地与城乡公共道路的通道，以及专用条款约定的施工场地内的主要道路，满足施工运输的需要，保证施工期间的畅通。

(4)向承包方提供施工场地的工程地质和地下管线资料，对资料的真实准确性负责。

(5)办理施工许可证及其他施工所需证件、批件和临时用地、停水、停电、中断道路交通、爆破作业等的申请批准手续（证明承包方自身资质的证件除外）。

(6)确定水准点与坐标控制点，以书面形式交给承包方，进行现场交验。

(7)组织承包方和设计单位进行图纸会审和设计交底。

(8)协调处理施工场地周围地下管线和邻近建筑物、构筑物（包括文物保护建筑）、古树名木的保护工作、承担有关费用。

(9)双方约定的发包方应做的其他工作。

发包方可以将部分工作委托承包方办理，双方在专用条款内约定，其费用由发包方承担。发包方未能履行以上各项义务，导致工期延误或给承包方造成损失的，发包方赔偿承包方有关损失，顺延延误的工期。

承包方应按专用条款约定的内容和时间完成以下工作。

(1)根据发包方委托,在其设计资质等级和业务允许的范围内,完成施工图设计或与工程配套的设计,经工程师确认后使用,发包方承担由此发生的费用。

(2)向工程师提供年、季、月度工程进度计划及相应进度统计报表。

(3)根据工程需要,提供和维修非夜间施工使用的照明、围栏设施,负责安全保卫。

(4)按专用条款约定的数量和要求,向发包方提供施工场地办公和生活的房屋及设施,发包方承担由此发生的费用。

(5)遵守政府有关主管部门对施工场地交通、施工噪音以及环境保护和安全生产等的管理规定,按规定办理有关手续,并以书面形式通知发包方,发包方承担由此发生的费用,因承包方责任造成的罚款除外。

(6)已竣工工程未交付发包方之前,承包方应按专用条款约定负责已完工程的保护工作,保护期间发生损坏,承包方自费予以修复;发包方要求承包方采取特殊措施保护的工程部位和相应的追加合同价款,双方在合同内约定。

(7)按专用条款约定做好施工场地地下管线和邻近建筑物、构筑物(包括文物保护建筑)、古树名木的保护工作。

(8)保证施工场地清洁符合环境卫生管理的有关规定,交工前清理现场达到专用条款约定的要求,承担因自身原因违反有关规定造成的损失和罚款。

(9)双方在专用条款内约定的承包方应做的其他工作。

承包方未能履行以上各项义务,造成发包方损失的,承包方赔偿发包方有关损失。

(三)施工组织设计和工期

1.进度计划

承包方应按专用条款约定的日期,将施工组织设计和工程进度计划提交工程师,工程师按专用条款约定的时间予以确认或提出修改意见,逾期不确认也不提出书面意见的,视为同意。群体工程中单位工程分期进行施工的,承包方应按照发包方提供图纸及有关资料的时间,按单位工程编制进度计划,其具体内容双方在专用条款中约定。承包方必须按工程师确认的进度计划组织施工,接受工程师对进度的检查、监督。工程实际进度与经确认的进度计划不符时,承包方应按工程师的要求提出改进措施,经工程师确认后执行。因承包方的原因导致实际进度与进度计划不符,承包方无权就改进措施提出追加合同价款。

2.开工及延期开工

承包方应当按照协议书约定的开工日期开工。开工日期一般是指发包方、承包方在协议书中约定、承包方开始施工的绝对或相对的日期。承包方不能按时开工,应当不迟于协议书约定的开工日期前7天,以书面形式向工程师提出延期开工的理由和要求。工程师应当在接到延期开工申请后的48小时内以书面形式答复承包方。工程师在接到延期开工申请后48小时内不答复,视为同意承包方要求,工期相应顺延。工程师不同意延期要求或承包方未在规定时间内提出延期开工要求,工期不予顺延。因发包方原因不能按照协议书约定的开工日期开工,工程师应以书面形式通知承包方,推迟开工日期。发包方赔偿承包方因延期开工造成的损失,并相应顺延工期。

3. 暂停施工

工程师认为确有必要暂停施工时，应当以书面形式要求承包方暂停施工，并在提出要求后48小时内提出书面处理意见。承包方应当按工程师要求停止施工，并妥善保护已完工程。承包方实施工程师做出的处理意见后，可以书面形式提出复工要求，工程师应当在48小时内给予答复。工程师未能在规定时间内提出处理意见，或收到承包方复工要求后48小时内未予答复，承包方可自行复工。因发包方原因造成停工的，由发包方承担所发生的追加合同价款，赔偿承包方由此造成的损失，相应顺延工期；因承包方原因造成停工的，由承包方承担发生的费用，工期不予顺延。

4. 工期延误

因以下原因造成工期延误，经工程师确认，工期相应顺延：发包方未能按专用条款的约定提供图纸及开工条件；发包方未能按约定日期支付工程预付款、进度款，致使施工不能正常进行；工程师未按合同约定提供所需指令、批准等，致使施工不能正常进行；设计变更和工程量增加；一周内非承包方原因停水、停电、停气造成停工累计超过8小时；不可抗力；专用条款中约定或工程师同意工期顺延的其他情况。承包方应在以上情况发生后14天内，就延误的工期以书面形式向工程师提出报告。工程师在收到报告后14天内予以确认，逾期不予确认也不提出修改意见，可视为同意顺延工期。

5. 工程竣工

承包方必须按照协议书约定的竣工日期或工程师同意顺延的工期竣工。竣工日期一般是指发包方、承包方在协议书中约定的承包方完成承包范围内工程的绝对或相对的日期。因承包方原因不能按照协议书约定的竣工日期或工程师同意顺延的工期竣工的，承包方承担违约责任。施工中发包方如需提前竣工，双方协商一致后应签订提前竣工协议，作为合同文件组成部分。提前竣工协议应包括承包方为保证工程质量和安全采取的措施、发包方为提前竣工提供的条件以及提前竣工所需的追加合同价款等内容。

(四)质量与检验义务

1. 工程质量

工程质量应当达到协议书约定的质量标准，质量标准的评定以国家或行业的质量检验评定标准为依据。因承包方原因致使工程质量达不到约定的质量标准，承包方应承担违约责任。双方对工程质量有争议，由双方同意的工程质量检测机构鉴定，所需费用及因此造成的损失，由责任方承担。双方均有责任，由双方根据其责任分别承担。

2. 检查和返工

承包方应认真按照标准、规范和设计图纸要求以及工程师依据合同发出的指令施工，随时接受工程师的检查检验，为检查检验提供便利条件。同时工程师的检查检验不应影响施工正常进行。如影响施工正常进行，检查检验不合格时，影响正常施工的费用由承包方承担。除此之外影响正常施工的追加合同价款由发包方承担，相应顺延工期。工程质量达不到约定标准的部分，工程师一经发现，应要求拆除和重新施工，承包方应按照工程师的要求拆除和重新施工，直到符合约定标准。因承包方原因达不到约定标准，由承包方承担拆除和重新施工的费用，工期不予顺延。因工程师指令失误或其他非承包方原因发生的追加合同价款，由发包方承担。

3. 隐蔽工程和中间验收

工程具备隐蔽条件或达到专用条款约定的中间验收部位，承包方进行自检，并在隐蔽或中间验收前 48 小时以书面形式通知工程师验收。通知应包括隐蔽和中间验收的内容、验收时间和地点。承包方准备验收记录，验收合格，工程师在验收记录上签字后，承包方可进行隐蔽和继续施工。验收不合格，承包方在工程师限定的时间内修改后重新验收。工程师不能按时进行验收，应在验收前 24 小时以书面形式向承包方提出延期要求，延期不能超过 48 小时。工程师未能按以上时间提出延期要求，不进行验收，承包方可自行组织验收，工程师应承认验收记录。经工程师验收，工程质量符合标准、规范和设计图纸等要求，验收 24 小时后，工程师不在验收记录上签字，视为工程师已经认可验收记录，承包方可进行隐蔽或继续施工。

无论工程师是否进行验收，当其要求对已经隐蔽的工程重新检验时，依据《建筑工程施工合同（示范文本）》（GF—1999—0201），承包方应按要求进行剥离或开孔，并在检验后重新覆盖或修复。检验合格，依《合同法》第 284 条，发包方应承担由此发生的全部追加合同价款，赔偿承包方损失，并相应顺延工期。检验不合格，依《合同法》第 281 条，承包方承担发生的全部费用，工期不予顺延。

4. 工程试车

双方约定需要试车的，试车内容应与承包方承包的安装范围相一致。设备安装工程具备单机无负荷试车条件，承包方组织试车，并在试车前 48 小时以书面形式通知工程师。通知包括试车内容、时间、地点。承包方准备试车记录，发包方根据承包方要求为试车提供必要条件。试车合格，工程师在试车记录上签字。工程师不能按时参加试车，须在开始试车前 24 小时以书面形式向承包方提出延期要求，延期不能超过 48 小时。工程师未能按以上时间提出延期要求，不参加试车，应承认试车记录。设备安装工程具备无负荷联动试车条件，发包方组织试车，并在试车前 48 小时以书面形式通知承包方。通知包括试车内容、时间、地点和对承包方的要求，承包方按要求做好准备工作。试车合格，双方在试车记录上签字。投料试车应在工程竣工验收后由发包方负责，如发包方要求在工程竣工验收下一个知识点或需要承包方配合时，应征得承包方同意，另行签订补充协议。

工程试车中发包方与承包方应依下列规定承担责任。

第一、由于设计原因试车达不到验收要求，发包方应要求设计单位修改设计，承包方按修改后的设计重新安装。发包方承担修改设计、拆除及重新安装的全部费用和追加合同价款，工期相应顺延。

第二、由于设备制造原因试车达不到验收要求，由该设备采购一方负责重新购置或修理，承包方负责拆除和重新安装。设备由承包方采购的，由承包方承担修理或重新购置、拆除及重新安装的费用，工期不予顺延；设备由发包方采购的，发包方承担上述各项追加合同价款，工期相应顺延。

第三、由于承包方施工原因试车达不到验收要求，承包方按工程师要求重新安装和试车，并承担重新安装和试车的费用，工期不予顺延。

第四、试车费用除已包括在合同价款之内或专用条款另有约定外，均由发包方承担。

第五、工程师在试车合格后不在试车记录上签字，试车结束24小时后，视为工程师已经认可试车记录，承包方可继续施工或办理竣工手续。

(五)安全施工义务

1. 安全施工与检查

承包方应遵守工程建设安全生产有关管理规定，严格按安全标准组织施工，并随时接受行业安全检查人员依法实施的监督检查，采取必要的安全防护措施，消除事故隐患。由于承包方安全措施不力造成事故的责任和因此发生的费用，由承包方承担。发包方应对其在施工场地的工作人员进行安全教育，并对他们的安全负责。发包方不得要求承包方违反安全管理的规定进行施工。因发包方原因导致的安全事故，由发包方承担相应责任及发生的费用。

2. 安全防护

承包方在动力设备、输电线路、地下管道、密封防震车间、易燃易爆地段以及临街交通要道附近施工时，施工开始前应向工程师提出安全防护措施，经工程师认可后实施，防护措施费用由发包方承担。实施爆破作业，在放射、毒害性环境中施工(含储存、运输、使用)及使用毒害性、腐蚀性物品施工时，承包方应在施工前14天以书面通知工程师，并提出相应的安全防护措施，经工程师认可后实施，由发包方承担安全防护措施费用。

3. 事故处理

发生重大伤亡及其他安全事故，承包方应按有关规定立即上报有关部门并通知工程师，同时按政府有关部门要求处理，由事故责任方承担发生的费用。发包方承包方对事故责任有争议时，应按政府有关部门的认定处理。

(六)合同价款与支付

1. 合同价款及调整

招标工程的合同价款由发包方、承包方依据中标通知书中的中标价格在协议书内约定。非招标工程的合同价款由发包方承包方依据工程预算书在协议书内约定。合同价款在协议书内约定后，任何一方不得擅自改变。当事人双方可在专用条款内约定采用以下一种价款确定方式。

第一、固定价格合同。双方在专用条款内约定合同价款包含的风险范围和风险费用的计算方法，在约定的风险范围内合同价款不再调整。风险范围以外的合同价款调整方法，则应当在专用条款内约定。

第二、可调价格合同。合同价款可根据双方的约定而调整，双方在专用条款内约定合同价款调整方法。可调价格合同中合同价款的调整因素包括：法律、行政法规和国家有关政策变化影响合同价款；工程造价管理部门公布的价格调整；非承包方原因所导致的停水、停电、停气造成停工累计超过8小时；双方约定的其他因素。承包方应当在调整情况发生后14天内，将调整原因、金额以书面形式通知工程师，工程师确认调整金额后作为追加合同价款，与工程款同期支付。工程师收到承包方通知后14天内不予确认也不提出修改意见,视为已经同意该项调整。

第三、成本加酬金合同。合同价款包括成本和酬金两部分,双方在合同内约定成本构成和酬金的计算方法。

2. 工程预付款

实行工程预付款的,双方应当在合同内约定发包方向承包方预付工程款的时间和数额,开工后按约定的时间和比例逐次扣回。预付时间应不迟于约定的开工日期前7天。发包方不按约定预付,承包方在约定预付时间7天后向发包方发出要求预付的通知,发包方收到通知后仍不能按要求预付,承包方可在发出通知后7天停止施工,发包方应从约定应付之日起向承包方支付应付款的贷款利息,并承担违约责任。

3. 工程量的确认

承包方应按专用条款约定的时间,向工程师提交已完工程量的报告。工程师接到报告后7天内按设计图纸核实已完工程量(以下称计量),并在计量前24小时通知承包方,承包方应为计量提供便利条件并派人参加。承包方收到通知后不参加计量,计量结果有效,作为工程价款支付的依据。工程师收到承包方报告后7天内未进行计量,从第8天起,承包方报告中开列的工程量可视为被确认,作为工程价款支付的依据。工程师不按约定时间通知承包方,致使承包方未能参加计量,计量结果无效。对承包方超出设计图纸范围和因承包方原因造成返工的工程量,工程师不予计量。

4. 工程款(进度款)支付

在确认计量结果后14天内,发包方应向承包方支付工程款(进度款)。按约定时间发包方应扣回的预付款,与工程款(进度款)同期结算。双方因可调价格合同而形成的调整价款、因工程变更而形成的调整价款及约定的其他追加合同价款,一般应与工程款(进度款)同期调整支付。发包方超过约定的支付时间不支付工程款(进度款),承包方可向发包方发出要求付款的通知,发包方收到承包方通知后仍不能按要求付款,可与承包方协商签订延期付款协议,经承包方同意后可延期支付。协议应明确延期支付的时间和从计量结果确认后第15天起计算应付款的贷款利息。发包方不按合同约定支付工程款(进度款),双方又未达成延期付款协议,导致施工无法进行,承包方可停止施工,由发包方承担违约责任。

(七)材料设备供应

1. 发包方供应材料设备

实行发包方供应材料设备的,双方应当约定发包方供应材料设备的一览表,作为合同附件。一览表包括发包方供应材料设备的品种、规格、型号、数量、单价、质量等级、提供时间和地点。发包方按一览表约定的内容提供材料设备,并向承包方提供产品合格证明,对其质量负责。发包方应在所供材料设备到货前24小时,以书面形式通知承包方,由承包方派人与发包方共同清点。发包方供应的材料设备,承包方派人参加清点后由承包方保管的,发包方支付相应保管费用。因承包方原因发生丢失损坏,由承包方负责赔偿。发包方未通知承包方清点,承包方不负责材料设备的保管,丢失损坏由发包方负责。发包方供应的材料设备与一览表不符时，发包方应承担有关责任。发包方应承担责任的具体内容，双方根据下列情况在专用条款内约定：第一、材料设备单价与一览表不符，由发包方承担所有价差；第二、材料设备的品种、规格、型号、质量等级与一览表不符，承包方可拒绝接收保管，由发包方运出施工场地并重新采购；第三、发包方供应的材料规格、型号与一览表不符，经发包方同意，承包方可代为调剂串换，由发包方承担相应费用；第四、到货地点与一览表不符，由发包方负责运至一览表指定地点；第五、供应数量少于一览表约定的数量时，由发包方补齐，多于一览表约定数量时，发包方负责将多出部分运出施工场地；第六、到货时间早于一览表约定时间，由发包方承担因此发生的保管费用；到货时间迟于一览表约定的供应时间，发包方赔偿由此造成的承包方损失，造成工期延误的，相应顺延工期。发包方供应的材料设备使用前，由承包方负责检验或试验，不合格的不得使用，检验或试验费用由发包方承担。

2. 承包方采购材料设备

承包方负责采购材料设备的，应按照专用条款约定及设计和有关标准要求采购，并提供产品合格证明，对材料设备质量负责。承包方在材料设备到货前 24 小时通知工程师清点。承包方采购的材料设备与设计标准要求不符时，承包方应按工程师要求的时间运出施工场地，重新采购符合要求的产品，承担由此发生的费用，由此延误的工期不予顺延。承包方采购的材料设备在使用前，承包方应按工程师的要求进行检验或试验，不合格的不得使用，检验或试验费用由承包方承担。工程师发现承包方采购并使用不符合设计和标准要求的材料设备时，应要求承包方负责修复、拆除或重新采购，由承包方承担发生的费用，由此延误的工期不予顺延。承包方需要使用代用材料时，应经工程师认可后才能使用，由此增减的合同价款由双方议定。由承包方采购的材料设备，发包方不得指定生产厂或供应商。

（八）工程变更

1. 工程设计变更

施工中发包方需对原工程设计变更，应提前 14 天并以书面形式向承包方发出变更通知。变更超过原设计标准或批准的建设规模时，发包方应报规划管理部门和其他有关部门重新审查批准，并由原设计单位提供变更的相应图纸和说明。承包方按照工程师发出的变更通知及有关要求，进行下列需要的变更：第一、更改工程有关部分的标高、基线、位置和尺寸；第二、增减合同中约定的工程量；第三、改变有关工程的施工时间和顺序；第四、其他有关工程变更需要的附加工作。因变更导致合同价款的增减及造成的承包方损失，由发包方承担，延误的工期相应顺延。施工中承包方不得对原工程设计进行变更。因承包方擅自变更设计发生的费用和由此导致发包方的直接损失，由承包方承担，延误的工期不予顺延。承包方在施工中提出的合理化建议涉及对设计图纸或施工组织设计的更改及对材料、设备的换用，须经工程师同意。未经同意擅自更改或换用时，承包方承担由此发生的费用，并赔偿发包方的有关损失，延误的工期不予顺延。工程师同意采用承包方合理化建议，所发生的费用和获得的收益，发包方、承包方另行约定分担或分享。

2. 其他变更

合同履行中发包方要求变更工程质量标准及发生其他实质性变更，由双方协商解决。

3. 确定变更价款

承包方应在工程变更确定后14天内，提出变更工程价款的报告，经工程师确认后调整合同价款。变更合同价款按下列方法进行：第一、合同中已有适用于变更工程的价格，按合同已有的价格变更合同价款；第二、合同中只有类似于变更工程的价格，可以参照类似价格变更合同价款；第三、合同中没有适用或类似于变更工程的价格，由承包方提出适当的变更价格，经工程师确认后执行。承包方在双方确定变更后14天内不向工程师提出变更工程价款报告时，视为该项变更不涉及合同价款的变更。工程师应在收到变更工程价款报告之日起14天内予以确认，工程师无正当理由不确认时，自变更工程价款报告送达之日起14天后视为变更工程价款报告已被确认。工程师确认增加的工程变更价款作为追加合同价款，与工程款同期支付。工程师不同意承包方提出的变更价款，按示范文本通用条款第37条关于争议的约定处理。因承包方自身原因导致的工程变更，承包方无权要求追加合同价款。

（九）竣工验收与结算

1. 竣工验收

工程具备竣工验收条件，承包方按国家工程竣工验收有关规定，向发包方提供完整竣工资料及竣工验收报告。双方约定由承包方提供竣工图的，应当在专用条款内约定提供的日期和份数。发包方应在收到竣工验收报告后28天内组织有关单位验收，并在验收后14天内给予认可或提出修改意见。承包方按要求修改，并承担由自身原因造成修改的费用。发包方收到承包方送交的竣工验收报告后28天内不组织验收，或验收后14天内不提出修改意见，视为竣工验收报告已被认可。发包方收到承包方竣工验收报告后28天内不组织验收，从第29天起承担工程保管及一切意外责任。工程未经竣工验收或竣工验收未通过的，发包方不得使用。发包方强行使用时，由此发生的质量问题及其他问题，由发包方承担责任。

2. 竣工结算

工程竣工验收报告经发包方认可后28天内，承包方向发包方递交竣工结算报告及完整的结算资料，双方按照协议书约定的合同价款及专用条款约定的合同价款调整内容，进行工程竣工结算。发包方收到承包方递交的竣工结算报告及结算资料后28天内，给予确认或者提出修改意见。发包方确认竣工结算报告后通知经办银行向承包方支付工程竣工结算价款。承包方应在收到竣工结算价款后14天内将竣工工程交付发包方。发包方收到竣工结算报告及结算资料后28天内无正当理由不支付工程竣工结算价款，从第29天起按承包方同期向银行贷款利率支付拖欠工程价款的利息，并承担违约责任。发包方收到竣工结算报告及结算资料后28天内不支付工程竣工结算价款，承包方可以催告发包方支付结算价款。发包方在收到竣工结算报告及结算资料后56天内仍不支付的，承包方可以与发包方协议将该工程折价，也可以由承包方申请人民法院将该工程依法拍卖，承包方就该工程折价或者拍卖的价款优先受偿。工程竣工验收报告经发包方认可后28天内，承包方未能向发包方递交竣工结算报告及完整的结算资料，造成工程竣工结算不能正常进行或工程竣工结算价款不能及时支付，发包方要求交付工程的，承包方应当交付；发包方不要求交付工程的，承包方承担保管责任。

3. 质量保修

承包方应按法律、行政法规或国家关于工程质量保修的有关规定，对交付发包方使用的工程在质量保修期内承担质量保修责任。承包方可在工程竣工验收之前，与发包方签订质量保修书，作为合同附件。质量保修书的主要内容包括：质量保修项目的内容及范围；质量保修期；质量保修责任；质量保修金的支付方法。

9.4.5 建筑施工合同的分包、解除与终止

(一)建筑工程的分包与转包

《合同法》第272条第2款和第3款规定："总承包方或者勘察、设计、施工承包方经发包方同意，可以将自己承包的部分工作交由第三人完成。"第三人就其完成的工作成果与总承包方或者勘察、设计、施工承包方向发包方承担连带责任。承包方不得将其承包的全部建设工程转包给第三人或者将其承包的全部建设工程肢解以后以分包的名义分别转包给第三人。禁止承包方将工程分包给不具备相应资质条件的单位。禁止分包单位将其承包的工程再分包。建设工程主体结构的施工必须由承包方自行完成。

(1)承包方可按合同的约定分包所承包的部分工程，并与分包单位签订分包合同。非经发包方同意，承包方不得将承包工程的任何部分分包。

(2)承包方不得将其承包的全部工程转包给他人，也不得将其承包的全部工程肢解以后以分包的名义分别转包给他人。

(3)工程分包不能解除承包方任何责任与义务。承包方应在分包场地派驻相应管理人员，保证本合同的履行。分包单位的任何违约行为或疏忽导致工程损害或给发包方造成其他损失，承包方要与分包人共同承担连带责任。

(4)分包是承包方与分包人之间独立的合同法律关系，因此分包工程价款应由承包方与分包单位结算。《建筑工程施工合同(示范文本)》(GF—1999—0201)特别规定："发包方未经承包方同意，不得以任何形式向分包单位支付各种工程款项。"

(二)建筑工程合同的解除

(1)当事人协商一致，可以解除合同。

《合同法》第93条规定，"当事人协商一致，可以解除合同"，因此发包方、承包方协商一致，可以解除合同。

(2)当事人可以约定一方解除合同的条件。

《合同法》第94条规定：有下列情形之一的，当事人可以解除合同，因不可抗力致使不能实现合同目的；在履行期限届满之前，当事人一方明确表示或者以自己的行为表明不履行主要债务；当事人一方迟延履行主要债务，经催告后在合理期限内仍未履行；当事人一方迟延履行债务或者有其他违约行为致使不能实现合同目的；法律规定的其他情形。因此，《建筑工程施工合同(示范文本)》(GF—1999—0201)设定了下列解除权条款，因不可抗力致使合同无法履行，发包方、承包方可以解除合同；发包方不按合同约定支付工程款，双方又未达成延期付款协议，导致施工无法进行，承包方可停止施工，停止施工超过56天，发包方仍不支付工程款，承包方有权解除合同；承包方将其承包的全部工程转包给他人或者肢解以后以分包的名义分别转

包给他人,发包方有权解除合同;因一方违约(包括因发包方原因造成工程停建或缓建)致使合同无法履行,当事人可结合自己的要求另外订立解除权条款。

(3)《合同法》第 96 条规定,当事人一方依照本法第 93 条第 2 款、第 94 条的规定主张解除合同的,应当通知对方。合同自通知到达对方时解除。对方有异议的,可以请求人民法院或者仲裁机构确认解除合同的效力。法律、行政法规规定解除合同应当办理批准、登记等手续的,依照其规定。因此发包方或承包方依据法律或约定要求解除合同的,应以书面形式向对方发出解除合同的通知,并在发出通知前 7 天告知对方,通知到达对方时合同解除。对解除合同有争议的,可以请求人民法院或者仲裁机构确认解除合同的效力。

(4)合同解除后,尚未履行的,终止履行;已经履行的,根据履行情况和合同性质,当事人可以要求恢复原状、采取其他补救措施,并有权要求赔偿损失。

《合同法》第 98 条规定:"合同的权利义务终止,不影响合同中结算和清理条款的效力。"因此在合同解除后,承包方应妥善做好已完工程和已购材料、设备的保护和移交工作,按发包方要求将自有机械设备和人员撤出施工场地。发包方应为承包方撤出提供必要条件,支付以上所发生的费用,并按合同约定支付已完工程价款。已经订货的材料、设备由订货方负责退货或解除订货合同,不能退还的货款和因退货、解除订货合同发生的费用,由发包方承担,因未及时退货造成的损失由责任方承担。除此之外,有过错的一方应当赔偿因合同解除给对方造成的损失。合同解除后,不影响双方在合同中约定的结算和清理条款的效力。

(三)合同的终止

发包方、承包方履行合同全部义务,竣工结算价款支付完毕,承包方向发包方交付竣工工程后,合同即告终止,按照《合同法》第 91 条的规定,合同还可能因为解除、抵消、免除等而终止。合同的权利义务终止后,按照《合同法》第 92 条的规定:"发包方、承包方应当遵循诚实信用原则,履行通知、协助、保密等义务。"

9.4.6　建筑施工合同应注意的其他事项

(一)不可抗力条款

依照《合同法》第 117 条的规定,不可抗力是指不能预见、不能避免并不能克服的客观情况。根据《建筑工程施工合同(示范文本)》(GF—1999—0201),不可抗力包括因战争、动乱、空中飞行物体坠落或其他非发包方、承包方责任造成的爆炸、火灾,以及专用条款约定的风、雨、雪、洪、震等自然灾害。

《合同法》第 117 条规定,因不可抗力不能履行合同的,根据不可抗力的影响,部分或者全部免除责任,但法律另有规定的除外。当事人迟延履行后发生不可抗力的,不能免除责任。《合同法》第 118 条规定,当事人一方因不可抗力不能履行合同的,应当及时通知对方,以减轻可能给对方造成的损失,并应当在合理期限内提供证明。

因此不可抗力事件发生后,承包方应立即通知工程师,并在力所能及的条件下迅速采取措施,尽力减少损失,发包方应协助承包方采取措施。按照《建筑工程施工合同(示范文本)》(GF—1999—0201),不可抗力事件结束后 48 小时内承包方向工程师通报受害情况和损失情况,及预计清理和修复的费用。不可抗力事件持续发生,承包方应每隔 7 天向工程师报告一次受害情况。不可抗力事件结束后14天内,承包方向工程师提交清理和修复费用的正式报告及有关资料。因合同一方迟延履行合同后发生不可抗力的,不能免除迟延履行方的相应责任。

《建筑工程施工合同(示范文本)》(GF—1999—0201)还规定了因不可抗力事件导致的费用及延误的工期的承担方法如下。

(1)工程本身的损害、因工程损害导致第三方人员伤亡和财产损失以及运至施工场地用于施工的材料和待安装的设备的损害,由发包方承担。

(2)发包方、承包方人员伤亡由其所在单位负责,并承担相应费用。

(3)承包方机械设备损坏及停工损失,由承包方承担。

(4)停工期间,承包方应工程师要求留在施工场地的必要的管理人员及保卫人员的费用由发包方承担。

(5)工程所需清理、修复费用,由发包方承担。

(6)延误的工期相应顺延。

(二)保险与担保条款

1. 保险条款

工程开工前,发包方为建设工程和施工场内的自有人员及第三方人员生命财产办理保险,支付保险费用。运至施工场地内用于工程的材料和待安装设备,由发包方办理保险,并支付保险费用。发包方可以将有关保险事项委托承包方办理,费用由发包方承担。承包方必须为从事危险作业的职工办理意外伤害保险,并为施工场地内自有人员生命财产和施工机械设备办理保险,支付保险费用。保险事故发生时,发包方、承包方有责任尽力采取必要的措施,防止或者减少损失。具体投保内容和相关责任,发包方、承包方在合同中约定。

2. 担保条款

发包方、承包方为了全面履行合同,应互相提供以下担保:发包方向承包方提供履约担保,按合同约定支付工程价款及履行合同约定的其他义务;承包方向发包方提供履约担保,按合同约定履行自己的各项义务。一方违约后,另一方可要求提供担保的第三人承担相应责任。

3. 专利技术及特殊工艺问题

发包方要求使用专利技术或特殊工艺,应负责办理相应的申报手续,承担申报、试验、使用等费用;承包方提出使用专利技术或特殊工艺,应取得工程师认可,承包方负责办理申报手续并承担有关费用。擅自使用专利技术侵犯他人专利权的,责任者依法承担相应责任。

4. 发现文物和地下障碍物的处理

在施工中发现古墓、古建筑遗址等文物及化石或其他有考古、地质研究等价值的物品时,承包方应立即保护好现场并于4小时内以书面形式通知工程师,工程师应于收到书面通知后24小时内报告当地文物管理部门,发包方、承包方按文物管理部门的要求采取妥善保护措施。发包方承担由此发生的费用,顺延延误的工期。如发现后隐瞒不报,致使文物遭受破坏,责任者依法承担相应责任。

施工中出现影响施工的地下障碍物时,承包方应于8小时内以书面形式通知工程师,同时提出处置方案,工程师收到处置方案后24小时内予以认可或提出修正方案。发包方承担由此发生的费用，顺延延误的工期。所发现的地下障碍物有归属单位时，发包方应报请有关部门协同处置。

9.4.7 施工合同索赔

在合同履行过程中，合同当事人的一方，由于不应归他负责的某种原因造成合同规定的责任和义务以外的费用支出，通过一定的合法途径和程序，向对方要求补偿的活动称为索赔。工程承包单位在履行施工合同的过程中发生了额外的费用支出，而这种支出又不属于承包合同规定应由承包方承担的责任和义务，即可根据合同中有关条款的规定，通过一定程序，要求业主(发包方)给予补偿，这种活动就叫做施工索赔。在工程项目实践中，索赔是经常发生的现象，它一般由承包方提出，通过监理工程师向业主要求延长工期或增加额外工程费用。索赔是承包方与业主之间承担工程风险比例的合理再分配。

(一)索赔的原因

施工承包过程中，发生索赔的原因很多，归纳起来主要有如下几点。

1. 施工条件变化

如在工程施工过程中发现原设计和标书规定的施工方法、施工条件不适当，必须改变。

2. 工程量变化太大

由于设计考虑不周，或标书中的工程量清单数量不准确，施工过程中出现较大工程量变化。

3. 施工进度拖延

在施工过程中，由于不可抗力的影响或由于业主的原因而导致工程进度拖延，从而增加了施工费用。如由于承包商所不能预见并为监理工程师确认的不利的自然条件和人为障碍所造成的额外费用支出。

4. 业主违反合同

如建设单位未能根据合同规定，按承包方提交监理工程师的施工进度计划的安排，及时提供施工场地，由此而延误工期或增加费用。比如在施工过程中，业主临时提出超出合同范围的要求，使承包方的费用增加。

(二)索赔的种类

1. 按索赔的目的分类

1)延长工期索赔

延长工期索赔指的是要求监理工程师和业主延长施工时间，推迟竣工日期。根据具体情况，将工期拖延又分为可原谅的拖期和不可原谅的拖期。可原谅的拖期指的是由于承包方的原因而引起的工程拖期，如异常的天气、罢工、人力不可抗拒的天灾、业主改变设计、地质条件恶劣等所引起的工程拖期；不可原谅的拖期，即由于承包方的原因而引起的工期延误，如施工组织协调不好、人力不足、劳动生产率低、工程量不符合施工规程的要求而造成返工等。

2)经济索赔

承包方由于施工客观条件改变而增加了自己费用时，向业主和监理工程师要求弥补自己的额外开支。

经济索赔可进一步分为3种类型。

(1)合同规定索赔。合同规定索赔是指以合同条款为依据,在合同中有明文规定的索赔,如工期延误、工程变更、工程师提供的放线资料有误、业主不按合同规定支付进度款等。

(2)非合同规定索赔。非合同规定索赔在合同文件中没有明确的叙述,但可以根据合同文件的某些内容合理推断出可以进行此类索赔,而且此索赔并不违反合同文件的其他任何内容。例如,在国际工程承包中,当地货币贬值可能给承包商造成损失,对于合同工期较短的,合同条件中可能没有规定如何处理。当由于业主原因使工期拖延,而又出现汇率大幅度下跌时,承包商可以提出这方面的补偿要求。

(3)道义索赔。道义索赔无合同和法律依据,是承包商认为自己在施工中确实遭受很大损失,而向业主寻求优惠性质的额外付款。如承包商克服了巨大困难,使工程获得圆满成功,然而自己却蒙受了重大损失,于是承包商提出索赔要求。

在具体实践中,大多数情况是承包方既提出工期索赔,又提出经济索赔。

2. 按索赔的处理时间和方式分类

1)单项索赔

单项索赔是指在工程实施过程中出现了干扰原合同规定的事件,承包商为此事件提出的索赔。如业主发出设计变更指令,造成承包商成本增加,工期延长,承包商为此提出索赔要求。单项索赔涉及的合同事件比较简单,责任分析和索赔计算比较简单,双方容易达成协议。

2)总索赔

总索赔又称一揽子索赔,指的是承包商在工程竣工前后,将施工过程中已提出但未解决的索赔汇总在一起,向业主提出一份总的索赔报告的索赔。

发生这种索赔的原因有下列几种。

(1)在合同实施过程中,由于一些单项索赔问题比较复杂,不能立即解决,双方协商同意后,留待以后解决。

(2)业主对索赔迟迟不作答复,使索赔持续时间较长。

(3)有的承包商的合同管理水平差,平时没有注意对索赔的管理,当工程快完工时,发现自己亏了本,或业主不付款时,才提出索赔。

由于以上原因,在处理一揽子索赔时,因许多干扰事件交织在一起,影响因素比较复杂,有些证据时过境迁,使责任分析和索赔计算发生困难,加之一揽子索赔的金额较大,往往需要承包商做出较大的努力或让步才能解决。

3. 按索赔发生的原因分类

1)工程拖期索赔

工程拖期索赔是指由于施工进度落后于计划而引起的有关事项的索赔。造成进度落后的原因应该是业主的责任,或是按合同规定应该由业主承担的风险,在此条件下承包商可以提出索赔。

2)工程变更索赔

工程变更索赔是指由于业主或工程师指令增加或减少工程量,或是进行合同范围以外的工作，或是改变工程顺序而引起的索赔。几乎所有的建筑工程都会发生变更，工程变更往往也会影响其他相关工作，产生连锁反应。因此工程变更索赔很少能独立于其他类型的索赔。

3）加速施工索赔

加速施工索赔经常是工程拖期索赔或工程变更索赔的相关索赔。如果业主要求承包商比合同规定的工期提前竣工，或因承包商前段进度拖延（非承包商的责任），要求后一阶段弥补已损失的工期，这样，承包商可以因施工加速使成本超支而提出索赔，索赔的费用一般包括加班工资、雇佣额外劳动力、采用额外设备、改变施工方法、提供额外监督管理人员等所引起的费用的增加。

4）施工条件变化索赔

施工条件变化索赔包括水文地质条件变化、人为障碍、不利天气条件、合同文件模糊或错误、不可抗力、业主方造成的风险等事件。进行此类索赔，承包商必须在索赔报告中充分说明原因，如此事件是一个有经验的承包商无法预料的。

（三）索赔的依据

索赔的成功很大程度上取决于承包商对索赔做出的解释和所提供的强有力的证明材料。因此，承包商在正式提出索赔报告前的资料准备工作极为重要。施工索赔的依据主要有3种：一是工程合同；二是工程项目资料；三是有关法律、法规。其中合同是双方事先签订的，法律法规是国家主管部门统一制定颁发的，索赔人员只要熟悉其内容，能够运用自如即可，只有资料是动态的，随着施工活动的进展随时发生变化。因此，建立科学的工程项目数据管理体系，随时注意有关资料的搜集、整理、登记和单据、证书证明等。

（四）反索赔

承包方要求索赔在工程承包中是经常发生的事，业主也经常用反索赔来维护自己的利益。业主往往针对承包商在实施合同中的缺陷，向承包商提出索赔要求。反索赔的目的是防止损失的发生，它包括两方面的内容：第一是防止对方提出索赔，在合同实施中进行积极防御，使自己处于不能被索赔的地位，如防止自己违约，使自己完全按合同办事；第二是反击对方的索赔要求，如对对方的索赔报告进行反驳，找出理由和证据证明对方的索赔报告不符合事实情况，不符合合同规定，没有根据，计算不准确，以推卸或减轻自己的赔偿责任，使自己不受或少受损失。

常见的反索赔有工程拖期索赔和施工缺陷索赔两种。

1.工程拖期索赔

如果工程拖期的责任在承包方一方，则业主有权向承包方提出索赔。如承包方由于施工组织不善而导致工程拖期。

2.施工缺陷索赔

由于承包方在施工中的缺陷而提出的索赔。如工程质量不符合施工技术规程的规定，导致业主蒙受经济损失。

9.5 建筑工程监理合同

建筑工程监理合同也称为工程建设委托监理合同,简称监理合同。为了委托工程监理单位承担建筑工程监理业务,建设单位与工程监理单位签订的明确双方权利义务关系的协议。

为了使建筑工程监理合同双方当事人所签订的合同更为周全、细密,对建筑工程监理中可能出现的问题的解决尽量在事先达成协议或共识,以减少建筑工程监理过程中的扯皮现象,保障建筑工程监理顺利进行,提高建筑工程监理合同的履约率,同时也为了节省建筑工程监理合同双方当事人的谈判时间与费用,避免建筑工程监理合同与国家法律、法规相抵触,避免建筑工程监理合同条款的遗漏,杜绝无效建筑工程监理合同和效力有瑕疵的建筑工程监理合同,国务院建设部与国家工商行政管理总局先后于1995 年联合发布推行《工程建设监理合同示范文本》(GF—95—0202),于 2000 年联合发布推行修订后的《建设工程委托监理合同(示范文本)》(GF—2000—0202)。修订后的《建设工程委托监理合同(示范文本)》(GF—2000—0202)由建设工程委托监理合同、标准条件与专用条件3 部分组成。建设工程委托监理合同的篇幅并不大,但它是建设工程委托监理合同的总纲。标准条件是建设工程委托监理合同的主要组成部分,明确而详细地规定了双方的权利义务,适用于各个建设工程项目监理委托,各业主和工程监理单位都应当遵守。专用条件的条款是与标准条件的条款相对应的,由建设单位和工程监理单位根据各个建设工程项目的具体情况协商一致后填写,必须与标准条件结合在一起使用。

根据《建设工程委托监理合同(示范文本)》(GF—2000—0202),建设工程委托监理合同的内容由建设工程委托监理合同、标准条件与专用条件三部分组成。

1. 建设工程委托监理合同

(1)合同主体的确认,即合同双方的身份说明,包括委托人与监理人的机构名称、住所、法定代表人、开户银行、账号、邮政编码及电话等。

(2)工程概况的描述,主要包括工程名称、工程地点、工程规模、总投资等。工程概况描述主要是为了确定项目的内容,便于规定出监理服务的一般范围。

(3)词语定义。建设工程委托监理合同中的有关词语含义与本合同第二部分《标准条件》中赋予它们的定义相同。

(4)建设工程委托监理合同的组成。下列文件均为本合同的组成部分:监理投标书或中标通知书;本合同标准条件;本合同专用条件;在实施过程中双方共同签署的补充与修正文件。

(5)监理人向委托人承诺,按照本合同的规定,承担本合同专用条件中议定范围内的监理业务。

(6)委托人向监理人承诺按照本合同注明的期限、方式、币种,向监理人支付报酬。

2. 标准条件

1)词语定义、适用范围和法规

首先对工程、委托人、监理人、监理机构、总监理工程师、承包方、工程监理的正常工作、工程监理的附加工作、工程监理的额外工作、日、月等词语进行了解释。其次,指明建设工程委托监理合同适用的法律是指国家的法律、行政法规,以及专用条件中议定的部门规章或工程所在地的地方法规、地方规章。其三、说明建设工程委托监理合同文件使用汉语语言文字书写、解释和说明。如专用条件约定使用两种以上(含两种)语言文字时,汉语应为解释和说明本合同的标准语言文字。

2)监理人义务

监理人按合同约定派出监理工作需要的监理机构及监理人员,向委托人报送委派的总监理工程师及其监理机构主要成员名单、监理规划,完成监理合同专用条件中约定的监理工程范围内的监理业务。在履行合同义务期间,应按合同约定定期向委托人报告监理工作。监理人在履行本合同的义务期间,应认真、勤奋地工作,为委托人提供与其水平相适应的咨询意见,公正维护各方面的合法权益。监理人使用委托人提供的设施和物品属委托人的财产。在监理工作完成或中止时,应将其设施和剩余的物品按合同约定的时间和方式移交给委托人。在合同期内或合同终止后,未征得有关方同意,不得泄露与本工程、本合同业务有关的保密资料。

3)委托人义务

委托人在监理人开展监理业务之前应向监理人支付预付款。委托人应当负责工程建设的所有外部关系的协调,为监理工作提供外部条件。根据需要,如将部分或全部协调工作委托监理人承担,则应在专用条件中明确委托的工作和相应的报酬。委托人应当在双方约定的时间内免费向监理人提供与工程有关的为监理工作所需要的工程资料。委托人应当在专用条款约定的时间内就监理人书面提交并要求做出决定的一切事宜做出书面决定。委托人应当授权一名熟悉工程情况、能在规定时间内做出决定的常驻代表(在专用条款中约定),负责与监理人联系。更换常驻代表,要提前通知监理人。委托人应当将授予监理人的监理权利,以及监理人主要成员的职能分工、监理权限及时书面通知已选定的承包合同的承包方,并在与第三人签订的合同中予以明确。委托人应在不影响监理人开展监理工作的时间内提供资料:第一、与本工程合作的原材料、构配件、机械设备等生产厂家名录;第二、与本工程有关的协作单位、配合单位的名录。委托人应免费向监理人提供办公用房、通信设施、监理人员工地住房及合同专用条件约定的设施,对监理人自备的设施给予合理的经济补偿(补偿金额 = 设施在工程使用时间占折旧年限的比例 × 设施原值 + 管理费)。根据情况需要,如果双方约定,由委托人免费向监理人提供其他人员,应在监理合同专用条件中予以明确。

4)监理人权利

监理人在委托人委托的工程范围内,享有以下权利。

第一、选择工程总承包方的建议权。

第二、选择工程分包人的认可权。

第三、对工程建设有关事项包括工程规模、设计标准、规划设计、生产工艺设计和使用功能要求,向委托人的建议权。

第四、对工程设计中的技术问题,按照安全和优化的原则,向设计人提出建议;如果拟提出的建议可能会提高工程造价,或延长工期,应当事先征得委托人的同意。当发现工程设计不符合国家颁布的建设工程质量标准或设计合同约定的质量标准时,监理人应当书面报告委托人并要求设计人更正。

第五、审批工程施工组织设计和技术方案,按照保质量、保工期和降低成本的原则,向承包方提出建议,并向委托人提出书面报告。

第六、主持工程建设有关协作单位的组织协调,重要协调事项应当事先向委托人报告。

第七、征得委托人同意,监理人有权发布开工令、停工令、复工令,但应当事先向委托人报告。如在紧急情况下未能事先报告时,则应在24小时内向委托人做出书面报告。

第八、工程上使用的材料和施工质量的检验权。对于不符合设计要求和合同约定及国家质量标准的材料、构配件、设备,有权通知承包方停止使用;对于不符合规范和质量标准的工序、分部分项工程和不安全施工作业,有权通知承包方停工整改、返工。承包方得到监理机构复工令后才能复工。

第九、工程施工进度的检查、监督权,以及工程实际竣工日期提前或超过工程施工合同规定的竣工期限的签认权。

第十、在工程施工合同约定的工程价格范围内,工程款支付的审核和签认权,以及工程结算的复核确认权与否决权。未经总监理工程师签字确认,委托人不支付工程款。

监理人在委托人授权下,可对任何承包方合同规定的义务提出变更。如果由此严重影响了工程费用或质量、或进度,则这种变更须经委托人事先批准。在紧急情况下未能事先报委托人批准时,监理人所做的变更也应尽快通知委托人。在监理过程中如发现工程承包方人员工作不力,监理机构可要求承包方调换有关人员。在委托的工程范围内,委托人或承包方对对方的任何意见和要求(包括索赔要求),均必须首先向监理机构提出,由监理机构研究处置意见,再同双方协商确定。当委托人和承包方发生争议时,监理机构应根据自己的职能,以独立的身份判断,公正地进行调解。当双方的争议由政府建设行政主管部门调解或仲裁机关仲裁时,应当提供作证的事实材料。

5)委托人权利

委托人有选定工程总承包方,以及与其订立合同的权利。委托人有对工程规模、设计标准、规划设计、生产工艺设计和设计使用功能要求的认定权,以及对工程设计变更的审批权。监理人调换总监理工程师须事先经委托人同意。委托人有权要求监理人提交监理工作月报及监理业务范围内的专项报告。当委托人发现监理人员不按监理合同履行监理职责,或与承包方串通给委托人或工程造成损失的,委托人有权要求监理人更换监理人员,直到终止合同并要求监理人承担相应的赔偿责任或连带赔偿责任。

6)委托人责任

委托人应当履行委托监理合同约定的义务,如有违反则应当承担违约责任,赔偿给监理人造成的经济损失。监理人处理委托业务时,因非监理人原因的事由受到损失的,可以向委托人要求补偿损失。委托人如果向监理人提出赔偿的要求不能成立,则应当补偿由该索赔所引起的监理人的各种费用支出。

7)合同生效、变更与终止

由于委托人或承包方的原因使监理工作受到阻碍或延误,以致发生了附加工作或延长了持续时间,则监理人应当将此情况与可能产生的影响及时通知委托人。完成监理业务的时间相应延长,并得到附加工作的报酬。在委托监理合同签订后,实际情况发生变化,使得监理人不能全部或部分执行监理业务时,监理人应当立即通知委托人。该监理业务的完成时间应予延长。当恢复执行监理业务时，应当增加不超过42日的时间用于恢复执行监理业务，并按双方约定的数量支付监理报酬。监理人向委托人办理完竣工验收或工程移交手续，承包方和委托人已签订工程保修责任书，监理人收到监理报酬尾款，本合同即终止。保修期间的责任，双方在专用条款中约定。当事人一方要求变更或解除合同时，应当在42日前通知对方，因解除合同使一方遭受损失的，除依法可以免除责任的外，应由责任方负责赔偿。变更或解除合同的通知或协议必须采取书面形式，协议未达成之前，原合同仍然有效。监理人在应当获得监理报酬之日起30日内仍未收到支付单据，而委托人又未对监理人提出任何书面解释时，或根据第33～34条已暂停执行监理业务时限超过6个月的，监理人可向委托人发出终止合同的通知，发出通知后14日内仍未得到委托人答复，可进一步发出终止合同的通知，如果第二份通知发出后42日内仍未得到委托人答复，可终止合同或自行暂停或继续暂停执行全部或部分监理业务。委托人承担违约责任。监理人由于非自己的原因而暂停或终止执行监理业务，其善后工作以及恢复执行监理业务的工作，应当视为额外工作，有权得到额外的报酬。当委托人认为监理人无正当理由而又未履行监理义务时，可向监理人发出指明其未履行义务的通知。若委托人发出通知后21日内没有收到答复，可在第一个通知发出后35日内发出终止委托监理合同的通知，合同即行终止。监理人承担违约责任。合同协议的终止并不影响各方应有的权利和应当承担的责任。

8）监理报酬

正常的监理工作、附加工作和额外工作的报酬，按照监理合同专用条件中第40条的方法计算，并按约定的时间和数额支付。如果委托人在规定的支付期限内未支付监理报酬，自规定之日起，还应向监理人支付滞纳金。滞纳金从规定支付期限最后一日起计算。支付监理报酬所采取的货币币种、汇率由合同专用条件约定。如果委托人对监理人提交的支付通知中报酬或部分报酬项目提出异议，应当在收到支付通知书24小时内向监理人发出表示异议的通知，但委托人不得拖延其他无异议报酬项目的支付。

9）其他相关内容

委托的建筑工程监理所必要的监理人员出外考察、材料设备复试，其费用支出经委托人同意的，在预算范围内向委托人实报实销。在监理业务范围内，如需聘用专家咨询或协助，由监理人聘用的，其费用由监理人承担；由委托人聘用的，其费用由委托人承担。监理人在监理工作过程中提出的合理化建议，使委托人得到了经济效益，委托人应按专用条件中的约定给予经济奖励。监理人驻地监理机构及其职员不得接受监理工程项目施工承包方的任何报酬或者经济利益。监理人不得参与可能与合同规定的委托人的利益相冲突的任何活动。监理人在监理过程中，不得泄露委托人申明的秘密，监理人亦不得泄露设计人、承包方等提供并申明的秘密。监理人对于由其编制的所有文件拥有版权，委托人仅有权为本工程使用或复制此类文件。

10）争议的解决

因违反或终止合同而引起的对对方损失和损害的赔偿，双方应当协商解决，如未能达成一致，可提交主管部门协调，如仍未能达成一致时，根据双方约定提交仲裁机关仲裁，或向人民法院起诉。

3. 专用条件

专用条件主要由特定建设工程的监理单位与委托人就下列事项达成特别约定：合同适用的法律及监理依据；监理范围和监理工作内容；外部条件；委托人应提供的工程资料及提供时间；委托人对监理人书面提交并要求做出决定的事宜做出书面答复的时间；委托人的常驻代表；委托人免费向监理机构提供的设施；监理人自备的、委托人给予补偿的设施及其补偿金额；在监理期间委托人免费向监理机构工作人员及服务人员；监理人在责任期内失职的损失赔偿；委托人支付监理人报酬的计算方法、支付时间与金额；委托人支付监理人报酬的币种及汇率；奖励办法；争议解决方式。

9.6 建设其他合同

9.6.1 物资采购合同

物资采购合同是指具有平等主体的自然人、法人、其他组织之间为实现建设工程物资的买卖、设立、变更、终止相互权利义务关系的协议，属于典型的买卖合同。材料采购合同指的是平等主体的自然人、法人、其他组织之间以工程项目所需的材料为标的、以材料买卖为目的，出卖人转移材料的所有权于买受人，买受人支付材料价款的合同。材料采购合同的订立可以采用公开招标、邀请招标、询价、报价、签订合同和直接订购等几种方式。

9.6.2 仓储合同

仓储业是专为他人储藏、保管货物的商业营业活动，是现代化大生产和国际、国内商品货物的流转中一个不可或缺的环节。仓储业务是专为他人储藏保管货物的一种商业活动，它起源于中世纪的海上贸易。随着国际贸易的不断发展，仓储营业的作用越来越重要，已成为现代社会化大生产和国际、国内商品流转中一个不可或缺的环节。在我国，仓储业已成为一种专门提供储存保管服务的行业。

仓储合同又称仓储保管合同，是保管人储存存货人交付的仓储物，存货人支付仓储费的合同。提供储存保管服务的一方称为保管人，接受储存保管服务并支付报酬的一方称为存货人。仓储合同属于保管合同的一种特殊类型，我国以往的有关合同法规将仓储合同归入保管合同中，统称仓储保管合同，但因其有别于一般保管合同的仓库营业性质，因而合同法将其作为独立的有名合同固定下来。

(一)仓储合同具有以下法律特征

1. 仓储合同为诺成合同

为约束仓储合同双方的行为，更好地维护双方利益，法律规定仓储合同自双方达成合意时起就成立，而不需以存储货物的实际交付。《合同法》第 382 条规定，仓储合同自成立时起生效。

2. 保管人必须拥有仓储设备并从事仓储保管业务

根据1985年9月25日国务院批准的《仓储保管合同实施细则》第3条的规定，保管人必须是经工商行政管理机关核准，依法从事仓储保管业务的法人。

3. 仓储合同为双务有偿合同

由于仓储业是一种商业营业活动，仓储合同的双方当事人互负给付义务，保管人提供仓储服务，存货人给付报酬和其他费用。这与一般的保管合同不同，因为保管合同既可有偿、也可无偿。

(二)仓管方的权利和义务

1. 权利

仓管方拥有以下权利。

(1)有权要求存货方按合同规定及时交付标的物。

(2)有权要求存货方对货物进行必要的包装。

(3)有权要求存货人告知货物情况并提供相关验收资料。根据法律规定，存货人违反规定或约定，不提交特殊物品的验收资料的，仓管人可以拒收仓储物，也可以采取相应措施以避免损失的发生，由此产生的费用由存货人承担。

(4)有权要求存货人对变质或损坏的货物进行处理。

(5)有权要求存货人按期提取货物。

(6)具有提存权。

(7)有权按约定收取储存管理货物的各项费用和约定的劳务报酬。

2. 义务

仓管方应承担以下任务。

(1)应存货人要求填发仓单。

(2)接受和验收存货人的货物入库。保管人应按合同的约定接受存货人交付储存的货物，并按合同约定的内容、标准、时间和方法对货物的品名、规格、数量、包装状况等进行验收，如发现有不符合合同约定的应及时通知存货人。

(3)妥善保管储存物。

(4)危险通知义务。储存的货物出现危险时，保管人应及时通知存货人。危险情形主要包括：第一，保管人对入库仓储物发现有变质或者其他损坏，危及其他仓储物的安全和正常保管的，应当催告存货人或仓单持有人做出必要的处置，因情况紧急代存货人做出必要处置的，应当于事后将该情况及时通知存货人或仓单持有人；第二，遇有第三人对其保管的货物主张权利而起诉或扣押时，保管人应及时通知存货人或仓单持有人。

(5)返还保管物的义务。合同约定的保管期届满或因其他事由终止合同时，保管人应将储存的原物返还给存货人或存货人指定的第三人。合同中约定有储存期限的在仓储合同期限届满前，保管人不得要求存货人提前取回保管物；存货人要求提前取回时，保管人不得拒绝，但保管人有权不减收仓储费。

(三)存货方的权利和义务

1. 权利

存货方拥有以下权利。

(1)有权要求仓管方妥善管理货物。

(2)有权要求仓管方亲自看守管理仓储货物。

(3)有权要求仓管方及时验收货物。

(4)合同约定由仓管方运送货物或代办托运的,存货人有权要求对方将货物送至指定的地点或办理托运手续。

(5)有权检查仓储物。

2. 义务

存货方应当承担以下义务。

(1)按照合同约定交付仓储物入库。存货人应按照合同约定的品名、数量、时间将货物交付保管人入库,并在验收期间向保管人提供验收资料。

(2)向仓管方支付报酬。仓储费是仓管人因提供保管服务而应当获取的报酬,存货人应按合同约定的数量、支付方式、地点、时间等支付仓储费。

(3)偿付必要费用。存货方应当支付仓管方因堆藏、保管货物所支出的必要费用,包括运费、修缮费、保险费、转仓费等。

(4)凭仓单提取仓储物并提交验收资料。存货人或者仓单持有人在合同期限届满时凭仓单及时提取储存的货物,并向仓管人提供仓储物的验收资料。

9.7 FIDIC 合同

FIDIC 指的是国际咨询工程师联合会,是法文 Fédération International Des Ingénieurs Conseils 的缩写(英文名为 International Federation of Consulting Engineers)。1913 年,欧洲 4 个国家的咨询工程师协会组成了 FIDIC,经过 90 多年的发展,该联合会已拥有 80 多个代表不同国家和地区的咨询工程师专业团体会员国,是被世界银行认可的国际咨询服务机构,总部设立在瑞士洛桑,中国工程咨询协会代表我国于 1996 年 10 月加入该组织。FIDIC 下属有四个地区成员协会:FIDIC 亚洲及太平洋地区成员协会(ASPAC)、FIDIC 欧洲共同体成员协会(CEDIC)、FIDIC 非洲成员协会集团(CAMA)和 FIDIC 北欧成员协会集团(RINORD)。FIDIC 还下设许多专业委员会,主要的有业主咨询工程师关系委员会(CCRC)、土木工程合同委员会(CECC)、电器机械合同委员会(EMLC)及职业责任委员会(PLC)等。FIDIC 专业委员会编制了许多标准合同条件,如:FIDIC 土木工程施工合同条件、FIDIC 电器和机械工程合同条件等。

FIDIC 编制了多个合同条件,以 1999 年最新出版的合同文本为例,包括 4 份新的合同文本:①施工合同条件(Conditions of Contract for Construction);②永久设备和设计—建造合同条件(Conditions of Contract for Plant and Design-Build);③EPC/交钥匙项目合同条件(Conditions of Contract for EPC/Turnkey projects);④合同的简短格式(Short Form of Contract)。在 FIDIC 编

制的合同条件中，以施工合同条件影响最大，应用最广，1999 年出版的施工合同条件就是从 FIDIC 土木工程施工合同条件发展而来的。

FIDIC 合同的内容包括下列内容。

(1)《土木工程施工合同条件》(红皮书，Conditions of Contract for Works of Civil Engineering Construction)。

(2)《业主与咨询工程师标准服务协议书》(白皮书，Client/Consultant Model Services Agreement)。

(3)《电气与机械工程合同条件》(黄皮书，Conditions of Contract for Electrical and Mechanical Works)。

(4)《设计－建造与交钥匙工程合同条件》(桔黄皮书，Conditions of Contract for Design-Build and Turnkey)

(5)《土木工程施工分包合同条件》(棕色皮书，Conditions of Subcontract for Works of Civil Engineering Construction)。

9.7.1 FIDIC 合同条件的构成

FIDIC 合同条件由通用合同条件和专用合同条件两部分构成，且附有合同协议书、投标函和争端仲裁协议书。

(一)通用合同条件

FIDIC 通用条件是固定不变的，工程建设项目只要是属于房屋建筑或者工程的施工，如房屋建筑工程、水电工程、路桥工程、港口工程等建设项目都可适用。通用条件共分 20 个方面的问题：一般规定，业主，工程师，承包商，指定分包商，职员和劳工，工程设备，材料和工艺，开工、误期和暂停竣工检验，业主的接收，缺陷责任，测量和估价，变更和调整，合同价格和支付，业主提出终止，承包商提出暂停和终止，风险和责任，保险，不可抗力，索赔、争端和仲裁。

FIDIC 通用合同条件可以大致划分为涉及权利义务的条款、涉及费用管理的条款、涉及工程进度控制的条款、涉及质量控制的条款和涉及法规性的条款等五大部分。这种划分只能是大致的，因此有相当多的条款很难准确地将其划入某一部分，可能它同时涉及费用管理、工程进度控制等几个方面的内容。但为了使 FIDIC 合同条件具有一定的系统性，从条款的功能、作用等方面作一个初步归纳。

(二)专用合同条件

FIDIC 在编制合同条件时，对土木工程施工的具体情况作了充分而详尽的考察，从中归纳出大量内容具体、详尽且适用于所有土木工程施工的合同条款，组成了通用合同条件。但仅有这些是不够的，具体到某一工程项目，有些条款应进一步明确，有些条款还必须考虑工程的具体特点和所在地区的情况予以必要的变动。FIDIC 专用合同条件就是为了实现这一目的。通用条件与专用条件一起构成了决定一个具体工程项目各方的权利义务及对工程施工的具体要求的合同条件。

9.7.2 FIDIC 合同条件的应用

FIDIC 合同条件在应用时对工程类别、合同性质、前提条件等都有一定的要求。

(一) FIDIC 合同条件适用的工程类别

FIDIC 合同条件适用于房屋建筑和各种工程,其中包括工业与民用建筑工程、疏浚工程、土壤改善工程、道桥工程、水利工程、港口工程等。

(二) FIDIC 合同条件适用的合同性质

FIDIC 合同条件在传统上主要适用于国际工程施工,但对 FIDIC 合同条件进行适当修改后,同样适用于国内合同。

(三) 应用 FIDIC 合同条件的前提条件

FIDIC 合同条件注重业主、承包商、工程师 3 方的关系协调,强调工程师在项目管理中的作用,在土木工程施工中应用 FIDIC 合同条件应具备的前提:①通过竞争性招标确定承包商;②委托工程师对工程施工进行监理;③按照单价合同方式编制招标文件。

9.7.3 FIDIC 合同的主体

FIDIC 合同条件的主体包括业主、工程师和承包商。

(一) 业主

业主是合同的当事人,在合同的履行过程中享有大量的权利并承担相应的义务。

(1) 业主应当在投标书附录中规定的时间内给予承包商进入现场、占有现场各部分的权利,此项进入和占有权不可为承包商独享。

(2) 许可、执照或批准。业主根据承包商的请求,应当提供以下合理协助:取得与合同有关、但不易得到的工程所在国的法律文本;协助承包商申请工程所在国要求的许可、执照或批准。

(3) 业主人员。业主应负责保证在现场的业主人员和其他承包商做到与承包商的各项努力进行合作。

(4) 业主的资金安排。业主应当在收到承包商的任何要求 28 天内,提出其已做并将维持的资金安排的合理证明,说明业主能够按照规定支付合同价格。

(5) 业主的索赔。如果根据合同条款或合同有关的另外事项,业主认为有权得到任何付款和(或)对缺陷通知期限的延长,业主或者工程师应当向承包商发出通知,说明细节。通知应当在业主了解引起索赔的事项或者情况后尽快发出。关于缺陷通知期限任何延长的通知,应在该期限到期前发出。

(二) 工程师

工程师由业主任命,与业主签订咨询服务委托协议书,根据施工合同的规定,对工程的质量、进度和费用进行控制和监督,以保证工程项目的建设能满足合同的要求。

1. 工程师的任务和权力

工程师应当履行合同中指派给他的任务。工程师的成员应当包括具有适当资格的工程师和能够承担这些任务的其他专业人员。工程师可以行使合同中规定的、或者必然隐含的应当属于工程师的权力。如果要求工程师在行使规定权力前须得到业主批准,这些要求应当在专用条件中写明。但是,为了合同目的,工程师行使这些应当由业主批准但尚未批准的权力,应当视为业主已经予以批准。除得到承包商同意外,业主承诺不对工程师的权力作进一步的限制。工程师无权修改合同。工程师在行使任务和权力时,还需要注意以下问题。

(1)工程师履行或者行使合同规定或隐含的任务或权力时,应当视为代表业主执行。

(2)工程师无权解除任何一方根据合同规定的任何任务、义务或者职责。

(3)工程师的任何批准、校核、证明、同意、检查、检验、指示、通知、建议、要求、试验或类似行动(包括未表示不批准),不应解除合同规定承包商的任何职责,包括对错误、遗漏、误差的职责。

2. 工程师的指示

工程师可在任何时间按照合同规定向承包商发出指示和实施工程和修补缺陷可能需要的附加或修正图纸,承包商应当接受这些指示。如果指示构成一项变更,则按照变更规定办理。一般情况下,这些指示应当采用书面形式。如果给出的是口头指示,在收到承包商的书面确认后两个工作日内工程师仍未通过发出书面拒绝或进行答复,则应当确认工程师的口头指令为书面指令。

3. 工程师的替换

如果业主准备替换工程师,必须提前不少于 42 天发出通知以征得承包商的同意。如果要求工程师在行使某种权力之前需要获得业主批准,则必须在合同专用条件中加以限制。

(三)承包商

承包商指的是其标书已被业主接受的当事人,以及取得该当事人资格的合法继承人。承包商是合同的当事人,负责工程的施工。

1. 承包商的义务

承包商应当承担的义务如下。

(1)承包商应当按照合同约定及工程师的指示,设计、实施和完成工程,并修补工程中的任何缺陷。

(2)承包商应提供合同规定的生产设备和承包商文件,以及此项设计、施工、竣工和修补缺陷所需的所有临时性或永久性的承包商人员、货物、消耗品及其他物品和服务。

(3)承包商应对所有现场作业、所有施工方法和全部工程的完备性、稳定性和安全性承担责任。除非合同另有规定,承包商对所有承包文件、临时工程及按照合同要求的每项生产设备和材料的设计承担责任,不应对其他永久工程的设计或规范负责。

(4)当工程师提出要求时,承包商应提交其建议采用的工程施工安排和方法的细节。

2. 承包商的履约担保

承包商应当在收到中标函后 28 天内向业主提交履约担保,并向工程师送一份副本。履约担保可以分为企业法人提供的保证书和金融机构提供的保函两类。履约担保一般为不需承包商确认违约的无条件担保形式。履约保函应担保承包商圆满完成施工和保修的义务,而非到工程师颁发工程接收证书为止。但工程接收证书的颁发是对承包商按合同约定完满完成施工义务的证明,承包商还应承担的义务仅为保修义务,如果双方有约定的话,允许颁发整个工程的接收证书后将履约保函的担保金额减少一定的百分比。业主应当在收到履约证书副本后21天内,将履约担保退还承包商。

在下列情况下业主可以凭履约担保索赔。

(1)专用条款内约定的缺陷通知期满后仍未能解除承包商的保修义务时,承包商应延长履约保函有效期而未延长。

(2)按照业主索赔或争议、仲裁等决定,承包商未向业主支付相应款项。

(3)缺陷通知期内承包商接到业主修补缺陷通知后42天内未派人修补;

(4)由于承包商的严重违约行为业主终止合同。

3. 承包商代表

承包商应当任命承包商代表,并授予其代表承包商根据合同采取行动所需的全部权力。承包商代表的任命应当取得工程师的同意。任命后未经工程师同意,承包商不得撤销承包商代表的任命,或者任命替代人员。

4. 分包

承包商不得将整个工程分包,承包商应当对分包商的行为或违约负责。

5. 安全责任

承包商负有以下安全责任。

(1)遵守所有适用的安全规则。

(2)负责在现场的所有人员的安全。

(3)努力清除现场和工程不需要的障碍物,以避免对人员造成危险。

(4)在工程竣工和移交前,提供围栏、照明、保卫和看守。

(5)因实施工程为公众和邻近土地所有人、占用人的使用提供保护,提供任何需要的临时工程。

6. 中标金额的充分性

承包商应当被认为已经确信中标合同金额的正确性和充分性,中标合同金额应当包括根据合同承包商承担的全部义务,以及为正确地实施和完成工程并修补任何缺陷所需的全部有关事项。

思考题

1. 要约和承诺有什么区别和联系?
2. 效力待定合同包括哪些方面内容?
3. 什么是建设合同?建设合同有什么类型?
4. 勘察设计合同有什么特点?

5. 什么是施工合同？施工合同有何特点？
6. 什么是索赔？索赔包括哪些因素？
7. 建设监理合同如何规定监理人的权利和义务？
8. 建设工程标准有些什么类型？分别是如何规定的？
9. 仓储合同具有什么法律特征？
10. FIDIC 是什么？FIDIC 合同包括了什么内容？

10　建筑工程法律责任及纠纷的解决

10.1　建筑工程法律责任概述

建筑工程法律责任指的是违反建筑工程法律的规定而必须承担的法律后果。建筑工程法律责任按照违法行为所违反的建筑工程法律的性质,可以将建筑工程法律责任分为建筑工程民事法律责任、建筑工程行政法律责任和建筑工程刑事法律责任3种。

10.1.1　建筑工程法律责任的特点

同其他责任形式相比,建筑工程法律责任具有以下特点。

1. 建筑工程法律责任具有国家强制性

建筑工程法律责任是以国家强制力为后盾的,如果依法负有一定义务的建筑工程法律关系主体拒不履行其义务,那么国家将会通过其所拥有的强制力量强制该义务人履行义务。

2. 建筑工程法律责任以建筑工程法律规定为依托

建筑工程法律责任是使建筑工程法律关系主体承担不利的法律后果,因此国家在运用其强制力量时就必须严格以建筑工程法律规定为依据,而不应随意地扩大建筑工程法律关系主体的责任范围。

10.1.2　建筑工程法律责任构成要件

一般来说,有违法行为就要承担法律责任,受到法律制裁,但并不是每一个违法行为都要引起法律责任,只有符合一定条件的违法行为才能引起法律责任。这种能够引起法律责任的各种条件的总和称为法律责任的构成要件。法律责任的构成要件有两类:一类是一般构成要件,即只要具备了这些条件就可以引起法律责任,法律无需明确规定这些条件:另一类是特殊要件,即只有具备法律规定的要件时才能构成法律责任,特殊要件必须有法律的明确规定。

(一)一般构成要件

1. 有损害事实发生

损害事实就是违法行为对法律所保护的社会关系和社会秩序造成的侵害。这种损害事实首先具有客观性,即已经存在,没有存在损害事实,则不构成法律责任;其次损害事实不同于损害结果。损害结果是违法行为对行为指向的对象所造成的实际损害。由此可见,有些违法行为尽管没有损害结果,但是已经侵犯了一定的社会关系或社会秩序,因而也要承担法律责任,如犯罪的预谋、未遂、中止等。

2. 存在违法行为

如果没有违法行为，就无需承担法律责任，而且合法的行为还要受到法律的保护。所以，只要行为没有违法，尽管造成了一定的损害结果，也不承担法律责任。如正当防卫、紧急避险和执行公务的行为，就不应承担法律责任。

3. 违法行为与损害事实之间有因果关系

违法行为与损害事实之间有因果关系是指违法行为与损害事实之间存在着客观的、必然的因果关系。就是说，一定损害事实是该违法行为所引起的必然结果，该违法行为正是引起损害事实的原因。

4. 违法者主观上有过错

过错指的是行为人对其行为及由此引起的损害事实所持的主观态度，包括故意和过失。如果行为在主观上既没有故意也没有过失，则行为人对损害结果不必承担法律责任。如企业在施工中遇到严重的暴风雨，造成停工，从而延误了工期，在这种情况下，停工行为和延误工期造成损失的结果并非出自施工者的故意和过失，而属于意外事件，因而不应承担法律责任。

以上四个构件要素是互相联系、互为因果的必然关系。

(二)特殊构成要件

特殊构成要件是指由法律特殊规定的法律责任的构成要件，它包括以下 4 个要素。

1. 特殊主体

在一般构成要件中对违法者即承担责任的主体没有特殊规定，只要具备了相应的行为能力即可成为责任主体。而特殊主体则不同，它是指法律规定违法者必须具备一定的身份和职务时才能承担法律责任。主要指刑事责任中的职务犯罪，如贪污、受贿等。

2. 特殊结果

在一般构成要件中，只要有损害事实的发生就要承担相应的法律责任，而在特殊结果中则要求后果严重、损失重大，否则不能构成法律责任。如质量监督人员对工程的质量监督工作粗心大意、不负责任，致使应当发现的隐患而没有发现，造成严重的质量事故，那么他就要承担玩忽职守的法律责任。

3. 无过错责任

一般构成要件都要求违法者主观上必须有过错，但许多民事责任的构成要件则不要求行为者主观上是否有过错，只要有损害事实的发生，那么，受益人就要承担一定的法律责任，这种责任，主要反映了法律责任的补偿性，而不具有法律制裁意义。

4. 转承责任

一般构成要件都是要求实施违法行为者承担法律责任，但在民法和行政法中，有些法律责任则要求与违法者有一定关系的第三人来承担。如未成年人将他人打伤的侵权赔偿责任，应由未成年人的监护人来承担。

以上 4 个特殊构成要件的要素不是有机地结合在一起的，而是同一般要件结合，构成法律责任。

10.2 建设工程行政法律责任

建筑工程行政法律责任就是指建筑工程法律关系主体违反建筑工程行政法律规范而应当承担的消极法律后果。

10.2.1 行政法律责任的类别

行政法律责任一般分为行政处分和行政处罚两类。

1. 行政处分

行政处分是指国家机关、企事业单位和社会团体依照行政管理法规、规章、制度、纪律等，按干部、人事管理权限对机关工作人员和职工所做的处罚。行政处分是一种内部处罚，对这种处罚不服，不能提起诉讼，只能向做出处罚决定的机关、单位或者上级主管部门提出申诉或者提请劳动仲裁。

(1)根据我国2006年1月1日起施行的《中华人民共和国公务员法》相关规定，国家公务员的行政处分形式有6种：警告、记过、记大过、降级、撤职、开除。

(2)按照1986年10月1日起施行的《全民所有制工业企业厂长(经理)工作条例》的相关规定，厂长(经理)的行政处分形式有4种：降职、撤职、辞退和解聘。

(3)按照1982年4月10日起施行的《企业职工奖惩条例》相关规定，职工的行政处分形式有7种：警告、记过、记大过、降级、撤职、留用察看、开除。

2. 行政处罚

行政处罚指的是特定的国家行政机关对违反行政管理法规的单位或者个人依法给予的制裁。行政处罚是行政法律责任的核心，是国家法律责任制度的重要组成部分，是行政机关依法管理的重要手段之一。

(1)行政处罚的一般分类。行政处罚的分类标准很多，一般按照行政处罚指向管理相对人权利内容或性质划分，可分为以下4种。

第1种申诫罚：申诫罚指的是行政机关向违反行政法律规范的管理相对人提出警戒或者谴责、申明其行为违法，教育行为人避免以后再犯的一种形式，常见的警告、通报批评等属于此类。

第2种财产罚：财产罚是指强迫违法行为人交纳一定数额的金钱或者剥夺其原有财产的行政处罚，常见的罚款、没收财物等属于此类。

第3种能力罚：能力罚又称为行为罚，指的是对管理相对人的行为权进行限制或者剥夺的一种制裁措施，常见的吊销许可证和营业执照、责令停产和停业等属于此类。

第4种人身罚：人身罚又称为自由罚，指的是限制或者剥夺违法行为人的人身自由的一种处罚，常见的拘留和劳动教养等属于此类。

(2)《中华人民共和国行政和处罚法》中的分类。为了规范行政处罚的设定和实施，保障和监督行政机关有效实施行政管理，维护公共利益和社会秩序，保护公民、法人或者其他组织的合法权益，我国于 1996 年 10 月 1 日起施行《中华人民共和国行政处罚法》(Law of the People's Republic of China on Administrative Penalty，以下简称《行政处罚法》)，将行政处罚明确为 7 种：警告、罚款、没收违法所得、没收非法财物、责令停产停业、暂扣或者吊销许可证，暂扣或者吊销执照、行政拘留和法律、行政法规规定的其他行政处罚。《行政处罚法》对行政处罚种类的规定并没有否认法律、行政法规在行政处罚种类之外设定其他处罚种类，但基本上应当以《行政处罚法》的规定来设置处罚种类。

10.2.2 行政法律责任的主体

行政法律责任的主体指的是享有国家行政权，能以自己的名义行使行政权，并能独立地承担因此而产生的相应法律责任的组织。

1. 行政职权

行政职权是国家行政权的转化形式，是行政主体实施国家行政管理活动的资格及其权能。行政职权一般可分为固有职权和授予职权两大类。前者以行政主体的设立而产生，并随行政主体的消灭而消灭；后者来自于法律、法规或有权机关的授权行为。

行政职权包括如下内容。

1)行政立法权

行政立法权指的是根据宪法和法律的规定，行政主体有制定和发布行政法规、行政规章的权力。

2)行政决策权

行政主体有权依法对其所辖领域和范围内的重大行政管理事项做出决策。

3)行政决定权

行政决定权包括行政主体依法对行政管理中的具体事宜的处理权，以及法律、行政法规和规章未明确规定的事项的规定权。

4)行政命令权

行政命令权指的是在国家行政管理过程中，行政主体通过书面的或口头的行政决定，依法要求特定的人或不特定的人做出一定行为或不做出一定行为，而相对方必须服从的权力。

5)行政执行权

行政执行权指的是行政主体根据有关法律、法规和规章的规定或者有关上级部门的决定和命令等，在其所辖范围内具体执行行政事务的权力。

6)行政处罚权

行政处罚权指的是行政主体对其所辖范围内的行政相对方违反有关法律规范的行为，依法对其实施处罚等法律制裁的权力。

2. 行政职责

行政职责指的是行政主体在行使国家赋予的行政职权，实施国家行政管理活动的过程中，所必须承担的法定义务。行政职责随行政职权的产生、变更或消灭而变化，任何具有行政职权的行政主体，即享有行政优先权，同时也必须履行行政职责。

行政职责的内容包括以下几点。

(1)依法履行职务、遵守权限规定。行政主体所享有的职权必须有法律规范的明确规定,行政主体必须按照法定职权,在法定的权限范围内履行职务。

(2)符合法定目的。行政主体的一切行政管理活动,都必须在法律规定的范围内进行,并且,都必须符合法定目的,遵循合理、适当的原则,避免不相关因素的干扰。

(3)遵循法定程序。随着民主法制建设的不断发展和公开、公正理念的不断深入人心,现代国家中的一切行政活动,除实体上合法、合理外,还必须严格遵循法定程序,确保程序上 合法、合理。

3. 行政权限

行政权限是指法律规定的行政主体行使职权所不能逾越的范围或界限。行政权限多由法律明文规定。在没有法律依据时,可以根据行政法原理推定确立。行政权限分为纵横两大类,纵向行政权限是指有隶属关系的上下级行政主体之间权力行使范围的划分;横向权限是指无隶属关系的行政主体之间权力行使范围的划分。

1)行政调解权

行政调解权是指国家行政机关以国家政策、法律为依据,以自愿为原则,通过说服教育的方法,促使双方当事人友好协商,达成协议,从而解决争议的权力。

2)行政仲裁权

行政仲裁权是指行政机关设立的特定行政仲裁机构,依法按照仲裁程序对双方当事人之间的特定的民事或经济纠纷做出公断的权力。

3)行政裁决权

行政裁决权是指依法由行政机关依照法律授权,对当事人之间发生的、与行政管理活动密切相关、与合同无关的民事纠纷进行审查,并做出裁决的权力。行政裁决的对象是特定的 民事纠纷,如权属纠纷、侵权纠纷和损害赔偿纠纷等,而不是行政纠纷。行使行政裁决权的主体,只能是行政机关或法定的行政机构。

4)行政复议权

行政复议权是指行政机关根据相对方的申请,依照法定程序对具体行政行为进行复核、审查的权力 。依据行政复议权,行政复议的对象只能是行政主体与行政相对方之间发生的行政争议案件 。一般情况下,行政复议只能由上一级行政机关行使。

10.3　建筑工程民事法律责任

建筑工程民事法律责任是指建筑工程法律关系主体违反建筑工程民事法律规范而应当承担的消极法律后果。建筑工程民事法律责任的特点在于它以补偿性为主,旨在使权利人回复到其权利未受损害时的状态。

10.3.1 违约责任

1. 工期被延误

工期指的是发包方和承包方在协议书中约定，按总日历天数（包括法定节假日）计算的承包天数。工期也可以定义为按照国家相关法律法规和合同规定，完成一定质量建筑产品所经历的时间。造成工期被延误的原因很多，一般说来根据不同的情况来承担相应的违约责任。

（1）因勘察设计质量低劣或未按期交付勘察设计文件，拖延工期造成损失的，由勘察设计单位承担责任，主要有继续完善设计、减少或免收勘察设计费、支付违约金和赔偿经济损失。

（2）施工单位因自身组织不当、管理不善而延误工期造成损失的，由施工单位承担责任。因施工单位的上级主管部门改变设计而造成的延误工期，由施工单位向发包方承担责任后，再要求上级主管部门给予解决，主要有赔偿损失和支付违约金。

（3）发包方未按合同规定的时间和要求提供原材料、设备、场地、资金、技术资料的，工程中途要求停建、缓建的，应当对承包方由此造成的损失给予赔偿。发包方由于变更设计、提供资料不准或未按期提供必要的勘察、设计工作条件而造成勘察设计的返工、停工或修改设计的，要按承包方实际消耗的工作量增付费用；如果由此造成重大返工或重作设计的，应另行增付费用；发包方超过合同规定日期验收或付工程款的，应偿付违约金。

（4）因意外事件延误工期造成损失的，按合同规定执行。合同没有规定的，由合同双方合理分担。

2. 质量不合格

建筑产品质量是指根据国家有关法规、质量标准以及合同规定，对建筑产品的使用性能、安全性能及其他特性的要求。产品质量不合格的法律责任有以下几类。

（1）勘察设计质量低劣的，除按前面提到的方式承担责任外，在造成工程重大质量事故时，勘察设计单位不仅要免收受损失部分的勘察设计费，而且还应偿付与直接损失部分勘察设计费用相等的赔偿金。

（2）工程承包方承包的工程质量不符合合同规定的，负责无偿修理或返工。由于修理或返工造成逾期交付的，应偿付逾期违约金。工程发包或工程质量监督机构发现承包方在施工中存在严重质量问题时，可通知银行停止向承包方拨款，直到问题得到纠正。承包方因工程质量低劣酿成重大事故时，对事故的损失承担全部赔偿责任。当然，如果是由于设计方面的原因，发包方提供建筑材料、构配件和设备质量等不合格引起的质量缺陷，除由施工单位负责对工程维修外，其维修的经济责任由发包方承担。

（3）工程未经验收，发包方提前使用或擅自动用的，由此而发生的质量或其他问题，由发包方承担责任。

3. 工程款被拖欠

施工单位在提交的竣工报告批准后，则应按国家有关规定和协议条款约定的时间、方式向建设单位代表提出结算报告，办理竣工结算。由于建设单位无正当理由在收到竣工报告后30天内不办理结算的，从第31天起按施工企业向银行计划外贷款的利率支付拖欠工程款的利息,并承担违约责任。

10.3.2 侵权责任

在我国侵权责任是指勘察、设计、施工、安装等单位在勘察、设计、施工、安装过程中,侵犯国家、集体、公民的财产权和人身权时所承担的法律责任。

(一)勘察设计中的侵权责任

勘察设计中的侵权责任主要的表现是勘察、设计单位侵犯他人的专利权、发明权、版权和其他科技成果权,如超越合同规定范围使用他人专利的行为等。这类违法案件承担责任的方式是停止侵害和赔偿损失。

(二)施工中的侵权责任

1.施工中的侵权责任

施工中的侵权责任有财产损失的赔偿责任和人身伤害的赔偿责任两种

1)财产损失的赔偿责任

财产损失的赔偿责任是指施工企业侵占或损坏国家、集体和他人财产时应承担的赔偿责任。承担方式是返还财产或恢复原状,无法返还或修复的,应当折价赔偿。如果由此给受害人造成其他重大损失的,也要承担赔偿责任。

2)人身伤害的赔偿责任

人身伤害的赔偿责任是指施工企业侵害公民身体造成伤害时应承担的赔偿责任。赔偿范围是:受害人的医疗费,因误工减少的收入,残废者的生活补助费;如果造成死亡的,还应支付丧葬费、死者生前抚养的人必要的生活费用等。

2.常见的侵权责任

常见的侵权责任有以下3种

(1)因产品质量不合格造成他人财产、人身损害的,应当赔偿损失。如商品房在交付使用后,墙体倒塌,致使住户被砸伤,家庭财产被损坏时,房屋建造者和销售者应当承担赔偿损失的责任。

(2)在公共场所、道旁或通道上挖坑、修缮、安装地下设施等,没有设置明显标志和采取安全措施造成他人损害的,施工单位应承担人身损害赔偿。如在道旁为铺设暖气、煤气、排水等管道而挖沟时,夜间未设置红灯安全标志,致使行人在穿越道路时掉进沟里摔伤,施工单位应对行为人的摔伤承担赔偿责任。

(3)建筑物或其他设施以及建筑物上的搁置物、悬挂物发生倒塌、脱落、坠落造成他人损害的,其所有人或管理人应当承担责任,但能够证明自己没有过错的除外。如在路旁施工时,工地围墙发生倒塌损伤路人时,施工单位应当对此承担责任。但是,如果该围墙的倒塌不是砌墙质量问题,而是第三人在路旁挖沟,致使墙基倾斜而倒塌,那么,赔偿责任就应由挖沟的第三人承担。

10.3.3 承担民事责任的方式

民事责任是指按照民法规定,民事主体违反民事义务时所应承担的法律责任。以产生责任的法律基础为标准,民事责任可分为违约责任和侵权责任。违约责任是指行为人不履行合同义务而承担的责任。侵权责任是指行为人侵犯国家、集体和公民的财产权利以及侵犯法人名称权和自然人的人身权时所应承担的责任。承担民事责任有以下方式。

(1)停止侵害。

(2)排除妨碍。

(3)消除危险。

(4)返还财产。

(5)恢复原状。

(6)修理、重作、更换。

(7)赔偿损失。

(8)支付违约金。

(9)消除影响、恢复名誉。

(10)赔礼道歉。

以上承担民事责任的方式,可以单独适用,也可以合并适用。

10.4 建筑工程刑事法律责任

建筑工程刑事法律责任是指在建筑活动中违反建筑工程刑事法律规范而应承担的消极法律后果。刑事责任是法律责任中最强烈的一种,其承担方式是刑事处罚。刑事处罚有两种:一种是主刑,包括管制、拘役、有期徒刑、无期徒刑、死缓和死刑;另一种是附加刑,包括罚金、没收财产和剥夺政治权利。有些刑事责任可以根据犯罪的具体情况而免除刑事处罚,对免除刑事处罚的罪犯,有关部门可以根据法律的规定使其承担其他种类的法律责任,如对贪污犯可以给予开除公职的行政处分等。

工程建设刑事责任指的是在工程建设活动中,因实施严重危害社会、依照刑事法律的规定构成犯罪的行为所应承担的法律后果。刑事责任是犯罪行为引起的必然法律后果,承担刑事责任的方式主要是受刑罚处罚,如管制、拘役、有期徒刑、罚金、没收财产等。

10.4.1 工程建设犯罪的特点

实施犯罪行为是承担刑事责任的前提,工程建设犯罪是指违反工程建设法律法规,造成人身健康或生命财产的严重损害,应受刑罚处罚的行为。工程建设犯罪主要有以下特点。

1. 工程建设领域的犯罪行为一般后果严重、损失巨大

如工程重大安全事故罪,是指建筑工程在建设中及交付使用后,由于达不到质量标准或者存在严重问题,导致楼房倒塌、桥梁断裂等,致人伤亡或造成重大经济损失的行为。

2. 工程建设犯罪的主体多为法人

在实践中,从事工程建设活动的主体多为企业法人,而法人的工作人员的职务行为,也视为法人的行为。

3. 工程建设犯罪多为过失犯罪

在工程建设犯罪行为中，存在故意的情况，但大多是盲目追求经济效益，降低成本，而忽视质量和安全的结果，因而以过失犯罪为主。

4. 工程建设犯罪大多附带有民事责任

工程建设犯罪行为往往会造成巨大的经济损失，受害者可能是国家，也可能是公民和集体。根据刑法、民法通则及工程建设法的规定，对于造成损失的，犯罪人不但要承担刑事责任，同时还应承担赔偿损失的民事责任。

10.4.2 建筑工程犯罪的主要罪名及刑罚

1. 重大责任事故罪、重大劳动安全事故罪和工程重大安全事故罪

重大责任事故罪是指工厂、矿山、林场、建筑企业或者其他企事业单位的职工，由于不服管理、违反规章制度或者强令工人违章冒险作业，因而发生重大伤亡事故或者造成其他严重后果的行为。根据刑法典第 134 条的规定，构成本罪的，处 3 年以下有期徒刑或者拘役；情节特别恶劣的，处 3 年以上 7 年以下有期徒刑。

重大劳动安全事故罪，是指工厂、矿山、林场、建筑企业或者其他企事业单位的劳动安全设施不符合国家规定，经有关部门或单位职工提出后，对事故隐患仍不采取措施，因而发生重大伤亡事故或者造成其他严重后果的行为。根据刑法典第 135 条的规定，对直接责任人员处以 3 年以下有期徒刑或者拘役；情节特别恶劣的，处 3 年以上 7 年以下有期徒刑。

工程重大安全事故罪，是指建设单位、勘察设计单位、施工单位、工程监理单位违反国家规定，降低工程质量标准，造成重大安全事故的行为。根据刑法典第 137 条的规定，对直接责任人员处以 5 年以下有期徒刑或者拘役，并处罚金；后果特别严重的，处 5 年以上 10 年以下有期徒刑，并处罚金。

2. 串通投标罪

串通投标罪是指投标人相互串通投标报价，损害招标人或者其他投标人的利益，情节严重的行为；或者投标人与招标人串通投标，损害国家、集体、公民的合法权益的行为。根据刑法典第 223 条、第 231 条的规定，犯串通投标罪的，处 3 年以下有期徒刑或者拘役，并处或者单处罚金；单位犯本罪的，对单位判处罚金，并对其直接负责的主管人员和其他直接责任人员，依照上述规定处罚。

3. 有关土地资源的犯罪

与土地资源有关的犯罪包括非法转让、倒卖土地使用权罪，毁坏耕地罪，非法批准征用、占用土地罪和非法低价出让国有土地使用权罪等内容。

4. 有关工程建设的其他犯罪

与工程建设有关的其他犯罪有如工程建设行政机关及其工作人员的玩忽职守、徇私舞弊犯罪，贪污贿赂罪，挪用公款罪等。

10.5 建筑工程纠纷的解决

目前我国解决建筑工程民事纠纷的方法有以下 4 种。

(1)当事人自行和解:双方当事人通过平等协商,自行解决纠纷。

(2)通过调解组织调解解决:由第三者调停、疏导,促使发生纠纷的双方当事人依法自愿达成协议,以解决纠纷。

(3)仲裁解决:双方当事人自愿将争议提交给共同认可的第三方,由其做出裁决以解决纠纷。

(4)诉讼解决:诉诸国家审判机关,由其作出裁判解决纠纷。由于当事人和解只要无损于他人及社会公众利益即可。

以下主要介绍后三种纠纷解决方式。

10.5.1 建筑工程民事纠纷的调解

(一)调解的分类

调解可分为人民调解和行政调解。

(1)人民调解:由人民调解委员会对民间纠纷的调解,属于诉讼外调解。

(2)行政调解:由国家行政机关依照法律规定进行调解,也属于诉讼外调解。

(二)调解的基本原则

调解一般要遵循以下原则。

(1)合理合法原则:调解必须依照法律法规进行,必须分清是非,明确责任,调解协议的内容必须合法;同时调解又要符合当事人的具体实际情况。

(2)自愿平等原则:是否进行调解,是否达成调解协议,都应充分尊重当事人的意愿,本着平等互利的精神来解决纠纷。

(3)尊重诉权原则:调解不能剥夺当事人的诉权,调解组织无权强迫调解,无权阻挠当事人进行诉讼,更无权采取强制手段。

10.5.2 建筑工程民事纠纷的仲裁

(一)仲裁实行或裁或审、一裁终局制度

或裁或审的含义是:当事人达成仲裁协议的,排除了法院对争议的管辖权,发生争议只能向仲裁机构申请仲裁,而不能向法院起诉。一裁终局的基本含义是,仲裁裁决做出后即发生法律效力,即当事人不能再就同一争议向法院起诉,同时也不能再向仲裁机构申请仲裁或复议。

(二)仲裁协议

当事人之间存在有效的仲裁协议是向仲裁委员会申请仲裁的前提。仲裁协议既包括合同中订立的仲裁条款,也包括以其他书面方式达成的请求仲裁的协议及其补充协议。我国《仲裁法》规定,仲裁协议应采用书面形式,仲裁协议应当具有下列内容:请求仲裁的意思表示,即双方当事人一致明确表示,愿意将争议提交仲裁解决;仲裁事项,即指双方当事人提交仲裁的争议范围;选定的仲裁委员会,即明确指出争议事项由哪一个仲裁委员会进行仲裁,否则仲裁协议无法执行。

(三)仲裁程序

(1)申请与受理:当事人提出仲裁申请必须有具体的仲裁请求和事实理由,还应当属于仲裁委员会受理范围。

(2)组成仲裁庭:仲裁庭的组织形式分为合议制和独任制两种。当事人约定由3名仲裁员组成合议庭的,应当各自选定或各自委托仲裁委员会主任指定1名仲裁员,第3名仲裁员是首席仲裁员,应当由双方当事人共同选定或共同委托仲裁委员会主任指定。当事人约定由1名仲裁员组成仲裁庭的,应当由当事人共同选定或共同委托仲裁委员会主任指定。

(3)开庭:仲裁应当开庭进行,当事人协议不开庭的可以书面审理。仲裁审理不公开进行。

(4)裁决:仲裁机构在做出裁决前,可以先行调解。仲裁裁决应当按照多数仲裁员的意见作出裁决,少数仲裁员的不同意见可记入笔录。不能形成多数人意见,裁决应按照首席仲裁员的意见做出。

10.5.3 建筑工程民事纠纷的审判

(一)管辖

根据我国《民事诉讼法》的规定,管辖分为级别管辖、地域管辖和专属管辖。因不动产纠纷所提起的诉讼由不动产所在地人民法院专属管辖。因而建筑工程民事纠纷大多属于专属管辖的范围。

(二)审判程序

1.第一审程序

一审普通程序包括起诉与受理、答辩与反诉、开庭前的准备、开庭审理(含法庭调查、法庭辩论、合议庭评议、宣告判决)等几个阶段。

起诉必须符合的条件:①原告是与本案有直接利害关系的公民、法人和其他组织;②有明确的被告;③有具体的诉讼请求和事实、理由;④属于人民法院受理民事诉讼的范围和受诉人民法院管辖。人民法院认为符合起诉条件的,应当在7日内立案,并通知当事人;认为不符合起诉条件的,应当在7日内裁定不予受理;原告对裁定不服的,可以提起上诉。

2.第二审程序

当事人不服地方人民法院第一审判决的,有权在判决书送达之日起15日内向上一级人民法院提起上诉。当事人不服地方人民法院第一审裁定的,有权在裁定书送达之日起10日内向上一级人民法院提起上诉。上诉一般开庭审理,符合条件也可径行判决。二审判决、裁定是最终的判决与裁定。

3.再审程序

即人民法院对于已审结的案件发现其判决、裁定或调解书确有错误,而再次审理所适用的程序。再审程序依照原生效判决、裁定或调解书做出的程序进行。

另外,督促程序还有可能与建筑工程纠纷解决有关。也就是说,对于给付金钱或有价证券的请求,人民法院可根据债权人的申请,向债务人发出附有条件的支付令;如果债务人在法定期间内未履行义务又未提出异议,债权人可申请强制执行。

(三)法院调解

人民法院审理案件可以进行调解,这属于诉讼内的调解。人民法院进行调解,可以用简便方式通知当事人、证人到庭。人民法院进行调解,可以邀请有关单位和个人协助。被邀请的单位和个人,应当协助人民法院进行调解。调解达成协议,人民法院应当制作调解书。调解书经双方当事人签收后,即具有法律效力。

10.6 建筑工程行政案件处理程序

建筑工程行政案件处理程序主要有行政处罚程序、行政复议程序与行政诉讼程序等。

10.6.1 行政处罚程序

建筑工程行政处罚由违法行为发生地的县级以上地方人民政府具有建筑工程行政处罚权的执法机关管辖。法律、行政法规另有规定的除外。执法机关发现应处罚的案件不属于自己管辖的,应将案件移送有管辖权的执法机关。行政执法过程中发生的管辖权争议,由双方协商解决;协商不成的,报请共同的上级机关或当地人民政府决定。执法机关认为确有必要,需要委托其他机关或组织行使执法权的,执法机关应当依照《行政处罚法》的有关规定与被委托机关或组织办理委托手续。

(一)一般程序

1. 立案

执法机关依据职权,或者依据当事人的申诉、控告等途径发现建筑工程违法行为。对于发现的建筑工程违法行为,认为应当给予行政处罚的,应当立案,但适用简易程序的除外。立案应当填写立案审批表,附上相关材料,报主管领导批准。

2. 调查

立案后执法人员应及时进行调查,搜集证据,必要时可依法进行检查。执法人员调查案件,不得少于2人,并应当出示执法身份证件。执法人员对案件进行调查,应当收集的证据有:书证、物证、证人证言、视听资料、当事人陈述、鉴定结论、勘验笔录和现场笔录。只有查证属实的证据,才能作为处罚的依据。执法人员询问当事人及证人,应当个别进行。询问应当制作笔录,笔录经被询问人核对无误后,由被询问人逐页在笔录上签名或盖章。如有差错、遗漏,应当允许补正。执法人员应当收集、调取与案件有关的原始凭证作为书证。调取原始凭证有困难的,可以复制,但复制件应当标明“经核对与原件无误”,并由出具书证人签名或盖章。对违法嫌疑物品进行检查时,应当制作现场笔录,并有当事人在场。当事人拒绝到场的,应当在现场笔录中注明。执法机关查处建筑工程违法行为过程中,在证据可能灭失或者难以取得的情况下,可以对证据先行登记保存。先行登记保存证据,必须当场清点,开具清单,清单由执法人员和当事人签名或盖章,各执一份。案件调查终结,执法人员应当出具书面案件调查终结报告。调查终结报告的内容包括:当事人的基本情况、违法事实、处罚依据、处罚建议等。

3.核审

调查终结报告连同案件材料,由执法人员提交执法机关的法制工作机构,由法制工作机构会同有关单位进行书面核审。案件核审的主要内容包括:①对案件是否有管辖权;②当事人的基本情况是否清楚;③案件事实是否清楚,证据是否充分;④定性是否准确;⑤适用法律、法规、规章是否正确;⑥处罚是否适当;⑦程序是否合法。

执法机关的法制工作机构对案件接审后,应提出书面意见:①对事实清楚、证据充分、定性准确、程序合法、处理适当的案件,同意执法人员意见;②对定性不准、适用法律不当、处罚不当的案件,建议执行人员修改;③对事实不清、证据不足的案件,建议执法人员补正;④对程序不合法的案件,建议执法人员纠正;⑤对超出管辖权的案件,按有关规定移送。

4.做出处罚

执法机关对当事人做出行政处罚,必须制作行政处罚决定书。行政处罚决定书的内容包括:第一,当事人的名称或者姓名、地址;第二,违法的事实和证据;第三,行政处罚的种类和依据;第四,行政处罚的履行方式和期限;第五,不服行政处罚决定,申请行政复议或提起行政诉讼的途径和期限;第六,做出处罚决定的机关和日期。行政处罚决定书必须盖有做出处罚机关的印章。

(二)听证程序

执法机关在做出吊销资质证书、执业资格证书、责令停业整顿(包括属于停业整顿性质的、责令在规定的时限内不得承接新的业务)、责令停止执业、没收违法建筑物、构筑物和其他设施以及处以较大数额罚款等行政处罚决定之前,应当告知当事人有要求举行听证的权利。较大数额罚款的幅度,由省、自治区、直辖市人民政府确定。省、自治区、直辖市人大常委会或者人民政府对听证范围有特殊规定的,从其规定。

当事人要求听证的,应自接到听证通知之日起3日内以书面或口头方式向执法机关提出。执法机关应当组织听证。自听证通知送达之日起3日内,当事人不要求举行听证的,视为放弃要求举行听证的权利。

执法机关应当在听证的7日前,通知当事人举行听证的日期、地点。听证一般由执法机关的法制工作机构人员或执法机关指定的非本案调查人员主持,当事人认为主持人与本案有直接利害关系的,有权申请回避。除涉及国家秘密、商业秘密或者个人隐私外,听证公开举行。当事人可以亲自参加听证,也可以委托1~2人代理。举行听证时,调查人员提出当事人违法的事实、证据和行政处罚建议;当事人进行申辩和质证。听证应当制作笔录;笔录应当交当事人审核无误后签字或者盖章。当事人对限制人身自由的行政处罚有异议的,依照《治安管理处罚条例》有关规定执行。

听证规则可以由省、自治区、直辖市建设行政主管部门依据《行政处罚法》的规定制定。

(三)简易程序

违法事实清楚、证据确凿,对公民处以50元以下、对法人或者其他组织处以1 000元以下罚款或者警告的行政处罚,可以当场做出处罚决定。当场做出处罚决定,执法人员应当向当事人出示执法证件,填写处罚决定书并交付当事人。当场做出的行政处罚决定书应当载明当事人的违法行为、处罚依据、罚款数额、时间、地点、执法机关名称,并由执法人员签名或盖章。

10.6.2 行政复议程序

当事人不服执法机关做出的具体行政行为,可以自知道该具体行政行为之日起60日内依法向同级人民政府或上一级建设行政主管部门申请行政复议,但是法律规定的申请期限超过60日的除外。复议期间不停止具体行政行为的执行,但法律法规另有规定的除外。

申请人申请行政复议,可以书面申请,也可以口头申请。行政复议机关收到行政复议申请后,应当在5日内进行审查,对不符合规定的行政复议申请,决定不予受理,并书面告知申请人;对符合规定,但是不属于本机关受理的行政复议申请,应当告知申请人向有关行政复议机关提出。此外,行政复议申请自行政复议机关负责法制工作的机构收到之日起即为受理。

行政复议原则上采取书面审查的办法,但是申请人提出要求或者行政复议机关负责法制工作的机构认为有必要时,可以向有关组织和人员调查情况,听取申请人、被申请人和第三人的意见。在行政复议过程中,被申请人不得自行向申请人和其他有关组织或者个人搜集证据。

行政复议机关负责法制工作的机构应当对被申请人做出的具体行政行为进行审查,提出意见,经行政复议机关的负责人同意或者集体讨论通过后,按照下列规定做出行政复议决定。

(1)具体行政行为认定事实清楚,证据确凿,适用依据正确,程序合法,内容适当的,决定维持。

(2)被申请人不履行法定职责的,决定其在一定期限内履行。

(3)具体行政行为有下列情形之一的,决定撤销、变更或者确认该具体行政行为违法;决定撤销或者确认该具体行政行为违法的,可以责令被申请人在一定期限内重新做出具体行政行为:主要事实不清、证据不足的;适用依据错误的;违反法定程序的;超越或者滥用职权的;具体行政行为明显不当的。行政复议机关责令被申请人重新做出具体行政行为的,被申请人不得以同一的事实和理由做出与原具体行政行为相同或者基本相同的具体行政行为。

(4)被申请人不按照规定提出书面答复、提交当初做出具体行政行为的证据、依据和其他有关材料的,视为该具体行政行为没有证据、依据,决定撤销该具体行政行为。

申请人在申请行政复议时可以一并提出行政赔偿请求,行政复议机关对符合《国家赔偿法》的有关规定应当给予赔偿的,在决定撤销、变更具体行政行为或者确认具体行政行为违法时,应当同时决定被申请人依法给予赔偿。申请人在申请行政复议时没有提出行政赔偿请求的,行政复议机关在依法决定撤销或者变更罚款,撤销违法集资、没收财物、征收财物、摊派费用以及对财产的查封、扣押、冻结等具体行政行为时,应当同时责令被申请人返还财产,解除对财产的查封、扣押、冻结措施,或者赔偿相应的价款。

行政复议机关做出行政复议决定,应当制作行政复议决定书,并加盖印章。行政复议决定书一经送达,即发生法律效力。

10.6.3 行政诉讼程序

1. 起诉

公民、法人或者其他组织不服行政复议决定的,可以在收到行政复议决定书之日起 15 日内向人民法院提起诉讼。行政复议机关逾期不作行政复议决定的,公民、法人或者其他组织可以在行政复议期满之日起 15 日内向人民法院提起诉讼。法律另有规定的除外。公民、法人或者其他组织直接向人民法院提起诉讼的,应当在知道做出具体行政行为之日起 3 个月内提出。法律另有规定的除外。公民、法人或者其他组织因不可抗力或者其他特殊情况耽误法定期限的,在障碍消除后的 10 日内,可以申请延长期限,由人民法院决定。

2. 受理

人民法院接到起诉状,经审查,应当在 7 日内立案或者做出裁定不予受理。原告对裁定不服的,可以提起上诉。

3. 审理

人民法院应当在立案之日起 5 日内,将起诉状副本发送被告。被告应当在收到起诉状副本之日起 10 日内向人民法院提交做出具体行政行为的有关材料,并提出答辩状。人民法院应当在收到答辩状之日起 5 日内,将答辩状副本发送原告。被告不提出答辩状的,不影响人民法院审理。人民法院公开审理行政案件,但涉及国家秘密、个人隐私和法律另有规定的除外。人民法院审理行政案件,不适用调解。

人民法院审理行政案件,以法律和行政法规、地方性法规为依据。人民法院审理行政案件,参照国务院部委根据法律和国务院的行政法规、决定、命令制定、发布的规章以及省、自治区、直辖市和省、自治区的人民政府所在地的市和经国务院批准的较大的市的人民政府根据法律和国务院的行政法规制定、发布的规章。

4. 判决

人民法院经过审理,根据不同情况,分别做出以下判决。

(1)具体行政行为证据确凿,适用法律、法规正确,符合法定程序的,判决维持。

(2)具体行政行为有下列情形之一的,判决撤销或者部分撤销,并可以判决被告重新做出具体行政行为:主要证据不足的;适用法律、法规错误的;违反法定程序的;超越职权的;滥用职权的。

(3)被告不履行或者拖延履行法定职责的,判决其在一定期限内履行。

(4)行政处罚显失公正的,可以判决变更。

当事人不服人民法院第一审判决的,有权在判决书送达之日起 15 日内向上一级人民法院提起上诉。当事人不服人民法院第一审裁定的,有权在裁定书送达之日起 10 日内向上一级人民法院提起上诉。逾期不提起上诉的,人民法院的第一审判决或者裁定发生法律效力。

思考题

1. 建筑工程法律责任有什么特点?
2. 行政法律责任有哪些类别?
3. 建设工程民事法律责任有什么特点？对其违约责任有何规定?
4. 什么是重大责任事故罪、重大劳动安全事故罪和工程重大安全事故罪?
5. 解决工程建设民事纠纷的方法有哪些？分别是如何限定的?
6. 行政诉讼程序包括哪些步骤？每步是如何规定的?